일본근세문예의 웃음, 도보여행기물과 충신장물

日本近世文芸の笑い -〈膝栗毛もの〉と〈忠臣蔵もの〉-

일본근세문예의 웃음, 도보여행기물과 충신장물

日本近世文芸の笑い -〈膝栗毛もの〉と〈忠臣蔵もの〉-

강 지현 (康 志賢)

전남대학교출판부

서문

근세 중・후반기(18・19세기)의 소설그룹 중에 다음 소설 장르(양식)에 입각한 텍스트를 본 편역서에서는 다루고자 한다.

①골계소설(滑稽本, 코믹소설)『東海道中膝栗毛』(동해도 도보여행기)에서 파생된 그림주사위판을 비롯한 다양한 장르.

②그림소설(草双紙: 黄表紙 + 合巻, 삽화와 문장이 혼연일체가 된 30페이지를 기본으로 하는 그림소설책. 일본 특유의 넌센스 문학)인『栗毛弥次馬』(쿠리게노야지우마),『忠臣蔵跡祭』(충신장 때늦은 축제),『加古川本蔵建立』(가코가와 혼조의 건립),『忠臣狸七役』(충신너구리의 7역).

위 장르는 한국어로 번역하고 이해하기가 곤란한 언어유희가 난무하는 작품들이어서 한국어로 논문을 작성하기가 어렵다는 점 때문에, 본인은 대부분의 논문을 일본어로 집필해 왔다. 그 중 2004년부터 2009년까지 발표한 논문 중 12편에 대해 본교의 지원을 받아,『근세일본의 대중문학 -'에도희작'과 '짓펜샤잇쿠' 연구』(1-278頁, 전남대학교 출판부, 2009년11월)를 출판할 수 있었다. 그 후 2009년 12월부터 2013년 2월까지 우리나라와 일본에서 발표한 졸고들 중 13편의 일본어 논문을 '편역서'로서 번역 출판하고자 한다(한글로 번역시 기본적으로 초출 논문을 존중하였으나 본서 집필에 임하면서 일부 수정한 부분도 있다).

한글 번역에 대한 고민 없이 일본어로 쉽게 작성하고자 했던 본인의 논문 집필 태도를 반성하고, 연구 성과의 소통성을 재고하는 측면에서, 한국어로 번역한 논문집을 출판하고자 한다. 이번 논문집 번역서를 계기로, 말장난의 산물인 난해하기 이를 바 없는 일본어 용어의 한국어번역을 제시하게 될 것이며, 동시에 한국 인문학과의 내적소통을 도모하는 계기가 되리라 기대한다.

일본인은 예로부터 즉 10세기 헤이안 시대부터 문장에 그림을 덧붙이는 것(絵巻物)을 즐겨왔다. 본 역서에서 다루고자 하는 18, 19세기의 그림소설과 주사위판 그림 및 우키요에 등에 면면히 수용되는 이러한 일본적 그림문화 전통 속에서, 도보여행기(히자쿠리게)와 충신장(주신구라)을 소재르 하는 작품들은 어떠한 웃음의 세계를 눈에 보이는 이미지, 표상으로 표출했는지 확인함으로써 일본고유의 대중문화 양태를 이해하는 계기가 되었으면 합니다.

2013년 가을

강 지현

목차

제1부

도보여행기물(膝栗毛物)의 웃음

도보여행기물 작품군의 서지

'쿠리게노야지우마' 작품론

도보여행기물 그림의 제재

제 2 부

충신장물(忠臣蔵物)의 웃음

'충신장 때늦은 축제'

'가코가와 혼조의 건립'

'충신너구리의 7역'

제 1 부

도보여행기물(膝栗毛物)의 웃음

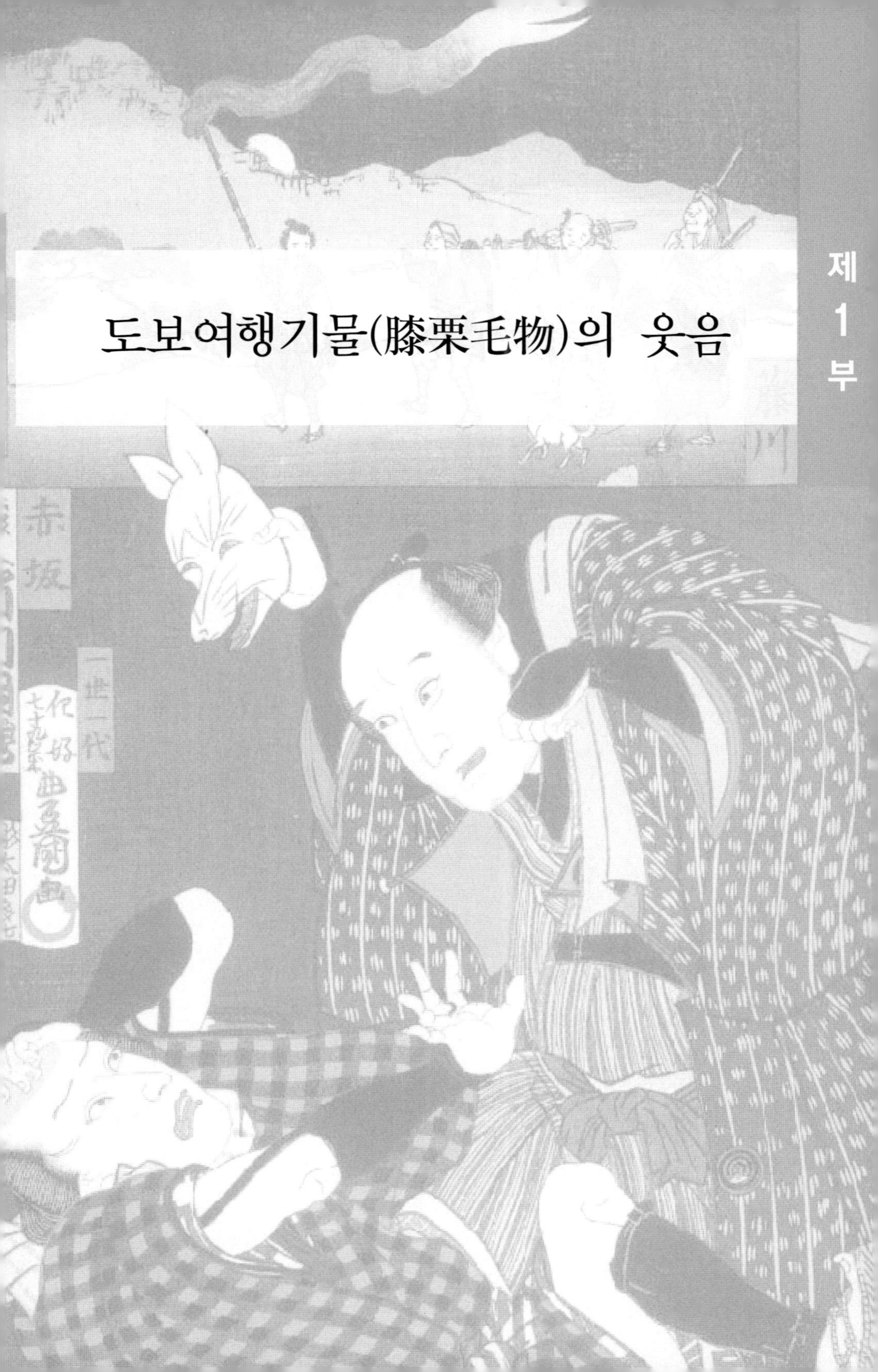

<도보여행기물> 작품군의 서지

- 그 도상 계승사의 일환으로서[1] -

Ⅰ. 머리말

享和二年(1802) 初編 발행 이후, 『東海道中膝栗毛』[2]는 막부말기 새로 등장한 문예와 예능에 흡수되며 새로운 작품을 도출하게 된다. 그 섭취 과정을 보노라면, 막부 말기 못지않게 明治時代에도 『膝栗毛』에 대한 관심이 높아서 『膝栗毛』에 입각한 작품이 계속 창작되고 있었음을 알 수 있다. 따라서 본고에서는 文化文政期이후, 즉 19세기 전반기 이후 『膝栗毛』의 대유행과 더불어 제작된 삽화가 반드시 들어가기 마련인 판본을 비롯하여 배우그림(役者絵)・주사위판그림(絵双六)・그림시리즈물(揃物) 등과 같은 한 장짜리그림(一枚物)에 있어서의 『膝栗毛』 수용의 소개 및 체계적 정리를 목적으로 한다.

짓펜샤 잇쿠지음 『膝栗毛』를 추종하는 滑稽本에 대해서는 선학에 의하여 지적되어 왔다. 그러나 도상 면에서 『膝栗毛』의 향수(享受)를 종합적으로 논한 선행연구는 그다지 없다.[3] 예를 들면 「膝毛物の研究」(『増訂江戸軟文学考異』 文修堂, 1933)에는 『東海道中膝栗毛』를 계승한 滑稽本을 중심으로 하는 판본 목록과 해제가 망라되어 있다. 단,

도상에는 초점을 맞추고 있지 않으므로 삽화 등에 관해서는 거의 언급하지 않는다. 본고와 같이 도상에 주목할 때, 尾崎씨의 「膝栗毛物」 목록에는 게재되지 않은 판본과 우키요에가 새로이 등재되게 된다.

미술사학 쪽에서는 内田実씨의 「広重と膝栗毛と一九」(『広重』岩波書店, 1978)에 우키요에 4점에 관한 지적 및 그 밖의 선학에 의해 주로 広重그림 『東海道五拾三次』와의 관련이 언급되어 왔으나, 『膝栗毛』 原話로부터의 직접적 인용이라고는 보기 어려운 도상이 많은 것 같다. 〈도보여행기물(膝栗毛物)〉의 도상 계승사에 있어서 탐구 고찰해야할 막부말기・明治의 우키요에와 판본작품을 연대순으로 추적 조사해가면 본고 말미의 【참고자료】와 같이 적어도 48종(시리즈물은 一種으로 함) 이상은 현존하는 것을 확인 할 수 있다. 이들을 장르별로 묶어서 그 서지적 사항을 고찰함으로써 도상적 계보로부터 이어지는 〈도보여행기물〉 수용사의 일단을 엿보는 실마리로 삼고자 한다.

Ⅱ. 골계소설(滑稽本)

文化十一年 (1814)에 간행된 발단까지 포함시켜 『東海道中膝栗毛』 八編本 [初編 (1802)～八編 (1809) + 発端 (1814) = 18권] [4]은, 후년 『**東海道中滑稽五十三駅**』 十編本 (8권, 또는 10권)과, 文久二年 (1862)에 『**東海道中膝栗毛**』 十編本 (23권)으로 改題・改板되어진다. 八編本의 잇쿠자신에 의한 서문(自序)을 일부 살리면서도 編次를 고치고, 범례 등은 제거하고, 삽화는 새롭게, 본문은 그대로 새기고 있는 것이 十編本인데, 다음 중 어느 쪽이 선행작일까.

①다색표지(摺付表紙)제목(外題): 東海道中滑稽五十三駅. 표지뒷면제목(見返し題): 東海道中滑稽五十三駅. 권두그림(口絵)은 九編만 있음(다음 게재하는 ②九編권두그림과 동일). 권두(巻首)・권말(巻尾)서명: 滑稽

五十三駅. 각 편의 표지뒷면(見返し)[5]: 위에 소나무 잎, 아래에 매화. 그 옆에 필통(矢立: 먹통에 붓통을 곁들인 휴대용 필기구)이 그려진다. 各編末의 판권장(奥付): 江戸書林 / 通旅籠町袋屋亀次郎　室町二丁目大坂屋藤助　本石町二丁目角椀屋喜兵衛　同椀屋伊兵衛　同椀屋伊三郎. 발행 연월인은 기재되지 않으며, 각 편의 광고목록은 동일하다. 각권 표지에는 큰 갈퀴(熊手)와 동그라미 안에 정(貞) 자와 야지 기타(弥次喜多)[6]의 여행객 모습이 그려진다. 東京大学待鳥文庫本・東洋大学本이 이에 상응한다.

②붙인 제목(貼外題): 東海道中膝栗毛. 표지뒷면제목(見返し) 없음. 권두그림(口絵)이 있는 編 (三・四・五・六・八・九編) 있음. 권두(巻首)・권말(巻尾)서명: 滑稽五十三駅. 마지막 권말(十編下)의 판권장(奥付): 文久二　壬戌年改正 / 三都発行書林 / 江戸日本橋南二丁目山城屋佐兵衛　京都御幸町 尼池上ル○[7]屋孫兵衛　大坂心斎橋安土町河内屋和助. 각권 표지는 황색・무문양(無地)이다. 九州大学本・早稲田大学本・二又本이 이에 상응한다.

에도書林이 다색표지(摺付表紙)에 뒷면(見返し)을 붙여 발행한①을, 양도받은 三都(에도, 교토, 오사카)의 서림이 분권(分冊)하면서 제목을 붙인(貼外題) 표지에 권두그림(口絵)을 넣어 ②로서 발행한 것일까. 또는 三都의 서림이 권두그림 넣어 발행한 ②를 양도받은 江戸의 서림이 합권(合冊)하면서 편마다 새로이 표지뒷면(見返し)과 판권장(奥付)을 붙여 ①로 발행한 것일까. 아직 확정하지는 못하고 있다. ①은 一・二編, 九・十編이 한 권씩, 그 밖에는 편마다 한 권씩으로 총 10편 8권(十編八冊)이며, ②는 初・二・三編이 上中下 3권씩, 그 밖에는 上下 2권씩이 되어 10편 23권(十編二十三冊)이다. ①은 ②의(또는 ②는 ①의) 본문 지면(板面)과 삽화는 그대로 사용하면서 권수를 고치고 있는 것이다.

Ⅲ. 합권(合巻)

3-1. 『에혼히자쿠리게(絵本膝栗毛)』

초판본은 弘化三年(1846)부터 嘉永二年(1849)까지로, 故人一九作, 구니요시(国芳, 初編)・에이센(英泉, 二編～六編)・에이센(英泉), 또는 에이이치(英一, 七・八編)[8]・히로시게(広重, 九編)그림, 분세도판(文盛堂板)으로 출간된다.

(1) 서책형태(書型)

3편 서문에 「이 책은 매 편을 2권씩 합권이라고 하는 다색표지로 판매하나, 원본과 마찬가지로 중본형으로 품질 좋은 종이로 정밀하게 제본하여 종이함에 넣어 만든다 (此絵冊子は毎編二冊つゝ合巻と唱へる摺附表紙にて売出し候へども, 原本の通り中本形にて佳紙(よきかみ)精製(よきしたて)にもいたし袋入に仕立)」, 4편 표지뒷면(見返し)에 「매 편 2권씩 이어서 발매(每篇二冊続而発市)」, 혹은 4편 권말의 예고 「絵本膝栗毛第五編 / 중본(中本)형태, 합권(合巻)형태, 두 형태로 만들었다」고 분세도(文盛堂)가 말하는 것처럼, 『絵本膝栗毛』는 처음부터 「合巻형태」와 「中本형태」로 제작되어졌던 것이다. 현존하는 판본을 조사해 보아도 두 가지 서책형태(書型)가 있고, 양쪽 다 책 크기는 17.8×12.0cm로 중본에 해당하나, 상하 2권본이고 다색표지인 것이 「合巻형태」, 1권본으로 일반적 和本(보통의 滑稽本)표지에, 위로 긴 직사각 형 제첨(題簽)에 제목이 적힌(貼外題) 것이 「中本형태」라고 할 수 있겠다.

무카이 노부오(向井信夫)씨[9]가 「처음 2편까지를 각 상하 2권의 합권 형태로 출간, 나아가 후년에 이 판을 양도받은 간센도 이즈미야이치베(甘泉堂和泉屋市兵衛)가 全편을 요시이쿠(芳幾)그림의 표지를 붙여서 각 편 2권의 합권 형태로 간행」이라고 지적하고 있으나, 9편까지 현존하는 文盛堂판본 중에서 상하 2권본으로 다색표지는 6편까지 확인 가능하므로 「처음 2편까지」가 아니라 적어도 6편까지는 「각 상하 2권의 합권 형태로 출간」 하고 있음을 알 수 있다. 그리고 그 「후년」이란, 후술하는 바와 같이 万延二年(1861)일 것이다.

소장처로서는 서울대학(다색표지의 초판본 초~4편, 다색표지의 改題・甘泉堂판본 5~9편)[10], 尾崎久弥(다색표지의 초판본 5편), 二叉(다색표지의 초판본 6편상권), 東洋大学(표지에 붙인 제목의 초판본 3~7편), 立命館大学(林コレクション, 표지에 붙인 제목의 초판본 4・8・9편), 向井信夫(초판본 9편), 東京都立中央図書館(다색표지의 改題・甘泉堂판본 全편), 早稲田大学(다색표지의 改題・甘泉堂판본 2편하권), 玉川大学図書館(표지에 붙인 제목의 改題・糸喜太판본 全편)을 확인할 수 있었다.[11]

(2) 판권(板株)의 이동

①弘化三(1846)・四(1847)년에 文盛堂(紙屋利助)이 초편~4편(서울대본)간행.

嘉永二年(1849)까지 그 文盛堂이 5편~9편도 간행. 文盛堂板표지, 또는 표지뒷면(見返し), 또는 판권장(奥付)을 지닌 5편(尾崎本・東洋大本), 6편(二叉本・東洋大本), 7편(東洋大本), 8편(林本), 9편(林本・向井本)이 현존한다.

그러나 「弘化六己酉年(=嘉永二年)新春　文盛堂謹白」이라고 하는 7편 서문의 존재는 무엇을 의미하는 것일까. 弘化五年(1848) 2월28일부터 이미 嘉永라고 연호가 바뀌었기 때문이다. 弘化四年이나 五年에 文盛堂이 미리 7편 서문을 써 놓았다고 하는 것일까.

嘉永二年(1849)의 錦重堂(「地本錦絵団扇　元大坂町　上州屋重兵衛」)의 신판목록(奥付広告)이 서울대본의 9편 상권에 붙어있다.

嘉永三年(1850)의 藤岡屋慶次郎(「書林錦絵卸店　通油町」)의 신판목록

(奥付広告)이 서울대본의 4편 하권, 5편 상권, 6편 상하권, 7편 상권, 8편 상권에 붙어있다.

②万延二年(1861)에 甘泉堂(「芝神明前　和泉屋市兵衛」)이 판목(板木)을 사서 『滑稽道中膝栗毛』라고 改題하고, 芳幾에게 그리게 한 다색표지(摺付表紙)와 새로이 표지뒷면(見返し)을 붙여, 종이봉지(袋)[12]에 넣어 신판처럼 보이게 해서 판매한다. 東京都立도서관본 3편 표지뒷면에 「滑稽道中ひざ栗毛」「第三ぺん」**「万延二酉どし新刻」**「泉市」라고 있기 때문이다.

그리고 元治二年(1865)까지는 그 甘泉堂이 판목을 가지고 있었을 것이다. 甘泉堂의 元治二年 신판목록(奥付広告)이 東京都立本의 全편, 서울대본의 초편, 2편, 3편, 4편 상권, 5편 하권에 붙기 때문이다.

그러나 甘泉堂이 文盛堂으로부터 직접 판권(板株)을 양도받은 것인지, 또는 錦重堂이나 藤岡屋의 개입이 있었는지 의문은 아직 남는다.

③明治시대가 되자, 山中喜太郎(泉喜太)가 표지(붙인 제목 「滑稽道中膝栗毛」)와 표지뒷면(梅蝶楼国貞画　泉喜太梓)과, 판권장광고(「京橋区銀座四丁目三番地　出版人　山中喜太郎」)를 새롭게 붙여 출간한다. 이 표지・표지뒷면・판권장이 全편에 일관된 것이 玉川대학본이다.

(3) 표지 디자인(意匠)과 표지뒷면에 의해 이상의 판본을 4종으로 요약할 수 있다.

①다색표지에 「絵本膝栗毛」「文盛堂版」라고 적고, 야지 기타(弥次喜多)의 배경을 액자처럼 한 디자인. 표지뒷면에 「文盛堂梓」. 서울대본의 초편~4편 외에, 초판본 중에서 전술한 「合巻형태」의 것이 여기에 속한다.

②붙인 제목이 「東海道五十三駅絵本膝栗毛」, 표지뒷면 없음. 林本외에 초판본 가운데서도 전술한 「中本형태」의 것이 여기에 속한다.

③다색표지에 「滑稽道中膝栗毛」, 초・8・9편이외에는 「外題芳幾画」라고 적고, 상하권에 인물 한 명씩 배치한 디자인. 5・6편은 표지인물의 의상이라든지 표지뒷면에 「甘泉堂」을 나타내는 어떤 문자가 적혀 있다. 그 외의 편은 표지, 또는 표지뒷면에 출판사 이름을 적지 않더라도 종이봉지나 판권장에 「甘泉堂」이라고 있는 東京都立本全편 외에, 改題本이 이에 속한다.

④붙인 제목이 「滑稽道中膝栗毛」로, 梅蝶楼国貞가 표지뒷면을 그린 泉喜太板의 玉川大本.

3-2. 『도카이도추 쿠리게노야지우마(東海道中栗毛弥次馬)』

『栗毛弥次馬』에 대해서 기 간행 서적목록의 서지해설은 혼잡하며 오해 또한 엿보이므로 다음과 같이 분류해서 정리할 필요가 있다.

(1) 安政二年(1855)刊(改印「寅十二」, 自序年記「安政二乙卯正月新梓」)滑稽本風의 合巻『東海道中栗毛弥次馬』: 中本. 상권(一장~二十五장)하권(二十六장~五十장)의 2권본. 十返舎一九원고, 鈍亭魯文초록, 一盛斎芳直그림. 国文研(【図版1】)・蓬左(尾崎)文庫・東大・津田氏・田中明氏에게 소장.

장르를 골계본이라고 하는 견해[13]도 있으나, 滑稽本風의 「合巻」이라고 하는 쪽이 맞다고 생각된다. 등장인물들이 뱉는 대사가 滑稽本처럼 본문 속에 융화되어 있어서 여백에 써넣은 글(書入れ)로서 따로 존재하지 않으므로 문체는 滑稽本과 비슷하나, 매 페이지에 그림과 본문이 있다고 하는 형식으로 보건데 合巻이라고 할 수 있을 것이다. 내용은 잇쿠作『東海道中膝栗毛』로부터 대체적으로 벗어나지 않고, 상권은 日本橋로부터 掛川, 하권은 袋井로부터 京都까지의 초록에 가깝다.

【図版1】『栗毛弥次馬』「平塚」(国文研)

(2) 文久元年(1861)刊(「酉九改」, 自序年記「文久元辛酉年初秋」) 合巻『東海道中栗毛弥次馬』: 中本 2권(初・二編, 三十장〈60페이지〉씩), 品川屋久助板. 故人一九원고, 岳亭春信글, 一恵斎芳幾그림. 国会(【図版2】)・蓬左文庫에 동일본이 소장되어 있다. 다음은 국회소장본에 의한 서지이다.

① 初編

다색표지: 「栗毛弥次馬(くりげのやじうま), 東海道中, 故人一九原稿 春信写　芳一九画」. 말에 탄 야지와 봇짐을 지고 있는 기타하치, 하늘색 하늘에 녹색 대지 등, 青・緑・주황색이 선명하게 사용된다.

표지뒷면: 쳐진 눈썹을 한 승려가 지니고 있는 병에서 연기가 나오고, 그 연기 안에 「弥次北八　東海道中」, 중앙의 보름달 안에 「くりげの弥次馬」, 그 밖에 「初編　岳亭記　十返舎一九作　一恵斎芳一九画」.

황색으로 채색되어 있다.

序:「東海道中栗毛弥次馬, 岳亭春信戱題」. 서문 하단에는 여행 주사위 그림(道中双六)을 모방한 듯한 칸(コマ)이 세 칸 그려진다. 序~三장뒷면 권두그림까지 엷은 청색으로 채색되어 있다.

권두그림: 호마의 재(ゴマの灰) 주키치(重吉)에게 소매치기 당한 지갑에서 자갈이 나오는 장면과, 도쓰카(戸塚)의 호객녀가 그려진다.

初編 마지막페이지 三十장뒷면에「十返舎一九作, 一恵斎芳幾狂画」. 板心:「栗毛初」.

② 二編

다색표지:「東海道中　栗毛ノ弥治馬, 十返舎一九○○　春信さくよし幾画」. 속옷차림의 야지와 기타하치가 잠자리에서 놀라는 모습(浜松의 유령소동인 듯), 오른편 위쪽의 둥근 창에는 여자의 상반신 그림. 주로 青・緑・주황색이 사용된다.

표지뒷면: 빨래거리인 홀치기염색옷감(鳴海絞り)모양만 청색,「東海道中　栗毛の弥次馬」「十返舎一九　岳亭春信さく　一恵斎よしいくゑがく　当世堂梓」. 표지뒷면~三장 뒷면의 권두그림까지 엷은 청색으로 채색되어 있고 도깨비불만 주황색.

序:「岳亭春信戱題」. 序文에는 弥次・喜多八・여우와 도깨비불・처녀가 그려진다.

권두그림: 一恵斎芳幾・岳亭春信・짓펜샤 잇쿠 세 명이 그려진다. 芳幾는 略画風얼굴・春信(2세라고 필자추정)는 머리 큰 인형(福助風) 얼굴이라고 하는 골계스런 모습으로 그려진다.「선조 잇쿠옹 꿈속에 나타나 작자 화공에게 栗毛의 뜻을 전수한다」.

二編 마지막 三十장 뒷면 이름기입 칸에「十返舎一九原稿, 一恵斎芳幾画」. 板心:「栗毛二」.

판권장広告에 「江戸人形町通　品川屋久助梓」의 目録있음.

내용은 「日本橋」로부터 「京」까지 대부분 한 장(一장)마다 역참 한 군데 비율로 야지 기타의 골계를 삽화로 그리고, 지문과 회화와 대부분 교카 한 수에 의한 본문을 구성하고 있는데, 원작에는 없는 새로운 에피소드도 비교적 많이 창작하여 삽입하고 있다.

【図版2】『栗毛弥次馬』「平塚」(国会)

(2-1) 후인본(後印本)

明治시대에 간행한 合巻 『東海道中栗毛弥次馬』 品川屋朝治郎(東京)판본은 다음과 같은 서지에 의해 전게 文久元年(1861)의 品川屋久助판본을 明治時代가 되어서도 再印 간행했음을 알 수 있다.

①中本2권(初・二編, 三十장씩)全六十장. 初編의 다색표지・표지뒷면・序・권두그림・본문 전부 전게 文久元年本과 동일. 二編의 다색표지(【図版5】)는 文久元年本과 달라서, 야지가 기타하치를 일부러 놀라게 하는 赤坂여우소동이 그려지고(원작스토리와는 경우가 역전하여 이야기가 상이한 것은 신나이부시의 영향일 것이다), 색조로 보건데 틀림없이 明治시대 채색이며,「滑稽栗毛の弥次馬, 十返舎一九原稿　春信さく　一恵斎よし幾ゑかく」라고 적히고, 後揭 3권본의 二編다색표지와 동일하다. 二編표지뒷면에는 말 한 마리가 그려져 있다. 二編序・권두그림・본문은 文久元年本과 동일. 판권장광고에「名古屋扇子卸地本問屋 / 東京浅草茅町壱丁目品川屋朝治郎版」의 목록이 있다. 와세다대학에 소장된 책(이하, 早大本)이다.

②中本3권(初編・二編・三編), 初編二編十八장씩 三編十七장으로 하여, 全五十三장. 初編다색표지・표지뒷면은 文久元年本 및 早大本과 동일하다. 페이지매김・序・권두그림 없음. 文久元年本 및 早大本의 初編二十一장 뒷면 二十二장 앞면「奥津」를, 이 3권본에서는 初編末尾와 二編 冒頭로 나누고 있다. 二編다색표지・표지뒷면은 早大本과 동일하다. 二編序・권두그림 없음. 文久元年本 및 早大本의 二編十三장 뒷면 十四장 앞면「岡崎」를, 이 3권본에서는 二編 末尾와 三編 冒頭로 나누고 있다. 三編다색표지에는「くりげ　東海道弥次馬」라고 기재되고, 야지로 추정되는 인물과 찻집 여종업원으로 추정되는 인물이 그려진다. 三編표지뒷면・序・권두그림 없음. 編마다의 판권장광고에는 早大本과는 상이한「地本絵双紙問屋 / 浅草茅町壱丁目 / 品川屋朝治郎板」目録이 붙어있다. 静岡市立図書館木村文庫(【図版3】)・国文研(二・三編のみ, ナ4―751)에 소장되어 있다.

【図版 3】『栗毛弥次馬』 판권장광고(木村)

Ⅳ. 배우그림(役者絵)

1. 嘉永七年(1854)七月(11월27일 安政으로 연호 바뀜) 江戸中村座에서, 亀山복수담에 膝栗毛를 혼합해서 각색한 『다비스즈메 아이야도바나시(旅雀我好話)』가 흥행되고, 이에 연유한 배우그림(役者絵)이 와세다대학연극박물관(이하, 早大演博 또는 演博)만 하더라도 十九点(三代豊国画, 国芳画), 담배와 소금(たばこと塩)박물관은 五点(国郷画, 国芳画)소장하고 있다.

(1) 嘉永七年六月(寅六)간행된 『五十三次』「大磯」「箱根」「三嶋」「小田原宿」 立川斎国郷画. 이것은 흥행에 앞서 6월부터 간행되기 시작

했음을 알 수 있다. 芝神明前若与板(若狭屋与市)으로 37×25cm의 것이 두 개 나란히 옆으로 붙어 있다. 즉, 大磯(고에몬 욕조를 부수는 喜太八, 놀라는 弥二郎兵衛와 여관주인)・箱根(가게 처자에게 물건을 사기 직전의 야지로베 기타하치)를 위아래에, 三嶋(잠자리에서 자라에게 물린 弥二, 놀라는 喜太八, 촛불을 비추는 여종업원, 복대에 돌을 넣는 호마의 재, 原話의 교카「すっぽんにくはへられたるくるしさにこちゃ石亀のじだんだをふむ」)・小田原宿(훈도시를 쓴 喜太八와 손가락질하는 弥二, 놀려대는 여행객 일행, 原話의 교카「手ぬくひとおもふてかふるふんどしハさてこそ恥をさらしなりけり」)를 위아래로 배열한 다음에 이 두 장을 옆으로 나란히 붙인 그림이 현존한다. 원래 여정인 大磯 → 小田原 → 箱根 → 三嶋와는 관계없이 역참마다 小判다색판화(錦絵)로 하고 있는 것이다. 喜太八・弥二郎兵衛의 얼굴은 다음에 거론하는 国芳그림「由井宿」과 유사하며, 인명표기법도 동일하다.

(2) ① 嘉永七年七月(寅七)刊『五十三次の内　ふた川』国郷画. 改・寅七, 芝神明前若与板. 대나무 숲을 배경으로 喜太八와 弥二(배우그림: 役者絵)가 중앙의 두 무사에게 사과하고 있다.

②『五十三次内　程かや』国郷画. 改・寅七, 芝神明前若与板, 弥二・喜太八・찻집주인・찐빵을 다 먹었노라고 허세를 부리는 모양새의「手品つかひ米○の○二」가 등장한다. 原話의 狂歌「ぬす人に追分(おひわけ) なれやまんぢうのあんのほかなる初尾とられて」가 그대로 쓰인다.

③ 改印・출판업자 미상의 国郷画(嘉永七年啓) 二点이 있다.「五十三次の内 吉田」: 발가벗은 喜太八와 弥二(役者絵)를 에워싸고 촛불을 비추는 집주인, 부친「わ○へ」과 순례처자. 선반이 무너져 내려 물건이 흩어져 있고, 돌지장이 가로놓여 있다.「五十三次　御油」: 청색 홀치기염색을 한 속옷과 복대에, 놀라 쓰러지는 弥二와 喜太八(役

者絵). 原話의 狂歌「유령이라고 생각했는데 뜻밖에 풀 먹은 속옷 세탁물에 무서워한 셈이네. ゆうれいとおもひの外にせんたくのじゅばんののりがこわくおぼへて」가 수반된다.

(3) 嘉永七年七月(寅七)刊 『膝栗毛五十三駅　由井宿』 一勇斎国芳画. 담배와 소금박물관 소장作(36.5×25cm, 太田屋多吉板)과 같은 그림이 早大演博에도 소장되어 있다. 改・寅七, 사루이치(さる市)・오사이・喜太八・鴨吉・弥二郎・犬市(嵐音吉)가 등장한다. 『膝栗毛』 二編下 由井에서는, 교카 한 수를 읊을 뿐이었다.14)

2. 이듬해 安政二年(1855)三月부터 江戸市村座初演 『가가미야마 고니치노이시부미(**鏡山再盛花硯曳**)』에 연유한 배우그림(役者絵)이 早大演博만해도 十七点(三代豊国画, 国郷画)을 소장하고 있다. 『歌舞伎年表』 제7권에 의하면, 「첫 번째 연극(一番目)은 고인 尾上菊五郎의 「鏡山後日岩藤」라는 괴담이다. 두 번째 연극(第二番目) 또다시 「膝栗毛」. 이번에는 喜多八役 변함없이 鶴蔵, 弥次郎兵衛는 극단대표(座頭)인 (四세) 彦三郎가 맡는다. 이러한 역을 극단대표가 맡게 되어 호평을 얻었다(괄호 안은 필자의 보충)」고, 인기를 얻었음을 알 수 있다.

① 改・卯三　豊国画로 両国大平板, 芝神明前加寿板 있음. 같은 그림이 改・卯四　豊国画로 両国加賀屋板, 辻岡屋板으로도 현존한다. 장면은 가부키무대로 창작된, 원작에는 없는 내용으로 되어 있는데 흥행이 시작된 다음달 四月(改・卯四)에도 연이어 출간된 것이다.

② 改・卯三　豊国画　湊小板　2장짜리(二枚続き): 강에 빠진 기타리기타하치(来り喜太八,中村鶴蔵)에게 청죽(竹)을 건네서 도와주려고 하는 도치멘야弥二郎兵衛(中山市蔵). 배경에는 방앗간과 큰 풍차. 다른 장면에서 弥二郎兵衛는 四세坂東彦三郎로 그려진다.

③ 改・卯三　豊国画 両国加賀屋板　3장짜리(三枚続き): 절구공이를

짊어진 오하라메(大原女)를 표상하는 미천한 신분의 오키쿠(お菊, 二代目尾上菊次郎)와 喜太八(中村鶴蔵), 사다리를 짊어진 弥次郎兵衛(四세坂東彦三郎).

④ 改・卯三 国郷画 芝神明前若与板 弥次郎兵衛(四代目坂東彦三郎), 다라후쿠야오카메(お亀, 中村歌女之丞), 기타리기타하치(来り喜太八, 中村鶴蔵), 뒤에 사다리가 그려진다.

3. 安政三年(1856)七月刊 『**清書七伊路盤**』「ひさくりげ 弥次郎兵衛喜多八」豊国画.

改・辰七, 弥次郎兵衛는 中山市蔵, 喜多八는 中村鶴蔵의 초상화로, 演博과 国会에 同板소장중이다. 『清書七伊路盤』는 많은 출판업자가 발행하고 있으며, 다양한 가부키의 명장면을 배경을 첨부하여 배우상반신그림으로 그린 全53장 시리즈물이다. 상연에 임하여 출간된 것이 아니므로 演博 데이터베이스 **上演**年月日에「安政三年七月」(大黒屋平吉板)이라고 기입하는 것은 절적하지 않다고 여겨진다.

4. 文久二年(1862)三月江戸中村座初演 『**와카키노하나 시키노후리고토(壮花四季の所作)**』(二番目大切, 所作事)에 연유한 배우그림十点(国周二点외에는 전부 豊国画)이 演博에 소장 중이다.

戍三改 중앙그림: 座頭あて市(浅尾与六)에게 업혀 강을 건너는 도중인 喜多八(二代目沢村訥升), 우측그림: 이미 강을 건넌 弥次郎兵衛(五代目坂東彦三郎)가 그들을 보고 있다. 좌측그림: 맹인 오타노(ごぜおたの, 三代目沢村田之助)가 이제려나 저제려나 하고 기다리고 있는 3장 연속 大判錦絵이다. 다른 장면은 각색이 심하다.

이에 있어서 야지의 배역을 의식한 듯한 상반신그림도 있다. 같은 해에 발간된 배우 빗대기(役者見立)그림「膝栗毛の弥次郎兵衛」(喜翁豊国〈三代豊国〉画, 東京都立中央図書館소장)의, 五代目坂東彦三郎(初代坂東

竹三郎)초상화 상반신그림이 그것이다.

5. 元治元年(1864)刊『東海道五拾三駅名画之書分』「藤川 赤坂」河鍋暁斎・三代豊国画, 출판업자는 太田屋多吉(【図版4】).

상단에는 惺々暁斎画로 한밤중의 멧돼지 사냥일행이 그려져 있고, 〈히자쿠리게물〉과는 무관하다. 하단에는 三代豊国画로,『膝栗毛』赤坂에 있어서의 여우소동이, 두 배우의 초상화로 그려진다. 여우가면을 벗고 얼굴을 보여주는「弥次郎兵衛 / 市川團蔵」는 여우 손 모양을 한다. 놀라서 뒤로 자빠지는「喜多八 / 市川九蔵」이다. 이것은 전년도의 文久三年八月부터 市村座흥행의『쓰유토오바나 노베노누레고토(露尾花野辺濡事)』(大切)에 연유한 배우그림일까.[15]

그러나 기요모토(清元)가 무대출연(出語り)한 상태에서 연기(尾山蒼海「膝栗毛大全集」『演芸画報』昭和八年九月号 참조)되었다고 하는『露尾花野辺濡事』에 유사한 이야기가 전개되었는지 찾아볼 필요가 있다. 일부러 여우가면을 쓰는 에피소드의 초창기 예로, 安政四年(1857)閏五月富士松加賀太夫(나중 魯中)가 발표[16]한「膝栗毛赤坂의 단」을 들 수 있다. 그리고 明治四十三年一月開盛座흥행『膝栗毛道中双六』「大喜利, 赤坂松並木의 단」의 그림 배역 순번표(絵役割番付, 早大演博소장)를 보면,「후지마쓰일행 무대에 나와서 부릅니다(富士松連中出語りにて相勤申候)」라고 있는 가운데, 볏짚과 소나무를 배경으로 여우가면을 쓰고 여우 손 모양을 한 야지에게 놀라는 喜太가 그려져 있는 것이다. 즉 尾山氏도 전게서에서「赤坂의 단」을 포함하는「新内の膝栗毛」는「처음부터 연극으로 행해진 것이 아니라 新内 가락 이야깃거리를 연극으로 옮」겼다고 지적하는 바와 같이, 여우가면 이야기의 최초는 安政四年에 創作 発表된 新内가락으로 필자는 추측하고 있다.

2005년(平成十七年)7・8월 흥행 国立文楽劇場「東海道中膝栗毛 赤

坂가로수길부터 고사찰(古寺)의 단」 대본에 「야지로베는 기타하치가, 일찍이 겁쟁이임을 알고 있었으므로 놀래 킬 작정으로 숨어서 생각해 낸 여우가면, 수건 끝을 당겨서 묶어 얼굴에 푹 뒤집어쓰고, 살금살금 뒤로부터 「캬」……」라고 하는 본문이 있고, 그 다음에 변장한 야지를 여우라고 착각하고 무서워하는 喜多八와의 대화가 이어진다. 膝栗毛 원작에서는 야지가 기타하치를 여우라고 혼자 제멋대로 착각하는 소동이 전개되었는데, 이와 같이 개작된 내용이 이미 安政四年 新内節에서는 불려지고 있었던 것이다. 전술한 명치시대간행 合巻『東海道中栗毛弥次馬』二編의 다색표지(【図版5】)에서도 弥次가 기타하치를 일부러 놀라게 하는 赤坂 여우소동이 그려져 있었는데, 이와 같이 원작을 상당히 변경한 연출이 明治期를 지나 오늘날까지 이르고 있다고 할 수 있을 것이다.

【図版 4】『名画之書分』「藤川 赤坂」(後掲サイト)

【図版5】『栗毛弥次馬』二編다색표지(早大)

V. 시리즈물(揃物)

1. 『伊勢参宮**膝栗毛東海道中**』「濱丞・舞坂」(欄外에「彫工庄治郎」. 天保후기 간행, 広重戯筆, 藤喜板, 大判竪絵5장, 東海道広重美術館소장)[17]은, 우치다미노루(内田実)씨가 전게논문「広重と膝栗毛と一九」에서 지적한 「홍색 세로 직사각형틀 안(短冊形枠内)에 제목(外題)을 적고, 한 장에 두 역참씩, 한 역참은 위쪽에 그 풍경을 그리고, 다른 한 역참은 아래쪽에「膝栗毛」를 그렸다. 위아래 전부 狂歌를 기입함. 전부는 출간되지 않은 듯하다. ◎蒲原・由井 ◎日坂・掛川 ◎濱松・舞坂 ◎一◎一.」의 한 장이라고 생각된다. 이「濱丞・舞坂」외에는 소장처가 불분명하다.

2. **『東海道張交図会』**(1847～1851刊, 広重画, 伊場屋仙三郎板, 全十二장)의 5장 째, 「鞠子・膝栗毛中滑稽」(『膝栗毛』二編下에서는 丸子)는, 참마즙가게의 부부싸움(말리려하는 이웃집 여편네까지)를 그리고, 게다가 『膝栗毛』原話의 기타하치의 교카를 첨부한 小品이다. 다음에 게재하는 草津市소장『東海道張交図会』의 6장 째에「鞠子」가 있는데, 양념절구와 절구공이, 강판이 그려져 있고 전혀 다른 도상이다.

『東海道張交図会』(1852刊, 広重画, 和泉屋市兵衛板, 세로大判, 全14장, 草津市소장.「日本橋」칸에 이 표제가 쓰여지는데, 각 그림에는「五十三次張交」라고 기입한다)의 7장 째,「金谷・膝栗毛滑稽」에는 原話에 준하여 가마 바닥이 빠져서 떨어지는 장면과 그 것을 보고 놀라는 가마꾼 2명, 웃는 순례 2명이 그려진다.[18]

3. **『東海道中膝栗毛』**「御油赤坂の分」一〇斎芳艶画로, 弥次郎와 기타하치, 앉은뱅이수레 안에서 불을 피우는 남자가 그려진다. 嘉永頃 간행의 芳艶画「東海道中膝栗毛 〇〇」(伊勢と都のおゐはけ)에도 기타하치・弥次郎의 코밑에 수염이 그려지는 점, 그림 분위기라든지 풀의 묘사법, 제목의 기입방법 등이 유사하므로 같은 시리즈가 아닐까 추측된다.

4. **『五十三次名所図会』**「37 아카사카 논두렁길에서 야지로 기타하치를 여우인줄 알고 때리다(卅七 赤坂 縄手道にて 弥次郎北八を狐とおもひててふちやくする)」. 広重 最晩年인 安政二年(1855)에 제작한 마지막 東海道시리즈, 이른바「竪絵東海道」중에서 이 한 장은, 투시법으로 펼쳐지는 삼나무 가로수 꾸불꾸불한 길을 배경으로, 모습은 물론이고 복장・소지품・동작까지 그림주사위판『五十三駅滑稽膝栗毛道中図会』(嘉永期간행이라고 필지추정)『浮世道中膝栗毛滑稽双六』(安政二年五月刊)의「ご油」와 흡사한 야지 기타가 그려지므로 模写가 아닐

까 생각된다.

5. 『東海道中栗毛弥次馬』(万延元年〈1860〉刊). 「申閏三改(万延元年閏三月)」 외에, 五・六・八・十・十一月의 검인이 順不同으로 확인할 수 있으므로 駅順으로 발행되지는 않은 것 같다. 当世堂 序文年記「萬延元庚申　孟穐發市梓」. 「大絵錦(ママ)五六番続」. 錦絵와 본문이 융화되어 있고 이른바 합권風 錦絵라고도 할 수 있을 것 같다. 仮名垣魯文述, 一恵斎芳幾画. 横浜市歴史博物館(大判29장+引札2장)・神奈川県立歴史博物館(일부)・たばこと塩博物館(일부)・新居関所資料館・豊橋市二川宿本陣資料館(大判　27장)・島田市博物館(小判　57장)에 소장중이다.

【図版6】『栗毛弥次馬』「平塚」(横歴)

특히 横浜歴博에는 大判1장에 두 그림씩 그려진 원형대로 보존되고 있고, 「横濱本町二丁目　東屋新吉」와 「江戸芝神明前　甘泉堂和泉屋市兵衛」에 의한 引札(광고문)두장도 첨부되어 있다. 「출판업자　当世堂」이라고 하는 序文, 「住家」 그림 초롱에 「久」라고 하는 글자, 각 그림을 에워싸고 있는 사각 틀 밖의 여백에 「**久**品川屋」라고 하는 印, 平塚宿 찻집 발(暖簾)에 「品久」라고 먹 글자가 있다는 점(【図版6】)으로 보건데, 당초의 출판업자는 品川屋久助였으나, 後日横浜의 東屋라든지 江戸의 甘泉堂에 板木이 흘러간 것이 아닐까 생각된다.

大判의 板木 한 장에 두 역참씩 상하로 그려지는데, 이 세로판을 중앙에서 절단하여 小判錦絵(대략 18.5×25cm)로 판매했음을 이와 같이 잔존하는 소장품으로부터 엿볼 수 있다. 내용은 「弥二」와 「기타하치」가 동해도를 에도에서 교토까지 가는 여정인데, 「発端」 「住家」부터 東海道五三次를 걸어, 「京都」 「五条橋」에 이르는 각 역참의 정경이 골계스럽게 묘사된 錦絵시리즈물이다. 야지 기타가 펼치는 여행풍경을 芳幾가 유머러스하게 그리고, 등장인물들의 대화문으로 구축되는 각 역참마다의 본문에 때때로 狂歌 한 수를 넣으면서, 魯文이 재미있고 우스꽝스럽게 기재하고 있다. 원작에는 없는 골계스런 에피소드가 새롭게 등장하는 등, 일화를 갱신하고자 하는 연구가 많이 보인다.

6. 『**書画五拾三駅**』 「袋井・弥次喜太酒慾ノ戯」 (1872刊, 河鍋暁斎画)는, 맹인 두 사람의 술을 훔쳐 마시는 原話삽화와 유사하다. 「藤川・狂婦之戯笑」는, 춤추는 미친 여자와 그 아비에게 힐책당하는 弥次喜太로, 『膝栗毛』 藤川에 있어서 미친 여자에게 얽히는 기타하치이야기를 그린다. 明治期 작품답게 우측 끝에 副題를 둘러싸고 있는 가스등이 그려진다. 「御油・戯人의 겁(臆病)」은 도깨비불이 날아다니는 물가, 부채를 머리에 올려서 끈으로 묶고, 여우 손 모양을 한 弥次와 놀

라는 喜太八가 그려진다. 전술한 바와 같이 新内가락「膝栗毛赤坂의 단」(安政四年)이후의 각색에 기인하는 도상이라고 생각된다.

7.『**東海道膝栗毛絵巻**』七巻[19]은 明治경 芳幾육필화 두루마리그림(絵巻)이다. 전술한 文久元年刊合巻『東海道中栗毛弥次馬』를, 歌川芳幾 스스로 模写해서 두루마리그림으로 출간하고 있는 듯하다. 도상은 역참마다 全장면을 合巻 그대로 이용하면서, 나아가 간략화하여 人物(가끔 小道具)에 집중한다. 狂歌라든지 때때로 기입되는 대사도 合巻을 그대로 이용하고 있으며, 판본삽화를 재이용해서 육필로 전용한 예라고 생각된다.

8.『**東海道名所膝栗毛画帖**』明治무렵 간행[20], 為信画, 가로大判錦絵. ①『東海道名所膝栗毛画帖　前編』『東海道名所膝栗毛画帖　後編』이라고 画帖형태로 한 60장 전부가 新居関所資料館에 소장. ②『東海道名所膝栗毛画帖』라고 画帖형태로 한 개인소장품에 의하면, 우선 한 페이지에 역참이 6개씩 나뉘어 역참마다의 原話를 활자체로 간략하게 소개한다. 여기에서 소개된 역참의 그림이 그 다음에 6장 이어지고, 또 설명문의 본문 한 페이지라고 하는 반복 구성이다. 따라서 활자체 본문 10장, 회화 60장으로 구성된다. 2권의 화첩 제목 필치는 동일하나, 前編 後編이라는 기재가 없고, ①과 표지 문양도 상이하다. 본문내용은 原話를 그대로·각색·창작의 세 가지 측면에서 이루어지며, 역참이름의 흰색 틀(白内枠) 안에 한 수 첨가되는 狂歌는 原話를 요약한 듯한 내용, 또는 역참 명을 집어넣은 내용으로 原話狂歌와는 전혀 다르다.

Ⅵ. 맺음말

이상, 『東海道中膝栗毛』의 방대한 수용역사 속에서 선행연구에서 누락된 감이 있는 「도상」 관점으로 보아 연결되는 작품 군을 서지학적으로 탐색해 보았다. 이와 같은 시도에 의해 지금까지 주목된 적이 없는 많은 판본삽화라든지 우키요에에 처음으로 빛을 비추고, 종합적인 〈히자쿠리게물〉 도상 계승사 구축을 위하여 빠뜨릴 수 없는 한 걸음을 나아갈 수 있었다. 제 장르에 있어서의 **画題**의 답습・연구・창안이라고 하는 상호 영향관계 관점으로는 단편적이나마 졸고(脚注 3)에서 언급해 왔으며, 別稿도 준비하고 있다. 그러나 본고와 같이 전체적으로 조망할 수 있는 작품 군의 서지학적 검증이 있어야 비로소 상호 영향관계론도 객관성이 보전될 수 있는 것이 아닐까.

아울러, 본론에서는 제 장르별로 서지를 고찰했는데, 현재 필자가 확인한 전 작품을 제작 연도순으로 배열함으로써 막부말기, 명치, 각각의 연대, 각각의 시공간에 있어서의 향수 방법도 저절로 보이기 마련이라고 생각되므로 여기에 【참고자료】를 첨부한다.

【참고자료】〈膝栗毛物〉 도상 계승사[21)]

일련번호	刊行年代	作品名	画作者	장르	補　足 ／ 소장처
1	文化元年以前作成中山尚夫説)	東海道膝栗毛画帖	一九自画賛	揃物(一枚摺としての五六枚作成)	文化十一年刊『膝栗毛』発端／早大古典籍に全画像
1	文化十二年制作	東海道膝栗毛画帖	一九自画賛	揃物(画帖仕立としての二帖完成)	文政五年刊『続膝栗毛』完／『稀書複製会叢書』第七巻, 東大比較研究室
2	天保四年～七年頃刊	東海道五拾三次	広重画	揃物	保永堂板(天保二年一九没)
3	天保五年秋刊	しんはん東海道鬱散双六	東一画	絵双六	東一＝地本問屋保永堂竹内孫八／都立中央図

일련번호	刊行年代	作品名	画作者	장르	補　足 ／ 소장처
4	天保中頃刊行	道中膝栗毛・膝栗毛道 中雀	広重画	揃物	中右瑛氏・小田急美術館・横浜高島屋・日本浮世絵博物館・神奈川県歴博,その他拙稿『浮世絵芸術』151号参照
5	天保後期刊行か	伊勢参宮膝栗毛 東海道中	広重画	揃物(大判竪絵五枚)	『膝栗毛道中雀』より後刊行(内田実説) / 東海道広重美術館
6	弘化二年頃刊行	東海道五十三対 「二川」	広重画	揃物	豊橋市二川宿本陣資料館
7	弘化三年～嘉永二年刊	絵本膝栗毛	国芳・英泉・広重画	合巻	ソウル大・早大・立命館大・尾崎久弥・二又・向井信夫・東洋大・玉川大・都立中央図
8	弘化四年～嘉永五年刊	東海道張交図会 「鞠子」	広重画	揃物	東海道広重館
9	嘉永五年刊	東海道張交図会 「金谷」	広重画	揃物	草津市
10	嘉永期刊行か	五十三駅滑稽膝栗毛道中図会	一猿斎国升画	絵双六	学芸大に画像,その他拙稿参照
11	嘉永七年七月初演	旅雀我好話	三代豊国・国芳画	役者絵	江戸中村座 / たばこと塩博・横浜歴博・『弥次喜多東海道展』・『東海道中膝栗毛の世界展』・演博
12	嘉永八年	旅雀我好話	種清作・ 二代国貞画	合巻	東女大近世芸・明大・天理大・早大
13	嘉永期刊行	東海道中膝栗毛 「御油赤坂の分」	芳艶画	揃物か	豊橋市二川宿
14	安政二年刊	東海道中栗毛弥次馬	魯文作・ 芳直画	滑稽本風合巻	国文研・蓬左尾崎・東大
15	安政二年三月初演	鏡山再盛花硯曳	三代豊国・国郷画	役者絵	江戸市村座 / 演博
16	安政二年五月刊	浮世道中膝栗毛 滑稽双六	広重画	絵双六	紙の博,その他拙稿参照
17	安政二年五月刊	伊勢参宮膝くりげ道中寿語録	広重画	絵双六	拙稿参照
18	安政二年七月刊	五十三次名所図会 「赤坂」	広重画	揃物	たばこと塩博・豊橋市二川宿
19	安政二年十二月刊	道外浄瑠璃盡「膝栗毛草津のだん」	国芳画	揃物	http://kenkyuu.jpn.univie.ac.at/karikaturenに画像
20	安政三年二月刊	東海道五十三次図会「藤枝」	広重画	揃物	神奈川県歴博

일련번호	刊行年代	作品名	画作者	장르	補　足 ／ 소장처
21	安政三年七月刊	清書七伊路盤「ひさくりげ　弥次郎兵衛喜多八」	三代豊国画	役者絵の揃物	演博・国会
22	安政三年九月刊	新板膝栗毛道中双六	重宣画	絵双六	拙稿参照
23	安政三年十月刊	東海道五十三次道中双六　名物入	国郷画	絵双六	都立中央図・横浜歴博・藤沢市
24	安政六年一月刊	東海道五十三次滑稽双六	芳艶画	絵双六	都立中央図・豊橋市二川宿・藤沢市
25	万延元年四月刊	東海道中栗毛弥次馬	魯文作・芳幾画	合巻風錦絵の揃物	横浜歴博・神奈川県歴博・たばこと塩博・新居関所資料館・豊橋市二川宿・島田市博・広島大
26	万延元年七月刊	五十三駅東海道滑稽双六	芳幾画	絵双六	都立中央図・藤沢市
27	万延元年十月刊	東海道五十三治膝栗毛双六	芳艶画	絵双六	紙の博・豊橋市二川宿
28	文久元年刊	東海道中栗毛弥次馬	岳亭春信作・芳幾画	合巻	国会・蓬左文庫
29	文久元年刊	弥次北八横濱久里毛	岳亭春信作・芳幾画	合巻	神奈川県歴博・蓬左文庫・横浜開港ブルーム・東洋大図
30	文久二年刊	東海道中滑稽五十三駅	広重の弟子筋か	滑稽本	一九作『膝栗毛』の改板本／九大・早大古典籍に全画像・東大待鳥文庫
31	文久二年三月初演	壮花四季の所作	国周・三代豊国画	役者絵	江戸中村座／演博
32	文久三年八月初演	露尾花野分濡事	二代国貞画	役者絵	江戸市村座／国立劇場
33	元治元年刊	東海道五拾三駅名画之書分「藤川　赤坂」	暁斎・三代豊国画	役者絵	元治元年三代豊国没／http://beniya-web.co.jp/fujikawa/large/16.htmlに画像
34	慶応元年十月刊	東海道五十三駅滑稽道中双六	暁斎画	絵双六	藤沢市・都立中央図
35	慶応三年～明治三年刊	増補東海道膝栗毛	狗々山人編・芳年画	滑稽本	尾崎『増訂江戸軟文学考異』
36	明治三年十一月刊	東海道中名処名物滑稽双六	周重画	絵双六	横浜歴博
37	明治五年刊	書画五拾三駅	暁斎画	揃物	豊橋市二川宿
38	明治二十二年	東海旧道膝栗毛滑稽双六	故広重翁ノ図ヲ国貞写画	絵双六	明治三十一年にも刊行される／藤沢市・都立中央図
39	明治期制作	東海道膝栗毛絵巻	芳幾画	揃物(肉筆画の絵巻七巻)	個人蔵『東海道中膝栗毛の世界展』

일련번호	刊行年代	作品名	画作者	장르	補　足 ／ 소장처
40	明治期刊行か	東海道名所膝栗毛画帖	為信画	揃物(横大判六十枚)	http://beniya-web.co.jp/fujikawa/large/19.html http://202.209.73.88/users/jit/に画像,「明治二十三年の作とされる」/新居関所資料館・個人蔵
41	幕末～明治初期刊	ひざくりげ	国重画	玩具絵	たばこと塩博
42 43 44 45	明治期刊行	滑稽東海道中弥次喜多寿語六 どおけ東海道五十三次双六 東海道五十三駅中仙道六十九駅滑稽振分双六 東海道滑稽五拾三次双六	柘植酔茗狂画 梅堂国政画 一朝斎幾英筆 国利画	絵双六	横浜歴博・藤沢市 横浜歴博・学習院大・藤沢市 蕨市立歴史民俗資料館 学習院大
46 47 48	刊年画工不明	東海道五拾三駅滑稽膝栗毛道中双六 弥次郎兵衛喜多八膝栗毛伊勢双六 新版伊勢道中膝栗毛	(金沢市版) (墨摺り) (色は赤のみ)	絵双六	コープこうべ生活文化センター 品川歴史館 三重県教育委員会

▣ 요약

〈도보여행기물〉 작품군의 서지
- 그 도상 계승사의 일환으로서 -

본고는 방대한 〈도보여행기물〉 수용사를 구축하기 위한 한 가지 방법으로서, '도상(図像)'에 초점을 맞추고 서지학적으로 〈도보여행기물〉 작품 군을 논한 연구이다. 따라서 연구대상 및 범위는, 1802년 초편 발행 이후, 『東海道中膝栗毛』의 대유행과 함께 제작된, 삽화를 지니는 판본을 비롯하여, 배우그림(役者絵)・주사위판그림(絵双六)・시리즈그림(揃物) 등이다.

이전 졸고에서 필자가 발견, 논해 온 작품 외에, 28종의 작품을 새로이 발견하여 총 48종의 〈도보여행기물〉 도상 계승사표를 구축할 수 있었다. 즉 막부말기・명치시대의 판본작품과 우키요에를 장르별로 논한 결과, 다음과 같은 연구성과가 구체적으로 도출되었다.

一. 원작의 골계본(滑稽本) 『東海道中膝栗毛』 八編本을, 후년에 改題・改板한 十編本 『東海道中滑稽五十三駅』과 『東海道中膝栗毛』에 대해 서지측면에서 상세히 조사 보고함으로써, 미해결과제인 十編本끼리의 전후 성립관계를 규명하는 단초를 제공할 수 있었다.

二. 합권(合巻) 중에서는 우선 『絵本膝栗毛』의 판권 이동, 및 초판본과 개제본(改題本), 「합권체재」(合巻仕立)와 「중본체재」(中本仕立) 라고 하는 책의 형태문제에 주목하였다. 그리고 골계본풍의 합권 『東海道中栗毛弥次馬』와 동명이본의 합권이 있는데, 후자에는 후인본(後印本) 2종이 있음으로 인하여 혼란스러운 해당본의 서지를 본고에서 처음으로 명확히 할 수가 있었다.

三. 배우그림(役者絵)중에, 가부키 『旅雀我好話』 『鏡山再盛花硯曳』 『壮花四季の所作』 『露尾花野辺濡事』에 기인하는 다양한 한 장짜리 그림(一枚物)에 대하여 서지적으로 논한 결과, 현재 분라쿠(文楽) 『東海道中膝栗毛』에서는 여우가면 일화가 원작 골계본과 다른 내용으로 변경 상연되는데, 그 개작(改作)의 원천을 1857(安政四)년 후지마쓰 카가다유(富士松加賀太夫)가 창작 발표한 음곡 신나이브시(新内節 「膝栗毛赤坂の段」)임을 규명할 수 있었다.

四. 1840년대 후반(天保後期)부터 명치시대에 이르기까지 간행된 시리즈그림(揃物) 8종에 대하여 그 서지적 발견 및 문제점을 논한 결과, 각각의 내용적 특색과 성립과정까지 고찰할 수 있었는데, 가령 두루마리그림(絵巻) 『東海道膝栗毛絵巻』 七巻은 명치시대 요시이쿠(芳幾)가 그린 육필화(肉筆画)인데, 전술한 골계본풍의 합권 『東海道中栗毛弥次馬』의 동명이본을 그림과 문장까지 모방했음을 밝힐 수 있었다.

이상, 『東海道中膝栗毛』의 방대한 수용사 가운데 선행연구에서 누락되었던 '도상'의 관점으로부터 이어지는 작품 군을 서지학적으로 탐구한 바이다. 이와 같은 관점에 의해서 논했기 때문에야말로 지금까지 주목받지 못했던 많은 판본 삽화와 우키요에가 비로소 조명되었고, 종합적인 〈도보여행기물〉의 계승사 구축을 위한 첫걸음을 내딛을 수 있었다.

▣ 본고의 활용방법

문학작품의 확대 재생산 과정을 조명하는 본고는 고전문학을 좀 더 넓은 사회・문화・예술적 맥락으로 확대함으로써, 일반 독자들이 보다 쉽게 고전에 접근할 수 있도록 하는데 활용할 수 있을 것이다. 본고는 19세기 이후의 문학 예술을 좀 더 넓은 차원에서 이해해 보자는데 목적을 두고 출발하였고, 에도희작 중의 골계본(滑稽本)・합권(合巻), 우키요에 중의 배우그림(役者絵)・시리즈그림(揃物)이라는 일반적 장르 구별법을 적용할 때 누락되기 쉬운 틈새 장르에 주목할 필요가 있음을 환기시켜 주리라 기대한다. 따라서 일본미술계에서도 일본문학계에서도 아직 연구의 손길이 부족한 새로운 분야가 연구자들을 기다리고 있다는 사실을, 본고에 의해 주지하게 될 것이라고 기대한다. 도상적 계보에서 이어지는 〈도보여행기물〉 작품군에 대해 서지학적 검증을 함으로써 비로소 화제(画題)면에 있어서의 상호영향관계론 또한 객관성을 보장받을 수 있는 길을 열었다는 점이 인정을 받아, 일본에서 발행되는 본 학회지에 게재되었으며, 따라서 일본 미술계 및 문학계는 우선, 지금까지 주목하지 못했던 많은 판본 삽화와 우키요에를 텍스트로 활용할 수 있다는 사실을 알게 될 것이다. 그리고 다음과 같이 본 연구 성과를 활용하게 될 것이다.

(1) 본고에서 구축한 48종의 〈도보여행기물〉 도상 계승사표를 토대로, 항간에 묻힌 판본과 회화작품들을 더욱 발굴해 낼 수 있을 것이며, 발굴한 자료의 문학사적 가치 및 문예사적 위치를 가늠하는데 본고를 활용할 수 있을 것이다.

(2) 골계본 『東海道中膝栗毛』의 개제・개판본에 대한 본고의 상세한 서지학적 보고는, 미해결과제인 十編本끼리의 전후 성립관계를 규명하는데 활용할 수 있을 것이다.

(3) 다양한 서지학적 문제를 내포하는 합권 『絵本膝栗毛』와 『東海道中栗毛弥次馬』에 대해, 판권 이동 및 초판본과 개제본, 「합권체재」와 「중본체재」, 동명이본, 후인본을 키워드로 일본 전국에서 필드 조사하였다. 그 결과 본고에서 일목요연하게 정리한 해당본의 서지사항을 후속연구자들이 활용하여 더 이상의 혼돈을 피하게 될 것이다.

(4) 명치시대의 두루마리그림이 실은 십여 년 전의 판본작품을 육필화로 개작한 것이라는 사실, 오늘날의 분라쿠 『동해도 도보여행기』의 내용이 원작 골계본에 입각한 게 아니라 막부말기에 창작된 신나이부시 노랫말에 입각한 것이라는 사실들을 지적한 본고와 같은 연구법을 토대로 하면, 오늘날에도 영화로 제작되고 분라쿠로 상연되는 짓펜샤 잇쿠作 장편 골계소설 『동해도 도보여행기』(東海道中膝栗毛: 1802~1823년)와 같이 21세기에 살아있는 고전작품의 근 현대 수용사 연구가, 미답의 분야로서 앞으로 얼마든지 새로운 학문적 발견과 결부될 수 있다는 점에 시사를 받는 계기로 작용될 것이다.

주

1) 「〈膝栗毛もの〉作品群の書誌―その図様継承史の一環として―」『国語国文』923, 京都大学, 2011년7월.
本稿는 二〇〇九年七月十九日 개최된 日本文学協会第二九回研究発表大会(於静岡大学)에서 口頭発表한 것에, 많은 加筆과 修正을 행한 것이다. 席上 및 発表後 가르침을 받은 二又淳, 日比野秀男, 新藤茂, 津田真弓, 鈴木圭一, 佐藤至子氏께 감사드립니다.

2) 初編から八編(文化六1809年刊)までに発端(文化十一1814年刊)を入れて『東海道中膝栗毛』とし, 以下本稿では『膝栗毛』と略称することがある.

3) 拙稿「浮世絵に見る『東海道中膝栗毛』滑稽の旅」(『浮世絵芸術』151号, 国際浮世絵学会, 2006年2月) / 「〈膝栗毛もの〉絵双六の表象と表現」(『国際日本文学研究集会会議録』第三十回, 国文学研究資料館, 2007年3月) / 「〈膝栗毛もの〉の絵双六 『しんはん東海道鬱散双六』・『五十三駅滑稽膝栗毛道中図会』の位置付け」(『浮世絵芸術』159号, 国際浮世絵学会, 2010年2月) / 「合巻『東海道中栗毛弥次馬』における原話離れと作意について」(『日本学研究』33集, (韓国)壇国大学校日本研究所, 2011年5月). これらで指摘した〈膝栗毛もの〉資料をも, 本稿では新しく書誌学的観点から取り入れるので資料は一部重なるが, 論点は重複しないことを断っておく.

4) この正編及び, 続編, 続々編の初版本における版権の移動については, 二又淳「『膝栗毛』の版権」(『江戸文学』42号, 2010年5月)に詳しい.

5) また，笹川臨風氏が「六編以下には,見返しに「当年新板東海道中滑稽膝栗毛，発起栃面屋弥二郎兵衛，講元神田八丁堀栃面屋喜太八，世話人諸国本屋仲,同출판업자」周囲に手拭の図と，菅笠，道中定宿帳，柄杓，煙草入などを描いてあるが，七編上，八編上，九編上，十編上の見返しもこれに同じく」(『日本古典全書，東海道中膝栗毛』朝日新聞社，1953)と言われる初摺に近い異本を指摘しているが，所蔵先を知らない．

6) 一般的な呼称としては弥次・喜多を用いるが，本論では弥二・北など，依拠する作品によって呼称を区別して表記する．

7) 以下，翻字するに当たって判読不可の箇所は○を以て示し，適宜振り仮名を省略し句読点を追加した．

8) 「本書の初編は弘化三年に首尾の二面(本文冒頭の二オ「應需／渓斎画」」，最終丁の二十四ウ「應需／英泉画」，及び表紙[表紙の縁の外，下の方に小さく「英泉画」]: 康補)を英泉，その他を国芳が挿画して出され,その後は英泉，英一(七編本文最終丁の二十ウ「英一画」：康補)と画工が移って…」(向井信夫 「広重の合巻挿絵」『江戸文芸叢話』八木書店，1995),「七編　英一画，八編　推定英一画」(大沢まこと『合巻本출판업자年表』郁芸社，2000)．英泉1848年7月22日没．

9) 向井信夫「広重の合巻挿絵」前掲書

10) 鳥居フミ子編『ソウル大学校所蔵近世芸文集』(勉誠出版，2000) 第六巻に影印として所収．

11) 所蔵先として東洋大・玉川大・東京都立中央図書館本の存在やその書誌事項(特に출판업자，山中喜太郎と泉喜太が同人であること)について二又淳氏にご教示頂いた．

12) 東京都立本は初・二・三編,四・五・六編，七・八・九編を合綴している．合綴した第一冊目の表紙が初編の袋，見返しが二編の袋，裏見返しが三編の袋を使用しての合本である．以下第二冊目，第三冊目の表紙・見返しも同様に各々の袋を使用しており，袋の表記は，基本的に「(滑稽)(道中)膝栗毛，一九作，英泉画，甘泉堂梓」である．

13) 国文学研究資料館2006年度秋季特別展「仮名垣魯文百覧会」

14) 改・寅六　豊国画　喜多八: 下駄を履いて風呂に入ろうとする喜多八(中村鶴蔵)．丸屋甚八板．
改・寅六　豊国画　二枚続き「浮世道中　膝栗毛の内　二川宿旅店」化粧を施した襦袢と腹掛けに腰を抜かす弥次郎兵衛と喜多八．それを見て困り顔の○くら屋宿六(嵐音吉)と下女おなべ．
改・寅七　豊国画　棚板担ぐ喜多八とその前で石地蔵に触ろうとする弥次(中山市蔵)．

改・寅七　国芳画「膝栗毛五十三駅　小田原宿」：風呂に入った喜太八を取り巻く下女おとくと後家お猿，外で弥二郎兵衛が覗き見る．
改・寅七　国芳画「膝栗毛五十三駅　奥津川の場」：キ太八を背負ったさる市，こっちの岸で見物している弥二郎兵衛，まだかと怒る犬市．
他の場面は脚色甚だしい．

15) 『露尾花野辺濡事』に因む改印「亥十」(文久三年十月)の国貞画(二代目歌川国貞)三枚続き大判錦絵が国立劇場に所蔵される．中央に田舎ごぜ，左に喜多八，右に弥次という三人立ち姿である．

16) 岡本文弥『新内浄瑠璃正本考』同成社，1979年

17) 『東海道中膝栗毛の世界展』(常葉美術館発行図録，2008年)に所載．

18) 広重が描いた『東海道張交図会』のこの泉市版(和泉屋市兵衛，嘉永五年)と，丸清版(丸屋清次郎，弘化四～嘉永五年)，山藤版(山口藤兵衛，安政三年)は全部異板である．

19) 個人蔵にて前掲『東海道中膝栗毛の世界展』図録に，「鞠子」の一部分が所載される．同図録日比野秀男氏解説によれば「これは日本橋から京までを７巻に分けて描いたものである．墨画に淡彩が施されている．」日比野氏より当作品の全画像を送付して頂いた．

20) http://beniya-web.co.jp/fujikawa/large/19.html　http://202.209.73.88/users/jit/に「明治二十三年の作とされる．」とある．

21) 拙稿「〈膝栗毛もの〉の絵双六『しんはん東海道鬱散双六』・『五十三駅滑稽膝栗毛道中図会』の位置付け」에 있어서 거론한 二十種의 絵双六作品을 포함한다. 本稿에서 중점적으로 거론한 작품만 큰 글자로 기재하였다. 소장처는 약칭사용.

〈동해도 도보여행기물〉 그림주사위판 『신판 동해도울산주사위판』·『53역참골계 도보여행기 그림』의 문예사적 위상에 대하여[1)]

Ⅰ. 머리말

베스트셀러 滑稽本『膝栗毛』[2)]를 이용해서 주사위판그림(双六)으로 만든 한 무리가 존재한다. 그 중에 필자가 조사한 자료 중 가장 초창기에 板木에 새겨졌다고 생각되는 그림 주사위판 2종의 위상에 대해서 재고하고자 한다.

기무라야에코(木村八重子)「출판업자 竹内孫八의 事跡」[3)]에, 保永堂 竹内孫八로부터 출간된 合巻『야마토니시키 마모리부쿠로(大和錦守袋)』(坂東秀朝作, 五雲亭貞秀画, 天保七年 [丙甲1836年] 간행) 初編 상권에 실린 판권장(奥付)광고가 소개된다.

'東海道五十三次 / **きさんじ双六**初編 / 午ノ秋에 이미 출판, 東一画. 同二編 / 未ノ秋부터 출판, 広重画. 이것은 세상에 흔한 道中双六에

다가 한가한 속세인의 여행 취향을 덧붙여 말장난과 골계스러움을 우선으로 하는 双六이다. 구입을 부탁드립니다.'

기무라씨는 그 **きさんじ双六**初編으로, 東京都立中央図書館東京誌料소장 『신판동해도울산주사위판(しんはん東海道鬱散(기산지)双六)』(이하, 『鬱散双六』 또는 『鬱散』라고 약칭)을 지적한다.

이 『鬱散双六』라고 하는 표제로부터는 알 수 없지만 내용과 도상을 살펴보면 〈히자쿠리게물〉의 범주에 들어감을 알 수 있다. 따라서 이 『鬱散双六』야말로 본고 Ⅲ節에서 서술하는 4종의 双六보다도 빠른 시기-天保五1834年 가을-에 板行된 〈히자쿠리게물〉 双六라고 할 수 있다. 한편 히로시게그림으로 『鬱散双六』 二編 (竹内板, 天保六年)은 실제로 간행된 것일까. 필자는 아직 발견할 수 없었으며, 전게서에서 기무라씨도 未刊인가, 라고 한다. 「다케노우치(竹孫)의 새로운 취향(新機軸ごのみの) 중시 경향」에 대해서도 언급하고 있는 가운데, 나아가 본 双六와 같이 新기획에 착수했을 신흥출판업자의 패기를 짐작케 한다.

그러면 『鬱散双六』의 화공 「東一」은 어떤 인물일까. 사전류[4])를 펼치면, 지혼돈야(地本問屋: 주로 서민대상 작품 취급하는 에도서점) 保永堂竹内孫八의 호, 다케노우치 비잔(竹内眉山), 嘉永七1854年사망, 江戸레이간지마시오쵸(霊岸島塩町)에 거주, 作画 시기는 天保무렵, 錦絵라든지 狂歌本·合巻 삽화가 있음을 알 수 있다. 『鬱散双六』 간행을 전후하여 天保四年과 六年에는 2세짓펜샤 잇쿠의 合巻 2종의 삽화 또한 그리고 있다. 필시 이와 같이 짓펜샤잇쿠(十返舎一九)의 문하생 및 初代広重 주변과 깊은 관계에 있었던 保永堂이었기 때문에, 『鬱散双六』와 같은 〈히자쿠리게물〉 그림주사위판 제작을 재빨리 착안하게 된 것이리라.

Ⅱ. 〈히자쿠리게물〉 그림주사위판의 선구, 『신판 동해도울산주사위판(しんはん東海道鬱散双六)』에 대하여

しんはん東海道鬱散(きさんじ)双六・江戸れいかんじま志保丁　丸竹　竹内孫八板・極. 사이즈는 46(40) ×67(60)cm. 東京都立中央図書館소장(5247-S5)의 【図版1】로부터는, 이상의 서지정보밖에 얻을 수 없지만, 전게 合巻『大和錦守袋』의 판권장광고에 의해, 天保五1834年가을에, 東一画로 출간되었음을 확인할 수 있다. 都立本은 물감 색상으로 판단컨데 초쇄(初摺)라고 생각된다.

『鬱散双六』 묘선의 특징을 한마디로 말하면, 인물과 풍경이 省筆로 그려진 점, 이라고 할 수 있다. 또한 구성면에 있어서는 『膝栗毛』 역참에서의 에피소드를, (原話에 구애받지 않고) 거의 다른 역참에 전용하는 점, 이라고 할 수 있다.

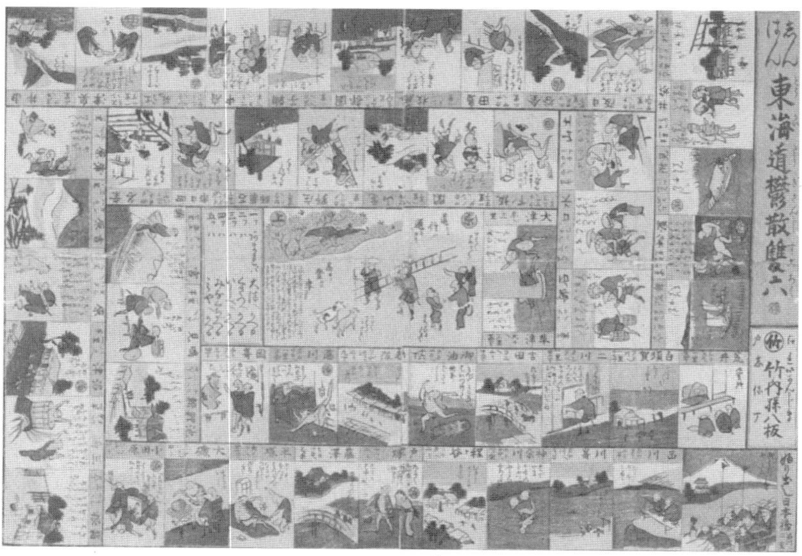

【図版1】 『しんはん東海道鬱散双六』

2-1. 『동해도53차(東海道五拾三次)』와의 關係

이하 『鬱散双六』에 대해, 히로시게(広重)그림 大判錦絵인 保永堂板 『동해도53차(東海道五拾三次)』와의 관계가 유추 가능한 부분을 지적해 보자.

『膝栗毛』 삽화는 名所그림 (풍경화, 【図版2】 5))과 풍속화로 구성되는데, 『鬱散双六』도 마찬가지로 풍속 외에 풍경만이 그려진 역참이 상당 수 있다. 또한 히로시게의 『東海道五拾三次』는 각 역참에 들린 여행객이나 가도(街道)를 가는 사람들이 점경(点景)으로 그려지거나 하는데(【図版3】), 『鬱散双六』의 名所그림(【図版4】) 또한 마찬가지이다.

【図版2】『膝栗毛』四編上・白須賀

【図版3】『東海道五拾三次』「白須賀」

그리고 『鬱散双六』「鳴見・명물옷감(めいぶつしほり)」은 풍속화이다. 다른 〈히자쿠리게물〉 주사위판과는 달리 나루미 홀치기 모양이 명확히 그려지지는 않지만 쪽빛 옷감을 가진 여행자나 가게에 쌓여 있는 옷감은, 히로시게 保永堂板 『東海道五拾三次』「鳴海・名物有松絞」 가게 안에 초점을 맞추어 클로즈업한 듯한 인상을 준다.

또한『鬱散双六』「鞠子・명물 도로로경단(めいぶつとろゝだんご)」은,『膝栗毛』二編下・丸子 에피소드에 기인한 풍속화이다. 그러나 여행자 둘이 먹고 있는 장면은, 保永堂板『東海道五拾三次』「丸子」와 유사하며,『膝栗毛』原話와는 상이하다.『膝栗毛』우쓰산 고갯길, 도단고(十団子)경단 찻집 근처에서 야지가 미끄러지는 이야기가 있으나, 그 도단고(十団子)경단과 도로로 참마즙(とろろ汁)을 해당 칸 문장에서는 착오했거나, 또는 언어유희로 사용했거나 했을지 모르겠으나 의문스러운 부분이다. 原話에서는 十団子경단도 참마즙도 먹지 않으며, 오히려 히로시게그림「丸子」와의 관계가 깊은 칸이라고 할 수 있다. 해당 칸의 등장인물들은 경단이 아니라 참마즙을 먹고 있는 모습으로 그려진다.

【図版 4】『鬱散』「白須賀」

이상, 각각 독립한 시리즈로 天保四年부터 출간된 히로시게그림『東海道五拾三次』와의 관련성이 예상되는 도상이,『東海道五拾三次』의 출판업자인 保永堂 스스로가 화필을 들어 天保五年 가을에 간행한『鬱散双六』중에 발견할 수 있다는 흥미로운 현상을 고찰하였다.[6)]

2-2. 〈히자쿠리게물〉 회화작품 군에 끼친 영향

『鬱散双六』로부터의 영향관계가 유추 가능한 그 밖의 히로시게그림 한 장짜리 우키요에라든지, 〈히자쿠리게물〉 그림주사위판을 들어 보겠다.

먼저 天保中期頃 간행이라고 하는 히로시게그림 **大判錦絵『膝栗毛**

道中雀』『**道中膝栗毛**』 중에서 「京都大仏殿」과 『鬱散』 「大津」, 「小田原숙박」과 『鬱散』 「三嶋」와의 유사성을 지적할 수 있다. 이 『鬱散双六』 「大津・京에 三里」 「다리를 잡아당겨줄까, 앞으로도 뒤로도 가지 않는군. 아파파파파(あしをひっはってやろうか あとへもさきへもいかねへは アイタゝゝ)」는, 『膝栗毛』 六編下・교토大仏殿 에피소드를 가져와서, 『膝栗毛』 삽화와 도구는 상호 닮으나, 사건서막을 그리는 原話삽화와는 달리, 클라이맥스를 포착한다고 하는 『道中雀』와 같은 시점에서 그린다. 마찬가지로 고에몬욕조 입욕 중이라고 하는 평온한 분위기가 감도는 原話삽화와 달리, 욕조 바닥을 부수고 당황해 하는 둘을 그린 것이 『鬱散』 「三嶋」와 『道中膝栗毛』 「小田原숙박」이다.7)

『鬱散双六』 「関・비구니님 오늘밤 같은 여관에 묵읍시다(おひくさんこんやハやどを一所にしませう)」(【図版5】)는, 『膝栗毛』 四編上・二川에서 있었던 사건을 가져온 풍속화이다. 「그 중에서도 젊은 비구니가 기타하치 곁에 와서 "저기 당신 불은 있으신지요." 기타하치"예 예, 지금 피워 드리지요.....자 드시죠......오늘 밤 함께 묵고 싶군요."(中にもわかいびくにが,きた八のそばへよって, 「モシあなた火はおざりませぬか.北八 「アイ/＼今うってあげやせう……サアおあがり.……今夜一所に泊てへの」)에 입각하는 것이다. 본 칸은 『膝栗毛』 삽화 (【図版6】) 보다는, 담배주머니를 손에 쥐고 비구니를 유혹하는 기타하치라고 하는 점에서 본고 Ⅲ節에서 상술하는 그림주사위판 『**図会**』 『**浮世**』 「川さき」 (【図版7】 【図版8】)라든지 『**伊勢**』 「興津」 (【図版9】), 『**新板**』 「江尻」 (【図版10】) 도상과 한층 유사하며, 따라서 계승되어가는 도상이라고 할 수 있을 것이다.

【図版5】『鬱散』「関」

【図版6】『膝栗毛』四編上・二川

【図版7】『図会』「川さき」

【図版8】『浮世』「川さき」

【図版9】『伊勢』「興津」

【図版10】『新板』「江尻」

『鬱散双六』「小田原・(가마꾼) :어르신은 떨어져도 지는 가벼워서 좋지라(旦那ハおちてもこちやかるくてゑゝはへ)」는, 『膝栗毛』 三編上・金谷 일화를 차용하고 있으나, 原話와는 대사 취지가 판이하다. 原話에서 가마꾼은 기타하치가 가마에서 떨어진 것을 그저 동정하며 대책을 강구하는 인물상이었다. 『鬱散双六』의 가마꾼의 이 잡담은 오히려 嘉永期(1848~1854) 무렵 이치엔사이 구니마스(一猿斎国升)에 의해 그려진 『図会』「かなや・(가마꾼, 棒組) : 짝아 이것으로 가벼워져서 훨씬 좋네(あいぼヨこれてかるくていっそいいね)」 대사와 상통하면서 계승되는 양상을 보인다. 『鬱散』에도 『図会』에도 가마꾼들의 웃어대는 모습이 도상으로도 배치되고 있는 것이다.

이 가마로부터 떨어지는 사건은 原話에 삽화가 그려져 있지 않으므로 『鬱散双六』 작자가 창안한 도상이 후대에 계승되는 일례인데, 마찬가지의 作画예로서, 『膝栗毛』 八編下・大坂에서, 거름통(糞担, こへたご)에 빠진 은비녀이야기를 제재로 한 『鬱散』「石部」를 들 수 있다. 原話에 삽화가 없음에도 불구하고, 『鬱散』「石部」와 『図会』「由井」, 『伊勢』「程ケ谷」도상이 상호 模写하지 않았을까 싶을 정도로 흡사한 점으로 보아 『鬱散』의 영향을 추측할 수 있는 것이다.

한편, 다른 〈히자쿠리게물〉 주사위그림에서는 찾아볼 수 없는 『鬱散双六』의 독특한 구성법으로서, 도착점인 「京」에 골계스런 호언장담(啖呵)을 길게 배치하고 있는 점에 주목하고 싶다. 「멀리 가려면 가까운 데서부터, 높은 곳에 오르려면 낮은 곳에서부터, 라고 하는 옛노래가 있으니까, 그래서 일부러 사다리를 산거라고. 그게 우습냐 등신아. 내가 누군 줄 알고. 에도 토박이라고! 에잇 하잘 것 없는 이 개새끼까지 짖어대고 난리네. 빨리 어디에든 사다리를 버리고 싶구먼(遠キニ行ハ邇キヨリ　高キニ登ルニ卑ヨリ　といふ古謡があるから　はしごて上りといふしやれだ　それでわざ／＼はしごを買ったのた　それがおかしい

かべらぼうめ　だれだとおもふ江戸ッ子だぞ　ヱヽつかもねへコノちくせうめ　いぬまてほへやアがる　はやくとこぞへはしごをすてたい).」이 그것이다. 「(오고 가는 사람들) : 와 ~ 바보여 바보(ワイ／＼アホヨ／＼). (애기를 업은 아이) :미치광이여 미치광이 미치광이(きちがいよ／＼／＼). (두마리 개) : 왕 왕 얼간이 얼간이 왕왕왕(ワン／＼マヌケ／＼ワン／＼／＼)」. 『膝栗毛』七編上・교토에서 벌어진 사건에 입각하여 原話의 상황이나 야지 기타의 심경을 잘 반영하면서, 原話에는 그려지지 않은 옛 노래나 큰소리치는 말, 아이라든지 개의 놀림 등을 창작하고 있다. 특히 긴 대사 삽입에 의해, 그림주사위판으로는 특이한 마지막 결말이 되고 있는 것이다.

2-3. 『膝栗毛』 삽화와의 영향관계

『膝栗毛』 삽화와 유사한 『鬱散双六』 도상으로서, 「水口」・「御油」의 풍속화, 「赤阪」의 명소그림 등을 들 수 있다. 이 중에서 『鬱散』「水口」(【図版11】)는 『図会』「하라」(【図版12】) 와 흡사한 예이기도 하다. 『鬱散』「水口・받은 것을 주라고? 그럼 여기 오지마 오지마(もらいためをくれとそんならこっちへつくな／＼)」는, 『膝栗毛』二編上・吉原의 에피소드, 즉 「누더기 삿갓을 쓴 낭인인 듯한 자 부채를 갖고…… "아무쪼록 노전 좀 보태주십시오." 기타하치 "아니 이제 우린 어젯밤 호마의 재에게 가진 돈 다 털려서 한 푼도 없소. 아무쪼록 <u>받은 돈</u>이 있으면 우리에게 보태주시오." 낭인 "<u>그럼 오지마 오지마</u>." (やぶれあみがさをきたるらう人ものとおぼしく扇をもちて 「……なにとぞ路銭の御合力をねがひます.北八「イヤモウ, わっちらアゆふべごまの灰に,路用をとられて壱文なしだ.どふぞ<u>もらひため</u>があらば,こっちへ御合力ねがひます.らう人「<u>そんならコレつくな／＼</u>」)를 전용하는데, 原話 본문과 삽화(【図版13】)를 『鬱散』「水口」와 『図会』「하라」[8]에서는 거의 통째로

가져오고 있음을 알 수 있다. 보잘 것 없는 작은 에피소드인데다가 짧은 대화가 있을 뿐인 장면을, 『鬱散』에서도 『図会』에서도 선택하고 있는 것은 原話에 구비된 삽화의 영향이 아닐까.

【図版11】 『鬱散』「水口」

【図版12】 『図会』「はら」

【図版13】 『膝栗毛』二編上·吉原

그리고 원작에서는 삽화가 없는 사건을 『鬱散』에서 새롭게 그려 보이는 경우도 있다. 『鬱散』「藤川・〈泊〉저기요 미노부산에는 어떻게 가는지요?(もし／＼みのぶさんへハどふまいり升)」는, 四編上・蒲原의 싸구려여인숙(木賃宿)에서 순례처자에게 동침을 시도했으나 실패한 「기타하치 천장을 부수고 아래로 떨어졌다……발에 데굴데굴……부처님의 후광이었다. ……불을 켜서 안에 있던 부친……불단을 여니 의외로 기타하치가 뛰쳐 나오길래 깜짝 놀라 부친 "아니 이 사람은!" "저기 미노부님에게는 어떻게 가는지요?(「モシ身延様へはどふまいります」)라고 변명과 말장난을 한 그 순간을 묘사하고 있는 것이다. 불단 안에는 후광옥이 있고, 촛불을 비춘 집주인에게 위에서 떨어져 기는 듯한 모습의 기타하치가 열심히 변명을 하고 있다고 하는 원작 사건을 충실하게 회화화한 화면 구성이라고 할 수 있다.

그런데 『鬱散』에 묘사된 사건이 原話에 입각한 경우에도 대사는 창작인 경우가 많이 있다. 구체적으로는, 전술한 「京・도착(上り)」이라든지 「小田原」 외에도, 「御油」, 「三嶋」 등이 이에 해당된다. 『鬱散』「三嶋・(집주인) : 거참 달밤도 아닌데 무턱대고 밟아대서 솥을 뚫다니 가만 안 있을 테다. (これハ／＼つきよでもないにやみくもにふみちらかしてかまをぬいたすまぬぞ／＼)」는, 『膝栗毛』 初編・小田原 에피소드를 이용하고 있는데, 집주인의 말장난을 섞은 대사는 原話에 없는 창작이다.

또한 『鬱散』「濱松」처럼, 原話와는 다른 상황을 창출하는 경우도 있다. 「濱松・이 사람은 아까부터 내 머리를 이 발로 주물럭대고 있구먼(この人ハさきからおれがあたまをこのあしでひねくりまはしやアがる)」은, 『膝栗毛』 四編下・宮 에피소드에 기인하고 있다고 할 수 있다. 그러나 안마에게 다리를 붙잡힌 기타하치가 당황하고 있는 『鬱散』도상은, 原話와는 다른 상황을 창안해서 그리고 있다고 할 수 있

다. 왜냐하면 손대신 발로 머리를 주무르고 있는 것을 실은 눈치 채고 있던 原話의 안마사는, (기타하치의 발을 붙잡는 게 아니라) 나중에 기타하치의 머리를 안마하면서 고통을 맛보게 하는 것으로 복수를 하기 때문이다.

한편『鬱散双六』풍속화에 등장하는 인물들이 야지 기타라고 특정할 수 없는 장면들도 꽤 있다. 요컨대,『鬱散』의 品川・戸塚・大磯・原・袋井・岡崎・宮의 挿話는,『膝栗毛』의 특정 사건에 입각하고 있다고 보기 어려운, 즉 창작에 가까운 사건으로 각색되고 있는 것이다.

가령,『鬱散』「戸塚・〈泊〉 마침 여자와 눈이 맞았다 싶으면 잘 곳 찾기가 어렵다. 얼른 자고 싶다 자고 싶어」는,『膝栗毛』의 특정사건에 기인하지 않은 에피소드이면서 色欲에 눈이 먼 야지기타의 본성을 잘 빗댄 일화라고도 할 수 있을 것이다. 밥상 위에 놓인 큰 돌을 보면서 재미있어하는 승려와 여행객 둘을 묘사한「大磯・とらがいし」라든지, 늑대 앞에 엎드려 있는 두 여행객을 묘사한「原・네네 늑대님 저희는 여행자로 묵을 곳도 알고 있습니다. 배웅은 (필요 없습니다) (ハイ／＼大かめさまわたくしどもハたびのものでとまりもしれておりますお送りにハ (およびません))」도, 原話와 무관한 창작 장면이다.「岡崎・宿・장님과 귀머거리 묵게 해 주세요(めくらとつんほとめてくんねへ)」도 창작에 가까운데, 장난삼아 부자지간 행세를 하거나 主従 행세를 하면서 여관에 묵는 야지 기타의 행태로 보건데 그들이라면 함직한 속임수라고, 〈히자쿠리게물〉 독자를 납득시키는 장면이다.

한편,『鬱散双六』「四日市」이후 역참은 石薬師와 亀山역참만 명소그림이고, 그 외에는 전부『膝栗毛』에피소드를 충실히 따른 풍속화라는 점도 특기할 만하다.

Ⅲ.『53역참골계 도보여행기 그림(五十三駅滑稽膝栗毛道中図会)』 간행시기에 대해서

〈히자쿠리게물〉 우키요에라든지 그림주사위판 제작에 있어서 단연 톱을 자랑하는 화가로서 初代히로시게를 드는데 주저할 필요는 없을 것으로 보인다. 본고 말미에 【참고】로 붙인 「〈히자쿠리게물〉 도상享受史」로부터도 짐작할 수 있는 사실이다. 이와 같은 〈히자쿠리게물〉 회화군 계보에 있어서, 『53역참골계 도보여행기(五十三駅滑稽膝栗毛道中図会, 약칭 『図会』)』를 그린 「이치엔사이 구니마스(一猿斎国升)」라고 하는 화가는, 이채로운 존재라고 하지 않을 수 없다. 게다가 初代히로시게보다 먼저 〈히자쿠리게물〉 그림주사위판을 제작했을 가능성이 높은 만큼 회화사적 의의는 크며, 화가나 제작사의 패기가 느껴지는 것이다.

그런데 『図会』 간행 시기라든지 화가에 대해서 아직도 의문점이 남아있는 상황이다. 이 문제를 해결하기 위하여 『図会』를 전후하여 인쇄된, 즉 비교적 빠른 시기에 板木에 인쇄된 그림주사위판 3종을 거론하고자 한다. 『図会』를 포함하는 〈히자쿠리게물〉 4종의 서지를 우선 확인해야 할 것이다. 크기는 大判錦絵인 4장 판목 또는 6장 판목 크기이다.[9]

【1】 五十三駅滑稽膝栗毛道中図会・梓元好, 一猿斎国升戯画, 大坂心斎橋通塩町角綿屋喜兵衛梓, 출판허가도장 없음 (『**図会**』라고 약칭해 온 작품). 이 작품에는 두 종류가 현존한다. ①초판초쇄(本藍: 천연염료를 사용한 연한 쪽빛)로써, 1848년~1854년 무렵(嘉永期) 간행이라고 필자가 추정하고 있는 동경도립중앙도서관소장의 작품(이하 본 책의 인용도판은 청구번호061－S53을 사용함)과, 동경학예대학소장의 작품(50cm×71cm), ②초판후쇄(ベロ藍: 화학염료를 사용한 짙은 남색. 線에 빈 공간・여백이 있음)로써,

1855년(安政二) 간행이라고 판단되는 도요하시시 후타가와슈쿠 혼진(豊橋市二川宿本陣)자료관소장의 작품이 이에 해당한다.

【2】浮世道中膝栗毛滑稽双六・一立斎広重狂画, 版元 照降町恵比寿屋庄七, 改・卯五 (1855년(安政二) 5월 간행, 『浮世』라고 약칭해 온 작품). 奥野かるた가게에서는 역참 번호를 활자체로 붙여 현재도 판매중인 대중적 그림주사위판이다. 일본고전문학전집『東海道中膝栗毛』(小学館, 1975년) 권두그림에는 나카무라 유키히코(中村幸彦)씨가 해설한 이 작품『浮世』가 사용되고 있다. 그러나 나카무라 씨가 싣고 있는 작품(45.5cm×70cm)은 색채를 보건데, 메이지(明治)시대의 후쇄이다. 한편 초판초쇄라고 여겨지는 작품도 현존한다. 즉, 동경도립중앙도서관소장 작품(청구번호: 061－S55, 48cm×71cm)이 그것이다. 초판초쇄인지는 확실치 않지만, 메이지시대 인쇄한 것이 아니라 적어도 에도시대 말기에 인쇄한 것임에는 틀림없는 요코하마시 역사박물관소장의 작품(50cm×71cm)과 아라이 세키쇼(新居関所)자료관소장의 작품(49.5cm×72.6cm), 국립국회도서관소장 작품(本別9-27, 50×71cm)도 에도시대 인쇄된 것임에 틀림없다. 이들은 安政二1855年五月(卯五)의 검인을 지닌다.

【3】伊勢参宮膝くりげ道中寿語録・広重狂画, 版元 山城屋甚兵衛, 改・卯五(『伊勢』라고 약칭해 온 작품). 이 작품에는 두 종류가 현존한다. ①초판후쇄(선에 여백)라고 판단되는 동경대학南葵문고소장의 작품(47(41)cm×70(61)cm)과, 국립국회도서관소장 작품 (本別9-27. 東大本과 사이즈는 동일한데, 출판업자 난에「芝口三丁目」라는 문자 있음)과, ②초판인지의 판정은 불확실하나 후쇄임에는 틀림없는 동경도립중앙도서관소장의 작품(청구번호: 103－S1, 43cm×66cm, 袋付き・袋는 25cm×21cm【図版16】)이 그것이다. 이들도『浮世』와 마찬가지로 安政二1855年五月(卯五) 검인을 지닌다.

【4】新板膝栗毛道中双六・歌川重宣画, 山城や甚兵衛, 改・辰九(『新

板』라고 약칭해 온 작품). 1856년(安政三) 9월의 출판허가도장이 찍혀 있으나, 동경도립중앙도서관소장의 이 작품(청구번호: 478－S1, 36cm×49cm・【図版17】)은 명치시대의 후쇄이다.

【1】『図会』와 【2】『浮世』는 거의 同板(또는 유사판)이다. 어느 쪽이 먼저 간행된 것인지 불확실하기 때문에 두 가지 견해가 있을 수 있다. 히로시게그림『浮世』를 견본으로 구니마스(国升)가 모사하면서 본문을 덧붙이고 역참 명을 새로 조각하게해서 오사카의 와타야(綿屋)출판사에서『図会』로 간행했던지, 거꾸로 오사카 와타야(大坂綿屋)에서 출간된 구니마스그림『図会』를 견본으로 히로시게가 모사하면서 본문을 삭제하고 역참 명을 새로 조각하게해서 에도의 에비스야(恵比寿屋)출판사에서『浮世』로 간행했던지, 둘 중의 하나일 것이다. 화가 이력 등을 감안하여 종래, 전자의 가능성이 높다고 해 왔으나, 필자는 후자의 가능성이 높다고 추론하고 있는바 그 이유에 대하여 이하 보고하고자 한다.

『幕末・明治의 그림주사위판』에는 学芸大学소장『図会』간행 시기라든지 화공에 대하여 다음과 같은 견해가 표명된다. 우선 간행시기에 대해서이다.10)

“본 주사위판(学芸大蔵「五十三駅滑稽膝栗毛道中図会」)과 유사한 그림이 몇 점 보인다. 에도, 오사카, 가나자와 등지에서 간행된, 도상 일부분이라든지 색채가 다른 작품이다. 묘선으로 보건데「浮世道中膝栗毛滑稽双六」(一立斎히로시게그림, 恵比寿屋庄七板, 安政二年)가 가장 오래되었다고 생각된다.…… (学芸大蔵「五十三駅滑稽膝栗毛道中図会」)가 견본으로 했다고 생각되는「浮世道中膝栗毛滑稽双六」는 安政二年(간행이다.) ……”

라고 하는 해설은 재고의 여지가 있어 보인다. 学芸大소장『図会』간행시기를 天保부터 嘉永頃(1830~1854)이라고 同書 제목 아래에서는 추정하면서, 이것이 安政二1855年 간행한 『浮世』를 견본으로 했다고 해설하는 것은 납득이 가지 않는다. 同書에서 화공에 대해서는 다음과 같이 해설한다.

"「一猿斎国升戯画」라고 있지만, 오사카에서 天保부터 嘉永에 걸쳐 활동한 우타가와 구니마스歌川国升(初め貞升)인가. 단지 이치엔사이(一猿斎)는 天保期의 우타가와 요시마스(歌川芳升)号이며, 동명의 화가(「芳升」)가 安政부터 明治에 걸쳐 오사카에도 있었으므로 의문점은 남는다……"

이와 같은 의문점과, 간행시기에 있어서의 혼란을 해소함으로써 『図会』와 『浮世』 양 작품의 전후관계를 규명하기 위하여, 사전과 도록 류에서 화가 「一猿斎国升」와 관계있는 사항을 발췌, 정리해 보겠다.

①우타가와요시마스(歌川芳升): 作画期는 天保1830~明治十1878年代頃. 画号는 一猿斎. 画系는 우타가와 구니요시 문하생(歌川国芳門人).

②요시마스(芳升): 家系는 오사카사람. 作画期는 安政1854~明治. 画系는 이치오사이 요시우메 문하생(一鶯斎芳梅門人). 画歴은 中判 배우그림 있음.

③초대 우타가와 사다마스(歌川貞升 I): 家系는 오사카 船場의 素封家. 유파발전을 위하여 사재를 털었다고 한다. 農人橋松屋町에 거주. 作画期는 天保三1832~嘉永五1852頃. 画号 등은 五蝶亭・五蝶斎・一樹園・一樹斎・**国升**(弘化一1844~)・行升. 画系는 초대우타가와 구니사다(歌川国貞 I=豊国Ⅲ) 문하생. 画歴은 大判・中判의 배우그림 및 풍경화. 嘉永五1852年에 에도에 내려와, 豊国Ⅲ과 合作 (이상 ①②는 『原色浮世絵大百科事典』, ③은 『原色浮世絵大百科事典』・『国書人名辞典』로부터 발췌).

이 ③의 人物에 대하여『浮世絵類考』[11]에서는「貞升: 후에 国升라고 고친다, 오사카(浪花)의 사람」이라고 한다. 마찬가지로 ③의 인물에 대하여『上方役者絵の世界』[12]에서는,「처음 우타가와 사다마스(歌川貞升)라고 칭하고, 후에 스승 우타가와 구니사다(歌川国貞)가 토요쿠니(豊国)가 되고나서 구니마스(国升)라고 고쳤다. 관서지방그림(上方絵)의 대부분을 차지하는 호쿠사이(北斎) 풍의 作画에 대항하여, 우타가와(歌川) 풍의 作画를 그렸다. 만년에는 마루야마 시죠(円山四条)派의 그림을 남기고 있다.」고 한다.

④2세 사다마스(貞升Ⅱ): 作画期는 嘉永二1849年頃. 画系는 초대 사다마스(貞升Ⅰ)의 門人. 画歴은 배우그림 등 (以上④는『原色浮世絵大百科事典』으로부터 발췌).

이와 같이 선행 연구서적으로부터,「이치엔사이 구니마스(一猿斎国升)」라고 하는 画名을 발견하는 것은 불가능하다. 이상을 참조하는 한 ①의 우타가와 요시마스(歌川芳升)는 에도사람이며, ②의 요시마스(芳升)와 ③의 초대 우타가와 사다마스(歌川貞升Ⅰ)는 이치엔사이(一猿斎)라고 하지 않았을 가능성이 대두되기 때문이다.

그러나 활약시기라든지 장소를 토대로, 상기 ③번 인물이 그림주사위판『図会』을 그린「이치엔사이 구니마스(一猿斎国升)」라고 유추할 수 없을까. 첫 번째 이유는 嘉永元1848年5월「貞升改　国升」의 낙관을 가진 四点(전부 中判錦絵, 早稲田大学演劇博物館소장)의 관서지방 배우그림(上方役者絵)에 의해, 스승 우타가와 구니사다(歌川国貞)가 弘化元1844年에 3세 우타가와 도요쿠니(三代歌川豊国)를 襲名하자, 우타가와 사다마스(歌川貞升)는 늦게 嘉永元1848年에 구니마스(国升)라고 개명했음을 알 수 있다.

두 번째로 개명한 후의 배우그림(役者絵) 낙관은「구니마스(国升)」또는「구니마스그림(国升画)」이 많고, 嘉永七1854年頃에 활약이 종료

됨을『上方役者絵集成』第三巻13)의 作画例로 확인할 수 있다.

또한 嘉永元1848年 8월에「이치주테 구니마스그림(一樹亭 国升画)」낙관을 지니는 관서지방 배우그림(上方役者絵) 한 점이, 전자 연극박물관(作品番号: 016-0860)과 阪急学園池田文庫(『上方役者絵集成』 第三巻157번 작품)에 남아 있는 것으로 보건데, 구니마스(国升)라고 개명한 후에「이치엔사이(一猿斎)」라고 하는 斎号 또한 사용하고 있었다고 해도 부자연스러운 현상은 아닐 것이라는 점이다.「이치엔사이 구니마스 희화(一猿斎国升戯画)」의 그림주사위판 존재는, 관점을 바꾸면 이「구니마스(国升)」 시대에「이치엔사이(一猿斎)」라고 하는 斎号 또한 병용하고 있었음을 시사하는 증거가 될 수 있다. 즉「이치엔사이(一猿斎)」라고 하는 구니마스(国升)의 새로운 斎号가 발견된 셈이다. 따라서『図会』는 ③의 우타가와 사다마스(歌川貞升)가 구니마스(国升)라고 호칭하기 시작한 嘉永元1848년 5월 이후 제작일 가능성이 대두된다.

세 번째로 묘선이라든지 물감으로부터『図会』가『浮世』보다 앞서 간행되어『浮世』에 영향을 미쳤을 가능성을 찾아보자. 요컨대『浮世』는『図会』를 모사할 때, 문장을 제거하고, 밑그림(板下)을 새로 만들어서 조각했다고 볼 수 있다는 점이다. 그 근거를 세 가지 정도 들어보자.

A) 동일한 도상이면서 서체는 다르고,『図会』쪽 線이 더욱 세밀하다. 각 칸은 작은 화면임에도 불구하고 섬세한 필치와 정밀한 조각은 여타 주사위판 그림을 능가하는『図会』의 특징이다.

B)『浮世』에는 페루시안 블루만 사용되나,『図会』에는 식물성 쪽빛 염료(本藍, 가령, 화가이름이 적힌 부분)도 사용되고 있다[14]는 점으로 보아, 제작 상한은 天保初年까지 올라갈 수 있다. 단지, 구니마스(国升)를 지칭했던 것은 嘉永元1848年부터이며, 安政期(1854~) 가 되면 대부분 페루시안 블루가 되어 버린다고 하는 二点에, 嘉永七1854年까

지 밖에 구니마스의 作画例가 발견되지 않는다는 점까지 감안하여, 『図会』는 嘉永연간의 板行이라고 추정할 수 있다.

C) 『浮世』는 다음과 같이 二代히로시게画의 가능성이 있다.

「스승의 작풍을 착실하게 계승한 二代히로시게는 초대의 신망이 두터웠고, 그 뜻을 터득한 作画를 행하였다」[15]고 한다. 그 우타가와 시게노부(歌川重宣)가 『図会』를 모사한 『浮世』와, 모사하지 않은 『伊勢』를 스승 히로시게의 이름으로 동시에 출간한 것이 아닐까 라는 가정을 해본다. 이 두 작품의 호평으로 시게노부(重宣)는 이듬해 安政三年, 이번에는 자신의 이름을 내걸고 『新板』을 출간한 것이 아닐까. 우타가와 시게노부(歌川重宣, 安政六年에 二代히로시게의 名跡 계승) 画作 『新板』이, 명확하게 『伊勢』를 모방하고 있는 배경에는, 이러한 사정이 작용하고 있었던 것이 아닐까. 즉 『新板』의 주된 취향은, 정방형 칸인 『伊勢』를 세로로 긴 칸으로 만들기 위하여 『伊勢』의 무대를 생략하고 인물에만 클로즈업, 『伊勢』 등장인물 수를 줄이는 것에 있었기 때문이다. 初代히로시게는 保永堂板 『東海道五拾三次』이후, 20종 이상의 東海道五十三次시리즈물을 제작해왔고, 安政二1855年에는 마지막 동해도시리즈라고 일컬어지는 『五十三次名所図会』 (속칭 「竪絵東海道」) 간행 중에 있었다. 이듬해 安政三年에는 하리마제에(張交絵) 『東海道五十三次図会』 시리즈물 板行외에도 全120장시리즈의 초대작 『名所江戸百景』 출판도 개시한다. 이와 같은 다망한 만년(安政五年사망)의 初代히로시게 공방에는 충분히 있을 수 있는 사례였다고 생각된다.

Ⅳ 맺음말

검인의 유무 외에, 당시 화단의 풍토에 의한 제작환경, 완구로서의 그림주사위판의 위치 등으로 인해, 그림주사위판끼리 어느 쪽이 먼저고 영향을 끼쳤는지 명확히 하는 것은 곤란한 경우가 많다. 그러나 이와 같이 히로시게 이름으로 출간된 安政二1855年의 〈히자쿠리게물〉 그림주사위판이, 시게노부(重宣)를 중심으로 행해졌을 가능성을 탐색해 봄으로써, 〈히자쿠리게물〉 그림주사위판 4종 중에는 『図会』가 가장 빠른 시기에 간행되었다는 증거를 얻을 수 있었다. 『図会』의 화가 「이치엔사이 구니마스(一猿斎国升)」는, 다름 아닌 「초대 우타가와 사다마스(初代歌川貞升)」라는 점, 『図会』 간행시기는 嘉永期라는 점이 규명됨으로써, 그 가능성은 한층 높아졌다고 하겠다.

한편, 〈히자쿠리게물〉 그림주사위판 계보에 있어서, 지금까지 고려된 적이 없는 『鬱散双六』는 天保五年 가을에 간행되어, 〈히자쿠리게물〉 그림주사위판의 선구로 위치 지을 수 있음을 도상과 挿話면에서 고찰하였다. 즉 『鬱散双六』는 『膝栗毛』 삽화와 유사점이 보이는 것은 물론, 나아가 原話에 입각한 사건을 묘출하는 경우일지라도 새로운 도상과 대사를 만들거나, 原話와는 닮은 듯 다른 상황을 창출하거나, 原話에는 볼 수 없는 사건을 안출하는 등의 창작상의 연구가 돋보이는 작품이었다.

그리고 이 『鬱散双六』는 天保四年부터 세상에 나오는 히로시게그림 大判錦絵 『東海道五拾三次』 시리즈와도 일맥상통하는 의식을 지적할 수 있는데다가, 더욱이 天保中期무렵 간행되었다고 하는 히로시게그림 大判錦絵 『膝栗毛道中雀』·『道中膝栗毛』라든지, 그 밖의 〈히자쿠리게물〉 그림주사위판인 『図会』·『伊勢』에 이르기까지, 후속작으로 계승되어가는 도상을 지니고 있다고 하는 문예사적 위상 또한 낮지 않은 작품임을 엿볼 수 있었던 바이다.

남겨진 과제이며 금후 계획인 총체적 「〈히자쿠리게물〉 도상 계승사」에 대해서는 차후에 논문을 집필하고자 한다. 현 시점에서 필자가 확인한 〈히자쿠리게물〉 도상을 지니는 작품으로는 47종을 셀 수 있는데, 여기에 【참고】로 본고에서 취급한 작품을 중심으로 우선은 20종만 들고자 한다. 본고에서 거론한 작품의 일련번호에는 밑줄을 그었다(본 편역서에서 앞서 게재한 1번 논문말미의 【참고자료】〈膝栗毛物〉 도상 계승사를 아울러 참조 바란다).

【参考】〈히자쿠리게물〉의 도상 享受史

일련번호	刊行年代	作品名	画作者	장르	補足 ／ 소장처
1	文化元年以前作成(中山尚夫説)	東海道膝栗毛画帖	一九自画賛	揃物(一枚摺としての五六枚作成)	文化十一年刊『膝栗毛』発端
2	文化十二年発行	東海道膝栗毛画帖	一九自画賛	揃物(画帖仕立としての二帖完成)	文政五年刊『続膝栗毛』完
3	天保四年~七年頃刊	東海道五拾三次	広重画	揃物	保永堂板(天保二年一九没)
4	天保五年秋刊	しんはん東海道鬱散双六	東一画	絵双六	東一 = 地本問屋保永堂竹内孫八.『鬱散』
5	天保中頃刊行	道中膝栗毛・膝栗毛道中雀	広重画	揃物	
6	弘化三年~嘉永二年刊	絵本膝栗毛	国芳・英泉・広重画	合巻	
7	弘化四年~嘉永五年刊	東海道張交図会「鞠子」	広重画	揃物	
8	嘉永期刊行か	五十三駅滑稽膝栗毛道中図会	一猿斎国升画	絵双六	『図会』
9	嘉永七年七月初演	旅雀我好話	三代豊国・国芳画	役者絵	江戸中村座
10	安政二年刊	東海道中栗毛弥次馬	魯文作・芳直画	滑稽本風合巻	
11	安政二年三月初演	鏡山再盛花硯曳	三代豊国・国郷画	役者絵	江戸市村座
12	安政二年五月刊	浮世道中膝栗毛滑稽双六	広重画	絵双六	『浮世』

일련 번호	刊行年代	作品名	画作者	장르	補足 ／ 소장처
13	安政二年五月刊	伊勢参宮膝くりげ道中寿語録	広重画	絵双六	『伊勢』
14	安政二年七月刊	五十三次名所図会「赤坂」	広重画	揃物	
15	安政三年二月刊	東海道五十三次図会「藤枝」	広重画	揃物	
16	安政三年九月刊	新板膝栗毛道中双六	重宣画	絵双六	『新板』
17	安政三年十月刊	東海道五十三次道中双六　名物入	立川斎国郷画	絵双六	
18	安政六年一月刊	東海道五十三次滑稽双六	一英斎芳艶画	絵双六	
19	万延元年七月刊	五十三駅東海道滑稽双六	一恵斎芳幾画	絵双六	
20	文久二年刊	東海道中滑稽五十三駅	広重の弟子筋か	滑稽本	一九作『膝栗毛』の改板本

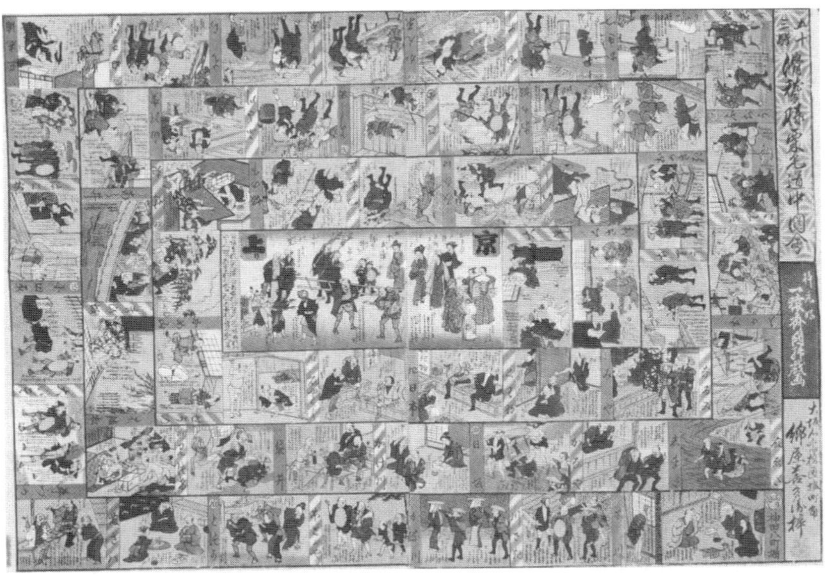

【図版14】『五十三駅滑稽膝栗毛道中図会』東京都立中央図書館蔵（061-S53）

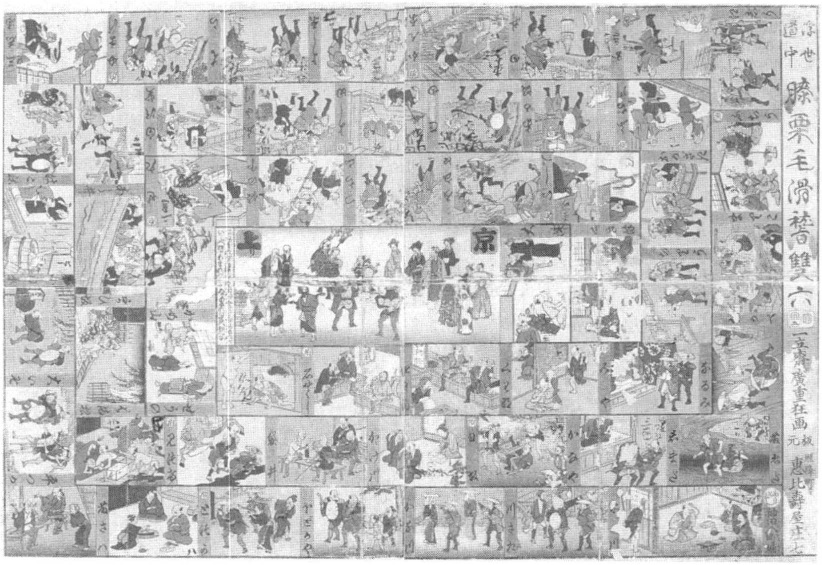

【図版15】『浮世道中膝栗毛滑稽双六』横浜市歴史博物館蔵·同館図録『東海道双六の世界』より転載

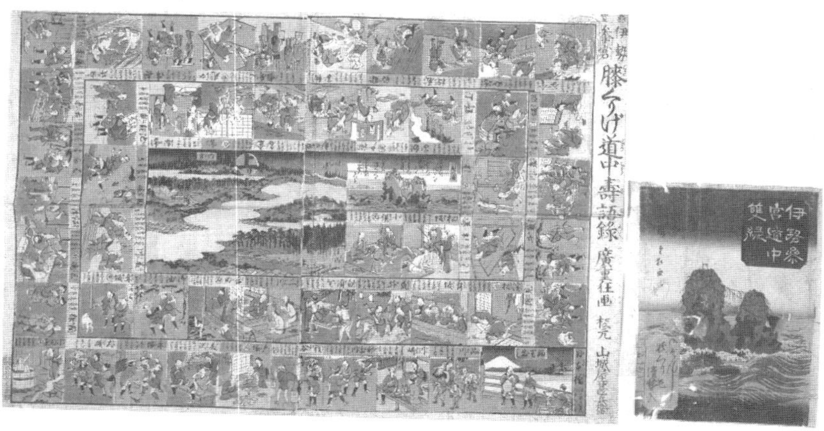

【図版16】『伊勢参宮膝くりげ道中寿語録』東京都立中央図書館蔵 (103-S1)

【図版17】『新板膝栗毛道中双六』東京都立中央図書館蔵 (478-S1)

▣ 요약

「〈동해도 도보여행기물〉 그림주사위판『신판 동해도울산주사위판』·『53역참골계 도보여행기 그림』의 문예사적 위상에 대하여」

一. 〈동해도 도보여행기물〉 그림주사위판 계보에 있어서 지금까지 연구 대상으로 거론 된 적이 없는『しんはん東海道鬱散双六』는 1834년(天保五年) 가을에 간행되어, 〈동해도 도보여행기물〉 그림주사위판의 최초 작품이라고 위치 지을 수 있음을 도상과 삽화(挿話: 이야기) 면에서 고찰하였다. 즉,『しんはん東海道鬱散双六』는 원작『동해도 도보여행기』삽화와 유사성이 보이는 것은 물론이고, 나아가 원화(原話)를 토대로 한 사건을 묘사하는 경우일지라도 새로운 도안과 대사를 제시하거나, 원화(原話)와는 닮은 듯하면서

도 다른 상황을 창출하거나, 원화(原話)에는 등장하지 않는 사건을 안출하는 등의 창작 상의 궁리를 엿볼 수 있는 작품이었다. 그리고 이『しんはん東海道鬱散双六』는 1833년(天保四年)부터 간행되기 시작하는 히로시게 그림(広重画) 大判니시키에『東海道五拾三次』시리즈물과도 일맥상통하는 도상을 지적할 수 있는데다가, 나아가 히로시게 그림(広重画) 大判니시키에『膝栗毛道中雀』·『道中膝栗毛』시리즈라든지, 그 밖의 〈동해도 도보여행기물〉 그림주사위판인 『五十三駅滑稽膝栗毛道中図会』·『伊勢参宮膝くりげ道中寿語録』에 이르기까지 후속 작품으로 계승되어가는 도상을 지닌다고 하는 문예사적 위상 또한 매우 높은 작품임을 규명할 수 있었다.

二. 아울러 히로시게보다 앞서 〈동해도 도보여행기물〉 그림주사위판을 제작했을 가능성이 높은 만큼 문예사적 의의가 큰『五十三駅滑稽膝栗毛道中図会』의 화공이라든지 간행시기에 대하여 고찰하였다. 그 결과『五十三駅滑稽膝栗毛道中図会』의 화공「이치엔사이 구니마스(一猿斎国升)」는 다름 아닌「초대 우타가와 사다마스(歌川貞升)」라고 하는 점,『五十三駅滑稽膝栗毛道中図会』의 제작 시기는 1848년~1854년(嘉永期)이라고 하는 점, 히로시게의 이름을 표방하면서 간행된 1855년(安政二年)의 〈동해도 도보여행기물〉 그림주사위판이 실은 노부시게(重宣)를 중심으로 한 히로시게 공방에서 제작되었을 가능성이 매우 높은 점을 필자가 처음으로 규명한 바이다(즉 화공의 정체와 제작시기 규명). 따라서『しんはん東海道鬱散双六』이후 간행되는 초창기의 〈동해도 도보여행기물〉 그림주사위판 4작품 가운데, 기존 선행연구와는 달리『五十三駅滑稽膝栗毛道中図会』가 가장 이른 시기에 간행되었음을 증명할 수 있었다.

▣ 본고의 활용방법

문학은 언어예술이고, 회화(그림주사위판)는 시각예술로서 표현매체와 전달방식이 서로 다르다. 그러나 문학작품의 내용을 회화로 형상화한 초창기 〈동해도 도보여행기〉 그림주사위판의 존재를 검증하는 본고를 통하여, 일본 대중예술의 저력을 이해하는데 도움이 되지 않을까 생각된다. 19세기 이후의 문학예술을 좀 더 넓은 차원에서 이해하면서 에도희작 중의 골계본(滑稽本), 우키요에 중의 그림주사위판(絵双六)이라는 일반적 장르 구별법을 적용할 때 누락되기 쉬운 틈새 장르에 주목할 필요가 있음을 본고가 환기시켜 주리라 기대한다. 최초의 〈동해도 도보여행기물〉 그림주사위판 『신판 동해도울산주사위판』을 찾아낸 점, 일본학계에서는 히로시게의 영향을 받았다고 했던 『53역참골계 도보여행기 그림』이, 실은 반대로 히로시게에게 영향을 준 것이라고 하여 기존 선행연구의 오류를 정정한 점이 인정을 받아, 일본미술전문가를 대상으로 세계적 회원을 보유하고 있는 학회지에 게재됨으로써 그 파급효과가 기대된다. 본고에서 밝힌 새로운 사실들에 입각하여, 일본을 중심으로 하는 미술계 및 문학계는 기존 선행연구들을 정정하면서 다음과 같이 본 연구 성과를 활용하게 될 것이다.

짓펜샤 잇쿠(十返舎一九)作 장편 골계소설인 『동해도 도보여행기』(東海道中膝栗毛: 1802년~1823)는 오늘날에도 연재만화로써 수많은 독자를 확보하고, 2005년과 2007년에 영화로 제작되는 등, 21세기에 살아있는 고전이라고 할 수 있다. 그렇다면 지금으로부터 약 150여 년 전인 에도시대 말기에 『동해도 도보여행기』는 소설 외의 다른 장르, 특히 우키요에(풍속화)에 어떠한 영향을 미쳤는지 고찰하고자 출발하였다. 우키요에의 일종인 그림주사위판(絵双六) 그룹 중에는 『동해도 도보여행기』(正編) 18권의 에피소드를 55개의 구획 칸에 나누어 그려서 한 장짜리 다색목판화(錦絵)로 완성시킨 한 무리가 있다. 그 중 필자가 새롭게 주목한 두 작품이 가장 초창기의 〈동해도 도보여행기물〉 그림주사위판임을 입증한 것이다. 즉, 〈동해도 도보여행기물〉이라는 사실이 여태까지 선행연구에서는 밝혀진 적 없는 『しんはん東海道欝散双六』가 가장 이른 시기에 간행된 〈동해도 도보여행기물〉이라는 점, 간행시기와 화가가 불분명했던 『五十三駅滑稽膝栗毛道中図会』의 간행시기와 화가에 대해서 분명하게 지적하였으므로 일본문예연구가들이 필자의 연구결과를 활용하게 될 것이다. 이 두 작품은 후속 작품으로 면면히 계승되어지는 도상을 보유한다는 점에서, 뿐만 아니라 〈동해도 도보여행기물〉 우키요에의 대가인 초대 우타가와 히로시게(歌川広重)보다도 앞서 제작했을 가능성이 지

대한 그림주사위판인만큼 문예사적 위상 또한 드높은 작품이라는 것을 규명한 바, 일본문예연구가들이 본 연구결과를 토대로 기존 논문들을 정정한 새로운 후속 논문을 창출하는 데 활용될 것이다.

주

1) 「〈膝栗毛もの〉 の絵双六 『しんはん東海道鬱散双六』·『五十三駅滑稽膝栗毛道中図会』の位置付け」『浮世繪芸術』159, 國際浮世繪學會, 2010년1월

2) 『東海道中膝栗毛』(中村幸彦校注、新編日本古典文学全集、小学館、一九九五年)の通称として『膝栗毛』と略し、本文及び挿絵の引用は同全集による.

3) 『保永堂版　広重　東海道五拾三次』(鈴木重三・木村八重子・大久保純一編著, 小学館, 二〇〇四年) 所載. 同書で『東海道五拾三次』は天保四年から刊行が始まって天保七年完成と推定. 従来説では遅くとも天保五年までは完成とされてきた. 以下, 引用文中における傍線・傍点・括弧の中は稿者の補である.

4) 『国書人名辞典』(岩波書店, 一九九九年完),『原色浮世絵大百科事典』(大修館書店, 一九八二年)

5) 八木敬一「東海道中膝栗毛の삽화資料にについて」(『書誌学月報』三五号, 青裳堂書店, 一九八八年)に, 月岡丹下の絵本『東国名勝誌』からの模写が指摘される삽화である.

6) 『鬱散双六』とは関係ないが, 広重は保永堂板『東海道五拾三次』「神奈川・台之景」で湾内に数艘の舟を描いており, 双六『伊勢』「神奈川」の遠景に点在する舟二艘や岬と一脈通じるところがある. 因みにこの『東海道五拾三次』「神奈川・台之景」右側には, 茶屋の表で宿引き女二人が旅人をむりやり引き込もうとして「旅人の一人は振り払う姿勢, 一人は引き込まれる姿勢」(脚注2掲載書の鈴木重三氏解説)にて描かれる.『膝栗毛』初編・程ヶ谷のエピソードが摂取された例として有名だが, これはまた,双六の『図会』『浮世』「ほどがや」,『伊勢』「大磯」に街道筋の風俗として受け継がれる.

7) 拙稿「浮世絵に見る『東海道中膝栗毛』滑稽の旅」(『浮世絵芸術』一五一号,国際浮世絵学会, 二〇〇六年二月) 二〇頁・二一頁・二七頁に,『膝栗毛』六編下・京都大仏殿の삽화,『膝栗毛道中雀』「京都大仏殿」の図版,『膝栗毛』初編・五右衛門風呂の삽화,『道中膝栗毛』「小田原泊り」の図版を所収しているのでここでは省略する.

8) 『図会』「はら」「(物乞浪人): □□どふそごこうりょくにおこゝろもちをねかい升. (北八): いやモウわっちらもゆふへ, こまのはいにろきんをとられて一文なしさ, とふそこちらへねかひ升」(□: 判読不明の箇所).

9) 拙稿「〈히자쿠리게몰〉絵双六の表象と表現」(『国際日本文学研究集会会議録』第三十回, 国文学研究資料館, 二〇〇七年三月三〇日)にも, 以下【1】~【4】の図版を【図版1】~【図版4】として, 九六頁~九七頁に所収している. 本稿本文に掲載する『図会』『伊勢』『新板』のコマは東京都立中央図書館所蔵,『浮世』のコマは横浜市歴史博物館所蔵(同館図録『東海道双六の世界』七頁 [二〇〇一年十二月] より転載), 『東海道五拾三次』は三菱東京UFJ銀行所蔵(http://www.bk.mufg.jp/minasama/kakawari/gallery/tkdh07.htmlより転載)を利用した.

10) 以下『幕末・明治の絵双六』(加藤康子・松本倫子編著, 国書刊行会, 二〇〇二年)より適宜抜粋・引用するが, 引用文中における傍線や括弧の中は稿者の補である.

11) 大田南畝著, 岩波書店, 一九四一年

12) 大阪市立住まいのミュージアム図録,二〇〇一年十月

13) 北川博子編著, 阪急学園池田文庫, 二〇〇一年三月.
『原色浮世絵大百科事典』第二巻に, 初代貞升の作画期が天保三1832~嘉永五1852頃, 国升の画号時期が弘化一1844~となっているが,『上方役者絵集成』第三巻所載109番作品から175番作品までによって, 初代貞升の作画期は天保三1832~嘉永七1854頃,国升の画号時期は嘉永一1848~と訂正されるべきである.
尚, 北川博子氏には国升の活躍時期など有益なご教示を賜りました. 深謝申し上げます.

14) 『図会』『浮世』の絵の具判定についてご教示賜った新藤茂氏に深謝申し上げます.

15) 内藤正人著『歌川広重』東京美術, 二〇〇七年

'쿠리게노야지우마' 작품론 3

『동해도중 쿠리게노야지우마』 3종과 2세가쿠테 지음 <도보여행기물> 合巻 고찰[1]

Ⅰ. 머리말

짓펜샤 잇쿠(十返舎一九)지음 『東海道中膝栗毛』를 추종하는 滑稽本에 대해서는, 尾崎久弥[2]등 제씨에 의한 연구가 축적되어 있다. 그러나 도상 면에서 『膝栗毛』 향수를 논한 선행연구는 의외로 적어서, 内田実, 向井信夫씨[3]에 의한 연구가 있으나, 아직 종합적인 언급이라고 보기는 어렵다. 따라서 필자는 작년 『膝栗毛』의 방대한 수용사 속에서 선행연구로부터 누락된 감이 있는 「도상」 관점에 입각하여 연결되는 약 50작의 〈히자쿠리게물〉 작품 군을 서지학적으로 추적 연구한 바이다[4].

그와 같은 〈히자쿠리게물〉 도상 계승사 중에 『동해도중 쿠리게노야지우마(東海道中栗毛弥次馬)』라고 하는 완전히 똑같은 표제를 지니는 3종의 다른 작품이 合巻과 錦絵로 존재한다. 이 3종의 『東海道中栗毛弥次馬』의 상호 영향 관계를 서술하고, 성립 배경에는 제작사 当世堂品川屋久助의 출판전략이 있었음을 밝히고자 한다. 3종 중 한 작품이 2

세 가쿠테(岳亭)作이며, 이 외에도 3종의 가쿠테作 〈히자쿠리게물〉 合巻이 전후해서 출간되고 있으므로 함께 내용적 특징을 고찰하겠다.

Ⅱ. 『동해도중 쿠리게노야지우마(東海道中栗毛弥次馬)』 3종의 상호관계

먼저 3종의 서지사항을 간단히 정리하겠다.

A. 滑稽本風 合巻 『東海道中栗毛弥次馬』 中本, 上・下巻의 두 권, 全50장, 十返舎一九原稿, 鈍亭魯文抄録, 一盛斎芳直画. 검인・寅十二(安政元年十二月), 自序年記: 安政二乙卯 正月新梓. 출판업자미상. 이하 「**魯文作 A**」라고 하며, 번각・도판인용은 개인소장본에 의한다.

B. 合巻風錦絵 시리즈물 『東海道中栗毛弥次馬』 小判 58장, 仮名垣魯文述, 一恵斎芳幾画. 品川屋久助板이었으나, 후일 요코하마의 東屋 및 에도의 甘泉堂으로 求板된다. 申閏三改(万延元年閏三月), 申五改, 申十改, 申六改, 申八改, 申十一改等. 当世堂의 序文年記: 萬延元庚申 孟穐(7월)發市梓. 이하 「**錦絵 B**」라고 하며, 번각・도판인용은 横浜市歴史博物館소장본에 의한다.

C. 合巻 『東海道中栗毛弥次馬』 中本, 初・二編의 두 권, 全60장, 故人一九原稿, 岳亭春信作, 一恵斎芳幾画, 品川屋久助板. 酉九改(文久元年九月), 自序年記: 文久元辛酉年初秋. 이하 「**岳亭作 C**」라고 하며, 번각・도판인용은 国立国会図書館소장본에 의한다.

2-1. 내용적 영향관계

「錦絵 B」의 합계 五十六図에 대해, 「도상」과 「문장」 양 측면에서 고찰한 결과 부각되는 특색은, ①56장면 중에 32장면은 잇쿠의 原話

와 무관한 창작담이며, 작품 전체의 특징으로서, 原話 및 다른 2종의 『東海道中栗毛弥次馬』에는 없는, 골계스런 사건이 상당수 새롭게 쓰이고 있는 점, ②自作의 「魯文作A」와 동일한 제재를 취급하는 경우에는, 原話에 없는 어휘・문구까지 완전히 일치하는 경우가 많고 재탕하는 점을 들 수 있다.

그러면 구체적으로 合巻A와 C의 異同에 대해서 살펴보자. 岳亭와 芳幾가 **合巻**C를 제작할 때, 魯文作・芳直画의 **合巻**A를 바로 곁에 두고 보고 있었을 것이라고 필자가 추론하는 근거로서 다음 다섯 가지를 들 수 있다.

(1)C가 A의 도안을 일부 차용하면서, 본문에는 없는 작의를 덧붙인 예가 있다. 「岳亭作C」의 「日本橋」 도상은 한 장반(【図版3】과 【図版4】)있는데, 선행하는 合巻『絵本膝栗毛』(【図版1】, 弘化三年부터 嘉永二年까지, 故人一九作, 国芳〈初編〉・英泉〈二編～八編〉・広重〈九編〉画)로부터는 大名행렬 중에서 「활을 든 사람(弓を担いだ人)」만 잘라내고, 또 「魯文作A」(【図版2】)로부터는 에도성과, 日本橋의 표상인 난간법수(擬宝珠)를 前面에 배치한 도안을 똑같이 차용하고 있다. 그러나 문장(詞書)에는 작의를 덧붙인다.[5)]

(2)C가 A의 그림과 본문을 빌려오면서, 스토리 전개와 끝맺음의 익살(オチ)을 개변하는 예가 있다. 原話에는 없는 「후지(富士)의 사람구멍」이라고 하는 동굴을 들여다보는 모습이 그려지는 「魯文作A」(【図版5】)와 「岳亭作C」(【図版7】)의 도상은 상호 흡사하다. 弥次・喜多가 바뀌었을 뿐으로 서로 닮은 동작을 하는 두 사람에다가, 전체풍경이나 수목, 동굴의 묘사법등 모사에 가깝다. 이 「후지의 사람동굴」 일화는 原話에는 없는 창안된 일화인 만큼, 『東海道中栗毛弥次馬』라

【図版1】『絵本膝栗毛』・川崎

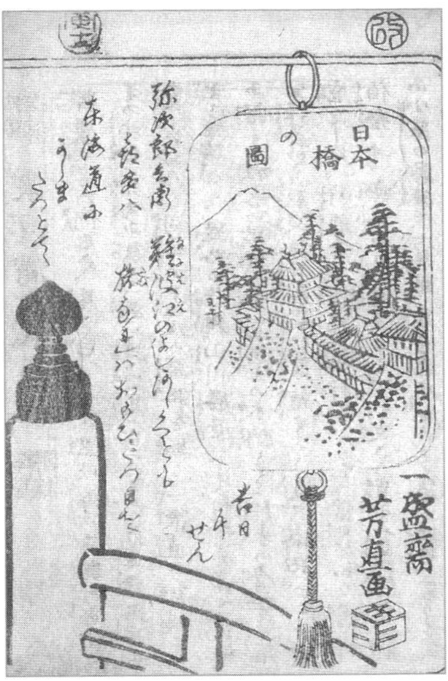

【図版2】「魯文作Ａ」・日本橋

【図版3】「岳亭作Ｃ」・日本橋(ⅰ)

【図版4】「岳亭作Ｃ」・日本橋(ⅱ)

고 하는 작품 3종의 특성이 잘 나타나는 일례로서 그 본문을 아래에 제시하겠다. 밑줄 친 부분이 유사한 부분이다(번각에 있어서 일부 히라가나를 한자로 바꾸고 쉼표 마침표를 찍었다. 괄호 안・밑줄・강조점은 필자의 보충. 이하 동일).

: 「弥次씨 여기가 神奈川의 浅間下(센겐시타)야. 당신 이 산의 사람동굴을 엿봤나? 弥二「언제 와도 으스스해서 난 본 적 없네. 北「잠깐 올라가서 보지 않겠나? 하고 돌계단을 올라가 浅間 신사에 참배하고 옆에 있는 후지의 사람동굴 앞에, 北「이게 仁田(니탄노)四郎가 들어간 구멍이라네. 안에 뭔가 있었던 걸까? 弥「안에 弁天님이 있었다나. 北「뭐 안에 弁天님이 있었다고? 그럼 仁田四郎와 단 둘이 안고 있기라도 했을까? 弥「그럴 리가. 北「仁田四郎도 눈치 없는 사내일세. 난 新道(신미치)의 오후지한테(おふじが所〈도코〉へ) 구멍 들어가기를 했을 땐(穴っぺゑりをした時分にやア), 둘만 있자 꽉 껴안았다고! 弥二「바

【図版5】「魯文作Ａ」・神奈川

보 같은 소리 작작해. 범부(凡夫: ぼんふ)와 신(神)이 함께 있을 수 있냐고. 北「그래도 그 계집을 세상 사람들은 살아있는 弁天이라고 했거든.」(이상【図版5】의 번각)

：北「弥二씨 이게 후지의 사람구멍이라고 하는 거야. 옛날 미호노야(三保のや)의 四郎忠常(스케쓰네)가 이 구멍에 들어가서, 고노하나카구야공주(このはなかくや姫)에게 두꺼비 요술을 가르쳤다고 해. 弥「바보자식, 그건 전부 틀렸다고. 이 구멍은 仁田노四郎가 후지 사냥 때, 멧돼지를 쫓아 여기까지 빠져나온 곳이야. 좀 더 들여다 보라고. 안은 천장깔개 넓이(千畳敷)여. 北「아니, 입구에서 보면 좁은 듯한데 거참 엄청나게 넓구먼. 하고 들여다보는 바람에 적토(赤土, あかつち)를 밟아 미끄러져 데굴데굴데굴 하고 길에 굴러 떨어져 허리뼈를 단단히 다치고, 「아야 아야야야야야, 아아 아프다아파, 야지씨 얼른 내려와서 일으켜 줘. 으으으으. 弥「아하하하하하, 네놈은 그만 구멍을

【図版6】「錦絵 B」・神奈川

보면 정신 줄을 놓으니까 언제든 큰일이 나는 거라고. 그래도 이번엔 구멍에서 떨어진 거니까 아파도 참으라고. 아하하하하하.」(이상, 【図版6】의 번각)

：「야지씨 야지씨, 여기가 神奈川의 浅間下(센겐시타)라는 곳이야. 당신 이 산의 사람 구멍을 봤나?「그러니까 내가 본 적이 없으니까 네놈도 못봤을 거여.「잠깐 올라가서 보자.「사람구멍으로 생각났다. 요코하마(横濱)에 갈 예정인데, 이 길은 좀 지나쳤네.「됐잖아. 지금부터 되돌아가서 보고 가자고. 그렇게 하지 않으면 계산이 맞지 않으니까 말이야. 하고 그로부터 사람구멍에 이르러「야지씨, 이 사람구멍에 仁田(니탄노)四郎라고 하는 무사가 구멍들어가기를 했다더군.「그럼 나도 네즈미요코쵸(鼠横町)의 오후지(おふじ)라고 하는 常磐(도키와) 선생님한테 구멍들어가기를 했는데, 그 땐 잘도 고양이를 갉았지. 仁田四郎는 이 구멍에 들어가 무엇을 갉았을까.「뭐 弁天님을 만났다니까

【図版7】「岳亭作C」·神奈川

비파라도 갉았겠지.」(이상,【図版7】의 번각)

이상의 문장에 의해「神奈川」장면에 있어서 3종간의 異同이 명확히 보여 온다.「錦絵B」의「神奈川」는 그림과 이야기 양쪽 모두 다른 2종과 상호관계를 볼 수 없다. 즉「錦絵B」에서는 후지의 사람구멍이라고 하는 동굴로부터 떨어진 기타하치를 언덕위에서 내려다보는 야지가 그려지며, 合巻A, 合巻C와 모티브는 동일하나 도상과 문장에 공통항은 발견되지 않는 것이다. 그러나 合巻A, 合巻C에서는 여성의 이름을「오후지(お藤)」라고 하여「후지(富士)」의 사람구멍을 비유하거나, 야지 기타가 지껄이는 말투(특히 말끝마디)이외에도, 같은 용어와 대사가 빈출하므로, 合巻C의 작자 가쿠테 하루노부(岳亭春信)가 合巻A를 참조한 것은 분명해 보인다. 그러나 한편으로는 이야기 흐름이라든지 결말, 이른바 마지막의 끝맺음익살(オチ)은 다르도록 하는 연구도 하고 있는 것이다.

(3) C가 A의 그림 일부를 모사하는 예이다. 原話『膝栗毛』(【図版8】)에도 삽화가 존재하는「藤沢」의 경우,「魯文作A」(【図版9】)는 原話삽화를 모사하여 일부에 도입,「岳亭作C」(【図版10】)는 그 모사한 부분을 제거한 뒤에 다른 부분을「魯文作A」(【図版9】)로부터 도입하면서 궁리한다.

이 부분을 제외하면「魯文作A」와「岳亭作C」의「藤沢」도상은 머리를 긁는 가마꾼과 그를 뒤돌아보는 야지[6]가 방향은 반전되고 있으나 서로 유사하다. 그림과 스토리는 原話에서 야지가 가마꾼과 운임비를 교섭하는 이야기에 기인하고 있으며, 그 原話에는 없는 교카「○여행가마를 짊어질 셈으로 삯을 흥정했는데 그 녀석에게 한수 속았노라(旅かごをかつぐつもりで値を決めてきゃつに一ばんかつがれにけり)」가 양 작품 모두에 실려 있는 점으로 보아, 岳亭와 芳幾가 **合巻**C 제작 시, 魯文作·芳直画의 **合巻**A를 바로 곁에 두고 보고 있었다고 하는 필자 추론의 확실한 근거를 제공한다.

【図版8】『膝栗毛』初編

「魯文作A」(【図版9】)의「藤沢」도상 우측에 본문과는 무관하게, 말에 탄 손님과 마부(또는 가마꾼)이 담뱃불을 빌리는 순간이 자연스럽게 그려지는데, 잇쿠自画로 그린 原話 삽화(【図版8】)를 그대로 전용하고 있다고 할 수 있을 것 같다. 말이나 두 사람의 복장, 동작은 물론이고 교차하는 형태로 그려진 두 개의 수목까지 흡사하다. 原話에서도 특별

【図版9】「魯文作 A」･藤沢

【図版10】「岳亭作 C」･藤沢

한 사건에 입각한 삽화가 아니라, 여수(旅愁)를 감돌게 하는 장면으로서 마부노래라든지 짐삯에 관한 정보를 画賛으로 하여, 藤沢・戸塚 부근에 붙인 삽화였다. 단지 전게 「魯文作A」・藤沢에서는 에피소드와의 관련으로부터 마부가 아니라 가마꾼이라고 하는 설정으로 바꾼 것이 아닐까 생각된다.

(4) C가 A의 본문 모두부분만 차용하는 証例가 있다. 原話와는 무관한 창작담으로서 「魯文作A」와 「岳亭作C」의 「大磯」는 모두 「도라가이시(虎ヶ石)」를 들어올리려고 하는 기타하치와, 그를 지켜보는 야지를 묘사한다. 원문과 무관한 문장도 양쪽 다 창작하고 있는 셈인데, ② 「岳亭作C」의 모두부는 ① 「魯文作A」의 문장을 그대로 베끼는 식으로 시작하여, 그 뒤에 새로운 일화를 끄집어냄으로써 A와는 다른 내용을 첨가하는 방식의 개변을 행하고 있다.

① 「魯文作A」・大磯: 弥二 「기타하치야 네놈이 쌀 백가마니를 혼자 먹고 동해도53차 오줌을 싼들(尿(ばり)を放(こ)いたって), 그 돌을 짊어질 수 있을 소냐(その石が担げるもんか), 다치기 전에 자 자 가자고(サア／＼行くべエ). 北 「이거 사람을 너무 얕보지 말라고(コウあんまり人を見くびんなんナ). 이래봬도(これでも) 간다의 鬼熊(오니구마)네한테 가면, 일 이등을 다투는 장사라고. 弥 「그렇게 씩씩대봤자(そんなに息張ったって), 들어 올려지는 건 발뿐이라고. 마치 아이가 가쿠베놀이를 하는듯한 몸짓이구먼. 아이쿠 아직도 아니 당신의 서툰 도라의 돌(下手もち虎が石, ヲッテン／＼トラカ／＼) ○이 마을의 도라는 덤불에도 강자라고 누름돌이 된 정절(此さとの虎は藪(やぶ)にも剛(かう)のものおもしの石となりし貞節(ていせつ)). 야지 입에서 나오는 대로 ○그렇지만 돌이 되다니 무분별하구려, 연꽃 하나에 같이 탈 수는 없도다(去(さり)ながら石になるとは無分別(むふんべつ)ひとつ蓮(はちす)の上にや

のられぬ).

②「岳亭作C」・大磯: 기타하치야 네놈이 쌀 백가마니를 혼자 먹고 동해도53차 오줌을 싼들(尿(いばり)をこいたって), 그 돌은 들 수 없지(その石は上がらねへ). 빨리 가자고(早く行くべエ).「이거 사람을 너무 얕보지 말라고(コウあんまり見くびるめへぜ). 이래봬도(これでも) 세쯔분(節分)의 도깨비는 콩으로 때려 물리치는 사내여.「관 둬 관 둬. 그렇게 씩씩대봤자(そんなに息張っても) 조금도 들려질리 없지. 그리고 이 돌은 힘자랑을 하는 게 아니라고. 옛날 고로 도키쓰네(五郎ときつ(ˀ ˀ)ね)가 이 오이소(大磯)의 유녀와 약속하여 시골에 돈을 구하러 갔는데, 글쎄 그 뒤를 그리워하여 발버둥치며 데려가 달라고 해서 돌이 되었다고 해. 그 이름은 누구나 아는 그 유명한 松浦(마쓰라) 佐用姫(사요히메) 밤에 우는 돌(夜泣き石)이라고 해. 그러니까 힘자랑으로 되는 게 아니라고, 이게 그저 사랑의 무거운 짐이라고 하는 거여. ○그렇지만 돌이 되다니 무분별하구려, 연꽃 하나에 같이 탈 수는 없도다(去(さり)ながら石になるとは無分別(むふんべつ)ひとつ蓮(はちす)の上にのれまい)」「지아비를 그리워하여 돌이 되었다니 아아 이 세상엔 친절한 사람도 다 있네. 나는 오십년 동안 사람들에게 알려져 유명해지기는 했으나 아직 마누라를 가진 적이 없으이.「요번에 진짜 호랑이가 왔다고 하니까, 나는 이 도라가이시(虎ゲ石)를 가지고 가서 눈요깃거리(見世物)로 할 작정이네. 어때 같이 하지 않을 껴?」

이와 같이 合巻C는 合巻A의 문장을 베끼면서 모두부를 시작하고, 그 뒤에 새롭게 전설에 얽힌 이야기를 끄집어내서 A와는 다른 내용을 장황하게 덧붙이고 있다. C의 그림 속 야지는 양손을 눈에 대고 있고 울고 있는 듯하다. 전설을 말하며 자신의 신세를 한탄하여 우는 야지라고 하는 설정인 듯하다. 그 야지의 대사로서 삽화여백문장(書入)은 창안되었고, 더불어 기타하치의 대사에는 「진짜 호랑이가 일본

에 왔다(本物の虎来日)」라고 하는 당시의 화제를 도입하면서 도라가이시(虎ヶ石)를 들어올리는 이유는 「미남자의 증명이 되기 때문(色男の証明になる為)」이라고 하는 일반적 이유가 아니라, 「눈요깃거리(見世物)로 하기 위하여」라고 하고 있다. 그러나 야지가 들려주는 도라가이시 전설은 엉터리로, 오이소의 유녀 도라고젠(虎御前)의 단골손님이자 애인이었던 소가주로 스케나리(曽我十郎祐成, 동생은 소가고로 도키무네曽我五郎時致)와의 일화에, 마쓰라 사요히메(松浦佐用姫)가 남편의 귀가를 기다리다가 돌이 되었다고 하는 전설과, 사요나카야마(小夜中山)의 밤에 우는 돌(夜泣き石)을 뒤섞은데다가 이름까지 뒤죽박죽이다. 돌에 얽힌 유명한 전설 세 가지를 아는 척 하며 틀리게 설명하면서, 자신의 감정에 복받쳐 우는 모습이 우스꽝스러운 이야기로 개변되고 있는 것이다.

(5) 원문을 축약하는 방법이 A와 C가 유사한 경우가 있다. 가령 「岳亭作C」・小田原의 그림은, 히로시게그림의 시리즈물(揃物) 『道中膝栗毛』「小田原숙박」의 흐름을 이어받으면서, 뜨거운 물이 흘러 넘쳐 곤혹스러워하는 기타하치・야지・여종업원 세 사람이 그려진다. 그리고 고에몬 욕조를 부수게 되는 긴 原話를 약술하는 방법으로, 대사는 모두부에만 사용하고 그 다음에는 오직 지문으로 사건을 설명한다고 하는 문체형식을 택하는데, 이 방법은 「魯文作A」・小田原와 같은 형식인 것이다. 양자 모두 원문을 벗어나 작의를 부여했다고 할 만한 문장(詞書)이라든지 묘사는 없으나 축약하는 방법, 즉 선택하는 문장이 상통하는 점도 영향관계의 방증이 될 것이다.

이상의 고찰 결과는 原話와의 거리라고 하는 시점에서 재고해 보면, 原話에 충실한 「魯文作A」와, A를 모방하면서도 그 이상으로 각색 내지 창작하는 「岳亭作C」라고 하는 양 작품의 내용적 특징에 의한 저작자세까지 저절로 결부되어 온다. 환언하면 「魯文作A」에 비해 독창성이 두드러진 「岳亭作C」[7]라고 그 창작수법을 특징지을 수 있기 때문이다.

2-2. 성립배경

이와 같이 岳亭作・芳幾画의 合巻C가, 魯文作・芳直画의 合巻A를 모사하거나 개변하거나 하면서 계승하게 된 성립배경으로서, 지혼돈야(地本問屋: 에도의 대중적 서점) 当世堂의 움직임이 주목된다.

(1) 「**魯文作**A」의 출판업자 추정

「岳亭作C」(文久元〈1861〉年九月改)는 品川屋久助板이다. 그 판권장 목록(奥目録)에 「此外当世流行物板元　江戸人形町通　品川屋久助梓」의 광고가 붙어있다.

그리고 「魯文作A」(安政元〈1854〉年十二月改, 魯文自序年記: 安政二乙卯正月新梓)의 경우, 관견본 다섯 작품 전부에 출판사는 기록되지 않으나, 그 중 한 작품에 전술한 「岳亭作C」와 거의 동일한 판권장 목록(奥目録)이 붙어 있는 것이다.

표제를 같이 하는 작품이 작자와 화공을 바꾸어가며 5년 후에 출판되었다, 고하는 것은, 이 거의 동일한 판권장이 붙어 있다고 하는 점도 감안하면, 当世堂品川屋가

①원래 安政二年序 「魯文作A」의 출판업자였거나,

②또는 나중에 판권(板株)을 획득했다,

고하는 두 가지 경우를 상정할 수 있다. 이와 관련하여 말하자면, 『合巻本版元年表』(大沢まこと著, 郁芸社, 2000)에서는 ①이라고 간주한 듯, 「魯文作A」의 출판업자를 「品川屋久助」(「安政三年刊」)라고 한다. 『原

典資料의 調査를 基礎로 한 仮名垣魯文의 著述活動에 관한 総合的研究・解題編』(科研報告書, 2008)[8]에서도 「品川屋」라고 한다. 그러나 필자는 ②의 可能性이 높다고 추론하고 있으며, 그 근거의 첫 번째는 魯文作・芳直画의 合巻 『기소가도 구리게노야지우마(岐蘇街道栗毛弥次馬)』(序題, 安政三年三月改, 自序年記: 安政初夏脱稿, 全50장. 『日光道中膝栗毛』의 魯文自序에 의해 当世堂板이라고 필자추정)二十二장 앞면에 쓰인 다음과 같은 기사(書入) 「o<u>伯楽街(馬喰町)의 永壽堂을 위해서, 앞서 집필한 구리게노야지우마(栗毛の弥二馬)</u>[9]의 평 아주 좋았다고 들은 사람으로부터 이번에 또 소가기소지의 돌아오는 말(そが木曽路の戻り馬)을 요청받아 가나오카(金崗)의 말은 아니지만 히자쿠리게(膝栗毛) 뛰어난 <u>伯楽의 가게</u>」에 의한다.

두 번째 근거는, 「魯文作A」의 自序 「…当世를 아는 <u>書肆(후미야노) 伯楽</u>(하쿠라쿠), 내(余) 恋岱(쓰마고이)의 新居를 찾아와, 文(ふん)씨 당신은 말에 인연이 있소. …채찍 한번 휘둘러보소(一無智当て見給へ)라고, 부추기는 과녁은 빗나가지 않는 말(的, 마토와 하즈사누 고토바)에 그럴싸한 기분이 들어(一番(ばん)ぐっと乗(のり)が来て)…」 등등에 의한다.

이 두 가지 근거에 의해 安政二年序 「魯文作A」의 출판업자는 「永壽堂 西村屋与八」 였는데, 当世堂品川屋久助가 万延元(1860)年 이전에 「魯文作A」의 판권을 확보했다고 추정할 수 있다.

이 추정의 방증으로서 『合巻本版元年表』에서 「安政三年刊・品川屋久助板」이라고 기록하는 「魯文作A」의 존재라든지, 「錦絵B」의 존재가 있다. 「魯文作A」와 똑같은 표제의 시리즈물을 万延元年에 当世堂이 기획 간행하고 있었던 점을 고려해보면, 적어도 万延元年 시점에서는 「魯文作A」의 판권(板株)을 가지고 있었다고 생각되기 때문이다.

또한 추정 방증의 두 번째는 『諸問屋名前帳』(『旧幕府引継書』 第四

集)「嘉永四亥年三月」 기사이다.「地本双紙問屋　馬喰町二丁目　庄兵衛店　西村屋与八」, 西村屋与八는 丸屋徳蔵에게「万延元申年閏三月二十七」에 양도[10)]라고 있으므로, 永壽堂이 출판사권리(問屋株)를 丸屋徳蔵에게 양도하는 万延元年閏3월 이전에,「魯文作A」의 판권(板株)이 当世堂에게 양도되어 있었기 때문에야말로,「申閏三改」를 지닌 같은 제목의「錦絵B」를 발행할 수 있었다고 생각한다.

(2)「岳亭作C」의 출판배경

이리하여 万延元年에는「魯文作A」의 판권(板株)을 확보하고 있었을 가능성이 높은 当世堂은,『東海道中栗毛弥次馬』라고 하는 표제를 사용할 권리까지 획득했다, 고하는 것일까. 이어지는 이듬해 文久元年에 가쿠테를 작자로 영입하여, 화가는「錦絵B」의 제작경험을 지니는 芳幾와 팀을 이뤄「岳亭作C」를 출판하게 된 것이다.

전게의 魯文作合巻『岐蘇街道栗毛弥次馬』(安政三年三月改, 当世堂板이라고 필자추정)에 있어서 작자 스스로「앞서 집필한 구리게노 야지우마의 평 아주 좋았다(さきに著せる栗毛の弥二馬の評いとめでたし)」라고 말하는 바와 같이,「魯文作A」(安政元年十二月改, 安政二年正月序. 所見本만해도 다섯 군데에 소장)가 호평이었기 때문에 角書만 무대장소에 맞추어 기소(木曽)로 바꾼 뒤 같은 제목의『岐蘇街道栗毛弥次馬』를 이듬해 간행[11)], 그리고 나서 4년 후에 무대가 동해도이므로 角書까지 동일한「錦絵B」(소견본만 해도 여섯 군데에 소장), 이듬해에「岳亭作C」(초판본은 두 군데 확인. 재판본은 2종 있는데 早稲田大学소장의 2권본과, 静岡市木村文庫 및 国文学研究資料館소장의 3권본을 확인)라고 하는 식으로, 4작품이 연달아 간행된 것이리라. 환언하면 그 만큼「구리게노야지우마(栗毛弥次馬)」라고 하는 표제로 매상을 예상할 수 있었기 때문에 발생한 현상일 것이다. 반대로 이와 같은 현상으로부터 가령〈「구리게노야

지우마」 물>의 호평 정도를 추량하는 것도 가능하지 않을까 싶다.

그리고「岳亭作C」二編 서문에서 작자 岳亭가「지금의 유행을 놓치지 않는 궁리의(今の流行を外さぬ工風の) 当世堂」이라고 말하듯이, 이 시기 〈히자쿠리게물〉이 유행하고 있어서 적극적으로 기획・참여하려고 하고 있었던 출판업자 当世堂의 패기가 있었기 때문에야말로 후술하는『弥次北八横濱久里毛』『横濱栗毛』二編도 포함하여,「錦絵B」라든지「岳亭作C」까지 단기간에 板行하기에 이르렀다고 생각된다.

한편 작자와 화공 측에서 성립배경을 생각해보더라도 선행 작품과 동명의 타이틀인 이상, 처음부터 선행 작품의 개작이라고 하는 것을 염두에 두었던 것이 아닐까라고 하는 개연성도 당연히 나온다. 출판업자의 개입 없이 작자의 자발적 시도였다고 할지라도, 희작계에 등단한 초기부터 만년에 이르기까지 평생 魯文과 친밀한 관계가 보이는 岳亭이기 때문에야 말로, 선행작의 존재를 몰랐을 리가 없다고 생각된다.「岳亭作C」와「魯文作A」사이에 간행된 동명작「錦絵B」의 제작경험을 지니는 화공이 참가한 것도 큰 힘이 되어, 앞 절에서 논한 바와 같은 작품내용의 영향관계를 감안하더라도 동명의 선행작이 성립계기로서 강하게 작용했다고 생각해도 되지 않을까.

이상 〈히자쿠리게물〉 간행에 대한 의욕을 불태우고 있었던 当世堂이, 永壽堂으로부터「魯文作A」의 판권을 구하고, 동일한 작자인 魯文을 맞아들여 동일한 제목의「錦絵B」, 魯文의 절친을 작자로 맞아들여 동일한 제목의「岳亭作C」라고 하는 흐름을 만들었던 과정을 고찰한 바, 그러면 文久元年에 **合巻**C를 집필한「가쿠테 하루노부(岳亭春信)」는 어떤 인물일까.

Ⅲ. 2세 가쿠테作 〈히자쿠리게물〉 合巻

실은 이 사람은 2세岳亭인 것이다. 문학사상 이름이 남아있는 초대와 혼동되는 인물이기도 한데, 「戲号・画業・교우 관계」 면에서 고찰할 때 2세임이 틀림없다. 戲号 등에 관한 추적은 매수 관계상 別稿에서 고찰하기로 하고, 여기에서는 출판업자 当世堂의 출판전략에 동조한 무명에 가까운 작자, 2세岳亭에 대하여 「작풍」 면에서 논하고자 한다.

岳亭作 〈히자쿠리게물〉 合巻으로서, 文久元年간행 **合巻C** 이외에, 3종이 더 전후하여 출간된다. 특히, **合巻C** 집필 이전에 岳亭는 이미 当世堂의 〈히자쿠리게물〉 출판에 관여하고 있었던 것이다. 그것이 가능했던 배경을 앞 절에서 논한 외적요인뿐만 아니라 내적요인, 즉 작품의 내용적 특징 면에서 고찰함으로써 「岳亭作C」의 출판배경을 엿보는 또 다른 시각을 제시해보고자 한다.

一. **『야지기타하치 요코하마구리게(弥次北八横濱久里毛)』**: 柱刻「旅日記　一～十五」・「弥次下　一～十五」의 全三十장, 岳亭春信作・一恵斎芳幾画, 万延元年十月改, 品川屋久助板. 底本은 蓬左文庫本・横浜市中央図書館本.

『요코하마구리게(横濱栗毛)』二編: 柱刻「毛二　一～三十」의 全三十장, 岳亭春信作・一恵斎芳幾画, 文久元年四月改, 品川屋久助板. 底本은 早稲田大学本・神奈川県立図書館本.

「滑稽物의 첫무대」라고 自序에서 서술하고, 실제로 그의 처녀작 滑稽物 合巻인 『弥次北八横濱久里毛』가 크게 인기를 얻었다고, 『横濱栗毛』二編自序에서는 다음과 같이 말한다. 「…두서없지만 만들어 보겠습니다하고 잘라다 붙인 의복(辻褄あはぬことながら,やいて三升の切

附衣装), 돌아가신 스승님(先師) 岳亭定岡의, 이름도 빛나는 서유기(誉をのこせし西遊記)는, 이제 와선 옛날이 되어버린 시대물 연극(今はむかしの時代狂言), 그 흐름을 이어받은 시노부가와(流を汲し忍川)에, 셋이 모자란 붓털의 신년(三本足らぬ筆毛の申どし=지혜가 부족한 원숭이 해), 요코하마까지의 종막(横はままでの大切 =『弥次北八横濱久里毛』를 지칭)이, 의의로 대인기를 얻어 이름도 높아진 닭 해의 두 번째(**思ひの外の大当, 名を酉(とり)どしの二番目** =『横濱栗毛』二編을 지칭)도, 초대 잇쿠를 제일로 치는(先の一九が一枚かんばん), 야지기타하치의 세태물 신작(弥次喜多はちが世話場の新作), 광고지를 배부하는 당일부터 평판을 기대합니다(ばんづけくばりの当日より其評ばんをねがふけうけん). /岳亭春信戯作」, 이라고 하는 것은, 「岳亭作C」를 간행하는 전년과 같은 해에, 출판업자 当世堂 밑에서 岳亭는 이미 〈히자쿠리게물〉 合巻을 출간하고 있으며 이것이 호평이었다고 하는 사정이 엿보인다. 따라서 岳亭를 신임한 출판업자 当世堂이, 전작 화가인 芳幾와 또다시 짝을 이루게 하여, 〈히자쿠리게물〉 合巻을 2종, 즉 『横濱栗毛』二編과 「岳亭作C」를 쓰게 했다고 하는 제작배경이 또 보이는 것이다.

『弥次北八横濱久里毛』『横濱栗毛』二編의 내용적 특징은 다음과 같다. ①잇쿠의 原話로부터 주인공 이름과 여행기라고 하는 형식만 빌리고 있으며, 에피소드 및 그림은 原話와 무관하며 狂歌에서 그 장면을 매듭짓는다고 하는 체재도 취하지 않는데, 二編下巻에서는 센류(川柳)를 많이 읊는다. ②작품 무대는 a. 柱刻「旅日記　一~十五」(『弥次北八横濱久里毛』): 江戸八丁堀의 골목집(長屋) → 日本橋 → 高輪의 大木戸 → 鈴ヶ森 → 大森의 야마모토가게 → 六郷의 나룻터, b. 柱刻「弥次下　一~十五」(『弥次北八横濱久里毛』): (川崎) → 生麦 → 神奈川 → (후지의 사람동굴) → 保土ヶ谷의 길목(棒鼻)부터 横浜道 → 吉田橋 → 横浜의 吉原町(의 입구) → 가메이와로(岩亀楼) c. 柱刻「毛二 一~

三十」(『横濱栗毛』二編): 横浜 → 金沢 → 鎌倉 → 에노시마(江ノ島) → 藤沢 → 小田原 → (箱根)이다. ③무대가 요코하마인 경우, 본문 스토리와 무관한 요코하마풍속화(横浜絵)가 다섯 장(柱刻「弥次下」七ウ・八オ / 十ウ~十二オ. 柱刻 「毛二」 十一ウ·十二オ / 十四ウ·十五オ)삽입된다. ④한 장마다 나눠지는 짧은 일화보다는, 두 세장(二・三장)에 걸친 긴 일화가 많은『横濱栗毛』二編에서는, 본문 스토리와 관계없이 뭔가 다른 일화에 입각하고 있는 듯한 그림(十五ウ~十七オ / 二十八ウ~三十オ)이 놓여지고, 도상에서 상상되는 사건이 본문에 전개되지 않는 등, 다양한 그림의 모순현상을 보여주고 있다.

이와 같이 내용적으로는 前編・後編・続編 관계에 있으면서, 柱刻(柱題)이 전혀 다르거나, 제목(外題)에 일관성이 결여되거나, 본문 스토리와 무관한 도상이 後編, 続編처럼 뒤로 갈수록 증가하는 점으로 보아, 졸작이라고 하는 느낌은 부정할 수 없다. 시간에 쫓기면서도 어떻게든 전편・후편을 한권에 모아서 동시출판은 무사히 이루어냈지만, 실은 정서(清書), 또는 板木을 새긴 시기가 서로 달랐기 때문에, 상이한 柱題, 부자연스러운 후편의 페이지 매김, 결여된 검인과 같은 부정합 현상이 발생한 것이라고 생각된다.

二.『**滑稽・에도구이게(江戸久居計)**』: 柱刻「弥次初上 一~十五」・「弥次初下 一~十五」의 全三十장, 岳亭春信作・一恵斎芳幾画, 文久元年三月自序, 文久元年五月改, 출판업자미상. 底本은 国会図書館本.

『横濱栗毛』二編의 다음 달 검인을 지니는『滑稽・江戸久居計』는, ①前作『横濱栗毛』와 마찬가지로, 잇쿠 原話로부터 주로 주인공 이름과 여행기라고 하는 형식을 빌면서 에피소드는 창작하고, 狂歌・川柳・端唄를 읊는 것이 특징적이다.

②江戸市中 맛집을 탐방(食べ歩く)하도록, 이라는 「출판사의 취향(梾木あづさの主ぬしの好み)」(自序)에 의해 본 작품은 제작된 듯하다. 그리고 「작자 말하기를 이 이야기 출판업자의 제안으로, 싼 것과 비싼 것을 야지 기다에게 써 넣길 원하므로, 길을 가면서 먹어대는 것이다. 자못 읽기에 번잡하게 여겨지더라도 그 속에는 재미도 있고, 장난도 있으니 넓게 헤아려 주십시오 (さくしゃいはく, このものがたりはんもとのくふうにて, やすいものとたかひものを, やじきだにかきいれるのぞみゆゑに, みち／＼にくひちらかすなり. いかにも見るにうるさくおぼすべけれど, おほくのなかには, おかしみもあり, たはけもありと見ゆるしたまへ).」(六ウ・七オ)라고, 출판업자(즉, 제작사)로부터 요리 값에 대한 것도 기술해달라는 요청을 받은 작자 岳亭는, 굽 높은 게타 신은(下駄履き) 야지는 비싼 요리, 굽 없는 셋타 신은(雪駄履き) 기타(喜多)는 싼 요리라고 하는, 음식 값 지불을 둘러싼 흥정에서 오는 웃음을 도출한다. 또한 하루 만에 맛 집을 탐방하는 설정이므로 실제 본문에서는 요리 그 자체에 대해서는 거의 언급하지 않고 과식으로 괴로워하는 골계가 본 작품 재미의 한 축을 이룬다.

③무대는 江戸市中인데 실제로 그들이 먹고 마시는 가게보다도 도상에 그려졌을 뿐이라든지, 먹지 않고 그냥 지나치는 가게 쪽이 더 많다. 등장하는 가게나 요리는 「사누키가게(さぬき屋)」→「이모가키가게(いもがき屋)」→「시골단팥죽집(田舎しるこや)」→「万久」→「추어탕집사카이가게(どじゃうやさかひや)」→「히로노야(廣野屋)」의 튀김→「오와리가게(おはりや)」의 붕장어(그림에는 「선술집고이가게(立場居酒　鯉屋　古ゐや)」)→「사쿠라가게(さくらや)」라고 하는 장어집 →「야나가와(やながは)」→「치토세가게(ちとせ屋)」라고하는 붕장어집 →「하고로모센베(羽衣勢んべい)」→「고시키(五色)」가게(屋) →「후카가와정(ふかがわてい)」→「아와유키(あは雪)」→「요헤네초밥(よへいのすし)」→「마

루타케(まるたけ)」→「아타케네 초밥(あたけのすし)」→「만파치(まんはち)」→ (「구라마에」의 헌옷집 →「여자점쟁이집(女のうらないしや)」) →「나카무라라그하는 장어집」→「가미나리과자(雷おこし)」→「쇼지키 메밀국수(しゃうじき蕎麦)」→「후타바가게(二葉屋)단팥죽요리」이다. 마지막(初編下巻八ウ～十五ウ)무대는 요시와라(吉原)로, 싸구려 창녀집(切店)에 들어간 야지 기타(弥次喜多) → 다른 유객(遊客)과 싸우는 야지 → 요시와라를 출발하는 두 사람, 이라고 하는 순서로 요리와 무관한 스토리가 전개된다.

三.『야지로기타하치 동해도중 여행일기(弥次郎喜太八東海道中旅日記)』(序題): 外題『五十三次膝栗毛』으로 필자 추측, 柱刻「ひざくり毛一～二十六」의 全二十六장[12], 文亭春峩作, 文久二年春梅亭金鵞序, 文久元年十月改, 画工・출판업자미상. 底本은 玉川大学本.

「岳亭作C」간행 다음 달 검인을 지니는『弥次郎喜太八東海道中旅日記』의 작자「분테 슌가(文亭春峩)」는 2세 岳亭의 다른 이름(別号)이라고 필자는 추정하고 있는 바, 예를 들면,『야마사키오갓센(山崎大合戦,おほかつせん)』의 文久二年九月서문에「東都**忍川市隠**　**文亭春峩**述」이라고 하는 서명 예(「忍川市隠」이란 2세岳亭의 전형적 자기소개문구)라든지, 文亭春峩作『義勇八犬傳』(亥八改〈1863年初編〉)의「**自序**…春信改　岳亭定岡述」이라고 하는 문장 예에 의한다. 따라서 거의 같은 시기인 3년간 연속해서〈히자쿠리게물〉合巻 4종을, 2세 岳亭는「岳亭春信」와「文亭春峩」라고 하는 다른 필명으로 집중적으로 출간하고 있는 셈이 된다.

本作『弥次郎喜太八東海道中旅日記』의 특색으로서, ①잇쿠原話와 유사한 분위기가 감도는 일화가 다섯 예정도 있지만, 어디까지나 원작으로부터는 주인공 이름과, 동해도 여행이라고 하는 형식만 빌려서, 에피소드 및 도상은 管見 〈히자쿠리게물〉 선행작의 직접적 영향을 받지 않고 창작하고 있다고 할 수 있다. 狂歌도 「니혼바시(日本橋)」이외의 곳에서는 읊지 않는다. ② 『이가고에도추스고로쿠(伊賀越道中双六)』「누마즈(沼津)」・謡曲 『마쓰카제(松風)』를 본문이나 도상에 자연스럽게 엮어 넣거나, 권두의 여행출발 동기가 서민연극(素人芝居) 연습(下稽古)이었고, 권말의 6페이지(見開き三丁)에 걸쳐 복수담을 빙자한 즉흥연극(茶番)이 전개되는 한편, 이어지는 下巻 첫머리도 연극 취향으로 시작됨을 상권 끝에 예고하는 등, 야지 기타의 연극 애호가 취향이 한층 두드러진다. ③본문 그대로를 그리지 않는 도상으로 여덟 예가 있는데, 여행 도중 일어날 수 있는 만남이나 장면을 그리기 때문에 위화감없이 본문에 융화되고 있다. ④페이지마다 일화가 완전히 단절되지 않고, 역참이 바뀌어도 이전 역의 일화를 끄집어내는 경우가 여섯 예 있다. ⑤전체적 문체 경향으로서 여백문장(書入)이 놓이지 않는 페이지가 많다는 점, 본문이 거의 대화체인 점, 또 그 주고받는 대화가 짧은 템포로 진행된다, 는 점을 들 수 있겠다.

그리고 나서, 전술한 『滑稽・江戸久居計』 간행 4개월 후의 검인을 지니는 것이 「岳亭作C」이다. 본 작품은 그의 다른 〈히자쿠리게물〉 合巻과는 달리 잇쿠 原話의 내용적 개변을 꾀하고 있다는 점이 가장 큰 특징이다. 그 개변이란, ①에피소드가 시작되는 처음 모티브만 원작으로부터 차용해서는 완전히 다른 이야기로 전개시킨다든지, ②原話에 준하여 스토리를 추진하는 경우에도 새로운 잡담(無駄口)의 여백대사(書入) 등을 삽입한다든지, ③반대로 도상은 原話의 느낌을 강하게 남기면서도 해당본문은 狂歌를 비롯하여 창안한 내용으로 가득 채운다, 고 하는 등의 개변이다. 요코하마풍속화(横浜絵)나 오쓰에(大津絵)에 취재한 듯한, 原話를 많이 벗어난 창작담으로부터는 유행에 민감한 작자 岳亭의 창작자세도 엿볼 수 있으며, 다양한 창작수법이 구사된 작품이라고 할 수 있다.

이상, 〈히자쿠리게물〉 도상 계승사 중에 『東海道中栗毛弥次馬』라고 하는 똑같은 제목(標題)을 지니는 3종(三種)의 다른 작품, 즉 로분글(魯文作)・요시나오그림(芳直画)의 1855년 서문집필(安政二年序)의 合巻, 로분글(魯文作)・요시이쿠그림(芳幾画)의 1860년 검인(万延元年改)의 다색판화 시리즈물(錦絵揃物), 가쿠테이글(岳亭作)・요시이쿠그림(芳幾画)의 1861년 서문집필 및 검인(文久元年序・改)의 합권(合巻)을 제재로, 상호영향관계를 도상과 본문 양면에서 논함으로써 각 작품의 특징을 추출하고자 하였다. 그 결과 가쿠테이(岳亭)와 요기이쿠(芳幾)는 **合巻C** 제작 시, 魯文作・芳直画의 **合巻A**를 바로 곁에 두고 보고 있었을 것이라고 하는 점, 잇쿠作 原話와의 거리에서 본다면, 「魯文作A」가 가장 가깝고, 「錦絵B」가 가장 멀리 떨어져 있으며, 「岳亭作C」는 그 중간거리에 위치하는 독창성을 지니는 작품이라는 점, 그리고 이 3종의 동일한 제목 작품의 성립배경에는, 출판업자이자 제작사인 当世堂 品川屋久助의 출판전략이 깊이 관여하고 있음을 지적할 수 있었다. 또한 2세岳亭作의 〈히자쿠리게물〉 合巻으로서, 文久元年간행의 **合巻C** 이외에도 3종이 더 전후하여 출간되고 있으므로, 그들의 내용적 특징의 비교분석을 시도함으로써 무명에 가까운 작가 2세岳亭의 작풍을 고찰하고, 그가 当世堂의 〈히자쿠리게물〉 출판에 관여하게 된 배경을 작품의 내적요인으로부터도 규명한 바이다.

▣ 요약

『동해도중 쿠리게노야지우마』 3종과 2세가쿠테 지음 〈도보여행기물〉 合巻 고찰

짓펜샤 잇쿠(十返舎一九)作『東海道中膝栗毛』를 추종하는 滑稽本에 대한 선행연구는 축적되어 있으나, 도상(図像) 면에서『膝栗毛』享受를 논한 연구는 전무에 가까웠기에 필자는 '도상'면에서 연결되는 약 50作의 〈히자쿠리게물〉 작품 군을 서지학적으로 작년에 추적 조사했었다.

Ⅰ. 그와 같은 〈히자쿠리게물〉 도상 継承史 중에,『도카이도츄 구리게노야지우마(東海道中栗毛弥次馬)』라고 하는, 똑같은 제목(標題)을 붙인 3種의 다른 작품이 合巻과 우키요에(錦絵)로 존재하였다. 즉, 로분글(魯文作)・요시나오그림(芳直画)의 1855년에 서문집필(安政二年序)한 合巻A, 로분글(魯文作)・요시이쿠그림(芳幾画)의 1860년에 검인(万延元年改)된 다색판화 시리즈물(錦絵揃物)B, 가쿠테이글(岳亭作)・요시이쿠그림(芳幾画)의 1861년에 서문집필 및 검인(文久元年序・改)된 合巻C이다.

一. 이 3種의『東海道中栗毛弥次馬』를 '도상'과 '본문' 양면에서 논함으로써, (1)～(5)까지 다섯 가지 측면의 내용적 특징을 추출할 수 있었다. 상호영향관계에 입각할 때, 가쿠테이와 요시이쿠는 **合巻**C 제작 시, 로분글・요시나오그림의 **合巻**A를 바로 곁에 두고 보고 있었을 것이라고 하는 점, 잇쿠作 原話와의 거리에서 본다면,「魯文作A」가 가장 가깝고,「錦絵B」가 가장 멀리 떨어져 있으며,「岳亭作C」는 그 중간거리에 위치하는 독창성을 지니는 작품이라는 결론을 얻었다.

二. 한편「魯文作A」의 출판사가「시나가와야(品川屋)」라고 하는 선행연구에 필자는 동의할 수 없고, 1855년에 서문집필한「魯文作A」의 출판업자는 원래「에쥬도 니시무라야 요하치(永壽堂西村屋与八)」였는데, 도세도 시나가와야 규스케(当世堂品川屋久助)가 1860년 이전에「魯文作A」의 판권을 양도받은 것이라는 사실을 밝혀냈다. 그리하여 이 3種의 같은 제목 작품의 성립배경에는, 출판업자이자 제작사 当世堂品川屋久助의 출판전략이 깊이 관여하고 있음을 지적할 수 있었다.

Ⅱ. 이 3種 중 한 작품, 즉 1861년에 출간된 **合巻**C의 작자 岳亭가, 기존 연구에서는 초대인지 2세인지 아무런 구별이 없었으나, 실은 2세이며, 이 외에도 또 다른 3種의 2세岳亭作 〈히자쿠리게물〉 合巻이 一.~三.까지 1861년을 전후하여 출간되었다는 사실을 본고에서 최초로 지적하였다. 그리하여 지금까지 연구대상이 된 적이 없음은 물론이고 제대로 된 번각작업조차 행해지지 않았던 총 4종의 〈히자쿠리게물〉 合巻에 대해 내용적 특징의 비교분석을 시도함으로써, 무명에 가까웠던 작가 2세岳亭를 발굴하고 그의 作風을 고찰 규명한 바이다.

▣ 본고의 활용방법

초대 가쿠테는 우키요에 화공, 희작자로서 상당부분 평가를 받고 있는 작가이다. 그런 만큼 초대 가쿠테와 2세 가쿠테의 구별은 일본 미술계에서 중요한 문제일 뿐만 아니라, 한 무명의 희작자를 발굴한다는 측면에서 일본문학계에 있어서도 매우 중요한 과제이다. 본 연구를 통하여 2세의 존재를 어필함으로써, 학문적 오해를 방치하고 있는 일본문학계와 일본미술계의 무관심에 대해 경종을 울리는 효과를 기대한다. 2세 가쿠테와 같이 학계에서 거론되지 않는 마이너한 작가의 작품의 경우 산실의 위기를 안고 있는 지금이야말로, 그러한 자료들을 수집, 시급히 정리 분석해야 하는 중요한 연구라는 것을 본 연구결과가 인식시킴과 동시에, 그동안 무심하게 항간에 묻혀 있었던 2세 가쿠테 관련 자료들의 발굴・보고에도 기여할 것이다. 총 4종의 〈히자쿠리게물〉 合巻에 대해 내용적 특징의 비교분석을 시도함으로써 무명에 가까웠던 작가 '2세 岳亭'를 발굴하고 그의 作風을 고찰 규명한 점, 혼동되어 온『東海道中栗毛弥次馬』3종에 대해 명확히 구별하면서 제작사와 작가에 대한 기존 선행연구의 오류를 정정한 점이 인정을 받아, 일본현지 발행 학회지에 게재됨으로써 세계적 파급효과가 기대된다. 동일한 제목이기에 혼동되어 온『도카이도츄 구리게노야지우마(東海道中栗毛弥次馬)』3종에 대해 명확히 구별하여 논한 최초의 연구인 본고에서 이들의 정확한 서지목록을 제공함으로써 후속연구를 기대할 수 있다. 즉, 불분명했던 제작사(版元)와 작가(2세 가쿠테), 장르를 명확히 제시한 본 연구결과를 토대로 후속 연구자들이 기존 논문들을 정정한 새로운 후속 논문을 창출하는 데 활용하게 될 것이다.

주

1) 「『東海道中栗毛弥次馬』三種と二代目岳亭作〈膝栗毛もの〉の合巻攷」『日本文学』716, 日本文学協会, 2013년2월.
附記: 本稿は2011年5月武蔵大学草双紙研究会, それから日本近世文学会2011年度秋季大会(於高麗大学校)で口頭発表した一部に加筆と修正を施したものである. 席上及び発表前後に, 출판업자関連調べるべき資料や注意点についてご教示下さった延広真治, 二又淳, 佐藤至子の諸氏, 全体的研究方向についてご教示下さった津田真弓, 小林ふみ子, 佐藤悟, 石川了の諸氏, 更に岳亭作の御架蔵本まで惜しみなく提供して下さった高木元, 小田島洋, 浅川征一郎氏に被った学恩は言い表し難い程である. 心から深謝申し上げます.

2) 尾崎久弥「膝栗毛物の研究」(『増訂江戸軟文学考異』文修堂, 1933)

3) 内田実「広重と膝栗毛と一九」(『広重』岩波書店, 1932・1978), 向井信夫「広重の合巻挿絵」(『江戸文芸叢話』八木書店, 1995)

4) 関連拙稿として「〈히자쿠리게물〉作品群の書誌 —その図様継承史の一環として」(『国語国文』923号, 2011年7月)の他に,「浮世絵に見る『東海道中膝栗毛』滑稽の旅」(『浮世絵芸術』151号, 国際浮世絵学会, 2006年2月) /「〈膝栗毛もの〉絵双六の表象と表現」(『国際日本文学研究集会会議録』第三十回, 国文学研究資料館, 2007年3月) / 「〈膝栗毛もの〉の絵双六『しんはん東海道鬱散双六』・『五十三駅滑稽膝栗毛道中図会』の位置付け」(『浮世絵芸術』159号, 国際浮世絵学会, 2010年2月) / 「合巻『東海道中栗毛弥次馬』における原話離れと作意について」(『日本学研究』33集, (韓国)檀国大学校日本研究所, 2011年5月)など.

5) 原文と『絵本膝栗毛』では「北「ヲヤ／＼弓をかついでいる人の笠を見ねへ. あたまと延引(ゑんにん)していらア」と短文のところを,「岳亭作C」では「弥次さん／＼あれ／＼あの弓を担いで来た人の笠を見な. 頭から見ると一尺ばかり上のほうへ天上してゐるぜ. なんぼせいが低ひとてあんまり可笑しい. それよりか道中を足駄で歩けばいひに.」と, 長文に脚色している. この台詞通りに笠の台が高く，頭から離れているような笠が描かれていた『絵本膝栗毛』の図像を転用したのである．

6) 「岳亭作C」・藤沢図像では,駕籠かきにむかって舌を出して目に指を当てた弥次が描かれるが，原話とは異なるこの動作の意味は次の台詞でわかる．「だんな／＼，あかんべいとはいくらのふちゃう(符帳)であります．指を目へ当てたからは，いっくわん(一貫＝千文)くださるといふことか．ありがたい／＼／＼／＼.」

7) 6例えば，「錦絵B」では取り上げられない「丸子，とろろ汁屋の夫婦喧嘩」場面の場合，「魯文作A」では原文の後半部や二行割小書を省略する他は，原文を終助詞まで逐一忠実に辿る．この「魯文作A」と「岳亭作C」の「鞠子」の絵組は相似する面もあるが，後者の詞書は原文を大分脚色していて，前者を参照しない．その他，前掲拙稿「合巻『東海道中栗毛弥次馬』における原話離れと作意について」で詳論した如く，「岳亭作C」のみに表れる創作譚として十場面が挙げられる．

8) 佐々木亨氏は，「本作は版元を特定できる箇所が極めて少ない」ながら，自序の「当世を知る書肆の伯楽」によ」り，Aの출판업자を「品川屋」であると推論される．御家蔵の後印本の奥目録もその傍証として挙げられるが，その奥目録は本稿で前述した「「岳亭作C」とほぼ同一の奥目録が付されたとした管見本」のそれと同じであり，存疑である．因みに,本稿一．(2)で指摘したAとCの類似箇所については，同氏も触れており，且つ又，「同名の二作を提供し得た」理由については，作品の耐久限度が加速化されていた時期であるからこそ，魯文と岳亭と書肆との利害が合致した結果であろうとされる．

9) 『岐蘇街道栗毛弥次馬』の魯文自序 「弥次郎兵衛北八なる者は，東海道を上方へと志し…旅の恥とともに宿帳の中(うち)に記したるを，栗毛の弥二馬と外題(なづけ)つゝ，既に東都(あづま)のさき触(ぶれ)とし，今や故郷へ戻り馬，木曽街道の引返し，大津の駅(しゅく)が幕明(まくあき)じゃ／＼.」によっても，波線の「栗毛の弥二馬」は合巻Aを指すこと間違いないだろう．

10) 『旧幕引継書目録 諸問屋名前帳細目』(国立国会図書館編，1960～1963・1978)

11) 魯文作A(『東海道中栗毛弥次馬』)と『岐蘇街道栗毛弥次馬』が好評だったと，次の『成田道中膝栗毛』自序でも述べられる．「僕旧歳十返舎(やつがれきうねんじっへんしゃ)主人が尻馬に乗て東海木曽路の弥次馬を著(あらは)し，百で買たる馬の如く道草を喰ながらのろ／＼と出かけし所，幸にしてあぶ取の仕合せよく駄賃と酒手になりたる物から梓主(はんもと)腹太鼓(はらだいこ)を打てよろこびしと聞(きゝ)，新庄堂(しんせうとう)も一馬場(ひとばゝ)乗らんと成田道中を注文することとはなりぬ．安政三辰孟夏新鐫．作者鈍亭魯文急案．梓主／新庄堂.」

12) 国文学研究資料館の古典籍総合目録に搭載される外題『五十三次膝栗毛』本(林美一蔵．所在不明で未見)と，玉川大に所蔵される序題『弥次郎喜太八東海道中旅日記』(以下，玉川大本)本は同書であると稿者は推定しているが，その根拠は以下の通りである．

a. 「文亭春峩」という珍しい同作者の名前で同年に刊行されている．

b. 古典籍目録では外題『五十三次膝栗毛』本を「滑稽本」と分類するが，目録が『国書総目録』に基づく場合，往々にして「合巻」をも滑稽本と記録する場合があるので，誤記の可能性がある．

c. 玉川大本の序題は「弥次郎喜太八東海道中旅日記」なのに，柱題は「ひざくり毛」であるというのは，玉川大本の外題に「膝栗毛」の文字が使用されていた可能性がある．

d. 古典籍目録で外題『五十三次膝栗毛』本の別書名とする「[1]弥次郎喜太八／東海道中旅日記」は，玉川大本の「序題」と一致しており，この別書名「[1]弥次郎喜太八／東海道中旅日記」は初編の序題，「[2]東海道中／旅日記二編」は二編の序題ではなかろうか．外題『五十三次膝栗毛』と関係ないような「旅日記」を初編と二編両方の序題に用いている理由として， 序文に書かれる「初旅の日記に写す文亭主人」という言葉との関連が思われる．

e. 玉川大本は全二十六丁の一冊である．外題『五十三次膝栗毛』本の冊数は「二編二冊」であるという．玉川大本の本文は「日本橋」から「日坂」までで，巻尾(二十六ウ)の「日坂」駅は，東海道五十三次の中で二十六番目の真ん中辺りに位置する．よって，玉川大本はちょうど初編に当たると見ても都合が良い．その玉川大本の巻尾「日坂」の本文は「めでたし／＼／＼」と締めくくられた後，「oこの言のわけ，ふりつけにてこまること，ひきつづき一へんにあらはしごらんに入れ(以下判読不可)」と，次編を予告するのも，本作がこれにて完結ではないことをほのめかす．

『동해도중 쿠리게노야지우마』 3종의 저작자세에 대하여[1)]

Ⅰ. 머리말

본고의 중심 텍스트인 『동해도중 쿠리게노야지우마(東海道中栗毛弥次馬)』 3종에 대하여 조사한 서지사항을 먼저 요약 소개하고자 한다. 상세한 서지는 졸고(본 저서 첫번째 논문)[2)]에서 보고하고 있으므로 참조 바란다.

A. 滑稽本風 合巻 『東海道中栗毛弥次馬』 中本, 上・下巻의 두 권, 全五十장, 十返舎잇쿠原稿, 鈍亭魯文抄録, 一盛斎芳直画. 검인・寅十二(安政元年十二月), 自序年記: 安政二乙卯　正月新梓. 출판업자미상. 이하 「**魯文作A**」라고 하며, 번각・도판인용은 개인소장본과 국문학연구자료관소장본을 저본으로 한다.

B. 合巻風錦絵 시리즈물 『東海道中栗毛弥次馬』 小判五十八枚, 仮名垣魯文述, 一恵斎芳幾画. 品川屋久助板이었으나, 후일 横浜의 東屋 및 江戸의 甘泉堂으로 求板된다. 申閏三改(万延元年閏三月), 申五改, 申十改, 申六改, 申八改, 申十一改등. 当世堂序文年記: 萬延元庚

申 孟穐(七月)發市梓. 以下「**錦絵B**」라고 하며, 번각・도판인용은 요코하마시역사박물관소장본을 저본으로 한다.

C. 合巻『東海道中栗毛弥次馬』中本, 初・二編의 두권, 全六十장, 故人一九原稿, 岳亭春信作, 一恵斎芳幾画, 品川屋久助板. 酉九改(文久元年九月), 自序年記: 文久元辛酉年初秋. 以下「**岳亭作C**」라고 하며, 번각・도판인용은 국립국회도서관소장본을 저본으로 한다.

본고는 선학에 의한 논고가 거의 이루어지고 있지 않은『東海道中栗毛弥次馬』군을 제재로, 그 저작 자세를 밝히는 것을 연구목적으로 하고자 한다. 이 연구 테마와 밀접한 관계가 있는 졸고로서「合巻『동해도중 쿠리게노야지우마』의 原話이탈과 作意에 대하여」(본 저서의 다음 논문)[3]가 있다. 잇쿠作의 原話에는 없는 본문 추가 및 내용의 개변 부분에 대한 고찰, 즉「原話이탈(離れ)」에 관해 고찰함으로써 작자의 생각, 작의를 해독하고자 했다. 구체적 연구방법으로서는『東海道中栗毛弥次馬』군 중에서도 魯文作・芳直画의 滑稽本風合巻A와 岳亭作・芳幾画의 合巻C에 대해서, 그 밖의〈히자쿠리게물〉군과의 비교를 행한 바이다.

그 결과 原話이탈은 合巻『絵本膝栗毛』[4]와 같은 선행〈히자쿠리게물〉작품 군에서는 그다지 볼 수 없는 경향이며, 그 原話이탈에 보이는 작자의 표현, 즉 문장(詞書) 중에 있어서의 原話이탈 부분이라든지, 원작에는 없는 본문의 창출, 및 내용의 개변 부분을 지적하고, 그 특징을 규명함으로써 合巻『東海道中栗毛弥次馬』를 저술한 작자들의 작의를 해독할 수가 있었다. 따라서 岳亭春信의 풍부한 창작성이라든지 초록가(抄録家)로서의 鈍亭魯文의 일면을 부각시킬 수 있었던 점이 前稿의 연구 성과이다.[5]

본고는 合巻을 대상으로 한 前稿에서는 금후 과제로 했던 풍속화(錦絵B)까지 연구대상으로 삼아 그 錦絵의 작의를 고찰하면서, 魯文作・芳

直画의 合巻A와 岳亭作・芳幾画의 合巻C에 있어서 前稿와는 다른 시각인 「영향관계」라고 하는 측면에서 형편이 좋은 証例만 거론하는 것이 아니라 全장면을 거론하여 세세한 분석을 행함으로써, 저작 자세를 객관적이면서도 종합적으로 논하는 것을 연구 목적으로 하고 있다.

Ⅱ. 合巻風錦絵『東海道中栗毛弥次馬』에 있어서의 계승과 창출

木村八重子씨[6]는 天保 개혁의 영향은 지속되어 弘化三(1846)年경까지 合巻은 남색과 갈색의 소박한 표지에 교훈적인 내용이었으나, 그 후 점차 錦絵표지로 돌아가 安政(1854~59)경에는 인쇄 기법으로는 이전을 능가하는 정치(精緻)한 것이 되었다고 하는데, 청・녹・다홍색이 선명하게 사용된 다색표지(摺付表紙)의 文久元(1861)년간행 岳亭作 合巻『東海道中栗毛弥次馬』(「岳亭作C」)도 그러한 시대의 산물일 것이다. 실은 이것보다 일 년 빠른 万延元(1860)년에 合巻 표지도 아니고 그야말로 (合巻風)錦絵의 시리즈로서『東海道中栗毛弥次馬』(「錦絵B」)가 간행되고 있었던 것이다. 「大絵錦五六番続」이라고 하는 부제와 더불어 錦絵와 본문이 융합되어 있으며, 이른바 **「合巻風錦絵」**라고 필자가 자의적으로 호칭하고 있는 호화스런 시리즈 五十六장을 도상과 문장(詞書)을 함께 상세하게 읽어 감으로써 다음과 같이 그 저작자세를 분석, 규명할 수 있다.

2-1. 자신의 그림소설(自作合巻, 魯文作A)을 모사하는 풍속화(錦絵)

魯文作芳幾画의 「錦絵B」가 魯文作芳直画의 合巻A와 동일 제재를

취급하는 경우 의식했을 가능성이 높다고 생각되는 화제(画題)로서, 「돌 지장 침소에 숨어들기」 도상을 먼저 들 수 있다. 복장이나 인물의 표정, 동작까지 양자가 흡사한 것이다. 또한 「여우라고 생각해서 힐책하는」 장면, 즉 기타하치 위에 올라타서 잡아 묶으려고 하는 야지가 그려진 合巻A의 「御油」를 그대로 전용한 것이 錦絵B의 「赤坂」, 그 다음에 이어지는 것이 明治期에 제작된 為信画横大判錦絵 『東海道名所膝栗毛画帖』의 「赤坂」이다. 「고에몬 욕조를 밟아 부수는」 사건을 그린 「小田原」 장면에 있어서의 도상도 合巻A와 錦絵B 양자가 흡사하여 상호 밀접한 관련을 보여준다.

그 밖에도 「자라에게 물리는」 소동을 그린 原話 삽화를 참조했다고 생각되는 合巻A와 錦絵B의 「三島」는 다섯 인물의 위치관계는 물론이고 방의 구조, 넘어진 머리맡 병풍(枕屏風) 등이 흡사하다. 3자가 상통하는 이와 같은 경우, 錦絵B는 原話삽화 및 合巻A의 양쪽을 다 참조했을 가능성도 있다.

2층에서 떨어져 「불단을 부수는」이야기가 그려지는 魯文作合巻A의 「蒲原」의 처음 한 페이지는 원작 삽화를 모사하고 있으며, 이어지는 2페이지는 선행 合巻 『絵本膝栗毛』(弘化三1846年부터 嘉永二(1849)年까지로, 故人一九作, 国芳 {初編}・英泉{二編～八編}・広重{九編} 画)를 참조하고 있는듯한데, 錦絵B의 「蒲原」는 合巻A의 이 도상을 방 구조, 부서진 불단의 모양새, 세 인물의 동작과 표정, 소지품에 이르기까지 그대로 모사한 다음에 노파와 순례 처자를 덧붙여 그렸다고 할 수 있다. 이 흐름을 岳亭作合巻C의 「蒲原」도 계승한다.

「맹인의 술을 훔쳐 먹는」 기타하치를 그린 原話 「掛川」의 삽화는, 『絵本膝栗毛』, 魯文作合巻A, 錦絵B, 岳亭作合巻C, 為信画 『東海道名所膝栗毛画帖』의 「掛川」에 이르기까지 하나의 흐름을 형성한다. 영향관계로 보자면 錦絵B의 「掛川」는 合巻A의 「掛川」를 모방하면서

상자간판(置き看板)을 장지문간판(障子看板)으로 변경하여 간판 위치를 달리하고, 기타하치가 갖고 있던 술병을 냄비모양(銚子鍋)에서 병모양(ちろり)으로 변경, 차 솥(茶釜) 앞에서 불피우기용 대통(火吹き竹)을 부는 모습의 집주인을 생략한 외에는 등장인물 여섯 명 전원의 형태를 그대로 베끼고 있다고 할 수 있다. 참고로 岳亭作合巻C의 「掛川」는 『絵本膝栗毛』를 맹인 둘[7]의 위치를 좌우 역전시키고 아기 돌보는 여자애를 反転시켜 야지를 생략한 외에는 표정이나 자세, 복장에 이르기까지 모방하고 있다. 이 아이 돌보미는 『絵本膝栗毛』의 이어지는 장면에서는 옆모습으로 그려지는데, 合巻C의 「掛川」를 차용했다고 할 수 있을 정도로 동일한 것이다.

「빨래에 놀라 자빠지는」 유령 소동을 그린 錦絵B의 「濱松」 (【図版2】)는 合巻A의 「濱松」 (【図版1】)도상을 모사한다. 문장에 있어서도 원문을 선택하는 축약 방법이 닮은데다가 지문의 시작이 「야지(弥二)「여보게 기타하치, 이 여관엔 해코지를 하는 사령(死霊)이 있다고 방금 전 안마사가 지껄였는(合巻A에서는 「말했는」)데, 왠지 기분이 별로인 게 잘 수가 없구먼. 차라리……」라고 하는 식으로 원문에도 없는 말까지 완전히 일치하는 것으로 보건데 錦絵B의 작자魯文은 自作合巻A를 옆에 놓고 보면서 모사했다고 생각된다. 비록 장르는 다르지만 동일 작자에 의한 동일 제목의 작품이라고 하는 점에서 충분히 있을 수 있는 제작방법이라고 생각된다.

「배안(船中)에서의 뱀 소동」을 그린 錦絵B의 「舞坂」는 合巻A의 「舞坂」 도상을 그대로 차용한다. 岳亭作合巻C의 「舞坂」 또한 이들의 그림을 약간 의식했을 가능성이 있다.

『絵本膝栗毛』에는 미야(宮)로부터 구와나(桑名)까지 해상7리(海上七里)를 건너는 범선(帆船)이 커다랗게 옆 방향으로 그려지고 승객들은 약화(略画)로 묘사된다. 또 合巻A에는 「미야(宮)의 포구」라고 하여 '바

【図版1】『東海道中栗毛弥次馬』魯文作合巻A「濱松」

【図版2】『東海道中栗毛弥次馬』錦絵B「濱松」

람을 품은 범선과 우측에 조그맣게 성벽'이라고 하는 구도의 작은 사각형 칸 그림(コマ絵)이 놓여진다. 그리고 錦絵B의 「宮」에는 나룻배가 커다랗게 화면 가득 그려지고, 승선 중인 야지 기타(弥次喜多)가 약화(略画)로 조그맣고 귀엽게 그려지는 것이다. 이 錦絵B는 『絵本膝栗毛』와의 유사성도 약간 지적할 수 있으나, 특히 合巻A와는 배의 방향이 정면에 가까우면서도 오른쪽으로 비스듬한 옆 방향이라고 하는 각도 및 성벽의 위치라든지 성벽을 그리는 방식까지 흡사하므로, 合巻A의 작은 화면을 확대하여 그리면서 돛을 강조하는 등의 작의를 부가한 것 같다. 이 錦絵B의 「宮」에는 原話의 교카(狂歌)가 아닌 새로운 노래라든지 야지 기타의 대화를 창작해서 집어넣고 있다.

참고로, 「사다리를 들고 다니는」 原話삽화에 있어서의 야지 기타 모습은 錦絵B 「京都」로, 그들을 보면서 양손을 들어 올리며 놀라면서도 웃고 있는 原話삽화의 왼쪽 남자와 교토(京都)의 원경(遠景)의 거리 풍경은 合巻A 「京」로, 原話의 다른 삽화, 가령 차를 휘젓는 도구(茶筅)를 짊어지고 표주박을 치는 공야승(空也僧)은 錦絵B 「京都」로 그 잔영을 비춘다.

2-2. 풍속화(錦絵)의 창작담

지금까지는 合巻A를 모사하는 錦絵B의 作画 자세에 대해서 언급했는데, 잇쿠(一九)의 原話 및 다른 『東海道中栗毛弥次馬』와는 무관한 창작된 장면도 다음과 같이 많다.

먼저 ①「程ヶ谷」에는 마부끼리의 싸움을 구경하는 야지 기타라고 하는 창안된 에피소드가 전개된다. 이후 역참 순서로 열거하자면, ②「戸塚」 (커다란 불알 위에서 징을 두드리는 사람), ③「藤沢」 (遊里에서 연회 중인 야지 기타), ④「平塚」 (어젯밤의 유녀와의 일화를 이야기하는 야지 기타.

문장과 무관한 도상인데, 藤沢 찻집에서 경단을 먹는 두 사람과 개가 그려진 原話삽화를 의식한 듯한 그림이다. 무엇보다도『絵本膝栗毛』「藤沢」의 걸상에 걸터앉은 기타하치가 경단을 손에 든 채 놀라는 모습을 차용했다고 하는 쪽이 더 가까울지도 모르겠다), ⑤「大磯」(오리구이(鴫焼)라고 하는 경단 가게 앞의 야지 기타), ⑥「沼津」(솥을 부순 기타하치에게 화를 내는 요리사〈仕丁〉), ⑦「原」(실내에서 유혹하는 호객녀〈飯盛女〉와, 길거리에서 불러대는 호객녀(留女) 앞을 지나가면서 놀려대는 야지 기타), ⑧「由井」(소라껍질에 손가락을 물린 기타하치. 잇쿠원작 본문에는「여기는 전복 소라가 명물로 해녀가 금방 바다에서 따온 것을 장사한다. 이곳에서 잠시 쉬면서 '여기서 파는 것은 소라 통구이, 볼 것도 많은 구라사와 역참' (爰もとに賣るはさゞゐの壷燒や見どころおほき倉沢の宿」이라고 있을 뿐임), ⑨興津(복통을 일으킨 야지가 강을 건너면서 인부의 등에 눌려 아파한다), ⑩見附(묵은 여관에는 커다란 개미들이 있어서 그 개미떼에게 습격당한 기타하치. 깜짝 놀라 묵은 여관을 빠져나오려고 계산을 하고 가는데, 여관 주인은「개미가 열 마리 있사옵니다=감사합니다〈アリがとうございます〉라고 말한다.), ⑪新井(허공으로 올려지는 기타하치), ⑫白須賀(처자로부터 그물망을 씌워진 기타하치), ⑬二多川(고집스럽게 가시와떡을 권유하는 찻집 노파), ⑭吉田(곤삐라 참배객이 짊어진 텐구의 코에 부딪친 여관 여종업원을 놀리는 야지 기타), ⑮御油(양식장의 자라에게 손가락을 물린 기타하치), ⑯藤川(여자 일행 두 명에게 유혹하는 말을 망상 중인 기타하치), ⑰岡崎(万歳의 귀향〈宿帰り〉), ⑱池鯉鮒(두부 꼬마〈豆腐小僧〉), ⑲鳴海(광고 및 낙서금지〈張札落書無用〉라는 팻말에도 상관하지 않고 낙서했다고 화를 내는 사찰승려(寺坊)와 큰 소리 치는 기타하치), ⑳石薬師(개가 못 잡을 때까지 주먹밥을 먹게 하려고 고집부리는 기타하치), 21. 庄野(젊은 처자에게 마누라가 되어 달라고 자기 선전하는 야지), 22. 亀山(호객녀에게 잡아당겨져 허리끈이 풀어진 기타하치는 주변의 환호성에 원숭이처럼 춤추기 시작한다), 23. 関(큰 비에 쌀가마니를 우비 대신에 쓴 기타하치는 가마니 끈이 절구에 깔려 있는 것을 모르고 앞으로 가려고 용을 쓴다. 그림에서는 야지가 쌀가마니를 뒤집어쓰고 있다), 24. 坂の下(서예가라고 하며 써 준 병풍 글자는 소변금지〈「小便無用」〉, 그림은 히라가나의 헤자와 헤자로 된 낙서〈への への落書〉였으므로 분개하는 여관집 주인에게 입에서 나오는 대로 변명하는 야지. 끝 맺음말〈オチ〉은 주인 「아이고 아이고 이 사람은 어지간히 간덩이(헤이키)가 부은 것 같소〈いやはや, こなたはよっぽど平気なお人でござるぞ〉. 弥 「뭘요 저는 간덩이(헤이키)가 부은 게 아니라 헤이케의 무사, 악필 뵤에라고 하는 사람일세〈なに,わしゃアへいきじゃアねへ. 平家のさむらいあくひつびゃうゑといふ者サ〉), 25. 土山(비를 맞고 유녀에게까지 차인 이야기를 꺼내는 두 사람), 26. 水口(과녘 맞추기 가게〈吹き矢〉에서 맞추자 나온 범종 안 반야귀신〈般若〉에 기겁하여 자빠지는 기타하치, 야지가 맞추자 두부를 손에 든 외눈박이 꼬마, 등롱 도깨비가 출현, 게임에 빠져있는 동안에 봇짐을 도둑맞는다), 27. 草津(우바가떡집〈姥が餅屋〉에서 급하게 먹은 떡에 가슴이 막혀 뱉어내는 야지), 28. 大津(메기구이가게〈鯰の蒲焼店〉 앞에서 팔팔 튀는 메기를 표주박으로 눌러 주는 대신 공짜 밥을 먹게 해달라고 조르는 두 사람. 오쓰그림〈大津絵〉의 画題로서 흔히 등장하는 「메기에 표주박」을 이용한 이야기), 29. 五條橋(벤케 모습을 한 거지에, 그에 맞추어 우시와카마루(牛若丸)를 흉내 내어 난간에 오른 기타하치는 미끄러져 떨어진다).

또 30. 「神奈川」에는 후지(富士)의 사람동굴이라고 하는 동굴에서 떨어진 기타하치와, 언덕 위에서 내려다보는 야지(弥二)가 그려지는데, 原話에 존재하지 않는 제재이다. 다른 『東海道中栗毛弥次馬』와 모티브는 같아도 도상과 문장에 공통항은 보이지 않는다.

한편 31. 「袋井」에는 호테이(布袋)와 같이 불룩한 배를 내민 승려가 차를 마시는 모습이 그려지는데, 原話에서 「얼마 안 있어 袋井 역참에 접어들자 양쪽 찻집 번화하고, 오가는 여행객들 술을 마시고 식사를 하는 것을 야지로베 보고, '여기에 와서 오가는 배 부풀었구나 그러니까 호테이가 배부른 후쿠로이 찻집(こゝに來てゆきゝの腹やふくれけんされば布袋のふくろ井の茶屋)' 하고 교카를 읊을 뿐의 장면을 도상으로 표현하고 있다고 할 수 있다.

원작에는 「침소에 숨어들어가기」와 관련된 에피소드로서 「돌 지장 침소에 숨어들어간」 꼴이 되는 이야기 외에, 「蒲原」의 싸구려여인숙에서 순례처자인 줄 알고 여관집 노파침소에 숨어들어간 꼴이 된 기타하치가 잘못해서 천장을 밟아 부순 다음에 「순례 처자라고 생각해서 몰래 숨어들어갔는데 아뿔싸 고야 60세 노파(巡礼のむすめとおもひしのびしはさてこそ高野六十の婆々)」라는 교카를 읊는 이야기, 「宮」 여관에서 맹인여자(瞽女) 침소에 숨어들어간 야지가 그만 실패해서 샅바를 잊어버리는 이야기, 「日坂」 여관에서 무녀의 딸인 줄 알고 그 모친 침소에 잘못 숨어들어가서는 소원 성취한 기타하치, 그 모친에게 바가지를 긁히는 야지라고 하는 네가지 일화가 있다. 32. 錦絵B의 「石部」는 이 가운데 4번째 침소에 숨어들어가는 이야기와 근접한 내용이 되고 있다. 열세 살 난 딸 침소에 숨어들어가서 소원 성취했다고 생각한 야지가 알고보니 상대는 그 모친이었다고 하는 이야기인데, 그러나 「딸이라고 착각한 60난 아줌마도 옛날엔 아가씨였겠지(むすめぞと　をもひちがひし　六十のばゞもむかしは　しんぞき□なら)」라고 하는 교카는 물론이고 원문과 일치하는 문장은 전혀 없다.

이상의 32개 장면 중에서 밑줄을 그은 8장면은 原話로부터 약간의 취향적 영향도 엿볼 수 있으나 전체적으로는 이들도 창작담으로 간주해야 할 것이다. 닮은 듯 다른 소재가 원작에 있다 하더라도 결국 스토리 자체는 거의 무관하기 때문이다. 설령 작자 魯文이 원작으로부터 약간의 힌트를 얻었다고 하더라도 상이한 스토리를 만들고 있으므로, 원작의 「각색 · 궁리」에 의한 이야기가 아니라 '창작담'이라고 해야 한다고 판단된다.

한편 본 작품처럼 魯文이 自作合巻과 동일 테마를 錦絵로 전용하는 수법은, 그 밖에도 이국물(異国物) 合巻 『童絵解万国噺』가 한 장짜리 판화인 요코하마풍속화(横浜浮世絵)로 모사된 예가 있음이 보고[8)]되어졌다.

Ⅲ. 魯文作合巻『東海道中栗毛弥次馬』에서 岳亭作合巻『東海道中栗毛弥次馬』로

3-1. 모사에 의한 답습

原話의「由井」에서는「갑자기 큰 비가 내리기 시작해서 우비를 뒤집어쓰고 삿갓을 깊이 써서(俄に大雨ふりいだしければ,半合羽打被き,笠ふかくかたぶけて)」라고 되어 있는 부분이,『絵本膝栗毛』「興津」, 合巻A「興津」, 錦絵B「由井」, 合巻C「興津」, 為信画『東海道名所膝栗毛画帖』「由井」에 도상으로서 구현된다. 이 중에서 魯文作合巻A의 야지 기타의 모습을, 岳亭作合巻C에서는 중앙에 그려지는 야지 기타가 아니라 지나가는 통행인의 모습에 반영하여 그대로 베끼고 있는 점이 흥미롭다.

原話「府中」의 삽화를 모사하면서 놀려대는 유객에게 약간의 작의를 부여한 것이『絵本膝栗毛』의「府中」으로, 유객을 안내하는 찻집 여종업원과 그 유객의 모습은 合巻A와 合巻C에서는 야지・기타하치에게 각각 역할 부여하면서도 면면히 이어지는 모습을 엿볼 수 있다. 격자창너머로 유녀를 놀리는 손님은 原話삽화로부터 출발하여『絵本膝栗毛』, 合巻A의 야지로 이어지고 있다.

또한 운임비 외에도 술값을 조르는 마부에게 지지 않으려고 하는 무사를 그린 合巻C의「荒井」는 合巻A의「荒井」를 통째로 베끼고 있다.

3-2. 개변에 의한 계승

魯文作合巻A와 岳亭作合巻C의 「程ヶ谷」는 원작 滑稽本과 같은 挿話를 표현하고 있으므로 각각의 문체적 특징과 각색 정도가 상징적으로 나타나는 文例로서 다음에 그 문장을 제시한다. 파선밑줄은 유사 부분, 직선 밑줄은 궁리한 부분이다(번각 시 일부 히라가나를 한자로 바꾸고 구독점을 찍었다. 이하 마찬가지).

合巻A(魯文作・芳直画【図版3】): 호객녀 「저기 묵으시는 건가예? 하고 붙잡고 잡아당긴다。여행객 「이봐 손이 빠질 것 같아。호객녀 「손이 빠져도 좋지라. 묵으시지예。여행객 「바보같은 소리 작작해. 손이 없어선 밥을 못 먹잖아。호객녀 「밥을 못 먹는 쪽이 묵게 하는 데는 더 좋지라。 여행객 「에잇 분통터지네。 안 놓을래? 겨우 뿌리치고 가는 뒤로부터 오는 자는 시골 참배객。호객녀 「묵으시지예。시골사람 「숙박비가 싸면 묵겠어라。호객녀 「숙박비는 2백씩。시골사람 「야아 그렇겐 내지 못한데이。그 대신 데운 물은 미지근해도 좋데이。반찬은 여태 더 먹은 적이 없고, 밥과 국은 그저 예닐곱 그릇만 먹으면 그걸로 됐어라。그 대신 내일 점심은 버들고리에 가득 채워 주기만 하면 다른 건 아무것도 필요 없어라。숙박비는 160文씩 내지라. 호객녀 「그라몬 다른 곳에 묵으세요。시골사람 「허어 못 묵는다면 가지라, 하고 지나간다. 야지 기타하치가 이 모습을 보고 시종 흥 겨워하며 야지 또 갖다 붙이기를 ○묵기는 딱 좋다고 호도가야의 호객녀 붙잡고는 놓지를 않네」[9)]

合巻C(岳亭作・芳幾画【図版4】): 저기 묵으시는 건가예? 하고 붙잡고 도로 끌어당기자, 喜多八는 「이봐 목이 막힌다고. 목젖이 찌그러질 것 같아。「목이 빠져도 좋지라. 묵으시지예. 「바보같은 소리 작작해. 목이 없어선 밥을 못 먹잖아。 「밥을 못 먹는 쪽이 더 좋지라。 「에잇 분통터지는소릴 하네. 하고 뿌리치고 가는 뒤로부터 오는 자는 시골 참배객。 「묵으시지예。묵으시지예。 「숙박비가 싸면 묵겠어라 「숙박비는 2백이예요. 「야아 그렇겐 내지 못한데이。그 대신 데운 물은 미지근해도 좋데이。반찬은 있어도 없어도 좋지라. 밥과 국은 그저 예닐곱 그릇만 먹으면 그렇게 먹지 않지라. 점심은 버들고리에 가득 있으면 되니까, 100쯤으로 해 주시지라, 묵지라. 그렇다면 손해도 없을 낀디 어찌 생각하는 겨? 「그라몬 다른 곳에 묵으세요。묵기는 딱 좋다고 호도가야의 호객녀 붙잡고는 놓지를 않네」[10)]

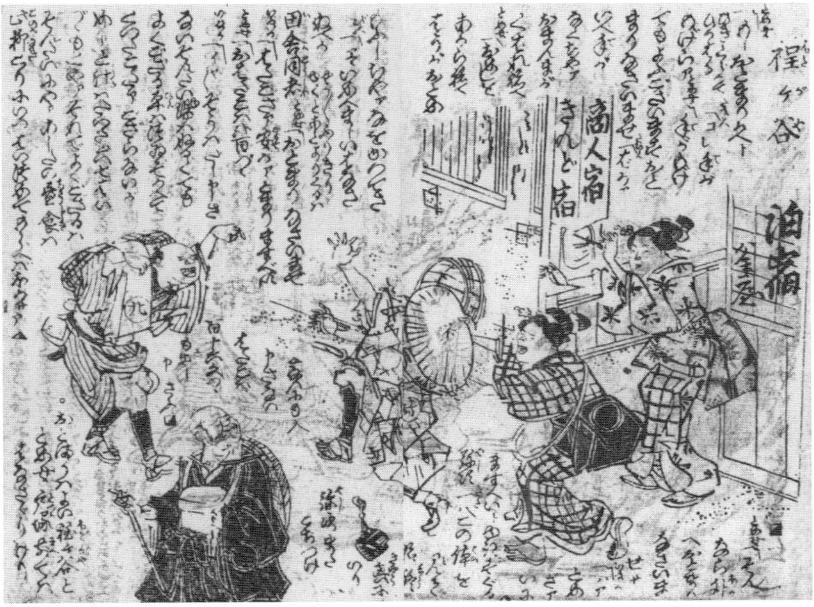

【図版3】『東海道中栗毛弥次馬』魯文作合巻A「程ヶ谷」

【図版4】『東海道中栗毛弥次馬』岳亭作合巻C「程ヶ谷」

우선 合巻A의 「程ヶ谷」를 원작 滑稽本 본문과 비교하면 滑稽本의 문체적 특징인 작은 글씨의 두 줄(二行割小書)까지 원문에 준하여 살리면서, 새로운 단어와 말투도 사용하지 않고, 원문을 거의 그대로 따르고 있는 것을 알 수 있다. 原話의 행각승과의 대화는 생략되지만 도상에서는 행각승도 그려진다. 호객녀에게 잡아당겨지는 야지와 그것을 곁눈질하면서 지나가는 행각승, 놀라는 기타하치, 라고 하는 구도이다. 문장은 原話에 준하여 단지 구경꾼으로서의 야지 기타를 적고 있으나, 도상은 야지가 호객녀에게 잡아당겨지는 당사자가 되게끔 그리고 있으므로 본문과의 모순점이 생기고 있다. 이 「程ヶ谷」의 文例가 보여주듯이 魯文作芳直画의 合巻A 본문의 전체적 특징으로서, 2페이지 또는 1페이지씩 회화에 대응하는 원문이 게재되며, 그문장은 세분화된 발췌에 지나지 않는 경우가 많다는 것을 하나의 경향으로 지적할 수 있다.

또 合巻A와 合巻C가 유사한 부분에는 파선을, 각색된 부분에는 직선을 그으면서 읽어보면, 原話와 合巻A에서는 「손이 빠진다(手がもげる)」고 말한 부분을, 合巻C는 「목젖이 찌그러진다(喉仏が潰れる)」「목이 빠진다(首がもげる)」와 같이 각색하면서, 잡아당겨지는 여행객을 여기에서는 기타하치(喜多八)로 변경해서 동일한 상황을 연출한다.

合巻A에서도 合巻C에서도 본문의 중심은 시골 참배객과 호객녀와의 대화이지만, 도상에 시골 참배객은 그려지지 않는다. 시골 참배객은 原話에 준한 대사를 말하지만 단, 숙박비를 원문과 合巻A의 「116文」에서 合巻C에서는 「100文」으로 한층 더 가격을 깎고자 하는 시도가 이루어진다. 合巻A의 다섯 명의 인물(호객녀 둘, 야지 기타, 행각승) 중에서 중앙에 그려진 세 명을 合巻C에서는 차용한 느낌이 있는데, 험악하고 긴박한 표정이었던 것을 전원 온화한 웃는 얼굴로 바꾸고 있다. 혹은 合巻 『絵本膝栗毛』 「程ヶ谷」의 호객녀가 시골참배객을 잡아당기는 순간의 도상을 合巻C에서는 호객녀가 기타하치를 잡아당기는 모습으로 차용했다고 하는 쪽이 더 정확할 수 있다.

「程ヶ谷」 외에도 岳亭가 合巻C 제작 시 선행하는 魯文作合巻A를 의식하여 약간의 개변을 행함으로써 나름의 창의를 발휘하고자 했던 장면을 이하 들어보자.

묶은 기타하치를 동반한 야지를 마중 나온 여관집 주인을 그린『絵本膝栗毛』「赤坂」도상과, 魯文作合巻A의 「赤坂」도 조금 닮지만, 岳亭作合巻C의 「吉田」는 이 선행하는 두 작품을 도입한 도상을 보여주고 있다. 즉 길표지판(道標)과 「赤坂宿」이라고 적힌 오다와라 초롱은 合巻A로부터, 서 있는 여관주인 모습과 기타하치 앞에 선 야지의 복장과 동작, 말하고 있는 듯한 표정, 기타하치의 발모양은『絵本膝栗毛』로부터 받은 취향일 가능성이 대단히 높다.

한편 合巻A의 「川嵜」 장면은, 錦絵B에는 미등재이며, 合巻C 「川崎」에는 모사라고까지는 할 수 없지만, 오른손에 젓가락을 들고 물고기를 집고 왼손으로 코를 막는 야지의 동작이라든지, 맞은편에 앉아있는 기타, 좁은 소매(留袖)의 여종업원 등, 그 분위기라든지 셋의 모습이 의식되어졌을 가능성이 있다.

合巻A도 合巻C도 「戸塚」는 原話의 부자지간 행세를 하며 묶은 여관의 일실을 무대로, 요리를 둘러싸고 앉은 세 명(여종업원과 야지, 한쪽 어깨를 드러낸 기타)이 상호 닮은 가운데 싸움 머리띠(喧嘩鉢巻)에 표정도 험악한 기타하치가 그려지는 合巻A쪽이 원문을 충실하게 형용하고 있다고 할 수 있다. 合巻C에서는 작품의 전체적 경향이기도 하지만 세 명의 표정이 온화하게 바뀌고 있다.

유객이 岡崎유녀의 배웅을 받는 장면을 야지 기타가 우연히 보게 된다고 하는 原話의 에피소드를 合巻A 「岡崎」는 묘사하는데, 合巻C의 「岡崎」에서는 야지 기타가 그 유객 당사자가 되도록 각색한다. 문장도 첫 부분의 장단(囃子歌) 일부만 동일하고 그 다음엔 전부 창작되는 가운데 교카는 원문 그대로이다.

장기에 정신이 팔린 홀치기염색포목점(鳴海絞り屋) 주인에게 말을 거는 야지 기타라고 하는 구도는 『絵本膝栗毛』와 為信画 「鳴海」가 특히 서로 닮는데, 合巻A나 合巻C의 「鳴海」도 이와 같은 흐름이라고 볼 수 있다. 合巻A와 合巻C의 「鳴海」는 커다란 발(暖簾)을 친 모습이 특히 서로 비슷한데, 전자는 일반적 구도인 가게 밖에서 보는 각도이고 후자는 희귀한 케이스인데 가게 안에서 보는 각도로 화면을 구성하고 있다. 가게 안에서 바라본 정경인 만큼 그 커다란 발(暖簾)에 쓰여진 글자도 안쪽에서 거꾸로 투사되어 보이는데, 전자의 글자와 같은 내용인 것이다. 이 장면은 모사라고까지는 할 순 없을지 몰라도, 合巻C가 合巻A를 의식하고 있는 것은 확실하다. 양자의 「鳴海」에 교카는 붙지 않는다.

이 외에도 가마꾼과 운임 삯을 교섭하는 이야기인 合巻A와 合巻C의 「藤枝」 도상은 방향을 反転시키면서도 상당부분 유사하다. 가마 바닥이 뚫려 떨어지는 이야기인 合巻A 「金谷」 도상을, 부서진 가마 형태, 놀라는 주변 인물의 몸짓 등이 비슷한 合巻C의 「金谷」가 의식했을 가능성도 상당히 높다고 생각된다. 양 작품의 「見附」 또한 마찬가지이다.

3-3. 잇쿠作 原話와의 관계

이상, 後発작품인 合巻C를 제작함에 있어서, 岳亭가 魯文作合巻A로부터 어떠한 영향을 받았을까 하는 측면에서 각 장면을 논해 왔다. 그러면 岳亭는 애당초의 始原인 잇쿠 원작을 어떻게 음미하고 소화시켰을까.

먼저 문장은 原話의 다른 장면으로부터 그림은 原話의 해당 장면의 이야기를 묘사하는 예가 있다. 合巻A「沼津」에서는 호마의 재(=소매치기)를 만난 어젯밤 이야기를 적으면서, 마음이 약해진 야지에 대해 原話를 충실하게 따르는 형태로 문장에 쓰는데, 도상에서는 찻집 걸상에 걸터앉은 야지 기타가 그려진다. 한편 合巻C「沼津」의 문장은 原話「吉原」의 본문을 앞서 차용하는 가운데, 原話의 吉原 찻집에서는 경단을 먹지 않았는데, 경단을 먹고 있는 야지 기타라고 하는 合巻C「沼津」 그림은 原話「沼津」 찻집에서 떡 등을 먹기 때문에 그에 준하여 묘사하고 있다.

合巻C「原」는 우뚝 솟은 富士山을 배경으로 길을 묻는 듯한 순례자 노인을 그리는데 原話와는 아무런 상관이 없다. 原話에서 三島역참을 떠나면서 에도에 돌아가고 싶다며 마음 약한 소리를 한 것은 야지였으나, 여기 문장에서는 기타하치로 변경, 그런 소리 말라고 말리는 역할을 야지로 바꾼 본문이 도상과 상관없이 놓여 있는 것이다.

原話삽화의「島田, 大井川問屋」의 관리인 모습과 관리사무소(問屋) 구조는, 먼저『絵本膝栗毛』에 계승된다. 특히 合巻A「島田, 大井川問屋」는 관리인의 무릎을 세우고 앞으로 숙인 듯한 자세라든지 사무소의 만듦새, 구경꾼까지 그대로 原話 삽화를 모사하면서 야지 기타의 모습을 궁리하여 그려 넣고 있다. 그리고 合巻C의「島田, 大井川問屋」는 사무소 관리인과 야지 모습을 좌우 역전시키면서 계승하는 것이다.

곤삐라 참배객과 찐빵 많이 먹기 내기를 하는 原話「追分」 삽화를 상당히 의식하면서도 약간의 변경을 덧붙인 것이『絵本膝栗毛』라면, 완전히 그대로 모사한 것이 合巻A이다. 合巻C의「追分」는 찐빵가게의 구조는 原話 삽화에 배우고, 지문도 원문을 축약하여 쓰는데 교카는 原話의 교카를 이용하지 않고 창작하고 있다.

그 밖에도 「江尻」와 같이 合巻A에서는 마지막까지 原話에 입각하지만, 合巻C에서는 모두부는 原話에 준한 이야기로 시작해 놓고 점점 각색해 가서 다른 이야기로 끝나는 경우와, 合巻C에서는 처음부터 생략해버리는 역참 「袋井」와 같은 경우도 있다.

Ⅳ. 맺음말

魯文作・芳幾画 錦絵B의 「발단」에는 여행 떠날 채비를 하는 야지기타가 꿇어앉아서 말하는 인사말(口上)이 화면 하단에 쓰여지고, 「葉歌(=端唄)稽古本・地本草紙類・東錦絵品々・当海堂梓」라고 적힌 큰 휘장(幔幕) 왼쪽 옆에서, 박자목을 두들기고 있는 눈 꼬리가 내려간 골계스런 용모의 남자(그 소매 문양에 의해 魯文)가 말하는 인사말(口上)과 같은 것이 다음과 같이 적혀있다.

> 穆王이 八足[11]의 고마게타(駒下駄)도, 수도승(役の行者)의 다카아시다(高足駄)[12]도, 이 야지우마의 도보여행(弥次馬の栗毛)에는 미치지 못하는 古人의 佳作. 그 高名에 의지하여 만든 여행 옷, 여러 지방을 돌아다니는 가운데, 三本 부족한 戯作의 졸필(禿筆,ちびふで), 마음의 말(意の駒)에 채찍질하여 간신히 정리한 골계의 졸저, 나쁜 것도 좋다 좋다, 좋은 一九(よしいく)의 그림(狂画)을 묘미(おち)로 하여 새가 우는, 다색판화(あづま錦) 그림 파는 상점(絵見世)에서 많이 구매하시기를. 仮名垣魯文戯題 / 一恵齊芳幾戯画.[13]

훌륭한 잇쿠 원작의 高名 덕분으로 간신히 희작(戯作)으로 완성하여, 芳幾의 그림으로 묘미를 준 작품이라고 본 작의 성격 즉 저작 자세를 겸손하게 서술하고 있지만, 과연 이 호화로운 다색판화 五十六장 시리즈의 완성도는 어떠했을까. 이것과 동명의 다른 책인 魯文

作・芳直画 合巻A와 岳亭作・芳幾画 合巻C를 축으로 전후해서 출간된 그 밖의 〈히자쿠리게물〉 작품 군과 함께 그 도상과 문장을 세세하게 비교 분석함으로써 다음과 같은 저작 자세를 규명할 수가 있었다. 첫 번째, 「濵松」 장면처럼 원문에도 없는 어휘까지 완전히 일치하는 점으로 보아 錦絵B의 작자 로분은 자신의 선행작 合巻A를 곁에 두고 보면서 모사했을 것이라는 점이다. 장르는 다르지만 같은 작자에 의한 같은 제목의 작품인 이상, 충분히 있을 수 있는 집필 태도라고 생각된다.[14] 두 번째, 한편 錦絵B는 잇쿠의 원작 이야기 및 여타 다른 『東海道中栗毛弥次馬』와는 무관한 창작된 장면도 합계 56도판 중에서 32도판이나 되므로, 독창성은 『東海道中栗毛弥次馬』 3종 가운데에서도 가장 뛰어난 작품이라는 점도 동시에 지적할 수 있다. 그리고 세 번째, 가장 후발 작자인 岳亭春信가 合巻C를 제작할 때, 로분글 合巻A에서 어떤 영향을 받았을까 하는 관점에서 각 장면을 자세히 고찰하면, 애초의 시원인 잇쿠글의 원문을 세분화해서 발췌한 것에 지나지 않는 복제 경향이 두드러지는 合巻A와, A의 영향을 받으면서도 잇쿠가 창작한 일화를 개변하고자 하는 경향이 두드러지는 合巻C라고 하는 저작자세도 추출할 수 있었던 바이다.

参考文献

강지현(2011)「〈膝栗毛もの〉作品群の書誌—その図様継承史の一環として」『国語国文』923号, 京都大学

강지현(2011)「合巻『東海道中栗毛弥次馬』における原話離れと作意について」『日本学研究』33集, 檀国大学校日本研究所

강지현(2013) 「『栗毛弥次馬』 三種と二代目岳亭作〈膝栗毛もの〉の合巻攷」『日本文学』716号予定, 日本文学協会

木村八重子(2009)『草双紙の世界』ぺりかん社

草野巧(1997)『幻想動物事典』新紀元社
佐々木亨(2008)「東海道中栗毛弥次馬」『原典資料の調査を基礎とした仮名垣魯文の著述活動に関する総合的研究・解題編』科研報告書
『大辞泉』小学館(1998)

▣ 요약

『동해도중 쿠리게노야지우마』3종의 저작자세에 대하여

같은 제목 다른 책인 로분글 · 요시나오그림의 합권A, 로분글 · 요시이쿠그림의 채색목판화B, 가쿠테글 · 요시이쿠그림의 합권C를 중심으로, 출판된 다른 〈히자쿠리게물〉 작품군과 더불어 그 그림과 글을 상세히 비교분석함으로써 다음과 같은 저작 태도를 규명할 수 있었다.

첫 번째,「하마마쓰」장면처럼 원문에도 없는 어휘까지 완전히 일치하는 점으로 보아 채색목판화B의 작자 로분은 자작 합권A를 곁에 두고 보면서 모사했을 것이라는 점이다. 장르는 다르지만 같은 작자에 의한 같은 제목의 작품인 이상, 충분히 있을 수 있는 집필 태도라고 생각된다. 두 번째, 한편 채색목판화B는 잇쿠의 원작이야기 및 여타 다른『도카이도추 구리게노야지우마』와는 무관한 창작된 장면도 합계 56도판 중에서 32도판이나 되므로, 독창성은『도카이도츄 쿠리게노야지우마』3종 가운데에서도 가장 뛰어난 작품이라는 점도 동시에 지적할 수 있다. 세 번째, 가장 후발 작자인 가쿠테 하루노부가 합권C를 제작할 때, 로분글 합권A에서 어떤 영향을 받았을까 하는 관점에서 각 장면을 자세히 고찰하면, 애초의 시원인 잇쿠글의 원문을 세분화해서 발췌한 것에 지나지 않는 복제 경향이 두드러지는 합권A와, A의 영향을 받으면서도 잇쿠가 창작한 일화를 개작하고자 하는 경향이 두드러지는 合巻C라고 하는 저작자세도 추출할 수 있었던 바이다.

▣ Abstract

Writing attitude of three kinds of "Tokaidotyu Kurigenoyaziuma"

AS comparing pictures and sentences in detail, mainly Gokan A of the same title, Nishikie B and Gokan C until the other work group <Hizakurige>, I was able to clarify the position works as follows: At first, because of the fact that as a scene "Hamamatsu" to match up words that are not written in the original one, Ronbun who is the author of Nishikie B, is rehash the Go k an A he has written his own. The second, Nishikie B what have many scenes that are creative does not appear the text written by Ikku and the other to the "Kurigenoyajiuma", is the work of the most originality in three works "Kurigenoyajiuma". The third, Gokan A is trend monopolization such as those excerpted text written by Ikku, and despite the impact from Gokan A, on the other hand, it is Gokan C that is retelling the original text written by Ikku.

주

1) 「『東海道中栗毛弥次馬』三種の著作姿勢について」『일어일문학연구』84, 한국일어일문학회, 2013년2월

2) 「〈膝栗毛もの〉作品群の書誌—その図様継承史の一環として」(『国語国文』923号, 京都大学, 2011年7月). 本稿のA・B・Cの書誌事項は「『栗毛弥次馬』三種と二代目岳亭作〈膝栗毛もの〉の合巻攷」(『日本文学』716号, 日本文学協会, 2013年2月号予定)においても同じく紹介する.

3) 『日本学研究』33集, 檀国大学校日本研究所, 2011年5月

4) 1846年から1849年まで国芳・英泉・広重画にて刊行された合巻

5) 前稿発表後, 論点は異なるものの同趣旨の先行研究があることを知った. 佐々木亨氏(「東海道中栗毛弥次馬」(『原典資料の調査を基礎とした仮名垣魯文の著述活動に関する総合的研究・解題編』科研報告書, 2008)は, 魯文作Aの工夫として, ①神奈川・大磯：一九作の原拠の筋とは全く異なり他作等に拠る, ②宮・追分：道中記を踏まえる, ③奈良・大阪・京：原拠の足取りを変更, ④古市妓院・淀の夜船：魯文の遊び心が見られ, 当世風の素材を提供する, と四点を掲げ,「抄録は単にダイジェストとして長編を瞬時に読破するという効用以外にも, 編者の味付けによってその商品価値に差が出ていたのかもしれない」という評価を下している.

6) 『草双紙の世界』ぺりかん社, 2009年

7) ここの年取った方の座頭(さる市)は不思議なことに一方の目だけ開いた姿で描かれており,『絵本膝栗毛』や短編合巻の他にも滑稽本風合巻や為信画にも年取った座頭の方は片方の目が開いている.

8) 佐々木亨(脚注5掲載論文)：万延の頃の魯文は作品を著しては, 一枚物を同一のテーマで続けて送り出すという活動をしていたようである.『童絵解万国噺』を刊行しつつ, これを一枚物へ転じさせて横浜絵の本文執筆もこなしていた.「『万国話』の作者魯文」などとわざわざ断っている. 合巻, 横浜絵ともに山田屋庄次郎板である. 今回の『弥次馬』(魯文作)もまた品川屋から同一書名の一枚物シリーズを出し, 同時に後印もなされたものと思われる. 魯文のこのような姿勢は商業主義への無思想な対応という評価が従来のものではあるが, 同一の素材をメディアの違いに応じて微妙に変化させるという芸当は, 器用な魯文であったからこそ初めて可能なのであり, 書肆の側からすれば非常に使いがってのある作者であった.

9) 止め女「もしお泊まりかへ、トひきとらへてひっはる。旅人「コレ手がもげらア。止め女「手がもげてもよふございます。お泊まりなさいませ。旅人「ば

かアいへ。手がなくちゃアおまんまがくはれねへ。止め女「おめしをあからねへほうがお泊めもふしちゃアなをかってさ。旅人「エヽいめへましい。放さねへか。やう／＼振り切りゆくと後より来るは田舎同者。止め女「お泊まりなさいませ。田舎「はたごさア安かア泊まりますべい。止め女「おはたこは弐百づヽ。田舎「イヤ／＼そうは出し申さない。そんたい湯はぬるくてもよくござる。平（ひら）はついぞかへて食ったこたアござらないが、飯と汁はたった六七杯づヽも食やアそれでよくござるは。そんだいにやア明日の昼食(ちうじき)はこの柳こりに一杯詰めてもらへばほかにヤ何にも入申さない。はたごは百十六文づヽも出し申さふ。止め女「そんなら外へお泊まりなさいませサ。田舎「ハア泊めざアいにまずへい、トゆきすぐる。弥次北八この体を見て始終興に入り、弥次またこちつけ、○お泊まりは良い程ヶ谷と止め女戸塚前ては放さざりけり」

10) もしお泊まりかへとひきとらへ引き戻すに、喜多八は「これ／＼喉がしまる。仏様が潰れてしまわア。「くびがもげてもよござります。お泊まりなさいまし。「ばかアいへ。くびがなくってはおまんまが食えねへ。「おめしが食えなければ、なをよござります。「エヽいめへましいことをいやアかる、と振り放しゆく後より、来たる田舎の同者(どうしゃ)。「お泊まりなさい／＼。「はたごさア安くば泊まりますベエ。「はたごは二百文にござります。「イヤそうは出しませぬ。そのかはりには湯はぬるくってもよござります。平は付いても付かひでもようござるは、飯と汁はたった六七杯づヽも食えばそんなには食ひませぬ。昼食（ちうじき）はこの柳行李に一杯あればよひから、百ばかりにしておかっしゃれ、泊まりますベエ。そんならそんもまい事まいがどうでありますな。「そんなら外へお泊まりなさいまし。御泊りは良ひ程ヶ谷と止め女戸塚まへては放さざりけり」

11) 穆王八駿(ぼくおうはっしゅん)は, 中国の伝説に登場する8頭の駿馬. 紀元前11世紀頃の周王朝の穆王が所有していたとされる. 土を踏まないほど速く走れる「絶地(ぜっち)」, 鳥を追い越せる「翻羽(ほんう)」, 一夜で5000kmを走る「奔霄(ほんしょう)」, 自分の影を追い越す事が出来る「越影(えつえい)」, 光よりも速く走れる「踰輝(ゆき)」と「超光(ちょうこう)」, 雲に乗って走れる「騰霧(とうむ)」, 翼ある馬「挟翼(きょうよく)」の8頭で構成される. 穆王はこの馬達に馬車を引かせ, 中国全土を巡った. その旅の途中で, 神々の住む崑崙山にも立ち寄ったという.：草野巧『幻想動物事典』新紀元社, 1997年, 283頁.

12) 役行者(えんのぎょうじゃ. 修験道の祖)の一般的な服装イメージは, 錫杖(しゃくじょう)一本を持ち, 一本歯の高足駄を履き, 空を飛ぶために風より軽くした容姿をするというふうに思われる.
役行者：奈良時代の山岳修行者. 修験道の祖. 大和国葛城山で修行し, 吉野の金峰山(きんぶせん)・大峰山などに霊場を開いた．仏教に通じ，祈祷(きとう)・呪術などをよくしたが，文武天皇のとき,讒言(ざんげん)によって一時伊豆に流された.生没年未詳．役の優婆塞(うばそく).役の小角(しょうかく・おづの)．神変大菩薩(しんぺんだいぼさつ).：デジタル大辞泉(『大辞泉』小学館，1998年)

13) 穆王(ぼくわう)が八足(はっそく)の駒下駄(こまげた)も，役(ゑん)の行者(ぎゃうじゃ)の高足駄(たかあしだ)も，この弥次馬の栗毛には，遠く及ばぬ古人(こじん)の佳作(かさく)．その高名(かうめい)を仮初(かりそめ)に綴りあげたる旅ごろも，諸国をめぐりてさる程に，三本たらぬ戯作の禿筆(ちびふで)，意(こゝろ)の駒に無智をあて，稍(ようや)くまとめた滑稽の，拙著(わるい)もよし／＼芳一九(よしいく)が狂画(きゃうぐわ)におちをとりが啼(なく)，あづま錦の絵見世(ゑみせ)にて，沢山(たくさん)もとめ給はれかし．仮名垣魯文戯題／一恵齊芳幾戯画

14) 例えば，佐々木亨氏(前掲書)は，この時期，魯文が異国物の合巻『童絵解万国噺』(万延2，文久2刊．芳虎画)を出し，続けて同一テーマの一枚物の横浜絵(両方とも山田屋庄次郎版)の本文執筆をこなした例を挙げ，器用な魯文だからこそなし得た芸当であり，書肆からすれば重宝な存在であると評価する．

合巻『동해도중 쿠리게노야지우마』의 原話이탈과 作意에 대하여[1)]

Ⅰ. 머리말

필자가 확인 가능했던 〈히자쿠리게물〉 약 50종 중에서, 본고 고찰 대상인 合巻『東海道中栗毛弥次馬』군의 문학사적 가치를 확인하기 위해서는 그 때까지의 선행작과 비교하여, 어디가 다른가, 작자 또는 화공은 무엇을 창조했는가를 명확히 하는 것이 중요하다. 어떤 작품의 독자성을 발견하기 위해서는 공통점보다도 「작자 그리고 화공이 새로이 무엇을 쓰고 무엇을 그려 냈는가」를 고찰해야 한다고 생각되기 때문이다.

따라서 원작에는 없는 본문의 추가 및 내용의 개변 부분의 고찰, 즉 原話이탈에 관한 고찰이 필요해진다. 거기에는 작자의 생각, 작의가 표출되는 법이기 때문이다. 原話이탈은 合巻『絵本膝栗毛』[2)]와 같은 선행 〈히자쿠리게물〉 작품 군에는 그다지 보이지 않는 경향인 만큼, 그 原話이탈에 보이는 작자의 표현, 이른바 문장(詞書) 중에 있어서의 原話 이탈 부분의 지적과 그 특징을 이하 고찰하고자 한다.

본고의 주요 텍스트는 다음과 같다.

安政二(1855)年 간행 滑稽本風 合巻『東海道中栗毛弥次馬』中本, 上·下巻의 두 권, 全五十장, 十返舎一九原稿, 鈍亭魯文抄録, 一盛斎芳直画.

文久元(1861)年 간행 合巻『東海道中栗毛弥次馬』中本, 初・二編의 두 권, 全六十장, 故人一九原稿, 岳亭春信作, 一恵斎芳幾画, 品川屋久助板.[3)]

Ⅱ. 『東海道中栗毛弥次馬』의 原話이탈 부분에 대하여

2-1. 岳亭春信作 단편合巻의 창작담

岳亭春信作 芳幾画의 合巻『東海道中栗毛弥次馬』는 세 번에 걸쳐 출간되면서 장정(裝丁)이나 표지 도안이 각각의 시대에 맞게 변경되는 것을 확인할 수 있는 만큼, 인기작품이었다고 할 수 있을 것이다. 그 호평의 원인은 原話이탈 부분에 있었다고 생각할 수는 없을까.

①이 岳亭春信作 芳幾画의 단편合巻에만「横濱」「同吉原」장면이 나오면서 창안된 요코하마풍속화(横浜絵)가 놓여진다.「横濱」에는 박쥐우산(蝙蝠笠)을 쓴 중국인(支那人)의 변발(辨髪)에, 낡은 짚신(草鞋)을 얽어매려고 하는 기타(以下 原文 引用부분 외에는「喜多」라고 표기를 통일한다)의 장난이 그려지고,「同吉原」에는 吉原에 있는 간키로(岩亀楼)라고 하는 유녀집에 둘은 들어가는데, 네덜란드사람과 함께 춤추게 되는 기타가 그려진다. 간키로는 요코하마 유곽 창설의 출원인(出願人)인 品川宿여관집 주인인 이와쓰키(岩槻)네 佐吉が, 郭名主役을 맡는 한편 1859年(安政6)에 요코하마 미요사키(港崎)거리에 개업과 동시에 개점한 대규모 유녀집으로 유명하고, 明治時代에는 3층짜리 건물위

에 시계탑을 설치했다[4]고 할 정도였다. 요코하마 개항에 따라 외국인 유객이 다니는 유녀 집으로서 번창한 가게이기도 한 셈이지만, 岳亭春信는 개점하여 불과 2년째인 이 유녀집에 빠르게도 취재하는 민첩함을 발휘하고 있는 것이다.

본 合巻이 간행된 文久元(1861)년은 요코하마풍속화(横浜絵)의 최전성기였다[5]고 한다. 그러기 때문에야말로 유행에 민감한 희작자(戯作者)나 우키요에화가는 원작에는 없었던 「横濱」라고 하는 역참을 새롭게 그려 넣으면서 때마침 그곳에서 전개되는 에피소드로서 외국인(異国人)을 등장시키고 있는 것이다.

②단편合巻의 「大津」에는 原話와는 무관하게, 오쓰그림(大津絵)을 그려서 판매하는 점포 앞에서 서투른 그림을 놀리는 야지와 함께 많은 大津絵 画題[6]가 도상과 문장으로 그려지고 거론된다. 가게 주인은 「말더듬이(どもり)」라고 하는 보기 드문 설정이다.

실은 이 장면은 지카마쓰 몬자에몬(近松門左衛門)作 조루리 『傾城反魂香』(1708年 초연)에 등장하는 우키요 마타헤(浮世又平) 즉 「말더듬이 마타헤(どもりの又平)」를 의식한 각색이 아닐까 생각되어진다. 조루리에서 마타헤는 그림 실력은 발군이나, 태어나면서부터 말을 더듬는 장애를 갖고, 오쓰 가도(街道)연변 점포에서 파는 토산품인 오쓰그림(大津絵)을 그려서 생계를 유지한다고 하는 설정이었는데, 때마침 그 가게에 들린 야지라는 이야기인 셈이다.

③단편合巻의 「石薬師」 이후는 「草津」와 「京」를 제외하면 거의 창작과 다를 바 없는 이야기들이 이어진다. 「石薬師」에서는 처음에 도깨비불이라고 놀라는 야지가 마른풀을 태우는 들불(野火)이라고 스스로 알아차린다, 고 하는 原話의 구모쓰(雲津)에서 일어났던 유령소동에 착안한듯한 이야기가 오지만, 문장(詞書)이나 교카로부터 原話와의 유사점은 찾을 수 없다.

④이어서 「庄野」에서는 두 명의 무사일행을 만나 무서워하는 야지가 그려지고, 다음 장의 「亀山」에서는 묵은 여관에서 그 무사 일행과 재회하는데 정체는 그 여관을 경호하러 온 검술 선생이었다고 하는 이야기가 연속하여, 드물게도 2장에 걸쳐 이어지는 스토리가 전개된다. 原話와는 무관한 창작담이다.

⑤ 「関」는 연극(芝居)의 침묵(だんまり)장면이나 격투(立ち回り)장면의 흉내를 내다가 점화용 노끈(火縄)으로 볼에 화상을 입는다고 하는 창작담.

⑥ 「坂の下」는 여자가 먼저 자신을 꼬드긴다고 의기양양해진 기타하치가, 여자의 동행으로부터 오늘 밤엔 친척집에 묵을 예정이라는 말을 듣고 실망한다고 하는 창작담.

⑦ 「土山」는 기타하치가 자신의 소맷자락에 넣어 두었던 샅바를 냇물에 적셔 빨고 있다가 그만 샅바가 물레방아에 감겨버린다고 하는 창작담.

⑧ 「水口」는 우연히 만난 三河 출신의 무사로부터 당신을 (三河万歳의) 才蔵로 고용한 적이 있었는데 호색한이어서 참 곤란했었다, 고하는 말을 듣고 화내는 기타하치, 그 기타하치의 욕설에 또 분개하는 무사, 라고 하는 창작담.

⑨ 「石部」는 和中散이라고 하는 간판이 걸려있는 모양새가 훌륭한 가게 앞에서 엉뚱한 횡설수설의 대화를 나누는 야지라고 하는 창작담.

실은 이러한 에피소드가 성립하는 동기, 내지 소재는 원작으로부터 찾는 것도 가능하다. 그러나 닮은 듯 다른 소재가 원작에 있고 에피소드의 시작은 원작 분위기를 띈다고 할지라도 결국 스토리는 원작과는 무관한 방향으로 흘러 창작담이라고 해야 할 이야기로 완성되고 있다. 그러므로 설령 작자 岳亭春信가 원작에서 착안점을 얻었다고 할지라도 스토리가 완전히 다른 방향으로 전개되므로 원작의「각색・궁리」에 의한 일화가 아니라「창작담」이라고 해야 한다고 판단된다.

2-2. 岳亭春信作 단편合巻의 본문(詞書)・여백문장(書入)의 창출

①滑稽本風合巻, 단편合巻의「平塚」모두 原話에 준하고 있으나, 가마에 타고 있는 것을 단편合巻에서는「喜多」라고 도상에서 표시하면서 착용한 옷 무늬, 및 본문 내용으로부터 보건데「弥次」라고 해야 할 것을 오기하고 있는듯하다. 原話에서도 가마에 타서 아는 척 하는 자는 야지였다. 단편合巻에는 가마꾼의「어젯밤 애인 집에 몰래 동침하러 숨어들어갔다가 샅바를 잊어버리고 왔응께 걷기 불편하네. 똑바로 똑바로 독바로! (ゆふべせなへがうちへ夜這ひとやらかして,てゝらを忘れて来たので, 歩きにくいぞしっかり／＼／＼)」라고 하는 새로운 잡담(無駄口)이 적힌 여백문장(書入)의 존재는, 原話에는 없지만 더 한층 合巻답게 하는 역할을 한다.

②단편合巻의「三島」는 자라에게 손가락을 물리고 쓰러져 밑에 깔린 장지문 구멍으로부터 목을 내민 야지라고 하는 原話와는 다른 상황으로 묘사된 그를 중심으로 독특하게 궁리되어 있다.

③옆방의 맹인여자(瞽女) 노래를 들으면서 안마를 받는 原話「宮」의 삽화【図版1】를 모사한 것이 滑稽本風合巻「宮」【図版2】이며, 原話의 방 위치를 좌우 역전시키면서 기타하치와 맹인여자를 뒷모습으로 그리고 있는 것이『絵本膝栗毛』【図版3】이다. 그리고 방 구조는 原話 계통이면서 인물의 방향을 原話의 왼쪽방향에서 오른쪽방향으로 변경하고, 맹인여자는 그리지 않는 것이 단편合巻「宮」【図版4】이다. 原話의 주된 에피소드는 이 맹인여자의 노래에 맞추어 기타하치가 춤추면서 안마사의 머리를 발로 만져댄다고 하는 것이며, 맹

【図版1】十返舎一九作『東海道中栗毛弥次馬』4編・下, 二又本

【図版2】鈍亭魯文作『東海道中栗毛弥次馬』国文研本

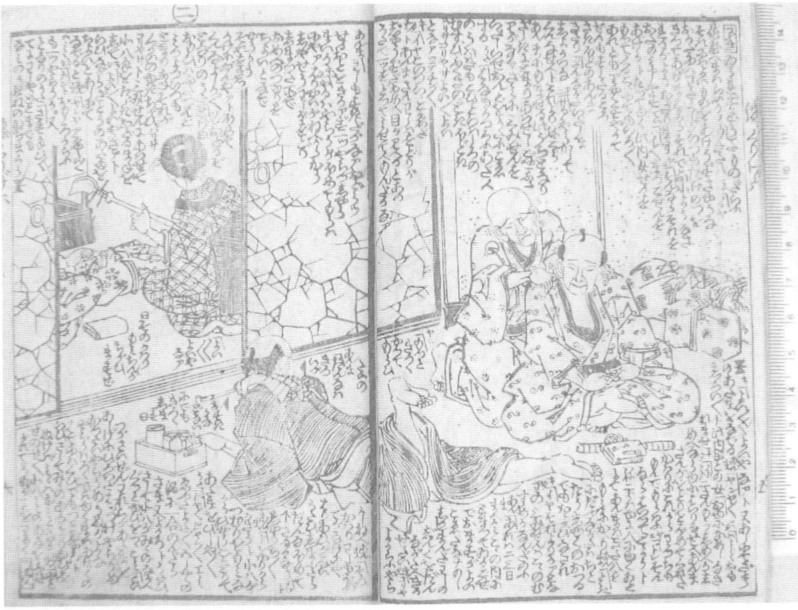

【図版3】『絵本膝栗毛』二又本

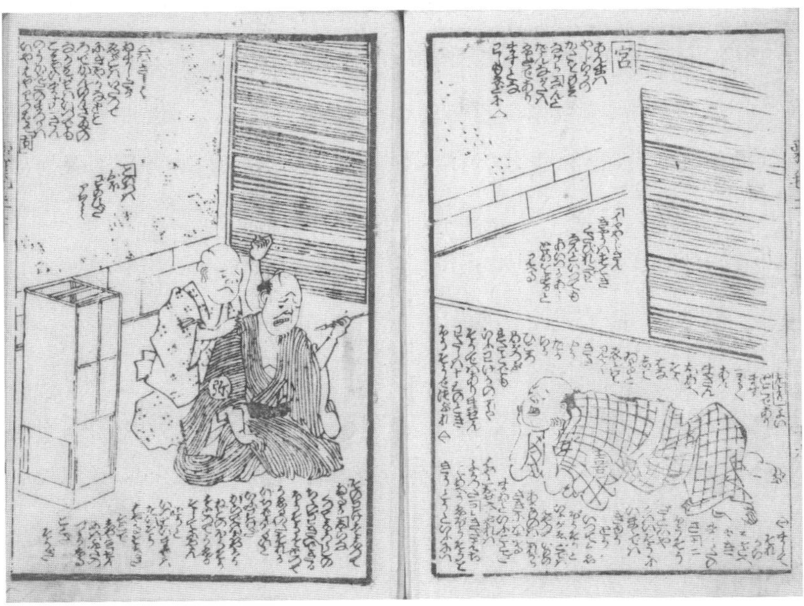

【図版4】岳亭春信作『東海道中栗毛弥次馬』早大本

인여자를 그리지 않으면 에피소드의 서막으로서는 부적절한 도상이 아닐까. 그러므로 단편合巻「宮」 본문을 보면, 原話와는 무관한 창작된 본문(詞書)이 기입되는 것이다. 천연두로 눈이 멀게 됐다고 하는 안마사의 이야기를 받아 천연두에 관한 화제가 서술되고 있기 때문이다. 이 본문에 맞추기 위하여 도상은 原話를 의식하면서도 본문에 등장하지 않는 맹인여자는 생략해버린 것일 것이다.

④대합을 굽고 있는 가게 앞을 지나가는 야지 기타라고 하는 原話 삽화를, 『絵本膝栗毛』와 滑稽本風合巻「桑名」는 그대로 모사하고 있다. 따라서 『絵本膝栗毛』와 滑稽本風合巻의 「桑名」는 상호 흡사하다. 滑稽本風合巻의「桑名」에는 이어서 다음 장에 原話와 같이 구운 대합이 야지의 가랑이 사이로 들어가 화상을 입는 일화도 그려진다. 合巻風錦絵[7]의「桑名」에는 구운 대합에 다섯 손가락이 끼인 야지와 기타하치, 라고 하는 식으로 스토리 또한 상당부분 原話와는 무관하도록 각색된다. 단편合巻의「桑名」도 대합을 굽는 여성의 모습이라든지 화덕(火床)의 형태, 「휴게소(御や寿ミ所)」라고 하는 간판 모양새와 文字(참고로 滑稽本風合巻의 간판도 같음. 『絵本膝栗毛』와 合巻風錦絵는「명물 대합구이(名物 焼きはまぐり)」)는 原話의 느낌이 있으며, 대합을 손에 들고 기겁하는 야지와 기타라고 하는 도상은 일견 原話에 입각하여 그리고 있는 것처럼 보이지만, 본문(詞書)은 원문과 아무런 관계가 없다. 즉 대합을 굽고 있는 여성의 나이를 서른이라느니 마흔이라느니 지레짐작하며 이야기하는 둘의 대화를 들은 여자는 마흔일 거라는 말을 듣고 분해하며 작은 대합을 내오자, 그것을 열려고 하던 야지가 손가락이 끼게 된다고 하는 사건으로 변질되고 있다. 교카도 原話의 것을 이용하지 않고 창작하고 있다. 따라서 본문에 유사성은 보이지 않는 것이다.

2-3. 鈍亭魯文作 滑稽本風合巻의 개변

①「追分」다음에 滑稽本風合巻『東海道中栗毛弥次馬』는 四二장 뒷면과 四三장앞면 위쪽에, 사각형 틀 그림(コマ絵)처럼 작은 사각형으로 에워싼 石薬師부터 大津까지 열 군데에 이르는 東海道 역참에 대하여 명물과 함께 여정을 기입한다. 따라서 이들 역참에 있어서의 일화는 생략되고 伊勢古市 장면으로 이야기는 건너뛰어 버린다.

②야지와 관서지방사람(上方者)이 古市 연회에서 유녀 쟁탈전을 벌이는 장면을 묘사한 原話 삽화는, 야지 기타의 위치를 상호 교체하고, 요리 종류를 변경한 외에는 주변의 소도구 까지 거의 그대로 滑稽本風合巻「古市妓院」에 모사된다. 그런데 특이한 점은 原話삽화와 거의 같은 동작을 하는 유녀 한명, 여종업원 한명, 위치를 교체한 야지, 기타, 그리고 관서지방사람 이 다섯 명의 시선이 일제히 좌측을 향하고 있다는 점이다. 그리고 原話 삽화에서는 서로 노려보고 있는 험악한 표정의 야지와 관서지방 사람이었는데 여기에서는 서로를 보지 않고 좌측을 보도록 그려진다. 실은 滑稽本風合巻의 본문을 읽어보면, 다투는 장면은 전혀 적히지 않고 싸움 전, 즉 술자리가 시작되어 옆방에서 유녀들이 이세음두(伊勢音頭)를 노래하고 춤추는 것을 귀 기울여 엿들으면서 일동 흥겨워한다고 하는 단계에서 본문은 종결되고 있다.

그리고 재미있게도 다음 페이지를 넘기면 상단에 유녀 네 명이 이세음두(伊勢音頭)를 추는 모습이 그려지고, 그 이세음두의 노랫말가사(詞章)로 본문은 끝나고 있다. 즉 앞 장의 다섯 명의 시선 방향으로 보건데, 귀 기울여 듣고 있는 옆방 상황을 묘사하고 있는 것 같다. 原話 삽화와 거의 같은 동작을 다섯 명에게 시키면서도 시선처리 하나로 다른 장면으로 바꿔버리는 것은 滑稽本風 合巻 작자의 묘안이라고 할 수 있다.

③原話에서는 伏見의 선박여관(船宿)을 빈손으로 출발한 둘이, 교토 대불전 方広寺를 구경하다가 기둥 구멍에 끼게 되는 이야기가 삽화로 묘사된다. 滑稽本風合巻에서는 「나라 대불전」으로 장소가 바뀌고, 동일하게 야지가 끼지만 原話 삽화는 끼기 전의 서막을 묘사하고 있었으므로 클라이맥스를 포착하고 있는 滑稽本風合巻은 原話를 모방하고 있지는 않다. 원작 당시, 이미 교토의 大仏은 소실한 상태였으므로 滑稽本風合巻에서는 현존하는 나라 大仏로 장소를 変更한 것일까. 滑稽本風合巻의 본문에서는 原話와 같은 사건을 기술하면서도, 교토 관련 사항은 한마디도 언급하지 않으므로, 이 장면의 타이틀을 「나라대불전(奈良大仏殿)」이라고 달아 버리면 만사형통이었던 셈이다.

④滑稽本風合巻에는 「요도의 밤배(淀の夜船)」의 연속으로, 배위(船上)에서 성대모사(声色)에 흥겨워하는 모습이 묘사되는데, 광대한 갑판 위에서 넓게 앉은 여덟 명의 남자들은, 겉옷(羽織)등을 걸치고 있는 복장도 꽤 훌륭한 점이 原話와는 상당히 판이한 분위기를 자아낸다. 그리고 본문은 원문을 충실하게 따르는데 마지막 끝맺음익살(オチ)로서 원문에서는 「야지 「모를 거요. 이건 신슈 마쓰모토 사람으로 고시로(幸四郎)의 제자 도시로(胴四郎)의 성대모사요. 京 「그런 걸 테지요 아하하하하하」였던 것을, 「弥二 「모를 거요. 이건 이치카와 단쥬로(いちかわだん十郎)의 부친인 단쿠로(だん九郎)의 성대모사요. 京 「그런 걸 테지요 아하하하하하.」[8]라고 개변하는 것이다.

滑稽本風合巻은 전체적으로는 새로운 취향이 부족하고 창작성이 결여되었다고 할 수 있지만, 후반부는 이와 같이 原話와는 여정을 달리하고 있으며 伊勢古市 뒤에는 奈良大仏殿, 요도의 밤배, 그 다음에 「大阪長町」가 이어진다. 大阪長町에서 동숙한 사람의 마누라의 유골을 먹어버린다고 하는 사건이 原話에 입각하여 묘사되기도 하는데, 관견 범위에서는 다른 〈히자쿠리게물〉에는 그다지 거론되지 않는 사건이다.

이와 같이 滑稽本風合巻은 본문에 있어서 끝맺음 익살(オチ)을 변경하는 정도의 각색은 있을지라도 원문을 거의 그대로 충실하게 답습하고 있다고 할 수 있다. 도상의 경우에는 原話 삽화에 약간의 작의-예를 들면 일화 생략에 의한 도안 제시, 시선처리만 변경, 갑판의 넓이에 대한 과장 등을 덧붙이는 정도의 고심은 보이지만, 역시 전체적으로는 창작성이 결핍된 작품이라고 하지 않을 수 없다.

Ⅲ. 서문·발문으로 보는 〈히자쿠리게물〉 집필의 의의

3-1. 鈍亭魯文의 작의

木村八重子씨는 水野忠邦의 실각 후도 天保개혁의 영향은 지속되어 安政(1854~59)무렵에는 역량 있는 작자는 부재 상태였다고 하고, 그와 같은 시대적 추세로서「読本 등 과거 유명 작품의 초록」[9]경향을 지적한다. 실로 安政二(1855)年에 출간된 滑稽本風合巻『東海道中栗毛弥次馬』는 그러한 작품 예에 해당될 것 같다. 그러나 작중에는 안이하게「魯文作」이라고 하지 않고「魯文記」「魯文録」「十返舎一九原稿」라고 표기함으로써, 자신의 창작이 아님을 의식적으로 표명하고 있다는 해석이 가능하다. 뿐만 아니라 二編 권두그림(口絵)에는「鈍亭魯文**抄録**」이라고 기재하고 있는 것을 보더라도 그 자각 정도를 짐작할 수 있다. 나아가 魯文의 본 작품에 있어서의 창작 자세라든지 집필 방침이 서술되기 마련인 서문 또는 발문을 보면 그의 의도는 더 한층 명확해지지 않을까.

魯文作・芳直画의 滑稽本風合巻『東海道中栗毛弥次馬』의 마지막 장인 五十장뒷면에는「十返舎一九原稿」라고 커다랗게 쓴 족자와 같은 것을 들고, 책상 앞에 「鈍亭主人」이 화면 우측에 서서 화공을 내려다보고 있으며, 화면 왼쪽 이름 적는 사각 칸에는 「一盛斎芳直戯画」라고 있고 화공이 앉아 있다. 이 五十장뒷면에 魯文이 기재한 본문 내용이야말로 〈히자쿠리게물〉 을 집필하는 의의를 나타내고 있다고 생각되므로, 그 전문을 번각하겠다.

> 十返舎옹이 창작한 膝栗毛라고 하는 소설은 지금으로부터 훨씬 오랜 세월이 지났지만, 인정과 유행은 지금도 변함없다. 오래된 것도 錦心繍口[10)]이므로 닮은 듯 다른 저품질의 무명도 새로움을 더하도록, 이라는 제작자의 주문에 세탁한 천에 풀을 먹여 말리면서, 鈔録으로 이어붙이기는 했지만, 이른바 임시방편으로 어깨 부분을 잘라 소매 부분에 갖다 붙이는 짓이나 다를 바 없다는 말이나 듣지 않으려나.
> 동화책 속 복숭아가 아닌데 이 몸은 또 세탁하는 사람이라는 이름이나 퍼뜨리지 않을까.[11)]

옛날에 쓰여진 『膝栗毛』 일지라도 인정은 지금도 부합되는지라 책에 대한 인기가 쇠퇴하지 않는다. 제작사(版元)가 요구하는 대로, 그 훌륭한 원작을, 세탁한 천에 풀을 먹여 말리듯이 발췌해서 저술했다, 고 하는 것이다. 이 본문 말미에 붙은 교카는 실은 6년 전인 嘉永二(1849)年에 인쇄해서 지인에게 배부한 『나오기이테 오모테아카혼(名聞面赤本, 이름을 듣고 낯뜨거워지는 동화책)』 말미에, 「英魯文」의 이름하에 게재했던 자작 교카를 그대로 차용하고 있는 것이다. 『仮名反古』[12)]에 따르면, 『名聞面赤本』은 「英魯文」이라고 하는 호(戯号)를 퍼뜨리기 위한 일종의 습명 피로용 배부책자였다. 희작자로서 출발하고자 하는 의욕을, 상투수법이기도 한 自作을 비하하는 듯한 교카로 피로하고 있었는데, 「鈍亭」라고 개명(改号)한 시점에서 다시 한 번 사용함으로써 같은 심경임을 나타내고 있는 것이다.

나아가 본 合巻의 서문(自序)을 해독함으로써 〈히자쿠리게물〉을 집필하고자하는 생각을 갖게 된 魯文의 동시기에 있어서의 활동을 재고하는 실마리를 찾고자 한다.

東海道中栗毛弥次馬서문

膝栗毛란 무엇이냐? 답하기를 머리가 검은 야지말 남창 출신 기타하치의 뒤꽁무니에 타서, 여행은 길 따라 말은 말 따라, 라고 앞날이 어찌될지 캄캄한데 노전 부족하고, 힝힝 이랴 이랴 53개 역참을 달려, 한번의 채찍질에 단숨에 황성 교토에 이른다네. 도중의 절경, 산천의 수려함은 작은 짐에 얽어매고 상세하게 [13] 모색하고, 여행자의 비천함, 짐꾼 가마꾼 마부의 투박한 종래의 골계 말장난을 짐 없는 말의 익살 섞어 여행일기로 기록하고, 제목하여 '道中膝栗毛'라고 해서 독자로 하여금 배꼽을 쥐게 하고, 유행을 천착하고 당대를 아는, 출판업자 백락, 내 쓰마고이 새집을 찾아와, 분씨 당신은 말과 인연이 있소. 전에 오구리의 채찍 맛으로 마장 한 바퀴 돈 오니카게[14]도 아무쪼록 품삯이 될 듯하오[15]. 이 물건은 짓펜샤가 각종 곡예를 해보인 뒤, 오구리 말을 칭찬하듯이 얼씨구 하고 갈지 안 갈지는 모르는 일, 사람은 사귀어보고 말은 타보아라, 라는 세간의 속담도 있으니까, 채찍질 한번 해보시게 하고, 부추기는 과녁은 빗나가지 않는 말에 단번에 으쓱 우쭐해져서 나도 야지와 기타하치를 닮은 듯 다른 긴 여정[16]을 짧은 재주로 기록했지만, 원래 빌린 말은 천리의 준마, 등자를 밟고 달리는 말[17]을 힘껏 버텨, 도중에 딴 짓하는 일이 없도록 희작의 첫여행, 객주의 무거운 짐을 싣고 붓의 거처를 나오기는 나왔지만 갈팡질팡 우물쭈물, 필통의 휴게소도 분간 못하네, 만약 사람 있어 어디에 가냐고 묻는다면, 말 가는 쪽에 가려고 합니다, 고 답할 뿐.

於恋岱滑稽道場
安政二乙卯　正月新梓　鈍亭魯文戯術[18]

모두부에서는 원작자 짓펜샤 잇쿠(十返舎一九)가 『膝栗毛』 범례 등에서 서술한 집필방침을 정리해서 소개한 뒤에, 제작자(版元)에게 다

양한 언설로 꼬드겨진 결과, 그만 우쭐해져서 본작을 집필하게 되었노라고, 그 집필 경위를 「말 관련어의 나열(馬尽くし)」로 이루어진 희문(戲文)을 구사하면서 장황하게 기재하고 있는 것이다. 자신의 짧은 문필력으로는 원작의 천리마에는 못 미치지만 말이 풀 뜯어먹듯 도중에서 노는 일이 없도록 「희작의 첫 여행」에 나서려고 한다는, 魯文의 심경이 밑줄 친 부분에 극명하게 표현된다.

「희작의 첫 여행(戯作の初旅)」이라고 하더라도 희작의 처녀작이라고 하는 뜻은 아닐 것이다. 魯文은 2년전인 嘉永六(1853)年 여름부터, 이중 밑줄을 그었듯이, 유시마(湯島)의 쓰마고이거리(妻恋町)에 新居를 마련하는데, 이 집은 잡화점주인(香具師) 虎屋倉吉, 출판업자(書肆) 品川屋久助의 두 명이, 魯文이 쓴 희작에 의해 뜻밖의 이윤이 남은 답례로 사준 집으로, 집 현관에 「談笑諷諫　滑稽道場　御誂案文著作所, 江戸作者鈍亭魯文」이라는 간판을 내걺으로써 **「専門戯作者」**로 자립하게 되었다.[19] 그리고 본 작품이 간행된 安政二(1855)年은 魯文이 신출내기 전문희작자로서 다작(多作)을 시험하는 해에 해당한다. 「희작의 첫 여행」이라고 형용한 본 合巻에 이어서 魯文은 야지의 자손들을 주인공으로 하여 安政三年에 滑稽本 『成田道中膝栗毛』, 安政四年에 合巻 『大山道中膝栗毛』・『甲州道中膝栗毛』・『日光道中膝栗毛』 까지 간행하기에 이른다. 즉 본 작품은 魯文에게 있어서 희작 중에서도 특히 **「〈히자쿠리게물〉의 첫 여행」**이었던 셈이다.

佐藤至子씨[20]에 의하면 魯文은 天保十四(1843)年에 花笠文京에게 입문하여 嘉永期(1848~1854頃)에는 「御誂案文著作所」라는 간판을 내걸고 문필업(売文業)을 표방하고 있었다. 이 습작기의 저작 작업을 개관하면, 『八犬伝』 등과 같은 読本의 초록, 잇쿠 『膝栗毛』의 모방작, 장편合巻의 속편(嗣作) 등이 두드러지고, 기존 인기작에 의지하는 다작 활동은 笠亭仙果와도 비슷하며, 그림 견본집(絵手本)이나 속요집(小

唄本)등의 서문, 다색판화(錦絵)의 지문(填詞)등도 다수 쓰고 있는 것을, 高木元씨 논문 「鈍亭時代의 魯文」 「魯文의 売文業」에 입각하면서 설명하고 있다. 따라서 高木씨가 논하는 魯文의 이른바 〈八犬伝물〉 집필 활동에 대해서 확인해둘 필요가 있으므로 이하 인용하겠다.

> 安政期의 鈍亭시대에는〈切附本〉[21]이라고 불리는 조잡하게 다량 제조된 염가의 抄出本에 본령을 발휘한다.……〈抄録〉이라고 하는 방법이다. 魯文 자신은 「糟粕」라고 표현하는 경우가 많지만, 장편텍스트를 다이제스트하는 데는 그만큼의 학식과 재능이 필요했다. 가령 근세소설의 최강자 『南総里見八犬伝』을 抄出한 뚜껑있는 책(袋入本) 『英名八犬士』 全八編(安政二~四)은, 말 그대로 원문의 잘라 붙이기로 만들어졌는데, 그 문장의 연결법을 상세히 관찰하면, 아주 잘 궁리되어 있는 것을 알 수 있다.……이 『八犬伝』의 패러디(필자주 ; 安政三年刊의 艶本 『佐勢身八開伝』)도, 실로 魯文의 희작센스가 발군으로 잘 만들어진 텍스트라고 생각한다. 나아가 이 시기에 合巻 『当世八犬伝』 (安政三年)도 같이 집필하는데, 명장면을 연결하는 형식에 의해 불과 20페이지(十丁)로 종결시켜 세상에서 가장 짧은 『八犬伝』이 되고 있다. 후에 『八犬伝』을 그림소설(草双紙)화 해서 장기간 간행이 이어진 『仮名読八犬伝』 二八~三一編(慶応元~明治元年, 芳幾画)을 담당한다. 이와 같은 식으로 한번 익숙한 제재를 수법을 바꿔가며 이용, 많은 집필을 계속하고 있었던 것이다.[22]

장편読本 『南総里見八犬伝』을 切附本読本이라든지 염본(艶本), 단편合巻, 장편合巻과 같이 다양한 장르로 각색해 간 魯文의 창작 수법은, 같은 시기에 장편滑稽本 『東海道中膝栗毛』에 있어서도 이루어지고 있었던 것이다. 왠일인지 선학 눈에는 띄지 않았던듯하여 충분한 언급이 보이지 않는 『東海道中栗毛弥次馬』라고 하는 같은 제목의 다른 책 2종, 즉 滑稽本風合巻과 合巻風錦絵가 魯文作으로 간행되고 있기 때문이다.

그 중에 우선 본고에서는 滑稽本風合巻『東海道中栗毛弥次馬』를 중심으로 고찰한 결과, 「魯文의 희작센스가 발군으로 잘 만들어진 텍스트」라고 까지는 단언할 수 없어도, 다른 〈히자쿠리게물〉에는 보이지 않는 취향이 적지만 두 세군데 엮어져 있는 것을 확인할 수 있었다. 그리고 合巻風錦絵에 대해서는 別稿에서 상세하게 논하겠지만 魯文의 발안인지 화가의 발안인지의 판단은 불가능하나, 원작에 구애받지 않는 창작담이 상당부분 비중을 차지하는 〈히자쿠리게물〉로 완성된다.

필자가 「滑稽本風合巻」이라고 가칭하고 있는 작품에 대한 언급이 최근 논문에 있었다. 필시 유일한 선행논설이라고 생각되므로 전문을 여기에 인용하겠다.

> 滑稽本에 취재한 合巻체제의 切附本이『栗毛弥次馬』(安政元年검인)이다. 짓펜샤 잇쿠의『道中膝栗毛』를 仮名垣魯文이 抄録해서 삽화를 덧붙였다. 그러나 본문이 배치될 뿐으로 대사는 안 보인다. 전술한 것처럼『膝栗毛』의 삽화는 대사를 수반하지 않는다. 魯文은『膝栗毛』본문을 적당하게 발췌해서 작성했다. 당초엔 原拠의 표기를 그대로 사용했으므로 한자 가나 혼용이었으나, 도중부터 合巻답게 히라가나로 고쳐지고 있다. 또한 전체적으로 여백이 두드러진다. 이상으로 보건데 切附本이라고 간주할 수 있다. 이 화면은 明治期의 목판 그림소설(木版草双紙)을 상기시킨다. 그것은 투박한 삽화, 漢字仮名혼용 표기, 넓은 여백이라고 하는 점에서이다.[23)]

여기에서는 滑稽本風合巻『東海道中栗毛弥次馬』의 장르를「기리쓰케본(切附本)」이라고 하고 있다. 切附本이라고 한 첫 번째 이유는 대사면에서이다. 그러나 등장인물들이 뱉는 대사가 滑稽本처럼 본문안에 직접화법 형식으로 들어가 있고, 여백문장(書入)으로 따로 놓여지지 않으므로 문체는 滑稽本과 같으나 매 페이지마다 그림과 본문이 있다고 하는 체재로부터 보건데 「合巻」이라고 해도 되지 않을까. 「切附本」이라고 하는 용어는 당시부터 사용되어지고는 있었으나, 「抄録」이라고 하는 작품의 창작방법을 나타내는 단어이므로, 合巻이나 読本의 하위분류에 속하는 것이라고 간주해도 되는 게 아닐까. 확실히 막부말기나 明治期에 「切附」라고 하는 창작 방법으로 다수의 合巻이나 読本이 간행되고 있으며, 이들은 合巻이라든지 読本이라고 하는 식으로 호칭해도 괜찮다고 생각된다. 일부러 切附本을 合巻과 読本에 병렬하는 장르 명으로서 취급하지 말고, 본 合巻의 대부분의 창작 방법은 原作을 「잘라붙여(切り付け)」서 재구성하는 방법인 것은 사실이므로 엄격하게 호칭한다면 소위 「合巻체제의 切付本」「合巻風의 切付本」이라고 할 수 있을지도 모르겠으나, 「切付本체제의 '合巻'」이라고 부른 쪽이 장르의 혼동을 피할 수 있다고 생각된다.

또한 전게 논문에서 「安政元年검인」(甲寅, 1854)이라고 한 검인(改印)은 확실히 田中明씨소장본이나 津田씨소장본에 「寅十二」(国文研소장본에는 검인 없음)라고 찍혀 있는 점과, 自序의 年記 서명은 「安政二乙卯　正月新梓　鈍亭魯文戯術」이라고 있는 점으로 보건데, 安政元年十二月에 출판허가를 받고 이듬해 정월 출판이라고 하는 순서를 밟았음을 알 수 있다.[24] 그리고 「魯文抄録」「魯文録」 등이라고 魯文 스스로 표방하지만, 切附本의 창작 방법인 「기성 텍스트 본문의 잘라붙이기」라고 할 수 없는 장면, 즉 사소하기는 하지만, 끝맺음 익살(オチ)의 변경, 일화 생략에 의한 도안 제시 등, 다른 切附本과 비교한 결과의 평가도 기대되는 바이다.

「선행하는 조루리나 소설 실록류의 抄出축약을 목적으로 한 것이 切附本이었다.……이 다이제스트를 의미하는 「鈔録」「抄録」「縮編」「抜翠」「縮綴」이라고 하는 어구는 草双紙에서도 보이며 読本 등의 다이제스트 合巻도 적지 않다. 그러나 草双紙는 5장1권 전 페이지에 그림이 들어가며, 切附本과는 다른 기획이었다고 생각된다.……어쨋든 鈍亭시대의 魯文은 抄録家로서의 측면을 강하게 지니고 있었던 것은 분명하며, 특히 曲亭馬琴을 강하게 의식한 문장(行文)이 눈에 뜨인다. 鈍亭시대가 魯文에게 있어서 습작시대였던 것은 틀림없지만, 좀 더 적극적으로 「抄録」이라고 하는 행위를 재평가해야하지 않을까.」[25]라고 하는 취지에는 충분히 공감되는 부분이 있다. 그리고 본고에서 봐 왔듯이 「曲亭馬琴」 위치에 그대로 「十返舎一九」를 대입한 논고도 가능하다는 점이다. 이와 같은 魯文의 일련의 창작 수법은 희작의 전성기가 지난 막부말기와 明治期에 남겨진 희작자들이 짊어져야 했던 문단의 운명이었으리라.

선학에 의한 논고가 거의 보이지 않는『東海道中栗毛弥次馬』중에서도 魯文作・芳直画의 滑稽本風合巻과 岳亭春信作・芳幾画의 단편合巻에 대해서 다른 〈히자쿠리게물〉과 비교하면서 고찰해왔다. 「抄録家로서의 魯文」의 창작 방법의 전형적 証例로, 切附本의 読本이외에도, 滑稽本風合巻 『東海道中栗毛弥次馬』를 집필했기 때문에야말로, 5년후 抄録이라고 하는 방법에 입각하면서도 창작에 가까워진 合巻風錦絵 『東海道中栗毛弥次馬』를 집필할 수가 있었던 것이 아닐까. 抄録이라고 하는 창작방법으로 단련했기 때문이야말로 이룰 수 있었던 성과가 아닐까하고도 생각되기 때문이다.

3-2. 岳亭春信의 작의

文久元(1861)年 간행 岳亭春信作・芳幾画의 단편合巻『東海道中栗毛弥次馬』二編 권두그림(口絵)에, 一恵斎芳幾・岳亭春信・짓펜샤 잇쿠 세 명이 그려지는데, 芳幾는 약화(略画)풍의 그림, 春信는 후쿠스케(福助)풍의 얼굴이라고 하는 우스꽝스러운 모습으로 묘사된다. 「돌

아가신 잇쿠옹 꿈속에 나타나 작자 화공에게 구리게의 뜻을 보여주다〈先(さき)の一九翁夢中(おうむちう)にあらはれて作者画工(さくしゃくはかう)に栗毛(くりけ)の意(い)をしめす〉」라고 하는 그림 제목처럼, 岳亭春信 뒤에는 책상자문갑(文箱)이 있고 그 문갑에는「膝栗毛」「岳亭春信」라고 하는 팻말이 붙어 있으며, 잇쿠 앞에 그림소설(草双紙)처럼 보이는 책이 놓여 있는 것으로 판단컨데, 필시 그 문갑 안에 넣어둔 岳亭春信가 적은 本書(또는 岳亭春信가 소장하고 있었던 原作 滑稽本)을 몇 권인가 꺼내, 강의(講釈)를 하는 잇쿠를 표현한 도상인 것으로 이해된다.

> 복어를 즐기는 자는 좋은 맛을 보고 탈날 것(=호평)을 생각지 않는다. 또한 소설(稗説)을 짓는 자는 호평을 바래서 고심을 마다하지 않는다. 글쎄 구리게의 웃음과 꼬리에 꼬리를 붙인 야지 말에, 화공 요시이쿠 작자 하루노부도 그럴싸한 기분이 들었을 때 마침 홀연히 나타난 이는 선대 옹 잇쿠 대장님이었는데, 미소를 머금고 말하기를, 자네들 이번에 내가 이름을 얻게 된 히자쿠리게를 이상의 두 권으로 개작했다고 하네만 작자는 야지로 기다하치의 골계정신은 알지 못할 것이다. 붓끝으로 말하는 바보짓과는 아주 달라서, 호랑이 위세를 빌리는 여우라던가, 남이 붙인 이름을 말하면서 내 것인 냥 하는 태도가 마음에 안 드네. 화공은 옛날 히자쿠리게에서 잘도 둘의 얼굴을 알고 복장모습에 붙인 이름표, 새빨간 거짓말이라고는 하면서 천리안이라도 얻었는지, 나도 모르는 얼굴 모습, 언제부터 안면이 있었는지? 올해는 몇 살이 되었는지? 라고 묻길래 뭐라 답해야 할지 난처하여 머리를 숙이고 있었는데 불어온 바람과 함께 처마 끝을 돌아다니는 가을 나비, 이건 초암에서 꾼 꿈이었네.[26)]

작품이 히트 칠 것을 바라면서 본 작을 집필한 岳亭春信와 芳幾 앞에 홀연히 나타난 잇쿠가 본 작에 대하여 억지소리를 늘어놓으며 불평을 한다. 야지로・기타하치의 골계의 정수를 모르는 작자春信가,

남이 붙인 이름을 말하면서 내 것인 냥 하는 태도가 마음에 안 든다, 원작자조차 모르는 그 옛날 야지의 얼굴을 잘도 알고 이름표를 붙여서 그린 화공芳幾, 둘의 연령은 올해 몇이냐고 물어오자 난처했었는데 꿈이었다고 하는 내용이다.

이 二編 권두그림 본문 말미에 「가을 나비 이건 초암의 꿈이었네」라고 있는데, 벼루에서 나온 말풍선 속에 두 마리 나비가 그려진다. 이것과 수미를 맞추듯이 初編 서문 그림은 머리맡 병풍과 등불, 그 위를 나비 두 마리가 날고 있는 도안으로 되어 있다. 원작자 잇쿠가 등장하는 二編 권두그림 내용은 꿈이라는 것을 미리 나타내기 위한 복선이 되고 있는 셈이다. 그리고 도상의 병풍・등불・나비들은 소시(草子=소설책) 아닌 「소시(荘子=장자)」, 즉 「호접몽(蝴蝶の夢)」을 상기시키기 위한 장치라는 것을, 하기 初編 서문 말미의 밑줄 친 부분에서도 짐작할 수 있는 것이다.

도카이도츄 구리게노야지우마

貧而楽道富而好礼(가난해도 도의를 좋아하고 윤택해도 예의를 좋아한다)[27]도 각자의 평생 보물. 그러면 야지로 기타하치의 東海道는 어찌되었건 滑稽物에 이름을 남기는 戯作의 훌륭한 문장 그것은 잘 아시는 十返舎. 나는 아직 一九(=한 구절)도 나오지 않았지만, 다행히 栗毛(=밤색 털)의 붓을 놀리는 김에 제작사의 취향도 当世堂 예 알겠소 하는 수락도 하얀 해오라기를 까마귀라 우긴다는 속담처럼, 하나의 아궁이〈一つ竈(へっつひ)〉를 한 아궁이〈一へっつひ〉라 하고, 목욕을 한다〈湯(ゆ)にはいる〉를 목욕한다〈湯にへゑる〉고 하듯이, 그 말씨에 차이가 있다. 박식한 사람이 보시면 필경 웃으시겠지만 약간 옛날부터 야지의 말투 말하는 법, 웃는 소시(双紙=소설. 장자)가 꿈꾸는 사이에도 자기 분수껏의 보물이다.

때는 文久元辛酉年 초가을 시노부강 물줄기에 위치한 草庵에, 하이쿠 동료인 樹楽軒의 여행이야기를 들으면서./ 岳亭春信戯題[28]

그 유명한 짓펜샤 잇쿠의 희작을 따라가려고 해도 전혀 따라가지 못한 듯한 작품이기는 하지만, 그런 점도 하나의 흥취라고 제작사에게 주문받은 대로 수락해서(→ 졸고에서는 이렇게 해석했으나 오독이므로 다음과 같이 정정함. '그 유명한 짓펜샤 잇쿠의 희작을 따르려고 해도 한구절도 나오지 않는데 제작사의 요구를 받아들여, 원작과는 사소한 말투밖에 차이가 안 난다고'), 독자가 비웃을 것을 각오하고 집필했습니다, 라고 하는 내용이다. 本作의 제작자는 1년 전에 출간한 合巻風錦絵『東海道中栗毛弥次馬』와 같은 当世堂品川屋久助이므로, 이 시기 当世堂은 〈히자쿠리게물〉을 적극적으로 출판하려고 기획하고 있었음을 알 수 있다.

동 책의 二編에는 전술한 권두그림 전에, 작자 岳亭春信에 의한 다음 서문이 게재된다.

> 붓을 쥐는 자는 산수화에 여행 중의 즐거움이 있을 것을 생각하고, 문장을 짓는 자는 그 언외의 정취(余情)를 덧붙일 것을 생각한다. 그러므로 골계의 긴 여행에 붓의 짚신이 끊어지는 것도 모르고, 本海道(ほんかいどう)의 뒤를 따라, 턱없는 栗毛의 野次馬도 농담 아닌 짐 없는 말의, 빠른 곳은 달리는 말에 53차 역참들을 일기에 쓰라고, 제작사의 요구도 지금의 유행을 놓치지 않는 궁리의 当世堂, 붓을 세우는 곳의 여백 문장도 여우를 말[29]이라 횡설수설한다는 속담처럼 되지 않을 런지./ 岳亭春信戯題[30]

산수화 속에 여행의 즐거움을 표현하는 화공의 그림에, 작자가 余情을 첨가하여 만든 그러한 작품의 뒤를 따른 本作은 제작자의 취향에 맞춘 셈이지만 유치한 내용이 되었다(→ 졸고에서는 이렇게 해석했으나 오독이므로 다음과 같이 정정함. '화공은 여행의 즐거움을 나타내는 산수화 그림을, 작자는 언외의 정취가 깃든 문장을 추구한다. 제작자의 취향에 맞추어 출간한 본 작품이지만 종잡을 수 없는 내용이 되었다'), 고하는 것이다. 또한 「지금의 유행을 놓치지 않는 궁리를 하는 当世堂」이라고 하는 문구를 보아도, 이 시기에 〈히자쿠리게물〉이 유행하고 있어서 적극적으로 참여하려고 했던 출판업자의 자세를 짐작할 수 있다. 이와 같이 출판업자에게 권유받아 횡설수설하는 本作을 집필하게 되었다고 농담조(戲文調)로 서술하는 것이다. 참고로 이 『東海道中栗毛弥次馬』의 작자 岳亭春信가 마치 「初代」인 것처럼 일컬어지는 선행연구가 있으나 실은 「二代」라고 하는 필자의 추정 근거에 대해서는 지면 관계상 다른 논문에서 논하고자 한다.

Ⅳ. 맺음말

原話이탈은 合巻『絵本膝栗毛』와 같은 선행 〈히자쿠리게물〉 작품군에는 그다지 보이지 않는 경향이며, 『東海道中栗毛弥次馬』군 중에서는 合巻風錦絵에 가장 현저한 특징이지만, 단편合巻에도 적잖이 존재하는 특징이라고 할 수 있다. 이 단편合巻『東海道中栗毛弥次馬』는 세 번에 걸쳐 출판되면서 장정(装丁)이나 표지 도안이 각각의 시대에 알맞도록 바뀌는 만큼 인기작이었음을 가늠할 수 있다. 그리고 그 호평 원인이 原話이탈 부분에 있었던 것이 아닐까 추측 가능한 것이다.

滑稽本風合巻의 경우에는 후반부는 原話와 여정을 달리하지만 전체적으로 새로운 취향이 부족한 창작성이 결여된 작품이라고 할 수 있다. 그러나 作中에 안이하게 「魯文作」이라고 하지 않고 「魯文記」「魯文録」「十返舎一九原稿」, 二編 권두그림에는 「鈍亭魯文抄録」이라고 표기함으로써 자신의 창작이 아님을 의식적으로 나타내고 있다고 해석할 수 있다. 본 작품으로부터 5년 후 原話 이탈이 아주 많은 合巻風錦絵를 집필하는 그이니까, 처음부터 집필목적이 「초록(抄録)」에 있었거나, 또는 신참 「전문 희작자(専門戲作者)」로서 原話를 이탈할 만큼의 문필능력이 아직 갖춰지지 않았거나, 등등의 이유로, 魯文의 본작 집필에 임하는 자세가 「창안」이 아니라 「발췌(抜書)」였던 배경을 생각할 수 있을 것이다.

이와 같이 본론에서는 선학에 의한 논고가 거의 보이지 않는 『東海道中栗毛弥次馬』군 중에서도 魯文作・芳直画의 滑稽本風 合巻과, 春信作・芳幾画의 단편合巻에 대하여 다른 〈히자쿠리게물〉과 비교하면서 고찰해 왔다.

원작에는 없는 본문의 창출 및 내용의 개변 부분을 지적하고, 그 특징을 규명함으로써 合巻 『東海道中栗毛弥次馬』를 저술한 작자들의 작의를 탐색한 결과, 岳亭春信의 풍부한 창작성과, 抄録家로서의 鈍亭魯文의 일면이 부각되었다.

요코하마풍속화(横浜絵)나 오쓰그림(大津絵)에 취재한 듯한, 原話 이탈이 아주 심한 창작담으로부터는 유행에 민감한 春信의 창작자세가 엿보였다. 에피소드가 시작되는 처음 모티브만 원작으로부터 차용해서는 전혀 다른 이야기로 전개시키거나, 原話에 준하여 스토리를 진행하는 경우에도 새로운 잡담의 여백문장(書入)등을 삽입하거나, 역으로 原話의 분위기를 강하게 남기면서도 해당하는 이야기의 본문은 교카(狂歌)를 비롯하여 창안한 내용으로 가득 채우는 등의 특징을 간취할 수 있다. 창작 수법이 다양한 것이다.

이와 같은 岳亭春信의 合巻에 비하여 鈍亭魯文의 滑稽本風合巻은 창작담이라고 할 장면이 없고, 본문에 있어서 끝맺음 익살(オチ)을 변경할 정도의 각색은 있다고 해도, 작품 전체적으로는 원문을 거의 충실하게 따르고 있다고 할 수 있다. 도상의 경우에는 原話 삽화에 약간의 작의 -가령, 작품 후반부의 일화 생략에 의한 도안 제시, 시선처리의 변경, 갑판 넓이의 과장 등 -을 첨가할 정도의 궁리는 하지만, 역시 전체적으로는 창작성이 결핍된 작품이라고 하지 않을 수 없다.

이어서 鈍亭魯文과 岳亭春信가 적은 서문・발문류로부터 〈히자쿠리게물〉을 집필하려고 한 의의를 찾아보면, 옛날 잇쿠가 쓴 훌륭한 『膝栗毛』가 여전히 유행하고 있으므로 제작사(板元)의 권유로 재능도 없는 내가 두서없는 본 작품을 집필하기에 이르렀다, 고하는 집필 경위라든지 동기는 양자 모두 일맥상통한다. 단 鈍亭魯文의 말투에는 「세탁한 천에 풀을 먹여 말리면서(洗ひはりなしつゝ) 鈔録」 했다고 하는 기술도 보이는 등, 「희작의 첫 여행」 시기에 있어서 「抄録家로서의 魯文」의 창작방법의 전형적인 증거가 될 수 있는 작품으로서 필자가 거의 최초로 본작 『東海道中栗毛弥次馬』를 본격적으로 거론한 바이다. 또한 본고는 작품 내용면에 있어서의 고찰이었다. 작자에 대한 고증이라든지 작품 체재 면에 있어서의 서지학적 고찰은 별고에서 다룰 예정이다.

参考文献

石井光太郎「文明開花期の横浜」『横浜浮世絵』朝日新聞社, 1962年

市古貞次他編『日本国語大辞典』小学館, 1972-1976年

伊藤整『日本文壇史』1, 講談社, 1994年

興津要作製「仮名垣魯文年譜」(『日本現代文学全集』1, 講談社, 1980)

木村八重子『草双紙の世界』ぺりかん社, 2009年

佐々木亨「挿絵小説の展開－挿絵と本文の関係に留意しつつ－」『文学』岩波書店, 2009年11月

佐藤至子「戯作と報酬」『江戸文学』42, 2010年5月

高木元「鈍亭時代の魯文一切附本をめぐって」『社会文化科学研究』11, 2005年 9月

高木元「読本に於ける挿絵の位相」『國文學 解釈と鑑賞』2010年8月

高木元「魯文の売文業」『国文学研究資料館紀要』34号, 2008年

高木元「切附本書目年表稿(Ver. 2009-03-23)」
丹波恒夫『横浜浮世絵』朝日新聞社, 1962年
楢崎宗重「横浜絵序説」『横浜浮世絵』朝日新聞社, 1962年
『日本大百科全書』小学館, 1987年
野崎左文編纂「仮名反古」1895年(『増補 私の見た明治文壇』〈東洋文庫760, 平凡社, 2007〉所収)
山本美術館のブログ記事

▣ 요약

合巻『동해도중 쿠리게노야지우마』의 原話이탈과 作意에 대하여

〈膝栗毛물〉 작품군 중에서 본고 고찰대상인 합권『東海道中栗毛弥次馬』의 문학사적 가치를 확인하기 위해서는 선행작품과 비교하여 어디가 다른지, 작자, 또는 화공은 무엇을 창조했는지를 밝히는 것이 중요하다하겠다. 선학에 의한 논고가 거의 보이지 않는『東海道中栗毛弥次馬』군 중에서도 鈍亭魯文作・芳直画의 滑稽本風合巻과, 岳亭春信作・芳幾画의 단편合巻에 대해서 다른 〈膝栗毛물〉 과 비교하면서 고찰하였다. 원작에는 없는 본문의 창출 및 내용의 개변 부분을 지적하고 그 특징을 규명함으로써 작자들의 의도를 살핀 결과, 抄録家로서의 鈍亭魯文의 일면과, 岳亭春信의 풍부한 창작성이 부각되어졌다. 전자의 경우, 후반부는 원화와 여정을 달리하고 있지만 전체적으로는 새로운 취향이 부족한 작품이라고 하지 않을 수 없다. 창작담이라고 할만한 장면은 없으며 끝맺음 익살(오치)을 변경하는 정도의 각색은 있다 하더라도, 작품 전체적으로는 원문을 거의 충실하게 따르고 있다고 할 수 있기 때문이다. 한편 후자의 경우 横浜絵등에 취재한 듯한 창의성이 돋보이는 창작담이 군데군데 있으며 유행에 민감한 春信의 창작자세가 엿보였다. 또한 魯文과 岳亭가 적은 서문・발문 등으로부터 〈膝栗毛물〉 을 집필하려고 한 의의를 살펴보면, 집필경위와 동기는 양자 모두 대동소이하다. 단 魯文이 스스로 표방하는 언설과 같이, 「戱作의 첫 여행」 시기에 있어서 「抄録家로서의 魯文」의 창작방법을 여실히 보여주는 전형적인 증거가 될 수 있는 작품이라는 점이 특이하다 하겠다.

▣ Abstract

About the creation and artificiality in "*TokaidoutyuKurigenoyaziuma*"

It is important to clarify what the author or the painter created it compares it with a precedence product at then to confirm value of the history of literature of "*TokaidoutyuKurigenoyaziuma*" which is the text of this report in the workgroup of the *Hizakurigemono* where was diffident in. In "*TokaidoutyuKurigenoyaziuma*", I considered about *Gokan* of *TonteiRobun* product / *Yosinao* image and the *Gokan GakuteiHarunobu* product / *Yosiiku* image while comparing with while comparing it with other "*Kurigemono*". As the result, it become clear *GakuteiHarunobu's* rich fictiveness and of *TonteiRobun's* one side as the person of abstract. In addition, both wring motives resemble it when they investigate the significance that was going to write preface from *Robun* and *Gakutei* who wrote down. But, in the case of *Robun*, a point to profess itself to be a creation method of "*Robun* as the person of abstract" by oneself was peculiar.

주

1) 「合巻「東海道中栗毛弥次馬」における原話離れと作意について」『日本學硏究』33, 단국대일본연구소, 2011년5월、155-177

2) 1846年から1849年まで国芳・英泉・広重画にて刊行された合巻で, 原文引用はソウル大学所蔵本による.

3) 鈍亭魯文作『東海道中栗毛弥次馬』は国文学研究資料館所蔵本, 岳亭春信作『東海道中栗毛弥次馬』は国立国会図書館所蔵本を底本とする. 両作を区別するために前者を「滑稽本風合巻」, 後者を「短編合巻」というふうに私意にて仮称する. 翻字に際しては適宜句読点を附し, 平仮名を漢字に置換えた.
また, 本稿で原作・原話と称する『膝栗毛』は,『東海道中膝栗毛』(中村幸彦校注, 新編日本古典文学全集, 小学館, 1995年)収載作品であり, 原文引用も同全集による.

4) 石井光太郎「文明開花期の横浜」(『横浜浮世絵』),『日本大百科全書』(小学館, 1987年)による. 岩亀楼を画題にした早期の横浜絵として「横浜岩亀樓上」(1860年4月刊, 二代広重画,『横浜浮世絵』所収),「横濱港崎廓岩亀樓異人遊興之圖」(1861年正月刊, 芳員画,『横浜浮世絵』所収, 神奈川県立電子図書館の横浜絵・開化絵デジタル画像に搭載)などがある.

5) 横浜絵とは,「安政六1859年に, 鎖国を解いて開港した横浜を題材に, 明治初年にわたって描かれた浮世絵を指していう. 極めて短い期間に爆発的に大量生産された版画である. 主に, 横浜港, 商館風物, 異国人の風俗などが描かれている. 作品は, 師岡屋や伊勢茂など少数の版元を除いて, 大半が横浜ではなく, 江戸の版元から出版されており, 万延1年(1860年)及び文久1年(1861年)の2年間が, 横浜絵の最大の流行期であった.」: ウィキペディア(当該記事に誤謬がないことを楢崎宗重「横浜絵序説」『横浜浮世絵』にて確認した).「横浜浮世絵(横浜絵・ハマ絵)は, 1860年(万延元年)~1872年(明治5年)頃の12年間にかけて制作され,作品総数は840点余り, 作品の半分以上が横浜港開港直後の2年間に集中しており」: 山本美術館ブログ.

6) 主な画題として, 鬼の念仏・藤娘・雷公・瓢箪鯰・座頭・槍持奴・鷹匠・弁慶・矢の根五郎・長寿翁などが挙げられるが, 本図では藤娘, 按摩, 釣鐘弁慶以外は判読不可. 類似する趣向を先に描いて見せた浮世絵も存する. 本合巻より九年前の嘉永六年(1853)6月, 歌川国芳による大判二枚続「浮世又平名画奇特」(磯川浮世絵美術館2010年12月展覧会にて)では, 又平が描いた絵から大津絵の画題のものたちが生き返って現れる.

7) 魯文作芳幾画『東海道中栗毛弥次馬』1860年4月刊

8) 弥次「きこえんはづだ.コリヤア信州(しんしう)松本のもので, 幸四郎が弟子の胴(どう)四郎がこはいろだ. 京「そんなこつちやあろぞいな,ハヽヽヽヽ」のところを,「弥二「きこへんはづじゃ. コリャいちかわだん十郎のてての だん九郎がこわいろだものを. 京「そんなこってあろぞいなアハヽヽヽヽ」

9) 他には「現実離れした妖術などで魅了する長編」「上演歌舞伎の合巻化」が指摘される. 木村八重子『草双紙の世界』ぺりかん社 ,2009年

10) 錦心繍口(きんしんしゅうこう)：美しい思想や言葉をもち, 詩文の才にすぐれていること. また, その人.「錦心」は錦のように美しく, すぐれた心や思い,「繍口」は刺繍入りの織物のように美しい言葉の意. 以下出典を示さない用語解説は, 全て日本国語大辞典による.

11) 十返舎(じっへんしゃ)の翁(をきな)がものせし膝栗毛(ひさくりけ)てふ小説史(ものヽほん)は, 今(いま)より幾(いく)むかしか星霜(せいそう)をふりにたれど, 人情(にんしゃう)流行(りうこう)目前(まのあたり)にすたらず, 古手(ふるて)も錦心繍口(きんしんしゃうかう)なれは, 似多山(にたやま)木綿(もめん)の新(あたらし)きには,ますならめ(=増すように)と, 發客(ふみや)か需(もとめ)に洗(あら)ひはりなしつヽ, 鈔録(つぎはき＝抄録)はしぬれど, 所謂(いわゆる)肩(かた)をとって裾(すそ)にあつらふ, わざとやいわまじ.
赤本(あかほん)の桃(もも)ならなくにわれはまた洗濯(せんたく)ものヽ名(な)や流(なか)すらん

12) 亡師仮名垣魯文の追善集である『仮名反古』(1895年に野崎左文編纂,『増補　私の見た明治文壇』〈東洋文庫760, 平凡社, 2007〉所収)から要約抜粋すると, 弘化元1844年師匠の花笠魯介文京の名から, 英魯文と改号し, 同年処女作『政談青砥碑』を刊行. 嘉永元1848年戯号披露の為に, 諸先輩方より「祝ひの狂歌俳句等を乞受け, 之を桜木に鏤めて黄表紙めきたる綴じ本に製し」,「表紙には渓斎英泉が鉢かつぎと桃太郎の図を描い」たものが『名聞面赤本』である.

13) 巨細(こさい／きょさい)：細かく詳しいこと. 大きいことと小さいこと.

14) 鬼鹿毛(おにかげ)：説教節「小栗判官」の物語に登場する怪馬. 説教節「小栗判官」は大納言兼家が鞍馬寺・毘沙門天に祈願して生まれたのが室町時代の武将小栗満重で, 絶世の美女照手姫との落城,放浪の物語である. 鹿毛というは鹿のような茶褐色をした毛並みの馬のこと. 人食い馬として恐怖の対象であった鬼鹿毛を乗りこなし愛馬にした小栗は鬼鹿毛を馬頭観音としてまつる.

15) 丁度前年(1854年)刊行の切附本『小栗一代記』を差すのではなかろうか.『小栗一代記』は高木元「切附本書目年表稿(Ver. 2009-03-23)」によれば, 嘉永七甲寅孟春［序］, 鈍亭主人補綴・一盛齋芳直画, 全四十八丁.

16) 宿場と宿場との間の道のりが, 距離的, 時間的に長いこと. また, 長い道のり

17) いば(意馬)：意，すなわち心の働きの移り変わることを奔馬の動きの激しさにたとえた語．*翁問答〔1650〕下・末「その心の位，意馬(イバ)の奔走は，初学の間はおなじけれ共，その修行の道は真妄各別なり」．
意馬心猿：(馬が走り回り，猿が騒ぎ立てるのを制しがたいところから)仏語．煩悩，情欲のために，心の乱れをおさえがたいこと．

18) 東海道中栗毛弥次馬序詞/ 膝栗毛とは何ぞや.答(こたへ)て曰(いはく)，天窓(あたま)の黒い弥次馬(やじうま)， 艶野郎(かげま)あがりの北八が尻馬に乗(のっ)て，旅は道連馬は馬づれのおさき真暗(まっくら)路用に貧(とも)しき，ひん／＼同道(どうだう)五十三次の駅路(ゑきろ)を駈(かけ)り，一鞭(いちべん)直(ただち)に皇城(をうじゃう＝京都)に至るの謂(い)なり．辺路(へんろ)の佳境(かきゃう)， 山川勝景(さんせんしゃうけい)は小荷駄(こにだ)にからげて巨細(こまか)に探り，旅客(りょかく)の卑賤(ひせん)雲駕馬士(くもかごまご)の木訥(ぼくとつ)なる従来(じうらい)の滑稽洒落(こっけいさらく)を軽尻(からしり)のかる口取交旅日記(くちとりまぜたびにっき)にかひ誌(しるし)， 題号(なづけ)て道中膝栗毛とし， 看官(みるもの)をして片腹(ほてっぱら)をくよらせ，流行をうがち，当世(たうせひ)を知る.書肆(ふみやの)伯楽(はくらく)，余(よ)が恋岱(つまごひ)の新居(しんきょ)をおとづれ，文(ふん)さん貴生(おめへ)は馬に縁(ゑん)あり．前に小栗(をぐり)の鞍味(くらあぢ)で一馬場(ひとばゝ)乗(のっ)た鬼鹿毛(おにかげ)もどふやら駄賃になりそふ也． 此一物(いちもつ)は十返舎(しっへんしゃ)か種々の曲乗(きょくのり)せられた跡かへ，小栗か馬を讃(ほめ)るやうにやんやとゆくか，ゆかぬかは不知(しらぬ)こと，人(ひと)にはそふて見よ，馬には乗て見よと，江湖(せけん)のたとへもあるなれは，一無智(ひとむち)当(あて)て見給へと，おだての的(まと)ははづさぬ言(ことば)に一番(ばん)ぐっと乗(のり)が来て余(おのれ)も弥次と北八に似た山鳥(やまとり)の長丁場(ながちゃうば)を短き才もて縮綴(つづり)なせと．原本借馬(もとよりしゃくは)は千里の駿足(しゅんそく)，あぶみと意場(いば)をふんばりなば， 道草を喰ふ事はあらじと戯作の初旅(はつたび)間屋場(とひやば)の貝肩(おもにを)積(つん)で， 筆のすみかを出るは出たれど，旨漏(うろ)／＼馬士(まご)／＼，矢立(やだて)の立場(たてば)もて分(わかち)かね，若人有(もしひとあっ)て何処(とこ)へ行(ゆく)と，とわれし時は馬の行(ゆく)方(かた)へゆかんと答(こたへ)ん而巳(のみ)．

19) 興津要作製「仮名垣魯文年譜」(『日本現代文学全集』1，講談社，1980)・伊藤整『日本文壇史』1 (講談社，1994) 参照

20) 「戯作と報酬」『江戸文学』42，2010年5月

21) 切附本：「合巻風摺付表紙に読本風の本文……内容的には講談に近く軍談や一代記物が多い」(高木元「鈍亭時代の魯文ー切附本をめぐって」『社会文化

科学研究』11, 2005年より抜粋).「末期の中本型読本である切附本は既成のテキストの抄録を主眼としたジャンルであるが, 本文の切り貼りと同時に挿絵の流用も多い.」(高木元「読本に於ける挿絵の位相」『國文學 解釈と鑑賞』2010年8月)

22) 高木元「魯文の売文業」『国文学研究資料館紀要』34号, 2008年

23) 佐々木亨(「挿絵小説の展開 －挿絵と本文の関係に留意しつつ－」『文学』岩波書店, 2009年11月)

24) 延広真治・佐藤至子氏から御教示, 二又淳・津田真弓・田中明氏から資料の御提供を頂きました. 記して深謝申し上げます.

25) 高木元「鈍亭時代の魯文一切附本をめぐって」『千葉大学社会文化科学研究』2005年9月

26) 河豚(ふぐ)を嗜(たしな)むものは, 美味(びみ)を賞(せう)して中(あた)るを思(おも)はず. また稗説(はいせつ)を編(あむ)ものは, 当(あた)る(を：脱字か)おもふて苦心(くしん)をいとはず. 何(なん)でも栗毛(くりけ)の笑(おかし)みと尾(を)にをヽ附(つけ)た弥次馬(やじうま)に, 芳幾(ぐわかう)春信(さくしゃ)も乗(のり)が来(き)たおりから, 彷彿(ほうほつ)としてあらわれしは, 先翁(せんをう)一九の親玉(おやだま)なりしが, 咲(ゑみ)をふくみて云(いえ)るやう, 御身(おんみ)ら此節(このせつ)予(よ)が名(な)を得(ゑ)たる膝栗毛(ひざげくりげ)を以上(いじゃう)二冊(さつ)に綴直(つゞりなを)したるよし, 作者(さくしゃ)は弥次郎(やじらう)喜多八(きだはち)が滑稽(こっけい)のこゝろは知(しる)まじ. 筆先(ふでさき)で云(いふ)愚気(たわけ)とは大(おほ)きに違(ちが)ひ, 虎(とら)の意(い)を借(かる)狐(きつね)とやらにて, 人(ひと)の附(つけ)たる名(な)を語(かた)り, 我物顔(わがものがほ)が気(き)にいらぬ. 画工(□□判読不可)は昔(むかし)の膝栗毛(ひざくりげ)で宜(よく)も二人が顔(かほ)を知(しり), すがた形(かたち)に小紋(こもん)の書割(かきわり), 絵空事(ゑそらごと)とは云(いゝ)ながら天眼通(てんがんつう)を得(え)たるにや. 我(われ)さへ知らぬ顔形(かほかたち), 幾(いつ)の頃(ころ)より見知(みし)りしぞ, 今年(ことし)は数(いくつ)になるぞやといはれて, なんとも返事(へんじ)にこまり, 天窓(あたま)をさげて在(あり)けるに, 吹(ふき)いる風(かぜ)ともろともに軒場(のきば)をめぐる秋(あき)の蝶(てう), これ草庵(さうあん)の夢(ゆめ)なりける.

27)『論語 学而篇』第一「子貢曰.貧而無諂.富而無驕.何如.子曰.可也. 未若貧而楽道.富而好礼者也.：子貢曰く, 貧にして諂(へつら)うなく, 富みて驕るなきは何如(いかん). 子曰く, 可なり. 未だ貧にして道を楽しみ, 富みて礼を好む者に若かざるなり：弟子の子貢が言った, 貧乏であっても卑屈にならず, 金持ちであっても傲慢にならないというのは, いかがでしょうか. 孔子先生は答

えられた，それもよい．だが，貧乏であっても人生を楽しみ，金持ちであっても礼儀を好むというのにはかなわない．」

28) 東海道中栗毛弥次馬(とうかいどうちうくりげのやじうま)/貧而楽道富而好礼(まずしくしてみちをたのしみ　とみてれいをたのしむ)も己(おのれ) /＼が一生(いっしゃう)の財宝(ざいほう)．されば弥次郎喜多八が東海道はいざしらず滑稽物(こっけいもの)に名を残す戯作の文妙(ぶんめう)案文(あんもん)それは御存じ十返舎(しっへんしゃ)．予(よ)はまだ一九も出(いで)ざれねども，幸ひ栗毛の管(ふで)ついで問屋(とひや)の好(このみ)も当世堂，おっと承知と請込(うけこみ)も鷺(さぎ)を鴉(からす)のたとへにて，一つ竈(へっつひ)を一へっつひと云(いゝ)，湯(ゆ)にはいるを湯にへゑるといふ如くにて，其(その)いふ言(こと)の相違(ちがひ)あり．物知る人の見たまひなば，定めし笑ひ給ふべけれど，中昔(むかし)より弥次喜多の言葉つかひ知(か)たりぶり，わらふ双紙(さうし)の夢の間(ま)も身の分限(ぶんげん)の財宝なりけり．
時に文久元辛酉年初秋忍ぶ川の流れなる草庵に，俳友(はいゆう)なる樹楽軒(じゅらくけん)の旅の語(はなし)を聞ながら．/岳亭春信戯題

29) 狐を馬に乗せたよう：動揺して落ち着かない様子の譬えで，言うことが取り留めもなく，当てにならないことの譬え．

30) 筆取者(ふでとるもの)は山水の絵に旅中(りょちう)の楽みあらん事を思ひ，文(ぶん)を作る者は其余情(そのよせい)を添(そへ)ん事を思ふ．されば滑稽の長旅(ながたび)に管(ふで)のわらじの切(きれる)もしらず，本海道(ほんかいどう)の跡につき，とんた栗毛の野次馬も軽口(かろくち)ならぬ軽尻(からしり)の，はやい所(ところ)は走馬(はしりうま)に五十三次宿々(しゅくじゅく)を日記に乗(のせ)ろと，板本(はんもと)の好みも今の流行をはづさぬ工風(くふう)の当世堂，筆を立場(たてば)の書入(かきいれ)も狐を馬のたとへならめや．/岳亭春信戯題

〈도보여행기물〉 画題의 生長

-「참마즙 식당의 부부싸움」을 중심으로 -[1)]

Ⅰ. 연구의의와 선행연구

에도시대의 베스트셀러 문학작품의 확산을 상징적으로 말해주는 〈히자쿠리게물〉 회화 군이 존재한다. 한시기 베스트셀러였어도 어느새 망각 대상이 되는 문학작품이 많은 가운데, 각 시기마다 사람들의 기호에 맞도록 반복적으로 재해석이 행해져, 새로운 이야기가 미디어를 바꾸면서 엮어져서는 재생되고 계승되어 온 문학작품이 있다면, (広辞苑의 「옛날 쓰여져 지금도 읽히는 책」이라고 하는 해석을 원용할 것도 없이) 그것은 지금 살아 있는 「古典」이라고 하기에 충분할 것이다. 따라서 짓펜샤 잇쿠作 滑稽本 『東海道中膝栗毛』야말로 21세기의 지금에 이르기까지 장르 불문하고 다양하게 팽창하고 계속 변용하면서 제재로서 공유되고 있다고 하는 사실로부터 충분히 「古典」이라고 칭할만한 작품이 아닐까하고 생각한다.

『東海道中膝栗毛』는 장기간에 걸쳐 버라이어티 풍부하게 창조되어 가는 모습을 엿볼 수 있는 흥미로운 작품인데, 이것을 「세계」로 하는 일련의 작품 군을 〈히자쿠리게물〉 이라고 칭하고자 한다. 그와 같은

〈히자쿠리게물〉 수용과정의 규명은 소설(戯作)은 물론이고 미술・예능 연구 상에서 적잖은 의의를 가질 것이다. 왜냐하면 〈히자쿠리게물〉 은 장르의 경계를 넘어 다른 표현양식 예를 들면 회화나 연극을 포함하는 공시적・통시적인 속(俗)문예의 작품 속에 이용되어 성장해 왔기 때문이다. 〈히자쿠리게물〉 문예 작품은 「히자쿠리게(膝栗毛)」라고 하는 공시적・통시적 세계의 축적체로서, 또한 고쳐 그려지는 대상으로서 성립하는 이야기 세계에 대한 재포착이다.

「馬琴 読本中 『南総里見八犬伝』은 현대에 이르기까지 그 개작이나 외전 등 여러 영향작을 계속 산출하고 있다는 점에서 고전문학 중에서 아주 드문 텍스트이다……미디어 믹스 전개를 하고 있으며 게임뿐만 아니라 많은 드라마와 애니메이션으로서 이본화(異本化)하여 유포되고 있다.」[2)]고 일컬어지는데, 『東海道中膝栗毛』야말로 이 현상의 좋은 예가 아닐까.

또한 『南総里見八犬伝』이나 『東海道中膝栗毛』의 그러한 장기간의 지지를 가능하게 한 요인은 소설 그 자체의 내재적인 가치에만 기인하는 것은 아닐 것이다. 「『金色夜叉』의 장기적인 향수 과정에는 그러한 미디어 중에서 도출된 문학 수용에 있어서의 확대와 재편성의 역사가 깊게 새겨져 있는 것이다」라고 하여, 각양각색의 미디어믹스효과에 의해 더 한층 『金色夜叉』의 장기적 향수가 가능해졌다고 하는 선학의 언급[3)]은 이 시대에 살아남은 고전작품에 대해서도 대체적으로 부합하는 관점인 것처럼 생각된다.

〈히자쿠리게물〉 작품끼리 상호 연동하면서 장르(「유통의 회로」)를 형성하거나 초월해 갈 때, 『東海道中膝栗毛』 (「문학」)의 수용은 비약적인 전개를 이룬다. 그와 같은 수용의 특질을 해명하기 위하여 〈히자쿠리게물〉 작품이 산출되고 그리고 수용되어 가는 과정, 요컨대 제 장르간의 상호 교섭 중에서 변용을 구체적으로 검증해갈 필요가 있을 것이다. 그것은 즉 미술・예능・희작 사이를 한 가지 제재가 전개되어가는 과정을 보여주는 실제 예(実例)가 될 것이다. 『膝栗毛』 原話에 의거하면서 어떻게 변용시켜 갔는지 原話로부터의 변용의 궤적을 세심하게 추적해 감으로써 『膝栗毛』가 얼마나 사람들에게 받아들여져 왔는지, 『膝栗毛』가 재생을 되풀이하면서 오늘날에 이르는 흐름 속에서 본고 중 거론하는 작품의 위상까지 자연히 보이게 될 것이다.

『膝栗毛』의 방대한 향수사 중에서 선행연구로부터 누락된 감이 있는 「도상」 관점에서 연결되는 약50작의 〈히자쿠리게물〉 작품 군을 서지학적으로 고찰한 졸고(본 저술서의 첫 번째 논문)[4)]가 있다. 종합적인 〈히자쿠리게물〉 도상 계승사 구축을 위한 한걸음을 내디딘 셈이지만 「제 장르에 있어서의 画題의 답습・궁리・창안이라고 하는 상호 영향관계 관점으로부터는 단편적이기는 하나 졸고[5)]에서 언급해왔고 또한 별고도 준비하고 있다」고 했던 이 前稿의 과제로 남긴 상호 영향관계론 관점으로부터의 고찰이 본고의 연구목적이다.

본고에 앞서서 「빨래에 깜짝 놀라 자빠지는」 이야기 및 「고에몬 욕조를 밟아 부수는」 이야기를 画題로 한 작품 군을 축으로 원작 삽화로부터의 변용 궤적을 연대순과 표현양식으로 나누어 세밀하게 추적해 감으로써 〈히자쿠리게물〉 画題의 전승을 고찰한 졸고(본 저술서의 8번째 논문)[6)]가 있다. 그 고찰 결과, 〈히자쿠리게물〉 画題 수용의 전체적 구조 가운데 「고에몬욕조를 밟아 부수는」 모티브를 비롯하여, 『道中膝栗毛』・『膝栗毛道中雀』라고 하는 시리즈물에 채택된 회화 모티브는 이후 〈히자쿠리게물〉 画題가 형성되는 결정적인 역할을 하고 있음을 확인한 바이다.

前稿에서 거론한 이 두 가지 画題 이외에 본론에서는 〈히자쿠리게물〉에 많이 그려지는 「참마즙 식당의 부부 싸움」을 중심으로 「여우라고 생각해서 힐책하다」 「개에게 시험하는 여우 소동」 「비구니와 희롱하다」라고 하는 회화 모티브까지 범위에 넣어, 前稿에서 완수할 수 없었던 과제와 단편적으로만 서술해 온 결론을 재차 보강하고자 한다.

Ⅱ. 「참마즙 식당의 부부싸움」 画題의 전개

향수자층은 출판된 판본 삽화에 의해 보다 손쉽게 스토리 내용을 이해했을 것이다. 거기에 그려진 삽화는 독자에게 스토리 내용과 더불어 도상으로서도 기억되어 간다. 그리고 우키요에 화가(浮世絵師)들은 이를 이용하여 우키요에 화폭 안에서 이미지의 유희를 시작하는 것이다. 각각의 시공간에 있어서 画題 향수의 내실을 명확히 할 필요가 여기에 있다.

한편 「画題」의 정의에 대해서는 腮尾尚子씨[7]의 말을 빌리면, 일본의 전통적인 회화 제재 중에서도 여러 화가에 의해 계속 그려져 온 저명한 제재를 말한다. 「그와 같은 画題를 그린 회화는 画題마다 제각각 구도와 소도구등의 표현 형식이 정형화되어 있는 것이 특색」이라고 한다. 실로 이러한 画題의 정의와, 「画題画」의 특색에 부합하며 당시 대중에 널리 친숙했던 画題의 하나로 본 절에서는 종래 画題연구에서 주목받은 적이 없었던 「참마즙 식당의 부부싸움」을 채택하여 그 표현 형식의 특색 등을 서술하고자 한다.

2-1. 계보

우선 「참마즙 식당의 부부싸움」에 관한 画題를 연대순으로 추적해 보자.

원작 二編下 「丸子」에서는 찻집에 들린 야지 기타가 찻집 주인의 부부싸움 때문에 참마즙을 먹을 수 없었다고 하는 이야기로, 삽화는 없다.

잇쿠 自画賛의 시리즈그림 『東海道膝栗毛画帖』(文化十二1815年, 【図版1】)은 原話에 삽화가 없으므로 창안이다. 가게 간판에 「명물 참마즙(とろゝ汁)」이라고 보인다. 애기를 업은 여주인과 절구공이를 치켜든 남편, 양념절구와 밥사발, 찻판이 엎어져 있다.

【図版1】 揃物『画帖』

【図版2】 揃物『東海道五拾三次』

비교적 유명한 広重画 시리즈그림『東海道五拾三次』「鞠子」(天保四年~七年頃간행, 【図版2】)의 분위기는 앞선『東海道膝栗毛画帖』과는 전혀 달라서 화평한 봄 정경이다. 두 남자가 참마즙을 먹고 있고 애기를 업은 여주인이 시중을 들고 있다. 대담한 개작을 시도한 히로시게(広重) 나름 창안한 도안이라고 할 수 있다. 두 남자가 참마즙을 먹는 장면은 그림주사위판(絵双六)[8] 『しんはん東海道鬱散双六』「鞠子」(天保五1834年)로 이어진다.

合巻『絵本膝栗毛』三編上「丸子」(弘化三1846年, 【図版3】)는 선행하는『東海道膝栗毛画帖』의 흐름을 따르고 있다. 절구공이를 치켜든 남편에 대적하는 마누라의 등에서는 아기가 울어대고 있다. 마누

【図版3】 合巻『絵本膝栗毛』

라는 어깨 한쪽을 벗어 상반신을 드러내고 있으며, 말리러 온 옆집 아주머니까지 그려진다. 각종 생활 도구가 그려지는 가운데 양념절구통, 강판, 사발, 찻판, 국자 등등이 어지럽게 널려 있다.

히로시게는『東海道張交図会』(弘化四1847年～嘉永五1852年간행)의 다섯 장 째「鞠子・膝栗毛中滑稽」에 참마즙 가게의 부부싸움(말리려고 하는 이웃집 아주머니까지 合巻『絵本膝栗毛』의 분위기를 띈다)을 그리고, 거기에『膝栗毛』原話의 기타하치가 읊은 狂歌를 덧붙인 小品도 출간하고 있다.

滑稽本風合巻『東海道中栗毛弥次馬』「鞠子」(魯文作・芳直画, 安政二1855年, 【図版4】)는『絵本膝栗毛』의 흐름을 따르는 한편 새로운 연출을 시도하고 있다. 즉 한창 싸움 중이기는 하지만 싸움법이 여타 작품과는 상이한 것이다. 양념절구공이를 치켜든 남편에 대항하여 상반

【図版4】魯文作合巻『栗毛弥次馬』

신을 노출한 채 머리카락을 산발한 마누라가 자신의 머리에 스스로 절구통안의 참마즙을 끼얹는다. 아기는 긴타로(金太郎)의 복대를 하고 밥상위에 웅크리고 앉아 울고 있다. 이 모습을 가게 밖에서 야지・기타가 구경 중으로 말리는 사람은 등장하지 않는다. 이 장면의 지문은 原話 본문의 두 줄로 쓰인 작은 글자(二行割小書き)를 때로 생략하면서도 대체적으로 原話 본문을 그대로 이용하고 있다.

国郷画『東海道五十三次道中双六　名物入』「마리코(まり子)・오카베까지 2리 9정(岡部へ二り九丁)」(安政三1856年)에서는 길가에서 여행자 두 명이 싸우고 있으며 한 명이 절구통의 참마즙을 끼얹고 있으며 그것에 미끄러져 구르는 남자, 라고 하는 식으로 原話와는 전혀 다른 이야기로 각색된다.

芳艶画『東海道五十三次滑稽双六』「마리코(まりこ)」(安政六1859年)

에서는 싸움법이 여타 〈히자쿠리게물〉 그림과는 상이하다. 한쪽 어깨를 벗고 절구통을 뒤집어쓴 마누라에게 양어깨를 벗은 남편이 양념절구공이를 치켜들어 양념절구통에 댄 참이다. 참마즙은 그려지지 않으며 그 광경에 손가락질하는 여행자 한명 외에는 등장하지 않는다.

芳幾画『五十三駅東海道滑稽双六』「마리코(まりこ)」(万延元1860年)는, 선행하는 그림주사위판인『五十三駅滑稽膝栗毛道中図会』(国升画)·『浮世道中膝栗毛滑稽双六』(広重画)·『伊勢参宮膝くりげ道中寿語録』(広重画)의 흐름을 이어받고 있다. 특히 남편과 마누라의 복장이라든지 포즈가『五十三駅滑稽膝栗毛道中図会』(国升画)·『浮世道中膝栗毛滑稽双六』(広重画)와 흡사하다. 양념절구통이 부서지는 것도 동일한데 이들 선행그림주사위판에서는 참마즙이 그려지지 않았던데 반해서 芳幾画의 그림주사위판「마리코」에서는 양념절구통이 부서져 참마즙이 흘러나오는 모습까지 덧붙여 그려진다. 말리려고 하는 이웃사람마저 팔로 눌러대고 있는 남편, 이에 반항하는 마누라이다. 이 광경에 여행자 둘이 놀라고 있다.

合巻『東海道中栗毛弥次馬』「마리코(鞠子)」(岳亭春信作·芳幾画, 文久元1861年)【図版5】는 魯文作合巻『東海道中栗毛弥次馬』「마리코(鞠子)」【図版4】와 흡사(또는 유사)하다고 할 수 있을 것 같다. 양념절구통 안의 참마즙을 남편에게 끼얹는 마누라. 웃는 얼굴의 아이는 긴타로(金太郎)의 복대에 옆머리와 정수리만 남기고 민 유아형 머리(唐子)[9]를 하고, 지휘용 깃발(軍配)과 밥사발(茶碗)을 갖고 밥상위에 서 있다. 복대를 한 긴타로가 곰이나 멧돼지에 올라타고 있는 모습이 무사그림책(武者絵本)에 画題로서 그려지는[10]데, 밥상에 올라 선 아이는 그에 빗댄 패러디가 아닐까. 지휘용 깃발은 긴타로가 항상 소지하는 큰 도끼를 비유하고 있는 것일지도 모르겠다. 이 모습을 가게 밖에서 야지·기타가 구경하고 있으며 말리는 사람은 등장하지 않는다.

【図版5】岳亭作合巻『栗毛弥次馬』

이 合巻『東海道中栗毛弥次馬』「마리코(鞠子)」를 모사한 것이 明治頃의 芳幾육필화인 두루마리그림(絵巻)『東海道膝栗毛絵巻』「마리코(鞠子)」【図版6】가 아닐까 생각된다. 따라서 판본을 육필로 전용하여 재탕한 일례라고 할 수 있을 것 같다. 참고로 본 장면뿐만 아니라『東海道膝栗毛絵巻』의 모든 장면은 合巻『東海道中栗毛弥次馬』를 사용하고 있다고 필자는 추정하고 있는데, 차용함에 있어서 담채색을 바탕으로 간략히(省筆) 그리고 있다는 점에 육필화로서의 묘미가 있는 것 같다.

계속하여 明治頃 간행된 為信画의 시리즈그림『東海道名所膝栗毛画帖』【図版7】에서는 合巻『東海道中栗毛弥次馬』【図版5】와 같이 마누라가 남편에게 참마즙을 들이붓는 점에서는 가장 유사하다.

【図版6】 肉筆画揃物『東海道膝栗毛絵巻』

【図版7】 揃物『東海道名所膝栗毛画帖』

原話에서도 남편을 향하여 마누라가 양념절구통을 냅다 집어던지고 있었다.

막부말기부터 明治초기간행이라고 생각되는 国重画의 장난감그림 『히자쿠리게(ひざくりげ)』에도, 한쪽 어깨를 벗어 가슴을 드러낸 마누라와 싸움용 머리띠를 하고 양념절구공이를 휘두르는 남편, 이에 놀

라는 야지가 등장한다. 이 작품은 아이가 갖고 노는 장난감용 그림인 만큼 당시 이미지 되어 지고 있던 「참마즙 식당의 부부싸움」이라고 하면 떠올리는 가장 전형적인 도상으로 그려지고 있을 것이라고 짐작할 수 있다.

2-2. 변용

原作滑稽本의 二編下 「丸子」에는 참마즙 식당의 부부싸움에 말려든 야지기타가 참마즙을 못먹는 逸話가 삽화 없이 게재된다. 이후 이 장면은 각종 패턴으로 많은 〈히자쿠리게물〉 회화군에 묘출되게 되는데 부부싸움이 도상으로 최초로 그려지는 것은 잇쿠自画賛의 시리즈그림 『東海道膝栗毛画帖』【図版1】 일 것이다. 이 잇쿠自画의 형태를 계승하는 것이 英泉画의 合巻 『絵本膝栗毛』, 魯文作・芳直画의 合巻 『東海道中栗毛弥次馬』, 岳亭春信作・芳幾画의 合巻 『東海道中栗毛弥次馬』, 芳幾육필의 絵巻 『東海道膝栗毛絵巻』, 為信画의 横大判錦絵 『東海道名所膝栗毛画帖』이며, 이들은 画題로서 같은 흐름을 형성한다. 참고로 魯文作・芳幾画의 合巻風錦絵 『東海道中栗毛弥次馬』에는 회화 모티브로서 채택되지 않는다.

같은 型으로 근접한 도상 군을 형성하는 이 흐름 중에서도 魯文作・芳直画 『東海道中栗毛弥次馬』의 「鞠子」와 가장 비슷한 것이 岳亭作・芳幾画 『東海道中栗毛弥次馬』의 「鞠子」이며, 또 후자에 흡사한 것이 絵巻 『東海道膝栗毛絵巻』의 「鞠子」이다. 이와 같이 도상 면에서 명확한 영향관계가 엿보이는 작품군의 경우, 본문(詞書) 면에서는 어떠할까.

(1) 『絵本膝栗毛』

弘化三1846年에 출간된 合巻 『絵本膝栗毛』 三編上 「丸子」 【図版

3】는 원문의 「쓱쓱 갈기 시작하여(さっさっとおろしかかり)」가 「쓰윽쓰윽 갈기 시작하여(さっささっさとおろしかかり)」, 「어쩔 도리가 없는 여자다, 하고 양념절구공이를 들고 덜컹덜컹 참마를 간다(らちのあかない女だ、トすりこぎをとってごろごろといもをする)」가, 「어쩔 도리 없는 할망구다, 하고 양념절구공이를 냅다 잡아채서 덜컹덜컹 간다(らちのあかないばゝアだ、とすりこぎをひったくりてごろごろとする)」 [11] 정도의 어구 변경이라든지 감탄사, 종조사의 변경, 대사의 발화자가 原話와는 반대이거나 하는 경우가 있으나, 원문의 두 줄짜리 작은 글자(二行割小書)까지 축약하지 않고 충실하게 옮기고 있고 생략되는 원문은 거의 없다고 할 수 있다.

『絵本膝栗毛』 2편 표지에는 「十返舎一九原稿・渓斎英泉狂画・弘化三」, 2편권말의 이름 적는 사각 칸(名壷)에는 「故人十返舎一九原稿」 「添削補綴英泉戯画」라고 되어있는 것으로부터도 2편부터 8편까지 담당하는 英泉은, 원작자의 원고를 존중하여 본문으로서 그대로 도입하려고 한 것을 알 수 있다. 그 밖에도 初編은 国芳가 9편은 広重가 담당하는데 이들 전문 화공 외에 작자로서 표지나 판권장(奥付), 권말 등에 이름이 적힌 사람은 없으므로 이 장편合巻은 처음부터 원문에 「작의」를 덧붙일 의도는 없었던 것 같다. 단지 〈히자쿠리게물〉 合巻으로서는 선구인 만큼 출판업자(版元)의 기획 의도는 신선했던 셈이고 그것은 이른바 전문 화공에 의한 滑稽本 『膝栗毛』의 紙上연극화였다. 그러기 때문에야말로 본 작품 이후 등장하는 〈히자쿠리게물〉 合巻이나 合巻風錦絵라고 하는 『東海道中栗毛弥次馬』 3종의 경우에는 작자의 이름을 화공과 병기하고 있으므로 정도 차는 있을지언정 적어도 원문의 대폭적인 삭제에 의한 취사선택, 각색과 변경이 행해진다. 문장과 관련되는 이러한 작업은 필시 이른바 「집필가(物書き)」인 작자에게 맡겨져 있었으리라.[12]

그러나 최초의 〈히자쿠리게물〉 合巻인 본 작품의 경우, 이전에도 이후에도 유일무이하게 인정되는 특색은 외설적 장면의 삭제 및 장황하게 펼쳐지는 대화의 축약은 있을지언정 그 밖에는 원문을 대폭 생략하는 작업은 행하지 않는 만큼, 原話의 대부분의 장면이 회화화되고 있는 점이다. 다른 〈히자쿠리게물〉 合巻이나 그림주사위판의 경우 원작에서 전개되는 수많은 일화 중, 대체적으로 역참 한 군데당 사건 한가지라고 하는 원칙하에 에피소드를 선택해 그리게 되지만, 本 合巻의 경우 하나의 역참에 수장의 그림이 수반되는 것이다. 그 도상은 원작 삽화라든지, 잇쿠自画賛인 『東海道膝栗毛画帖』의 영향을 받아 전통적인 것을 계승하는 것도 있으나, 여타 〈히자쿠리게물〉 도상과는 달리 사건은 하나일지라도 기승전결에 의해 전 과정을 회화화하므로 독자적 도상이 대다수를 점한다. 클라이맥스를 그린 도상 이외의 계통이 후세에 유포하는 일은 그다지 없었지만 〈히자쿠리게물〉 画題를 생각할 때 간과할 수 없는 중요한 위치를 차지하고 있는 것은 분명하다. 따라서 제작사(版元)인 文盛堂紙屋利助의 참신한 기획 하에 모인 国芳・英泉・広重 셋이 이룩한 本 장편合巻 『絵本膝栗毛』의 문예사적 위상은 재고되어져야 한다.

(2) 『東海道中栗毛弥次馬』

魯文作・芳直画 『東海道中栗毛弥次馬』 「鞠子」[13](安政二1855年序, 【図版3】)의 본문에서는 「이웃집 아주머니 말리려고 와서 이 또한 미끄러져 셋은 온통 참마 즙 뒤범벅이 되어 끈적끈적 이쪽으로 미끄러지고 저쪽으로 구르며 대소동이 벌어진다(むかふのかみさま、とりをさへに来てこれもすべり□、三人が体ぢうとろろだらけに、ぬる／＼してあっちへ滑りこっちへ転げて大騒ぎとなる).」고하는 식으로, 원문에 있었던 이웃집 아주머니가 등장하는 부분이라든지 부부싸움의 후반부

를 약술하거나 두 줄짜리 작은 글자(二行割小書)를 때때로 생략하는 외에는 原話의 문장을 종조사까지 낱낱이 따라간다.

이 魯文作・芳直画의 도상에 입각하고 있는 것이 아닐까하고 의심될 만큼 서로 비슷한 岳亭作・芳幾画『東海道中栗毛弥次馬』「鞠子」[14](文久元1861年序・검인, 【図版5】) 본문은 발화자를 기입하지 않고도 남편과 마누라의 대화임을 알 수 있도록 구성된다. 그리고 도상과는 달리 본문은 선행하는 魯文作・芳直画의 것을 참조하고 있지 않은 것 같다.

그것은 본문(詞書)에 의해 표명되는 사건이 각색되기 때문이다. 그 각색 포인트는 原話에서는 지금부터 참마즙을 만들려고 해서 참마(薯)를 한참 가는 도중에 일어나는 야단법석이었던 것을 岳亭作 本 合巻에서는「지금 막 만든 것입니다(今出来立てでござります)」라는 식으로 변경하는 것에 있었다. 즉 참마를 가는 도중의 原話의 소동이 本 合巻에서는 다 갈아서 막 만들어진 참마즙을 절구통 안에서 꺼내려고 하는 상차림의 순간에 집중하고 있는 것이다. 이 변경에 의하여 스토리가 컴팩트해지는 효과를 낳고 있다.

그 밖에 각색되는 부분은 ①原話에서는 당황한 마누라가 양념절구공이 대신「젓가락」을 갖고 오는데 여기에서는 양념절구공이 대신「빗자루」를 갖고 온다. ②상대방을 매도하는 말로서「얼간이(腰抜けめ)」가 새로 사용되거나,「서방 머리에 절구통 안에 있는 참마즙을 퍼붓는다(亭主の頭へ擂鉢なるとろろを浴びせかける)」고 하는 새로운 싸움법이 도상과 본문(詞書)으로 표현된다. ③「부부는 참마의 진흙탕 싸움(夫婦はとろろのとろしやい(泥試合)」이라고 하는 동음이의어 말장난도 작자 岳亭의 신안(新案)이다. ④싸움을 말리려고 온 이웃집 아주머니는 도상으로도 본문(詞書)으로도 등장시키지 않는다. ⑤原話의 아기를 도상에서는 그리면서도 아기 관련 원문은 완전히 삭제한다. ⑥原話의 교카는 글귀를 바꾸지 않는 것이 대체적인 〈히자쿠리게물〉 작품의 공통점인데, 岳亭는 「뾰족이(とがらして → とがらせて), 소리개(とんび → とび)」가 약간의 변화를 보인다.

이 岳亭作・芳幾画의 合巻『東海道中栗毛弥次馬』「鞠子」를 통째로 베낀 것이 明治頃에 제작된 芳幾육필화의 두루마리 그림『東海道膝栗毛絵巻』「鞠子」【図版6】이다. 문장은 교카 「싸우는 부부/ 뾰족이 입내밀고/ 소리개처럼/ 도로로 울면서/ 참마에 미끄러지네(けんかする夫婦は口をとからせてとびとろろにすべりこそすれ)」 뿐이다. 전술한 岳亭가 原話 교카를 「とがらして→とがらせて、とんび → とび」라고 바꾸고 있었던 것을 그대로 답습하고 있는 점으로부터도 合巻을 곁에 두고 도상 뿐만 아니라 문장까지 충실하게 베끼고 있었음이 확실하다.15)

原話에서는 남편을 향하여 마누라가 절구통을 냅다 집어 던지고 있었는데 이 순간을 도상으로 포착한 것이, 던지는 것이 아니라 끼얹고 있는 전술한 岳亭作・芳幾画合巻의 「鞠子」와, 그것을 모사한 芳幾육필화인『東海道膝栗毛絵巻』「鞠子」였다. 그리고 明治頃 간행된 為信画시리즈그림『東海道名所膝栗毛画帖』「鞠子」【図版7】도 마누라가 남편에게 절구통을 던져서 참마즙을 끼얹는 점에서 도상은 근접하지만 붙여진 교카는 새롭게 「참마가게의 부부싸움을 절구통의 나는 안 먹겠네 라고 말한 야지 기타(とろろ屋の夫婦喧嘩を擂りはちの われは喰はぬといふた弥二喜太)」라고 창작하고 있다.

Ⅲ. 「여우라고 생각해서 힐책하다」라는 画題의 답습관계

原話 四編上의 「여우라고 생각해서 힐책하」는 장면을 도상 모티브

로 한 작품들을 「궁리와 창안」이라고 하는 측면에서 재파악해 보면, 〈히자쿠리게물〉 수용의 전체상, 즉 답습관계를 더욱 명확히 포착할 수 있다.

(1) 시리즈그림 『東海道膝栗毛画帖』 「赤坂」는 原話 삽화에 없으므로 「**創案**」이며, 그 뒤를 그림주사위판 『しんはん東海道鬱散双六』 「四日市」, 合巻 『絵本膝栗毛』 五編下 「御油」의 첫 장이 이어받는다. 그런데 끈으로 꽉 묶는 동작은 合巻 『絵本膝栗毛』의 「**궁리**」이며, 이 묶는 동작을 이어받은 것이 魯文作合巻 『東海道中栗毛弥次馬』 「御油」이다.

(2) 合巻 『絵本膝栗毛』 五編下 「御油」의 종막, 즉 야지가 묶은 기타하치를 데리고 다니는 것은 本 合巻의 「**創案**」이며, 이것을 이어받아 그림주사위판 『五十三駅滑稽膝栗毛道中図会』(国升画)・『浮世道中膝栗毛滑稽双六』(広重画) 「ごゆ」, 魯文作合巻 『東海道中栗毛弥次馬』 「赤坂」, 広重画그림주사위판 『伊勢参宮膝くりげ道中寿語録』 「御油」, 芳幾画그림주사위판 『五十三駅東海道滑稽双六』 「御油」, 芳艶画그림주사위판 『東海道五十三治膝栗毛双六』 「御油」, 岳亭作合巻 『東海道中栗毛弥次馬』 「赤坂」, 国重画玩具그림 『ひざくりげ』라고 하는 흐름이 형성된다.

(3) 魯文作合巻 『東海道中栗毛弥次馬』 「御油」와 흡사한 것이 合巻 風錦絵 『東海道中栗毛弥次馬』 「赤坂」인데, 이 뒤를 滑稽本 『東海道中滑稽五十三駅』 三編下의 삽화, 為信画의 시리즈그림 『東海道名所膝栗毛画帖』 「赤坂」가 잇는다.

(4) 배우그림(役者絵) 『東海道五拾三駅名画之書分』 「藤川　赤坂」는 「**創案**」이며, 시리즈그림 『書画五拾三駅』 「御油・戯人の臆病」, 明治期에 간행된 후인본合巻 『東海道中栗毛弥次馬』, 文楽 『東海道中膝栗毛』가 뒤를 잇는다.[16)]

판본삽화로부터 우키요에(浮世絵)까지 **生長하는 画題**의 전체상을 일목요연하게 전망할 수 있도록 이상의 「여우라고 생각해서 힐책하다」와, 동 사건에 기인하여 발생한 사건인 「개에게 시험하는 여우소동」, Ⅱ절에서 거론한 「참마즙 식당의 부부싸움」이라고 하는 画題를 도표로 정리해보겠다(일련번호는 본 저술서 첫 번째 논문 「〈히자쿠리게물〉 작품군의 서지」에 있어서 제작 연대순으로 열거한 〈히자쿠리게물〉 도표의 번호이다).

【表 1】〈히자쿠리게물〉の画題

画題 작품명	참마즙 식당의 부부싸움	여우인 줄 알고 힐책하다	개에게 시험하는 여우소동
	二編下「丸子」	**四編上「御油」**	**四編上「赤坂」**
原話挿絵	×	×	×
1. 揃物『東海道膝栗毛画帖』	「丸子」 創案	「赤坂」 創案	×
2. 揃物『東海道五拾三次』	「丸子」 創案	×	×
3. 絵双六『しんはん東海道鬱散双六』	「鞠子」 創案。二人の男が참마즙を食すのみ	「四日市」 『東海道膝栗毛画帖』と類似	×
4. 揃物『道中膝栗毛』・『膝栗毛道中雀』	×	×	×
7. 合巻『絵本膝栗毛』	三編上「丸子」 『東海道膝栗毛画帖』と類似	五編上・下「御油」 『東海道膝栗毛画帖』と類似(創案:序幕)	五編下「御油」 創案:終幕 背景は田圃と町並み
8. 揃物 伊場仙板『東海道張交図会』	「鞠子」 『絵本膝栗毛』と類似	×	×
10. 絵双六『五十三駅滑稽膝栗毛道中図会』・16『浮世道中膝栗毛滑稽双六』	「まりこ」 『絵本膝栗毛』と類似	「ごゆ」 『絵本膝栗毛』と類似。縛った喜多八を連れ歩く。背景には大きい樹木	「あか坂」 『絵本膝栗毛』の工夫。縛った喜多八を犬に試す弥次。背景は宿
14. 魯文作合巻『東海道中栗毛弥次馬』	「鞠子」 『絵本膝栗毛』の工夫	「御油」 『東海道膝栗毛画帖』の工夫、『絵本膝栗毛』と類似	「赤坂」 『絵本膝栗毛』と類似・酷似
17. 絵双六『伊勢参宮膝くりげ道中寿語録』	「鞠子」 『五十三駅滑稽膝栗毛道中図会』と類似	「御油」 『東海道膝栗毛画帖』と類似	「赤坂」 『五十三駅滑稽膝栗毛道中図会』と酷似

画題 작품명	참마즙 식당의 부부싸움 二編下「丸子」	여우인 줄 알고 힐책하다 四編上「御油」	개에게 시험하는 여우소동 四編上「赤坂」
18. 摍物『五十三次名所図会』(竪絵東海道)	×	「廿七 赤坂 縄手道にて弥次郎北八を狐とおもひててふちやくする」 『五十三駅滑稽膝栗毛道中図会』と酷似	×
22. 絵双六・重宣『新板膝栗毛道中双六』	「丸子」 『伊勢参宮膝くりげ道中寿語録』と酷似	「御油」 『伊勢参宮膝くりげ道中寿語録』と酷似	「赤坂」 『伊勢参宮膝くりげ道中寿語録』と酷似
23. 絵双六・国郷『東海道五十三次道中双六』	「まり子・岡部へ二り九丁」 創案	×	×
24. 絵双六・芳艶『東海道五十三次滑稽双六』	「まりこ」 独特。喧嘩中の夫婦	「御油・泊」 『五十三駅滑稽膝栗毛道中図会』と酷似	「赤坂」 『五十三駅滑稽膝栗毛道中図会』と酷似
25. 合巻風錦絵『東海道中栗毛弥次馬』	×	「赤坂」 滑稽本風合巻『東海道中栗毛弥次馬』と類似	×
26. 絵双六・芳幾『五十三駅東海道滑稽双六』	「まりこ」 『五十三駅滑稽膝栗毛道中図会』『伊勢参宮膝くりげ道中寿語録』と類似	「ご油」 『五十三駅滑稽膝栗毛道中図会』と酷似	「あか坂」 『五十三駅滑稽膝栗毛道中図会』と酷似
28. 岳亭作合巻『東海道中栗毛弥次馬』	「鞠子」 滑稽本風合巻『東海道中栗毛弥次馬』と類似・酷似	「御油」 『絵本膝栗毛』と酷似、滑稽本風合巻『東海道中栗毛弥次馬』と類似	「赤坂」 『絵本膝栗毛』に類似・酷似、滑稽本風合巻『東海道中栗毛弥次馬』と類似
30. 改板本滑稽本『東海道中滑稽五十三駅』	×	三編下 滑稽本風合巻『東海道中栗毛弥次馬』と類似	×
33. 役者絵『東海道五拾三駅名画之書分』	×	「藤川　赤坂」 創案	×
37. 摍物『書画五十三駅』	×	「御油・戯人の臆病」 役者絵『東海道五拾三駅名画之書分』と類似	×
39. 摍物『東海道膝栗毛絵巻』	「鞠子」 合巻『東海道中栗毛弥次馬』と酷似	「御油」 合巻『東海道中栗毛弥次馬』と酷似	「赤坂」 合巻『東海道中栗毛弥次馬』と酷似
40. 摍物『東海道名所膝栗毛画帖』	「鞠子」 合巻『東海道中栗毛弥次馬』と類似	「赤坂」 滑稽本風合巻・合巻風錦絵・改板本の滑稽本と類似	×

Ⅳ. 맺음말을 갈음하여

이상의 세 가지 画題 외에도 가령「비구니와 희롱하다」라고 하는 회화모티브를 많이 볼 수 있다. 원작 四編上「二川」에 기타하치가 비구니로부터 담뱃불을 부탁받는 이야기가 있다. 그녀들과 조우하기 직전인 서막이 삽화로 붙어있는데,「비구니와 희롱」하는 화제군은 실로 이 삽화로부터 시작되는 것이다. 우선 시리즈그림『東海道膝栗毛画帖』「御油」에는 작자 잇쿠자신이 그렸던 原話삽화를 연구 궁리하여 즉, 原話삽화로부터 구상이라든지 모티브를 일부 전용하면서 대폭적인 개작을 덧붙인「비구니와 희롱」하는 장면이 묘사된다. 原話삽화에서는 찻집 앞에 서 있는 남자가 비구니일행을 그저 바라볼 뿐이었지만 여기에서는 비구니 뒤에서 부르는 한 여행자, 라고 하는 식으로, (두 비구니의 모습과 포즈, 검은 두건을 쓴 복장은 原話삽화와 흡사하면서도)비구니를 꼬드기는 클라이맥스 순간이 묘사되는 것이다.

改板本『東海道中滑稽五十三駅』三編下「二川」의 삽화는, 原話삽화와 合巻『絵膝栗毛』「二川」와 유사하다. 合巻『絵本膝栗毛』와 등장인물의 전체적구도가 비슷한 것이다. 두 비구니의 모습과 몸짓, 복장은 原話삽화와 유사하지만 어린 비구니를 동반해서 세 명으로 하고 있는 점은『絵本膝栗毛』와 동일하다. 그녀들의 머리는 原話삽화와 비슷하게 흑 두건을 쓰고 있는데, 단발머리처럼 보인다. 그녀들의 앞을 지나쳐 가는 야지 기타가 뒤돌아보고 있으며, 아직 말을 걸고 있지는 않은 原話의 에피소드에 가장 충실한 도상이 되고 있다.

이렇게 해서 滑稽本으로부터 출발한〈히자쿠리게물〉의 画題는 거의 동시에 잇쿠自画賛의 시리즈그림도 되고 잇쿠 사망 후에는 후배들에 의해 수많은 시리즈그림과 그림주사위판, 合巻, 배우그림, 改題

改版本의 滑稽本, 육필화로 변모를 거듭해 간 것이다. 그리고 〈히자쿠리게물〉의 画題는 일방통행적인 관계가 아니라 종횡무진 교차하는 상호 교섭 양상을 보여주고 있다. 동일한 장르 안에서만 영향을 주고 받는 게 아니라는 점이다. 岩崎均史씨가 「희작과 수수께끼그림(判じ絵)」의 관계를 「어느 쪽 장르가 일방적으로 영향을 받은 것이 아니라 서로 관계하면서 영향을 주고 받았다고 보아야 한다. ……쌍방이 영향을 받으면서 함께 서민에게 뿌리 깊게 전파되어 갔다」[17]고 서술하는데, 〈히자쿠리게물〉의 경우에도 표현 양식에 따라 특별한 영향관계가 있었다고 하기 보다는 장르의 경계를 넘어 다른 표현양식, 요컨대 회화・연극・소설을 포함하는 공시적・통시적인 속문예의 작중에 이용되어 生長해 온 것을 본고에서는 고찰해 왔다.

아직 남겨진 과제로서 『東海道中膝栗毛』가 장편合巻인 『絵本膝栗毛』나 改題改版 滑稽本인 『東海道中滑稽五十三駅』로 변모함에 있어서 문장 니지 에피소드가 취사선택된 의미라든지 삽화 개편의 취지, 삽화와 본문의 표현관계, 회화가 우세해져 문장은 부차적인 것에 머물러 있는 為信画 『東海道名所膝栗毛画帖』・芳幾육필화 『東海道膝栗毛絵巻』의 明治期 제작이 의미하는 바 등을 고찰함으로써 새로운 문제를 제시할 수 있을 것이다. 금후 정진을 기하고자 한다.

参考文献

岩崎均史「戯作と判じ絵」『国文学解釈と鑑賞』2009年5月号、至文堂

岩切友里子「絵馬系譜と武者絵本」『江戸の絵本ー画像とテキストの綾なせる世界ー』八木書店、2010年

笠嶋忠幸「『宇治拾遺物語』と「信貴山縁起絵巻」」『国文学解釈と鑑賞』至文堂、2008年12月号

加藤康子校訂赤本『かくれ里ふく神よめいり』『江戸の絵本』初期草双紙集

成Ⅲ、叢の会、1988年
강지현「浮世絵に見る『東海道中膝栗毛』滑稽の旅」『浮世絵芸術』151号、国際浮世絵学会、2006年2月
강지현「〈膝栗毛もの〉の絵双六『しんはん東海道鬱散双六』・『五十三駅滑稽膝栗毛道中図会』の位置付け」『浮世絵芸術』159号、国際浮世絵学会、2010年2月
강지현「〈膝栗毛もの〉画題の伝承ー「洗濯物に腰抜かす」「五右衛門風呂を踏み抜く」を軸にー」『日本研究』46、韓国外国語大学校日本研究所、2010年12月
강지현「〈膝栗毛もの〉作品群の書誌ーその図様継承史の一環としてー」『国語国文』923号、京都大学文学部国語国文学研究室、2011年7月
강지현「合巻『東海道中栗毛弥次馬』における原話離れと作意について」『日本学研究』33集、壇国大学校日本研究所、2011年5月
関肇「メディア・ミックスの力学ー『金色夜叉』の受容空間」『新聞小説の時代ーメディア・読者・メロドラマ』新曜社、2007年
高木元「黄智暉著『馬琴小説と史論』」『日本文学』2009年11月号
朏尾尚子「仏教的教訓語の絵画化ー「意馬心猿」の例ー」『国文学解釈と鑑賞』至文堂、2009年5月号
松葉涼子「江戸の劇場図ー菱川派を中心に」『風俗絵画の文化学ー都市をうつすメディア』思文閣出版、2009年7月

▣ 요약

〈도보여행기물〉 画題의 生長

－「참마즙 식당의 부부싸움」을 중심으로 －

원작 滑稽本의 二編下「마리코」에는, 참마즙 식당의 부부싸움에 말려든 야지 기타가 참마요리를 못 먹게 되는 일화가 삽화 없이 게재된다. 이후 이 장면은 다양한 패턴으로 많은 〈히자쿠리게물〉 회화군에 묘사되는데, 본론에서는 이와 같이 빈번하게 그려지는「참마즙 식당의 부부싸움」을 중심으로, 「여우라는 오허로 비난받다」「개에게 시험하는 여우소동」「비구니와 희롱하다」라고 하는 회화 모티브에 있어서의 표현양식의 특색 등을 규명하고자 하였다. 먼저「참마즙 식당의 부부싸움」에 관한 画題를 제작연대순으로 살펴보면서 그 계보를 논하였다. 그 중에서도 도상 면에서 명확한 영향관계가 엿보이는 장편合巻『絵本膝栗毛』라든지, 魯文作合巻・岳亭作合巻의『栗毛弥次馬』의 경우, 나아가 본문(詞書)면에서의 변용을 살펴보았다.

또한「참마즙 식당의 부부싸움」과 더불어, 원작 四編上의「여우라는 오해로 비난받는」 장면이라든지「개에게 시험하는 여우소동」을 도상의 모티브로 한 작품들을「연구와 창안」이라는 측면에서 재조명함으로써, 답습관계를 한층 더 객관적으로 알 수 있도록, 版本삽화로부터 우키요에에 이르기까지 生長한 画題의 전체상을 도표로 제시하였다. 그럼으로써『東海道中膝栗毛』는 장르의 경계를 넘어 다른 표현양식, 요컨대 회화・연극・戯作을 아우르는 공시적・통시적인 俗文芸 작품 속에 애용되어 生長해 온 것을 고찰한 바이다.

▣ Abstract

The tradition of a motive of a painting “work group of Hizakurige”

The anecdote that Yaji and Kita rolled up in the quarrel between husband and wife of the grated yam soup shop misses grated yam soup is placed in the “Mariko” scene of the original without an illustration. After that this scene appears in the picture group of the“Hizakurigemono” by a variety of patterns. In this report, I spoke the characteristic in the motif about “You was misunderstood when it was a fox”, “fox case to try to a dog”, “I played with Bikuni” mainly on “the quarrel between husband and wife of the grated yam soup shop”. At first I examined a motif in chronological order and discussed the genealogy. Then I elucidated inheritance relations by examining the motif from the side called “a laborer and the original idea” from the illustration of the book to an Ukiyoe. In this way, I considered about “Hizakurige” what had been used by a picture, drama, a novel across the border of the genre.

주

1) 「〈膝栗毛もの〉画題の生長ー「とろろ汁屋の夫婦喧嘩」を端緒にー」『일본학연구』38, 단국대일본연구소, 2013년1월

2) 高木元「黄智暉著『馬琴小説と史論』」『日本文学』2009年11月

3) 関肇「メディア・ミックスの力学ー『金色夜叉』の受容空間」『新聞小説の時代—メディア・読者・メロドラマ』新曜社、2007年

4) 拙稿「〈膝栗毛もの〉作品群の書誌ーその図様継承史の一環としてー」『国語国文』923号、京都大学文学部国語国文学研究室、2011年7月

5) 拙稿「浮世絵に見る『東海道中膝栗毛』滑稽の旅」(『浮世絵芸術』151号、国際浮世絵学会、2006年2月) /「〈膝栗毛もの〉絵双六の表象と表現」(『国際日本文学研究集会会議録』 第三十回、国文学研究資料館、2007年3月) /「〈膝栗毛もの〉の絵双六 『しんはん東海道鬱散双六』・『五十三駅滑稽膝栗毛道中図会』の位置付け」(『浮世絵芸術』 159号、国際浮世絵学会、2010年2月) /「合巻 『東海道中栗毛弥次馬』における原話離れと作意について」(『日本学研究』33集、壇国大学校日本研究所、2011年5月)

6) 拙稿「〈膝栗毛もの〉画題の伝承ー「洗濯物に腰抜かす」「五右衛門風呂を踏み抜く」を軸にー」『日本研究』46、韓国外国語大学校日本研究所、2010年12月。以下、要約紹介すると、先行作の有無に関わらず、『道中膝栗毛』・『膝栗毛道中雀』が工夫したり創案した絵組が大体継承されるなかで、「洗濯物に腰抜かす」話柄を描出する『膝栗毛道中雀』「濱杢泊」は例外的ケースであった。以降登場する多くの〈膝栗毛もの〉に繰り返し利用され、一つの定型としてパターン化したのは、初代広重自ら先んじて刊行した『膝栗毛道中雀』「濱杢泊」ではなく、『東海道五十三対』「二川」の 「型」であるからである。〈膝栗毛もの〉画題において最も大事な役割を果たしたと思われる揃物 『道中膝栗毛』・『膝栗毛道中雀』の占める文芸史的位置を確かめた他にも、この揃物ではない他の作品が創案した図様(例えば、入り方で悩むという序幕を捉えた合巻『絵本膝栗毛』)や、魯文作・芳幾画の合巻風錦絵が、魯文作・芳直画の滑稽本風合巻を意識した可能性が極めて高いことを指摘できたことも本稿の意義として挙げられる。

7) 「仏教的教訓語の絵画化ー「意馬心猿」の例ー」『国文学解釈と鑑賞』至文堂、2009年5月号

8) 双六(回り双六)とは、賽を投げて出た目の数だけコマを進めるが、振出を出発して早く上がりに着いた者が勝つというゲームである。絵双六とはその双六の盤に絵が描かれているのをいう。

9) 唐子：唐風の服装・髪型をした子供。新生児は三歳頃の髪置の行事まで髪を剃っていたが、一部剃り残した髪型が、男女三都を問わず行われていたという。この髪型を唐子という。加藤康子校訂赤本『かくれ里ふく神よめいり』より抜粋(『江戸の絵本』Ⅲ叢の会)

10) 岩切友里子「絵馬系譜と武者絵本」(『江戸の絵本一画像とテキストの綾なせる世界一』八木書店、2010年)に多くの図版が所載される

11) 翻字に際して、私意により適宜句読点を付し、漢字に置き換え、判読不可の個所は□を以て示す。以下同。

12) 笠嶋忠幸「『宇治拾遺物語』と「信貴山縁起絵巻」」(『国文学解釈と鑑賞』至文堂、2008年12月号)によると、「「源氏物語絵巻」の詞書には『源氏物語』の全文を載せてはいなかったであろうことが窺え、詞書では格段の要所だけに絞り込まれた内容で説明されていたと見てよいだろう。つまり当時から、画家と鑑賞者との間には、暗黙の了解として、物語の 「間」を読むという必然の鑑賞ルールが存在した。説明されない内容や、描かれない部分には触れずとも、話の面白さの醍醐味が伝わるよう、巧みに工夫されていたといえる。当然のことながら、鑑賞者が知らない話を絵画化するようなことはなかったであろう。したがって詞書は原典どおりに掲示される必要はなく、主要な場面の分だけが、画面近くに抄出されてあればよかったと解される。あくまで文章量が多いから抄出するというような単純な話ではない。」この解説に一連の『栗毛弥次馬』群の創作手法がまさに符合すると思われる。続いて「信貴山縁起絵巻」は「「源氏物語絵巻」などとは異なり、一般に連続式画面といわれる形式で、話の展開とともに絵が右から左へと徐々に進んでゆくものである」と解説された創作手法は、合巻『絵本膝栗毛』と相通じるものがある。
このように詞書と絵画が緊密に関係する絵巻があったからこそ、その伝統が脈々と受け継がれ、『絵本膝栗毛』や『栗毛弥次馬』のような作品も導出されたのであろう。

13) 北「コウ飯を食をふか。こゝはとろろ汁の名物だの。弥「そふよ。モシ御亭主、とろろ汁はありやすか。亭主「ハイ今できず。弥「ナニできねへか。しまった。亭主 「ハレじっきにこしらへずに。ちいと待ちなさろ。トにわかにいものかはも剥かず□さっ／＼と下ろし掛かり、亭主「おなベヤノ／＼この忙しいにあによをしてゐる。ちょくり来い／＼。女房「ヱゝやかましい人だヤア。亭主「アニハイやかましいもんだ。そけへお膳を二膳拵へろ。ヱゝソレ前垂(まへだれ)がひきづらア。女房「おまへ箸の洗ったのを知らすか。亭 「アニおれが知るもんか。コリャヤイその箸よヲよこせヤア。女房 「これかい。亭「ヱゝ箸でいもが擂られるもんか。擂り粉木のことだは。コレま

こつくな。ヱゝらちのあかない女だ。女　「ソレおまへ擂り粉木が逆様だ。亭　「かまうな。おれが事より、うぬがソリャ海苔が焦げらア。女　「ヤレ／＼やかましい人だ。コノがきやアおんなしよふにほへらア。亭　「コリャ擂り鉢をつかまへろ。ヱゝそふ持っちゃア擂られないは。おへねへひゃうたくれめだ。女　「アニこんたがひゃうたくれだ。亭　「イヤこのあまア。ト擂り粉木で(一つ？)くらはせると、女房やっきとなり擂り鉢を取ってなげつると、そこら当たりへとろろかこぼれ、夫婦叩き合いにゐるとろろに滑りてとっさり転ぶと、むかふのかみさま、とりをさへに来てこれもすべり□、三人が体ぢうとろろだらけに、ぬる／＼してあっちへ滑りこっちへ転げて大騒ぎとなる。弥　「こいつは始まらねへ。先へいかふ。ト可笑しさを堪へてこゝを立ちいで、北　「とんだてやいた。アノとろろ汁で一首詠みやした。○けんくわする夫婦(ふうふ)は口をとからしてとんびとろろにすべりこそすれ

14) 喜多八飯をやらうか、こゝはとろろの名物だぜ。「そう／＼、こ亭主とろろ汁はありやすか。「へイ／＼今出来立てでござります。「それは奇妙(きめう)。早く持ってきてくんな。「へイ／＼。「おなへよ、／＼何してゐる。お客様だ。この忙しいに何してゐる、といふと、急にうらのかたにて、「何だ、やかましい。何がどうしたと。「何だ、どうしたとは、どうしたのだ。早く来い。これその擂り粉木ではねへ。擂り鉢持って来い。「はい／＼「ヤイ／＼それは箒だは。擂り鉢よ。ヱイわからねへやつだ。このへけたれめへ。「そんなに言わぬものだ。取るものがあるなら早くそう言わっしゃい、腰抜けめ。「なに腰抜けだ、と夫婦はやっきとなって亭主は擂り粉木にて女房を叩き回すに、擂り鉢の中へ足を踏み込み、どっかりまろぶを亭主の頭へ擂り鉢なるとろろを浴びせかけるに、夫婦はとろろのとろしやい(泥試合)、弥次喜多八は早々にこのところを(い)そいで立ちける。○喧嘩(けんくわ)する夫婦(ふうふ)は口(くち)をとがらせて鳶(とび)とろろにすべこそすれ

15) しかし、この版画を肉筆画へと剽窃するという、一見安易に思われる製作方法であるが、実は早くから行われていた浮世絵界の慣習であったことが、松葉涼子「江戸の劇場図一菱川派を中心に」(『風俗絵画の文化学一都市をうつすメディア』思文閣出版、2009年7月)という論考に示される。先行して作製された版本のパターンが、肉筆画に取り入れられるのは、菱川師宣生存の十七世紀後半から行われた創作方法であり、その後、肉筆画の劇場図において版本のモチーフをそのまま利用するのが菱川派の特徴にまでなっていることを指摘する。このような浮世絵界の動向を鑑みると、芳幾が先行の合巻で描いた自画の図像を再利用したのは、何ら特別に指弾される行為ではなかったのである。

16) その他、(5)合巻『絵本膝栗毛』五編上「御油」の序幕は「創案」。(6)揃物『東海道膝栗毛画帖』「赤坂」の「工夫」(⇒絵双六『伊勢参宮膝くりげ道中寿語録』「御油」) ⇒ 魯文作合巻『東海道中栗毛弥次馬』「御油」(⇒ 岳亭作合巻『東海道中栗毛弥次馬』「御油」)
猶、「狐と思い責める」画題については、本稿とは異なる視座にて詳細に述べた 「版本挿絵から浮世絵まで越境する〈膝栗毛もの〉の画題について一 「狐と思い責める」 図様を端緒に一」を 『浮世絵芸術』 165号(国際浮世絵学会、2013年2月)に掲載予定である。

17) 「戯作と判じ絵」『国文学解釈と鑑賞』2009年5月号、至文堂

판본삽화에서 우키요에로 변모하는 〈도보여행기물〉 画題에 대하여

-「여우인 줄 알고 힐책하다」 도상을 중심으로 -[1)]

Ⅰ. 머리말

享和二1802年 初編 발행 이후 文政五年『続膝栗毛』간행으로 21년에 걸친 짓펜샤 잇쿠作『膝栗毛』[2)] 시리즈는 종료한다. 그러나『膝栗毛』는 막부말기의 새로운 문예 및 예능에 도입되어 신 작품을 산출하게 된다. 그럼에도 불구하고 도상 면에서『膝栗毛』향수를 상세하게 추적한 선학의 연구는 거의 없다. 작금의 일본인이 상기하는 야지・기타[3)]의 골계스런 이미지는 회화에 기인하는 바가 크다는 것을 놓치고 있는 것은 아닐까.

필자는 지금까지 〈히자쿠리게물〉에 대하여 다음 두 가지 측면에서 논해 왔다.

一.「도상」관점에서 이어지는 약 50작의 〈히자쿠리게물〉 작품군을 서지학적으로 추적하는 것[4)]. 二. 제 장르에 있어서의 画題의 답습・궁리연구・창안이라고 하는 상호 영향관계를 추적하는 것[5)]. 후자의 관점을 이어받아 본고에서는 근세부터 근대로『膝栗毛』섭취 양상이 어떻게 변용되었는지, 우선 막부말기・明治의 우키요에(浮世絵)라든지 판본 작품을 살펴보며 추적하고자 한다.

야지・기타가 태어난 지 2백여년, 21세기인 지금도 여전히 계속 生長하고 있는[6], 시대를 관통하는「야지・기타」라고 하는 이미지의 계보를 더듬는 의의는 적지 않을 터이다. 滑稽本『膝栗毛』의 당대의 독서법을 나타내는 그 향수사를 연대순으로 치밀하게 조사해감으로써 제반 장르에 있어서의 도안과 에피소드의 답습・궁리연구・창안이라고 하는 상호 영향관계까지 논증하는 것을 본고의 목적으로 한다.

그러나〈히자쿠리게물〉에 그려지는 모든 挿話를 거론하는 것은 불가능하므로 필자 관견의 50종(시리즈그림은 一種으로 삼는다) 중에서 특히 많이 그려진 画題라고 인정할 수 있는「여우라고 생각해서 힐책하다」를 하나의 증례로 여타 画題도 범주에 넣으면서 논하는 방법을 택하고자 한다.

Ⅱ.「여우인 줄 알고 힐책하다」画題의 享受史

야지 기타는 둔갑한 여우(化狐)가 출현한다는 소문을 듣는다. 지쳐하는 야지를 뒤에 남기고 먼저 출발한 기타하치. 무서워져서 도중에서 기다리고 있었다. 그리고 뒤를 따라온 야지가 그 기타하치를 여우가 둔갑한 것이라고 멋대로 착각하고 동여맨다고 하는 이야기가 원작 4편(文化二1805年간행)上「御油」에 있다. 얼마 안 있어「赤坂」역참에 도착, 야지가 개를 불러대도 태연자약한 기타하치의 태도에, 그럼 여우가 아니었나보다 하고 풀어준다고 하는 에피소드이다. 이 일화에 삽화는 붙지 않는다.

【図版1】 揃物『東海道膝栗毛画帖』(『稀書複製会叢書』 第七巻〈平成二年간행〉収載)

【図版2】 絵双六『東海道鬱散双六』(部分図・東京都立中央図書館蔵5247-S5)

잇쿠自画賛의 한 장짜리그림(一枚摺)으로, 文化十二(1815)년에 화첩 형식으로 출판된 시리즈그림『東海道膝栗毛画帖』「赤坂」(【図版1】)에는 도망치려고 하는 남자를 뒤에서 노려보는 남자, 그것을 보면서 뛰어다니는 여우가 소나무 가로수를 배경으로 그려진다. 「여우라고 생각해서 힐책하다」라는 原話의 변용인 셈이다. 원작에는 삽화나 교카가 없었던 장면을 이 『東海道膝栗毛画帖』에서 自画와 自賛「여행자가 들뜬 여우에게 홀려서 또 당하는 창피도 아카사카의 여관(たひ人のうかれきつねにはかされてまたかく恥もあか坂のやと)」으로 그렸기 때문이다.

天保五(1834)년 가을, 保永堂竹内孫八가 그려서 간행한 그림주사위판『しんはん東海道鬱散双六』는, 〈히자쿠리게물〉 그림주사위판으로

서 가장 최초의 것이라고 필자가 추론하고 있는[7] 작품이다. 이것의 「四日市」(【図版2】)에 엎드린 남자에게 原話처럼 여우 꼬리를 보이라고 재촉하면서 노려보는 남자가 등장한다. 전게 『東海道膝栗毛画帖』과 유사한 느낌이 있다.

天保중엽(1837年頃)간행이라고 생각되는 広重画 시리즈그림 『道中膝栗毛』·『膝栗毛道中雀』의 도상은 유형화의 길을 걸어 이후 제작되는 〈히자쿠리게물〉의 대부분의 작품군에 장르 불문하고 답습, 계승됨을 확인할 수 있는데 그러나 이 시리즈그림에 「여우라고 생각해서 힐책하다」라는 画題는 채택되지 않았다.

【図版3】 合巻 『絵本膝栗毛』(『ソウル大学校소장近世芸文集』 第六巻〈2000年간행〉 収載)

国芳・英泉・広重画로 弘化三(1846)年～嘉永二(1849)年에 간행된 合巻『絵本膝栗毛』5편상권의 마지막장에「여우라고 생각해서 힐책하다」라는 사건의 서막이 그려진다. 즉 먼저 출발한 기타하치가 도중에서 기다리다가 야지를 만나는 장면이다. 이 장면은 지금까지 그려진 적이 없었으므로 본 合巻의「창안」이라고 할 수 있다. 이어지는 5편下의 첫 장(【図版3】)에서 야지가 기타하치를 동여매는 순간이 그려진다. 전게『東海道膝栗毛画帖』이나『しんはん東海道鬱散双六』의 흐름을 이어받으면서 본 合巻에서 처음으로 끈(原話에서는「3척수건」)으로 동여매는 동작이 표출되는 것은 本 合巻의「궁리 연구」라고 할 수 있다.

【図版4】 絵双六『滑稽膝栗毛道中図会』(部分図・東京都立中央図書館蔵061-S53)

그리고 다음 페이지에는 야지가 포박한 기타하치를 데리고 걷고 있으며 그것을 본 여관의 마중 온 사람과 다른 여행자가 웃는 장면이 포착된다. 개는 등장하지 않는다. 이 또한 지금까지 그려진 적이 없으므로 本 合巻의「창안」이다. 이 종막 장면과 이것보다 나중에 간행되는 그림주사위판『五十三駅滑稽膝栗毛道中図会』의「ごゆ」(【図版4】)가 유사하다. 즉 이 合巻『絵本膝栗毛』5편下「御油」의 종막 장면을 계승하는 것이 嘉永期간행이라고 필자가 추정하고 하고 있는[8] 一猿斎国升画의 그림주사위판『五十三駅滑稽膝栗毛道中図会』「ごゆ」라고 생각된다.

安政二(1855)年에 간행된 魯文作・芳直画의 合巻『東海道中栗毛弥次馬』「御油」(【図版5】)에 엎드린 기타하치 위에 올라타, 기타하치의 왼손을 비트는 야지가 그려진다. 그것을 볏단 뒤에 숨은 여우가 보고

【図版5】魯文作合巻『栗毛弥次馬』(個人蔵)

있다. 이것과 전체적 구도가 서로 닮은 전게『東海道膝栗毛画帖』이 아직「여우라고 생각해서 힐책하다」라는 사건의 서막에 가까운 부분을 묘출하고 있는 것에 비하여 本 合巻은 클라이맥스부분을 묘출하고 있으므로『東海道膝栗毛画帖』의「궁리연구」라고 할 수 있는 한편, 전게 合巻『絵本膝栗毛』와는 시점이 유사하다.

참고로 다음 페이지의「赤坂」에는 포박한 기타하치를 데리고 걷는 야지와, 이 일행을 기다리고 있는 마중나온 여관집주인, 놀라는 모습의 그 주인 뒤에 개가 그려진다. 이것은 전술한 合巻『絵本膝栗毛』5편下「御油」의 종막장면과 흡사하다.

같은 해인 安政二年五月간행 히로시게그림의 그림주사위판『伊勢参宮膝くりげ道中寿語録』「御油」는, 이것과 전체적 구도가 비슷한『東海道膝栗毛画帖』의「궁리연구」라고 할 수 있는 한편, 포박한 채

데리고 걷는다고 하는 시점에서는, 合巻『絵本膝栗毛』, 그림주사위판『五十三駅滑稽膝栗毛道中図会』·『浮世道中膝栗毛滑稽双六』, 合巻『東海道中栗毛弥次馬』의 흐름을 이어받는다.

安政二年七月에 제작하여 広重 만년의 마지막 동해도 시리즈라고 일컬어지는『五十三次名所図会』(이른바 세로그림〈竪絵〉동해도)의「卅七 赤坂 논두렁길에서 야지로 기타하치를 여우라고 생각해서 때리다(縄手道にて弥次郎北八を狐とおもひててふちやくする」【図版6】)를, 전술한 그림주사위판『五十三駅滑稽膝栗毛道中図会』(国升画)「ごゆ」(【図版4】)나,『浮世道中膝栗毛滑稽双六』(広重画, 安政二年五月 간행)「ごゆ」와 비교하면 야지 기타의 모습은 물론, 복장·소지품·동작까지 흡사하며,「모사」가 아닐까 생각된다. 단지 기타하치의 양손이 3척수건으로 묶여 있을 뿐이다. 그들을 보고 어이없어하는 표정의 통행인이 덧붙여 그려진다. 풍경화(名所絵) 이므로, 다소 작게 그려진 그들이지만, 투시도법으로 충분한 거리감이 부여되어 넓게 펼쳐지는 삼나무 가로수를 배경으로 그들은 前面에 그려진다. 초승달이 뜨고 어렴풋한 초저녁, 논두렁길이 서정적인 풍경화 속에 그들도 융화되고 있다. 原話에서는

【図版6】揃物『五十三次名所図会』「卅七」
(たばことと塩博物館蔵·明治の後摺り)

「어둡기도 어둡고(くらさはくらし)」라고 되어 있는 부분을 広重가 덧붙여 그린 허공의 초승달에 의해 여수(旅愁)가 감돈다. 広重는 이와 같이 그림주사위판에 그린 도상을 갖고 자신의 한 장짜리 그림(一枚摺)의 시리즈그림에서는 어슴푸레한 달빛에 떠오른 저녁풍경으로 바꿔 그리고 있는 것이다.

安政六(1859)年1월에 간행된 芳艶画의 그림주사위판『東海道五十三次滑稽双六』「御油」에는 3척수건으로 동여맨 기타하치를 앞에 세우고 몽둥이 같은 것을 휘두르는 야지가 뒤에 그려져, 전술한 그림주사위판『五十三駅滑稽膝栗毛道中図会』『浮世道中膝栗毛滑稽双六』의「ごゆ」와 흡사하다. 이 그림의 몽둥이를 들어 올리는 몸짓을 없앤 것이 本 그림주사위판의「赤坂」이다. 이것도『五十三駅滑稽膝栗毛道中図会』『浮世道中膝栗毛滑稽双六』「あか坂」의 개를 없애면 흡사해진다. 짐을 드는 법, 삿갓 쓰는 법, 당황한 기타하치의 표정, 복장까지 선행 그림주사위판 그대로이기 때문이다.

이듬해인 万延元(1860)年4월에 간행된 魯文作・芳幾画의 錦絵『東海道中栗毛弥次馬』「赤坂」(【図版7】)에서는, 엎드린 기타하치 위에 올라타고 기타하치의 왼손을 잡아 비트는 야지와 그것을 볏단 그늘에 숨어 웃으면서 보고 있는 여우가 묘사된다. 魯文作合巻『栗毛弥次馬』「御油」(【図版5】)와 전체적 구도뿐만 아니라 무대배경이나 몸짓, 표정 등 확실히 흡사하다.

마찬가지로 芳幾가 그리고 같은 해인 万延元(1860)年7월에 간행한 그림주사위판『五十三駅東海道滑稽双六』「ごゆ」는 自画의 前作錦絵『東海道中栗毛弥次馬』의 흐름을 따르지 않고 선행작 그림주사위판『五十三駅滑稽膝栗毛道中図会』라든지『浮世道中膝栗毛滑稽双六』「ごゆ」의 방향을 바꿀 뿐으로 흡사한 도상이 되고 있다. 당황하는 기타하치나 몽둥이를 휘두르며 힐책하는 야지의 표정, 배경의 한그

【図版7】錦絵『栗毛弥次馬』(横浜市歴史博物館蔵)

루 소나무라든지 기타하치가 쓰고 있는 삿갓의 표현법, 복장까지 유사하기 때문이다. 전술한 広重画그림주사위판『伊勢参宮膝くりげ道中寿語録』「御油」는 이것과 동일한 방향으로 표현되어지고 있지만, 기타하치 뒤에서 야지가 몽둥이를 치켜들고 있지는 않은 부분이 상이하다.

또 같은 해인 万延元年10월에 芳艶가 그려서 간행한 그림주사위판『東海道五十三治膝栗毛双六』「御油」도, 『五十三駅滑稽膝栗毛道中図会』라든지『浮世道中膝栗毛滑稽双六』「ごゆ」의 흐름을 따르고 있다.

이듬해 文久元(1861)年에 岳亭春信作・芳幾画로 간행된 合巻『東海道中栗毛弥次馬』「御油」(【図版8】)는, 선행작合巻『絵本膝栗毛』「御油」(【図版3】)와 비교하면, 야지가 기타하치를 포박하는 동작, 둘의 위치관계, 옆 방향 얼굴인 두 사람의 표정까지 흡사하다. 배경에 볏단,

【図版8】岳亭作合巻『栗毛弥次馬』(国会図書館蔵)

펼친 페이지(見開き)의 우측 페이지에 두 비구니를 배치한 점은 魯文作合巻『東海道中栗毛弥次馬』「御油」(【図版5】)의 잔영을 남긴다.

참고로 本 合巻『東海道中栗毛弥次馬』의「赤坂」는『絵本膝栗毛』「御油」 종막 장면과 여관 집주인・야지・기타하치라고 하는 셋의 위치관계라든지 그들의 동작, 수건이 아니라 끈으로 묶고 있는 점이 닮는다. 魯文作合巻『東海道中栗毛弥次馬』「赤坂」와도 이 세 명의 만남이라고 하는 점에서는 유사하다. 이 세 명의 만남이 그려지는 그 밖의 〈히자쿠리게물〉 작품은 관견에 들어오지 않는 점으로부터도 그 영향 관계를 짐작할 수 있다.

그리고 나서 이듬해인 文久二(1862)年에는 滑稽本『東海道中膝栗毛』를 改題改板한『東海道中滑稽五十三駅』이 간행된다. 이 改板本

【図版9】滑稽本『滑稽五十三駅』(東京大学待鳥文庫蔵)

의 3편下 삽화(【図版9】)에는 엎드린 기타하치위에 올라타 기타하치의 양손을 뒤로 비틀어서 동여매는 야지가 묘사된다. 선행작〈히자쿠리게물〉회화군 중에서 지면에 엎드린 기타하치, 그 위에 올라 탄 야지가 기타하치의 손을 뒤로 비트는 모양새가 되고 있는 것은 魯文作合巻『東海道中栗毛弥次馬』(【図版5】)와 錦絵『東海道中栗毛弥次馬』(【図版7】)뿐이다. 배경은 소나무 가로수.

이와 같이 文久二(1862)年 개판본이 나온 시점까지는「여우라고 생각해서 힐책하다」라는 画題 내용이『東海道中膝栗毛』원작으로부터 벗어난다고 하는 것은 관견 범위에서는 찾을 수 없었다. 그러나 현재 인형극(文楽)의『東海道中膝栗毛』등에서는 야지가 여우 흉내를 내며 기타하치를「일부러」위협한다고 하는 내용으로 변경되어 상연되고 있

【図版10】『名画之書分』「藤川赤坂」(藤川浮世絵ギャラリーhttp://beniya-web.co.jp/fujikawa/large/16.html)

는 것이다. 이 변용은 언제부터 행해졌고 그 변용된 이유는 무엇일까.9)

그 최초의 변용 예는 安政四(1857)年 윤달五月, 初代의 후지마쓰 카가다유(富士松加賀太夫)가 발표했다10)고 하는 「膝栗毛赤坂の段」이 아닐까 생각된다. 그리고 明治四十三年一月開盛座, 同年二月新富座, 同年七月三崎座, 明治四十四年七月市村座, 同年九月東京座, 明治四十五年五月市村座興行의 〈히자쿠리게물〉 반즈케(早稲田大学, 東京大学에 소장)에는 여우가면을 쓰든지 여우 손 모양을 한 야지가 기타하치를 위협하는 장면이 그려진다. 그리고 이들은 「富士松加賀太夫」의 말(語り)로 상연되고 있는 것이다.

한편 画題로 포착한 빠른 예로서는 河鍋暁斎・三代豊国가 그린 元治元(1864)年에 간행한 배우그림 『東海道五拾三駅名画之書分』「藤川赤坂」(【図版10】)가 있다. 여우 가면을 벗어 얼굴을 보여주는 「야지로베 / 市川團蔵」는 여우 손 모양을 한다. 기겁해서 뒤로 자빠지는 「기타하치 / 市川九蔵」라고 하는 그림은 三代豊国의 「창안」이라고 할 수 있다. 따라서 安政四年에 개곡발표(開曲発表)한 〈히자쿠리게물〉의 신나이가락(新内節)으로부터, 「여우라고 생각해서 힐책하다」라는 사건의 개변이 행해지고 그 가타리(語り)의 영향으로 가부키(歌舞伎)나 인형극

(人形浄瑠璃)의 연출도 변경되었다고 추론할 수 있다.

그리고 이 새로운 각색이 크게 히트를 쳤기 때문일 것이다. 明治五(1872)年 간행인 河鍋暁斎画의 시리즈그림 『書画五拾三駅』 「御油・장난꾸러기의 겁(戯人の臆病)」, 전술한 文久元(1861)年 간행한 岳亭作合巻 『東海道中栗毛弥次馬』의 明治期간행 후인본의 다색표지(摺付表紙), 드디어 21세기의 인형극(文楽) 『東海道中膝栗毛』에 이르기까지 면면히 영향을 미치게 된 셈이다. 이에 대해서는 別稿(본 저술서 첫 번째 논문)[11]에서 상론하고 있다.

그럼 明治期 이후에 「여우라고 생각해서 힐책하다」라는 画題는 이 원작을 상당부분 각색, 변경해 버린 그림 일색인가 하면 그렇지도 않다. 한편으로는 明治頃 간행한 為信画의 시리즈그림 『東海道名所膝栗毛画帖』 「赤坂」(【図版11】)와 같이 전통적인 画題에 입각하여 즉 魯文作合巻 『東海道中栗毛弥次馬』(【図版5】)라든지 錦絵 『東海道中

【図版11】 錦絵 『膝栗毛画帖』(『歴史写真』より転載)

栗毛弥次馬』(【図版7】), 滑稽本『東海道中滑稽五十三駅』(【図版9】)의 흐름을 따라 지면에 엎드린 기타하치 등에 올라 탄 야지가 그려지기도 한다. 為信画의 「赤坂」에서는 기타하치의 오른 손을 뒤로 비틀어 수건으로 동여매려고 하고 있다.

또한 明治경의 芳幾육필화인 두루마리그림『東海道膝栗毛絵巻』七巻은 전술한 岳亭作・芳幾画의 文久元年간행 合巻『東海道中栗毛弥次馬』를, 歌川芳幾 스스로 모사해서 두루마리그림으로서 제작하고 있다고 필자가 추정하고 있는 작품이다. 그림은 역참마다 전 장면을 合巻 그대로 이용하면서도 간략화 수법으로 인물(가끔 소도구)에 집중한다. 교카나 가끔 수반되는 대사도 合巻을 그대로 이용하고 있으며 판본삽화를 재탕하여 육필로 전용한 좋은 예라고 생각된다. 合巻을 전용함에 있어서 省筆로 묘선은 두껍고 거칠게, 의상은 간략화해서 담채색을 입힘으로써 담백한 화면이 되고 있다는 점에 육필화로서의 묘미가 있는 것 같다.

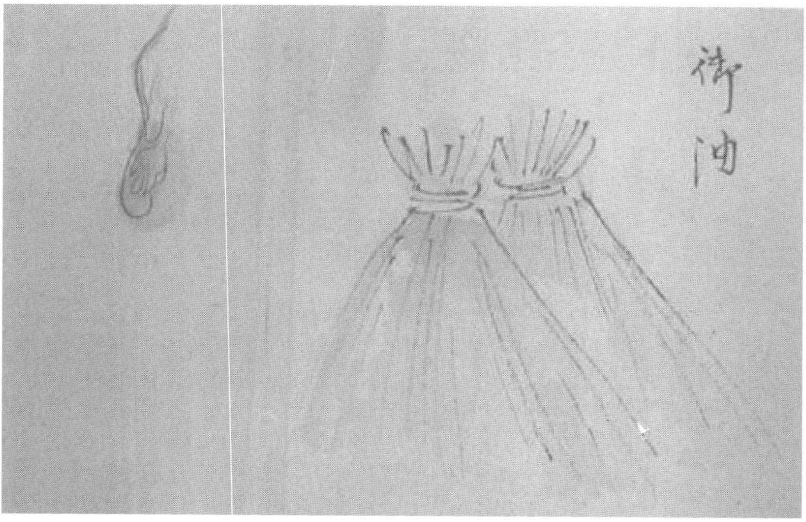

【図版12】『東海道膝栗毛絵巻』「御油」(個人蔵)

그리고 이『東海道膝栗毛絵巻』「御油」(【図版12】)의 경우에는 岳亭作合巻『東海道中栗毛弥次馬』「御油」(【図版8】)에 그려진 볏단 두 개와 도깨비불만을 그대로 발췌해서 묘사하고 있다. 교카라든지 대사는 기재되지 않는다. 이어지는『東海道膝栗毛絵巻』「赤坂」(【図版13】)는 마찬가지로『東海道中栗毛弥次馬』「御油」에 그려진 야지가 기타하치를 묶는 장면을 잘라내어 그리면서,『東海道中栗毛弥次馬』「赤坂」에 기입한 교카「여우라고 생각했는데 뜻밖의 실수는 용서해 주오 얼굴을 붉히는 아카사카(狐ぞとおもひのほかなしくじりは御油るしあれや顔は赤坂)」를 기재하고 있다. 이 교카는 原話에는 없으며, 合巻이 岳亭作・芳幾画였으므로, 岳亭가「창작」한 교카를 무단도용하고 있는 셈이다. 대사는 없다. 환언하면, 合巻『東海道中栗毛弥次馬』의「御油」라고 하는 하나의 장면이 本 두루마리그림에서는「御油」와「赤坂」두 장면으로 나누어지고 있는 것이다.

간행연도 미상(幕末부터 明治初期간행)의 国重画 완구그림『ひざくりげ』는, 다섯 단×여섯 칸으로 구성되어 있으며, 한 단마다 대체적으로 여섯 명의 인물이 등장하는데, 역참명이나 인명은 없고(야지 기타의 구

【図版13】『東海道膝栗毛絵巻』「赤坂」(個人蔵)

별은 연령 및 복장으로 가능) 대사뿐이며, 대체적으로 셋이 한 장면을 구성하여 합계 열 장면을 나타낸다. 그리고 밑에서부터 2단 째 우측에 노끈으로 기타하치를 포박하려는 야지가 개에게 시험하고 있고 놀려대는 아이 두 명이 덧붙여 그려진다.「개에게 시험하는 여우소동」이라고 하는 면에서 그림주사위판『五十三駅滑稽膝栗毛道中図会』『浮世道中膝栗毛滑稽双六』『伊勢参宮膝くりげ道中寿語録』『五十三駅東海道滑稽双六』의「御油」흐름에 입각하고 있으며 이들을 보면 전통적인「여우라고 생각해서 힐책하다」画題 또한 한편으로는 계속 그려지고 있음을 알 수 있다.

Ⅲ.「여우인줄 알고 힐책하다」画題의 답습관계 정리

특히 많이 그려져 대중적 画題의 하나라고 할 수 있는「여우라고 생각해서 힐책하다」라는 모티브가, 어떻게 수용되어 왔는지, 그 향수사를 연대순으로 세밀하게 논해 온 바이다. 여기에서는 이 画題를 답습・궁리연구・창안이라고 하는 상호 교섭 관계 시점에서 재파악하면서 지금까지 검토해 온 것을 정리·분석해 보겠다.

모사했나 싶을 정도로 흡사한 도상만 적출해 보면 다음과 같은 영향관계가 보인다.

(1) 그림주사위판『五十三駅滑稽膝栗毛道中図会』(国升画)・『浮世道中膝栗毛滑稽双六』(広重画)「ごゆ」

→ ①広重画시리즈그림『五十三次名所図会』(竪絵東海道)「卅七　赤坂　논두렁길에서 야지로 기타하치를 여우라고 생각해서 때리다(縄手道にて弥次郎北八を狐とおもひててふちやくする)」

②芳艶画그림주사위판『東海道五十三次滑稽双六』「御油」

③芳幾画그림주사위판『五十三駅東海道滑稽双六』「ごゆ」

(2) 그림주사위판『五十三駅滑稽膝栗毛道中図会』(国升画)・『浮世道中膝栗毛滑稽双六』(広重画)「あか坂」

→ 芳艶画그림주사위판『東海道五十三次滑稽双六』「赤坂」

(3) 合巻『絵本膝栗毛』五編下「御油」의 첫 장

→ 岳亭作・芳幾画合巻『東海道中栗毛弥次馬』「御油」→ 芳幾画시리즈그림『東海道膝栗毛絵巻』「御油」・「赤坂」

(4) 合巻『絵本膝栗毛』五編下「御油」의 종막장면

→ 魯文作・芳直画合巻『東海道中栗毛弥次馬』「赤坂」

(5) 魯文作・芳直画合巻『東海道中栗毛弥次馬』「御油」

→ 魯文作・芳幾画시리즈그림『東海道中栗毛弥次馬』「赤坂」

이와 같이 그림주사위판은 선행하는 그림주사위판, 특히『五十三駅滑稽膝栗毛道中図会』(国升画)와『浮世道中膝栗毛滑稽双六』(広重画)를 그대로 답습하려고 하는 경향이 있음을 간취할 수 있다. 広重는 이 그림주사위판의「여우라고 생각해서 힐책하다」라는 도상을 자신의 시리즈그림에도 모사하고 있다. 한편 合巻은 선행작 合巻을 모방하거나 다색판화(錦絵)도 선행작 合巻을 모방하거나 하고 있었던 것이다.

Ⅳ.〈히자쿠리게물〉画題의 창작방법

〈히자쿠리게물〉을 장르별로 분류하면,

①滑稽本 계보로서의 原話삽화, 개판본삽화

②合巻 계보로서의『絵本膝栗毛』, 2종의『東海道中栗毛弥次馬』

③浮世絵 계보로서의 그림주사위판, 배우그림, 시리즈그림

라고 나눌 수 있다. 그러나「여우라고 생각해서 힐책하다」画題를 비롯하여 여타 다양한 画題를 비교해서 알 수 있는 상호 교섭관계로부

터, 滑稽本・合巻・그림주사위판・배우그림・시리즈그림이라고 하는 장르별로 특징지을 수 있는 특별한 영향관계는 없었다. 画題는 장르를 넘어 서로 영향을 주고받고 있기 때문이다. 따라서 판본삽화와 우키요에를 월경(越境)하는 15개의 대표적 画題를 예로 다음과 같이 〈히자쿠리게물〉의 画題 창작방법을 정리・분석할 수 있었다.[12)]

1. 『膝栗毛』原話에 삽화가 있는 경우

(1) 개변(原話삽화의 시점을 변경)한 후 유형화되다 : 「비구니와의 희롱」, 「말똥 소동」외.

一. 시리즈그림 『東海道膝栗毛画帖』이나, 그림주사위판 『しんはん東海道鬱散双六』(시점변경 없는 경우도 섞인다)이나, 시리즈그림 『道中膝栗毛』・『膝栗毛道中雀』로부터 궁리연구의 출발 : 四編上・비구니와의 희롱. 五編上・돌지장 침소에 숨어들어가기. 初編・고에몬 욕조를 밟아부수다. 三編下・맹인을 잘못 속여 강에 빠지다. 五編下・말에서 거꾸로 떨어지다. 三編下・빨래에 놀라 자빠지다.

二. 그림주사위판 『五十三駅滑稽膝栗毛道中図会』로부터 궁리연구의 시작 : 四編下・협객과 싸우는 말똥 소동.

(2) 답습(原話삽화의 시점 그대로 : 삽화 자체가 절정에 가까운 경우)・유형화되다 : 二編上 「노래하는 거지 낭인」, 三編上 「오이강(大井川)관리사무소에서 무사를 가장했다가 들통나다」

2. 『膝栗毛』原話에 삽화가 없는 경우

창안한 도상이 유형화되다 : 「거름통의 비녀」, 「미끄러져 엉덩방아 찧다」외.

一. 시리즈그림 『東海道膝栗毛画帖』이나, 그림주사위판 『しんは

ん東海道鬱散双六』이나, 시리즈그림『道中膝栗毛』·『膝栗毛道中雀』가 창안한 도상이 계승·유형화되다 : 三編上·가마 바닥이 뚫려서 낙하. 八編下·거름통의 비녀. 五編下·모닥불에 기겁하다.

二. 시리즈그림『東海道膝栗毛画帖』이나, 그림주사위판『五十三駅滑稽膝栗毛道中図会』가 창안한 도상이 계승·유형화되다 : 二編下·참마즙 가게의 부부싸움. 四編上·여우라고 생각해서 힐책하다. 二編下·미끄러져 엉덩방아 찧다.

이와 같이 〈히자쿠리게물〉 画題의 창작법을 분석해 봄으로써 한층 명확해 진 것은, 먼저『膝栗毛』原話삽화는, 서막이나 종막을 포착하는 경우가 많으나 合巻이나 배우그림처럼 같은 사건이 스토리 전개상 계속해서 그려지는 경우에는, 그 중 한 장에 답습되는 경우도 있었다. 그러나 한 장짜리 우키요에에 있어서는 대체적으로 原話삽화의 시점이 변경되어 버리는 이유는, 서막이나 종막을 포착하는 原話삽화보다도 『しんはん東海道鬱散双六』이나, 広重画시리즈그림처럼 절정을 포착한 그림이 선호되었기 때문일 것이다.

두 번째로 〈히자쿠리게물〉 画題의 시발점이 되기도 하는『東海道膝栗毛画帖』은 原話삽화의 시점 그대로인 경우가 많다. 따라서 原話삽화와 유사한 경우가 많은 가운데 시점을 변경하거나, 原話에 없는 도상을 창안한 경우, 계승·유형화하는 画題의 선구가 되기도 한다. 그러나『道中膝栗毛』·『膝栗毛道中雀』 이후 画題가 되는 장면이 아직 채택되지 않았거나 한다.

세 번째로『道中膝栗毛』·『膝栗毛道中雀』의 구상은 이후 제작되는 〈히자쿠리게물〉의 많은 작품 군에 계승됨을 졸고[13)]에서 서술한 적이 있다. 그러나『道中膝栗毛』·『膝栗毛道中雀』 도상은 과연 広重의 창안인지 개변인지, 그렇지 않으면 답습에 지나지 않는 것인지 前稿에서는 아직 규명할 수가 없었지만, 이상과 같이 画題의 창작법을 분석해 봄으로써 명확해졌다. 요컨대 広重가 창안한 도상이 있는가 하면 原話삽화나 『東海道膝栗毛画帖』 『しんはん東海道欝散双六』를 궁리연구해서 답습한 것도 있는 가운데[14], 유형화의 길을 걸어 이후 제작되는 〈히자쿠리게물〉 대부분의 작품 군에 계승된다고 하는 것이다. 〈히자쿠리게물〉 시리즈그림・그림주사위판은 물론, 『膝栗毛』의 合巻本, 『膝栗毛』 개판본인 滑稽本에 이르기까지, 장르불문하고 답습되는 것이다. 그러나 본고에서 논해 온 「여우라고 생각해서 힐책하다」의 그림이 『道中膝栗毛』・『膝栗毛道中雀』 画題로서는 채택 받지 못했다.

이상 지금까지 그다지 주목을 받지 못했던 〈히자쿠리게물〉의 도상계승사, 라고 하는 관점에서 滑稽本뿐만 아니라 다양한 도상을 구사한 제 장르에 있어서 『東海道中膝栗毛』가 폭넓게 향수되고 있었음을 검토 분석할 수 있었다. 〈히자쿠리게물〉 가부키는 크게 히트하고, 〈히자쿠리게물〉 우키요에의 유행을 낳고, 가령 玩具인 그림주사위판에도 각양각색 형태로 『膝栗毛』를 도입한 것이 많다는 그러한 사실들로부터 예능문화의 일단도 엿볼 수 있었다. 이른바 소설 세계와 예능분야는 어떻게 관계를 맺어 왔는가, 어떻게 이어받아, 어떻게 변화시켰는지를 보여주는 좋은 예가 되었던 滑稽本 『膝栗毛』를, 판본삽화에서 우키요에에 이르기까지 画題 면에서 논한 바이다.

주

1) 版本挿絵から浮世絵まで越境する〈膝栗毛もの〉の画題について－「狐と思い責める」図様を端緒に」『浮世繪芸術』165, 國際浮世繪學會, 2013년1월
附記: 本稿は二〇〇九年七月十九日に行われた日本文学協会第二九回研究発表

大会(於静岡大学)で口頭発表した内容の一部などを基に, 大幅な加筆と修正を施したものである. 発表時から隔たっているものの, 論の趣旨は基本的には変わっていない. その間, 多くの方からご教示頂くとともに, 日比野秀男氏より個人蔵『東海道膝栗毛絵巻』の全画像を送って頂き, 新藤茂氏より『膝栗毛画帖』の振影を許されました. 図版掲載を許された諸機関及び皆様に深謝申し上げます.

2) 以降, 中村幸彦校注 『東海道中膝栗毛』(新編日本古典文学全集,小学館,一九九五年)の略称として,『膝栗毛』を用いる.『膝栗毛』の原文引用は同書による. 初編から八編(文化六1809年刊)までに発端(文化十一1814年刊)を入れて『東海道中膝栗毛』とし, 以下本稿では『膝栗毛』と略称する.

3) 一般的な呼称としては弥次・喜多を用いるが, 本論では弥二・北など,依拠する作品によって呼称を区別して表記する.

4) 拙稿「〈膝栗毛もの〉作品群の書誌一その図様継承史の一環として一」(『国語国文』923号, 京都大学文学部国語国文学研究室, 2011年7月) / 「〈膝栗毛もの〉の絵双六『しんはん東海道鬱散双六』・『五十三駅滑稽膝栗毛道中図会』の位置付け」(『浮世絵芸術』159号, 国際浮世絵学会, 2010年2月)

5) 拙稿 「浮世絵に見る 『東海道中膝栗毛』滑稽の旅」(『浮世絵芸術』151号, 国際浮世絵学会, 2006年2月) / 「〈膝栗毛もの〉絵双六の表象と表現」(『国際日本文学研究集会会議録』第三十回, 国文学研究資料館,2007年3月) / 「〈膝栗毛もの〉画題の伝承一「洗濯物に腰抜かす」「五右衛門風呂を踏み抜く」を軸に一」(『日本研究』46, 韓国外国語大学校日本研究所, 2010年12月) / 「合巻『東海道中栗毛弥次馬』における原話離れと作意について」(『日本学研究』33集, (韓国)壇国大学校日本研究所, 2011年5月)

6) 文楽(大阪国立文楽劇場, 2005年7月)・歌舞伎(東京歌舞伎座, 2005年9月・名古屋御園座, 2009年5月)・漫画(しりあがり寿 『弥次喜多in Deep』 1998～2003年)・小説(しりあがり寿 『真夜中の弥次さん喜多さん』 2000年)・映画(『真夜中の弥次さん喜多さん』2005年,『やじきた道中てれすこ』2007年)

7) 前掲 「〈膝栗毛もの〉の絵双六 『しんはん東海道鬱散双六』・『五十三駅滑稽膝栗毛道中図会』の位置付け」

8) 前掲 「〈膝栗毛もの〉の絵双六 『しんはん東海道鬱散双六』・『五十三駅滑稽膝栗毛道中図会』の位置付け」

9) 日本大学と早稲田大学に所蔵される〈膝栗毛もの〉の番付類を繙くだけでも, 少なくとも「膝栗毛」を標榜する十三演目が文政期から大正期まで繰り返し上演されていたことがわかる. 立命館大学の上方番付まで合わせると, 更に早く文化十一年に大坂で上演されていることも解る. そして, 早大の「近代演劇上演記録データベース」では1910年代から1970年代までの〈膝栗毛もの〉演劇を五十四件も記録している.

10) 岡本文弥『新内浄瑠璃正本考』同成社, 1979

11) 前掲「〈膝栗毛もの〉作品群の書誌ーその図様継承史の一環としてー」. 猶, 同稿において「狐と思い責める」事件の早い変容例として, 初代富士松加賀太夫作〈膝栗毛もの〉の新内節のことを既に指摘した.

12) 〈膝栗毛もの〉の対象にした五十種の作品は, 全て『東海道中膝栗毛』ストーリー内容と直接的な関わりがある作品のみ取り上げた次第である.『膝栗毛』原話からの直接的な引用とは見なしがたい図様は想定外にした. 只弥次喜多らしきキャラクターを間接的に登場させた作品は更に多く存在するが,〈膝栗毛もの〉の範疇には入れなかったことを断っておく.

13) 前掲「浮世絵に見る『東海道中膝栗毛』滑稽の旅」

14) 『道中膝栗毛』・『膝栗毛道中雀』全九図を分析してみると,
創案：洗濯物に腰抜かす「濱丞泊」/焚き火に戦く「雲津の宿はつれ」/石地蔵に夜這いする「四日市泊り」の棚板担ぐ右側
原話삽화と類似：石地蔵に夜這いする「四日市泊り」の左側/武士を装ってばれる「大井川とひや」
原話挿絵の工夫：座頭を騙し損ねて川に転落する「瀬戸川」/馬から真っ逆様落ちる「参宮道白子」(『画帖』とも類似)
『画帖』と類似：籠の底抜け落下する「菊川の坂」
『鬱散』と類似：風呂を踏み抜く「小田原泊り」/大仏殿の穴くぐる「京都大仏殿」

<도보여행기물> 画題의 전승

－「빨래에 놀라 자빠지다」「고에몬 욕조를 밟아 부수다」를 축으로 －[1]

Ⅰ. 머리말

졸고「우키요에에 보는『東海道中膝栗毛』골계 여행」[2]에서 가장 유명한『膝栗毛』의 戱画시리즈로서 初代広重에 의한 天保중엽(1837年)頃의 간행이라고 추측되는『道中膝栗毛』·『膝栗毛道中雀』시리즈 그림에 대해 논한 적이 있다. 그 후『東海道中膝栗毛』는「画題」로서 부르기에 알맞은 生長을 이룩한 것을 뒷받침하는 새로운 자료를 많이 발견할 수 있었다.

또한 위 졸고에서는『膝栗毛道中雀』「浜松숙박」도판을 확인 못한 채 추론을 전개하지 않을 수 없었으나 최근 해당하는 도판[3]도 발견했으므로 前稿 내용을 재검토 하는 한편 새로운 사례를 제시하면서 이들의 상호 관련을 확정한 다음에 그 수용방법을 검증하고 판화(우키요에)와 판본작품에 있어서의『膝栗毛』수용은 종래 상정되어온 이상으로 광범위하면서도 다양함을 지적하고 싶다.

구체적으로는 「浜松숙박」이 입각하고 있는 「빨래에 놀라 자빠지다」는 이야기 및 「고에몬 욕조를 밟아부순다」는 이야기를 画題[4)]로 한 작품군을 축으로, 원작 삽화로부터의 변용 궤적을 이하 연대순과 표현 양식별로 추적해 감으로써 〈히자쿠리게물〉 画題의 전승을 고찰하는 것을 본고의 목적으로 한다. 그럼으로써 〈히자쿠리게물〉 画題 수용의 전체 구조를 전망하고 그 중에서 『道中膝栗毛』·『膝栗毛道中雀』시리즈그림이 차지하는 위치까지 확인할 수 있을 것이다.

Ⅱ. 「빨래에 놀라 자빠지다」는 도상의 전승에 대하여

1. 19세기 초엽

【図版1】 『膝栗毛』 第三編下

『膝栗毛』 제3편下(享和四 · 1804년간행) 「浜松」 숙소에 묵었을 때 빨래해서 넌 속옷(襦袢)을 유령이라고 착각하는 사건이 있다. 이것에 취재한 회화군을 「빨래에 놀라 자빠지다」 도상이라고 칭하고자 한다. 原話에는 야단법석 희극의 결과(즉 종막)로서 기절한 야지를 안아 일으켜 간호하는 기타하치와 여관 집주인이 삽화(【図版1】)에 그려진다.

그러나 시리즈그림 『膝栗毛道中雀』 「濱杰숙박(泊)」(【図版2】)은 이 原話 삽화와는 판이하여 작자 広重가 창안한 도안이라고 할 수 있다. 초가집 툇마루에서 놀라 자빠지는 「기타하치」, 디딤돌 아래 마당에서 엉덩방아찧고 있는 「야지로베(弥次郎兵衛)」. 사건의 절정을 포착하고 있는 것

【図版2】『膝栗毛道中雀』「濱枩泊」(『古地図・道中図で辿る東海道中膝栗毛の旅』より転載)

【図版3】『伊勢参宮膝栗毛東海道中』「濱枩・舞坂」

이다. 빨래인 흰색 홑옷(単衣:たんい, ひとえもの)은 마당에 걸려 있는데 홀치기 염색 모양의 수건은 툇마루 위 실내에 걸려 있다. 장지문이「기타하치」뒤로 반쯤 쓰러져있다. 교카「유령인 줄 알았는데 뜻밖에 세탁한 속옷에 먹인 풀이 무서웠구나」는 原話 그대로이다.

天保후기 간행이라고 생각되는 広重画시리즈그림『伊勢参宮**膝栗毛東海道中**』「濱枩・舞坂」(【図版3】)[5]는 나중에 상술하는 그림주사위판『五十三駅滑稽膝栗毛道中図会』・『浮

世道中膝栗毛滑稽双六』・『伊勢参宮膝くりげ道中寿語録』에도 계승되는 도상이 되고 있다. 그 밖에는 버드나무에 걸린 하얀 속옷과 세숫대야(手水鉢)가 그려지고, 방으로 도망쳐 들어가는 「기타하치」는 머리를 감싸 안고 「야지로베(弥二郎兵衛)」는 방바닥에 손을 붙이고 있다. 방의 장지문이 반쯤 쓰러지고 있다. 여기에도 原話의 교카가 画讃으로 붙는다.

2. 19세기 중엽 이후

마찬가지로 広重가 그리는 『**東海道五十三対**』「二川」(弘化二年・一八四五頃간행, 【図版4】)는 상기 졸고에서 自作인 『膝栗毛道中雀』와 비슷하지 않을까 하고 가정했었는데 가정대로였다. 빨래인 흰색 홑옷과 복대의 홀치기염색 모양을 유령얼굴처럼 広重는 일부러 그려 넣은 다음에 그것을 보고 놀라 자빠지는 「야지(弥二)」「기타하치」를 등장시킨다. 『膝栗毛道中雀』의 거리감을 없앴기 때문이겠지만 속옷과 둘이 좁은 공간에서 밀착되어 그려져 있고 『膝栗毛道中雀』와는 자못 분위기가 다르다. 상부에 그려진 처자는 『東海道中膝栗毛』4편, 二川 부분을 지금 읽고 있는 중, 이라고 하는 설정으로 「히자쿠리게는 몇 번 봐도 재미있어. 지금 읽고 있는 곳은 후타가와인데 아까 넌 빨래를 보고 유령인 줄 알고 무서워하는 부분이

【図版4】『東海道五十三対』「二川」豊橋市二川宿本陣資料館소장

재미있었어. 뭐 그 곳을 읽어서 들려달라고? 그럼 뭐 아래 그림을 봐요. 그대로야.」[6] 이와 같이 상단에서 독후감을 서술하고 하단에 「膝栗毛三編下에 말하기를」 이하, 원문을 축약해서 써넣고 그림으로 묘사한다고 하는 공들인 취향을 피로하고 있다.[7]

한편 **合巻『絵本膝栗毛』**四編下「浜松숙박(泊り)」(弘化四・一八四七年간행)에는 「빨래에 놀라 자빠지다」라는 일련의 화제에 관련된 네 장면이 열거된다. 이 중에서 세 번째 장면의 渓斎英泉이 그린 삽화는 앞서 거론한『東海道五十三対』「二川」를 계승하고 있는 것을 알 수 있다. 本 合巻 삽화에는 하얀 속옷이 유령 얼굴로는 묘사되지 않지만 비바람에 나부끼는 빨래에 놀라 자빠지는 야지 기타하치가 그려진다. 이어지는 다음 페이지(見開き図)는 原話의 삽화【図版1】처럼 종막을 묘출하고 있어서 야지를 간호하는 기타하치와 집주인을 그대로 모방한 듯한 구도가 취해진다.

【図版5】『五十三駅滑稽膝栗毛道中図会』「はま松」豊橋市二川宿本陣資料館소장

그림주사위판『五十三駅滑稽膝栗毛道中図会』「はま松」(【図版5】)도『東海道五十三対』「二川」를 계승하고 있는 듯하지만 대사를 보면 「(야지 기타)√아아 용서해 주시게.(야지 기타)√우리는 아무런 원한을 살 까닭이 없네(わっちへハなにもうらみをうけるはつハねへ). 나무아미타불 나무아미타불 나무아미타불. 비나이다 비나이다(よなをし／＼)」라고 있어서 原話 본문에 이에 상응하는 문장은 없으므로 이 그림주사위판 대사는 완전한 창작이라고 할 수 있다. 이 뒤를 그림주사위판『伊勢参宮膝くりげ道中寿語録』「濱松」라든지, 芳艶画 그림주사위판「はま松」, 芳幾画「はま松」가 잇는 가운데 특히 芳艶画그림주사

위판「はま松」는『五十三駅滑稽膝栗毛道中図会』가 가로로 긴 것을 세로로 긴 형태로 고쳐 그렸을 뿐인 것처럼 보일 정도로 모사에 가깝다.

관견 범위에서『東海道五十三対』「二川」와 가장 흡사한 작품은 三代豊国가 가부키『旅雀我好話』에 기인해서 그린 大判錦絵의 두 장짜리 배우그림(**役者絵**)「浮世道中　膝栗毛の内　二川宿旅店」의 좌측이다. 화장을 그려 넣은 듯한 속옷과 복대에 놀라 자빠지는 야지로베와 기타하치가 이 두 장짜리 중에 주로 좌측에 그려져 있고, 그것을 보고 난처한 표정의 여관집주인(嵐音吉)과 하녀 오나베가 우측에 등장한다. 야지 기타의 쓰러진 모양새와 위치관계, 얼굴 형태를 그려 넣은 홑옷과 복대, 수목과 화초까지 선행하는『東海道五十三対』「二川」와 동일하므로 상호 교섭관계를 추측할 수 있다. 참고로 前稿에서는 두 장짜리인 줄 몰랐기에 三代豊国画의 배우그림「기타하치」(安政元年(一八五四)七月 간행)로 좌측만을 소개 게재했었다.

【図版6】『東海道中膝栗毛の世界展』より転載

마찬가지로『旅雀我好話』와 연관되어 그려진 것으로 보이는 **国郷画**의 배우그림「五十三次　御油」(【図版6】)도『東海道五十三対』「二川」계통에 속한다. 홀치기염색무늬가 얼굴모양인 복대가 나부끼고 놀라 자빠지는 弥二(엉덩방아찧기 직전)와 喜太八(엉덩방아를 찧고 있다)이다. 등롱(石灯籠)과 손잡이 달린 촛대(手燭)가 보이고, 原話의 교카가 난간법수와 같은 모양에 씌어있다. 파란색 색채가 강조되고 있는 것이

【図版7】『栗毛弥次馬』「濱松」(国文研)

본 배우그림의 특색이다.

그리고 **滑稽本風合巻** 『東海道中栗毛弥次馬』「濱松」(【図版7】)도 **合巻風錦絵** 『東海道中栗毛弥次馬』「濱松」(【図版8】)도 『東海道五十三対』「二川」에 이어지는 작품이다. 무대배경이나 구도는 삼자 모두 유사하지만 둘이 쓰러지는 방법은 삼자 모두 상이하다. 후자(合巻風錦絵)에서 나부끼는 흰색 홑옷은 홀치기염색무늬가 얼굴모양으로도 볼 수 있게 덧붙여 그려져 있고, 복대가 아니라 수건이 나부끼고 있다. 滑稽本風合巻과 合巻風錦絵와는 더욱 흡사한데 무대배경이나 소도구, 예를 들면 엎어진 두 개의 화분, 세면대(手水鉢)의 위치, 변소 바깥벽의 묘사, 부서진 덧문과 버드나무의 묘사법, 복대가 아니라 링에 걸린 수건이 나부끼는 점, 야지의 쓰러지는 동작 등이 상호 흡사한 것이다. 단 기타하치는 滑稽本風合巻에서는 덧문 위에 놀라 자빠진 모양으로 앉

【図版8】『栗毛弥次馬』「濱松」(横歴)

아 있는데 合巻風錦絵에서는 덧문에 깔려 있는 것이 독특하다.

이와 같이 『東海道五十三対』「二川」는 広重 스스로 앞서 간행한 『膝栗毛道中雀』「濱豕泊」와도 흡사한 부분이 있는데 이후 등장하는 많은 〈히자쿠리게물〉에 반복적으로 이용되어 하나의 정형으로 패턴화해 간 것은 『膝栗毛道中雀』「濱豕泊」가 아니라 이처럼 『東海道五十三対』「二川」의 「型」이라고 할 수 있다.

合巻 『東海道中栗毛弥次馬』「濱松」(【図版9】)는 무대배경이나 분위기가 合巻 『絵本膝栗毛』와 약간 비슷하면서도 독특한 분위기를 자아낸다. 유령 얼굴로 묘사된 홀치기염색 속옷이 휘날리고 있는 가운데 놀라 자빠지는 야지 기타이다. 양쪽 合巻 다 복대는 안 그려진다.

滑稽本 『東海道中膝栗毛』의 개판본 『東海道中滑稽五十三駅』 三編中의 삽화는 合巻 『絵本膝栗毛』의 흐름을 따른다. 전체적구도 및 비

【図版9】『栗毛弥次馬』「濱松」(国会)

바람에 휘날리는 하얀 속옷과 당황하는 기타하치가 서로 닮으며, 거꾸로 쓰러져 하반신만 보이는 야지라고 하는 각색을 새롭게 해서 한 페이지(半장)에 그리고 있는 것이다.

国重画『ひざくりげ』는 막부말기부터 明治初期 작품이라고 생각되는 완구용 그림인데 어린이가 갖고 노는 용도로 제작된 장난감의 일종인 만큼 하얀 속옷에 기겁하는 야지 기타와 촛대(手燭)를 비추는 집주인 이라고 하는 단순한 구도가 「빨래에 놀라 자빠지다」라는 本画題의 정형을 나타내고 있다.

Ⅲ. 「고에몬 욕조를 밟아부수다」라는 도상의 전승에 대하여

전게 졸고에서 「고에몬 욕조를 밟아부수다」 관련 도상으로서 원작 初編 삽화를 비롯한 『道中膝栗毛』「小田原숙박」, 合巻『絵本膝栗毛』初編下의 삽화, 개판본『東海道中滑稽五十三駅』二編下의 삽화를 대략적으로 지적한 바이다.

여기에서는「고에몬 욕조를 밟아부수다」라는 画題에 대하여 많은 새로운 자료를 범주에 넣으면서 표현양식(장르)별로 재고찰하고자 한다.

원작의 初編「小田原」숙소에서 게타를 신고 고에몬욕조에 들어간 기타하치가 욕조바닥을 밟아 부순다고 하는 이야기가 있는데, 삽화에서는 기분 좋게 입욕중인 기타하치(즉 사건의 서막)가 그려져 있었다.

1. 滑稽本

滑稽本 계보에 입각한 작품으로서『東海道膝栗毛画帖』과『東海道中滑稽五十三駅』을 들고자 한다. 전자는 소설이 아닌 시리즈그림이지만 잇쿠自画賛이며, 게다가 원작 滑稽本『東海道中膝栗毛』간행중인 文化元年 이전에 작성되었을 가능성이 높기(中山尚夫설)때문에 원작자의 의향이 그대로 반영된 시리즈그림으로서 여기에서 비교해보고자 한다.

『東海道膝栗毛画帖』「小田原」(【図版10】)는 原話삽화를 궁리 연구하고 있으며, 게타를 신고 입욕하려는 남자와 그것을 보고 웃고 있는 여종업원이 묘사된다. 原話처럼 사건의 발단을 포착하고 있는 것이다.

개판본『東海道中滑稽五十三駅』初編下「小田原」의 본 장면에 있어서의 삽화는 초판본『膝栗毛』삽화와 흡사하며 사건 서막이 그려져 있음을 前稿에서 도판과 더불어 지적한 바이다.

【図版10】『東海道膝栗毛画帖』(『稀書複製会叢書』より転載)

【図版11】『しんはん東海道鬱散双六』「三嶋」(東京都立中央図書館)

2. 合巻

合巻 계보로서는『絵本膝栗毛』와 3종의『東海道中栗毛弥次馬』를 들 수 있다.『東海道中栗毛弥次馬』중에서 1종은 소설이 아닌 시리즈그림이지만, 다색목판화(錦絵)와 본문이 융합해 있으므로 이른바「合巻風錦絵」라고 하는 관점에서 여기에서 비교해보고자 한다.

合巻『絵本膝栗毛』初編下「小田原」는 広重画의 시리즈그림『道中膝栗毛』「小田原숙박(泊り)」과 유사하다. 本 合巻 初編의 화공, 一勇斎国芳는 선행하는 広重画의 시리즈그림보다도 더 맹렬하게 뭉게

뭉게 피어오르는 수증기를 화면 가득 그림으로써 난처해하는 야지와 집주인을 등장시킨다. 그러면 이와 같이 욕조 바닥이 빠져 당황하는 세 사람이라고 하는 관점은 広重画시리즈그림『道中膝栗毛』의 창안일까 하면 그렇지도 않다. 그림주사위판『しんはん東海道鬱散双六』「三嶋」(【図版11】)에서 바닥이 빠져 당황하는 두 사람이 생략화(省筆)이기는 하지만 이미 묘출되고 있었던 것이다. 한편 이 절정 앞에 놓인, 입욕방법을 몰라 서 고민한다고 하는 서막을 포착한 도상은 本 合巻『絵本膝栗毛』의 창안이다.

【図版12】『栗毛弥次馬』「小田原」(国文研)

滑稽本風合巻『東海道中栗毛弥次馬』「小田原」(魯文作・芳直画,【図版12】)에서는 바닥이 빠져 당황하는 네 명이 등장한다. 뜨거운 물이 흘러 넘쳐 욕조 속에서 당황하는 기타하치, 깜짝 놀라 당황하는 야지・집주인・여종업원이다. 기타하치의 묘사법은 전형적이나 셋이 놀라는 방식은 독특하며 특히 야지는 머리를 감싸 안고 놀라 자빠진 모습이 인상적인 표현을 하고 있다.

合巻風錦絵 『東海道中栗毛弥次馬』「小田原」(魯文作・芳幾画、【図版13】)는 선행하는 滑稽本風合巻과 유사, 또는 흡사하다고까지 할 수 있을 것 같다. 뜨거운 물이 흘러나와 난처해하는 기타하치・야지・여종업원・집주인 네 명을 방향을 반전 시켰을 뿐으로 넷이 놀라는 포즈 등 滑稽本風合巻과 흡사하기 때문이다.

【図版13】『栗毛弥次馬』「小田原」(横歴)

전술한「빨래에 놀라 자빠지다」라는 画題에 있어서도 이 양 작품이 흡사함을 지적했는데,「고에몬 욕조를 밟아부수다」라는 도상 외에도 魯文作・芳幾画의 合巻風錦絵가 魯文作・芳直画의 滑稽本風合巻과 동일한 모티브를 취급하는 경우, 의식했을 가능성이 높음을 엿볼 수 있는 画題로서 「돌지장 침소에 숨어들어가다」라는 도상도 들 수 있다. 복장이나 인물의 표정, 제스처까지 양자가 흡사한 것이다. 또한 「여우인 줄 알고 힐책하다」라는 도상도 상통한다.

한편 合巻 『東海道中栗毛弥次馬』 「小田原」(岳亭春信作・芳幾画)는 広重画의 시리즈그림 『道中膝栗毛』 「小田原숙박」의 흐름을 이어받아 뜨거운 물이 흘러 나와 곤혹스러워하는 기타하치・야지・여종업원 셋이 그려지는데, 독특한 분위기를 자아내고 있다.

3. 배우그림(役者絵)・시리즈그림(揃物)

배우그림, 시리즈그림 계보로서 다음 7종을 들고자 한다.

그림주사위판 『しんはん東海道鬱散双六』 「三嶋」(【図版11】)에서 바닥이 빠져 당황하는 두 사람을 그림으로써 절정을 포착한 시점은, 広重画 시리즈그림 『道中膝栗毛』 「小田原숙박」에 있어서 바닥이 빠져 당황하는 세 사람으로 계승된다. 특히 広重는 原話 初編의 삽화를 원전(粉本)으로 하여 툇마루나 욕조통, 낡아빠진 여관 모습, 세면대(手水鉢)의 위치, 한 방 먹였다고 회심의 미소를 짓는 야지까지 흉내 내어 그리면서도, 한편 실내에 있었던 原話삽화의 고에몬욕조를 툇마루 앞으로 옮겨 공간을 확장시키면서 절정의 순간을 포착하고 있는 점에 그의 궁리 연구가 있다. 이 広重画시리즈그림 「小田原숙박」 내지, 그림주사위판 『しんはん東海道鬱散双六』 「三嶋」 계통을 이어받는 것이 그림주사위판 『五十三駅滑稽膝栗毛道中図会』(国升画)・『浮世道中膝栗毛滑稽双六』(広重画) 「小田原」이다. 특히 그림주사위판 『しんはん東海道鬱散双六』 「三嶋」를 모사한 것처럼 흡사한 그림주사위판 『伊勢参宮膝くりげ道中寿語録』 「小田原」가 더욱 그 뒤를 잇는다.

『旅雀我好話』의 배우그림인 **豊国画 「기타하치」**에 게타를 신고 욕조에 들어가려고 하는 기타하치가 그려지고, 또한 国郷画『**五十三次**』「**大磯**」(【図版14】)에 바닥이 빠져 당황하는 셋이 그려진다. 고에몬 욕조를 밟아부수는 기타하치(喜太八)와 놀라는 야지로베(弥二郎兵衛)와 집주인인데, 한층 더 맹렬하게 뭉게뭉게 피어오르는 김과 흘러나오는 뜨거운 물을 화면 가득 그림으로써 당혹해하는 야지와 집주인을 부각시키고 있다. 이 배우그림에 의해 嘉永七(1854)年 흥행한 〈히자쿠리게물〉 가부키 『旅雀我好話』에 있어서도 「고에몬 욕조를 밟아부수다」라는 취향은 도입되었음을 짐작할 수 있다.

【図版14】『五十三次』「大磯」(たばこと塩)

Ⅳ. 맺음말

〈히자쿠리게물〉 画題의 전승, 즉 〈히자쿠리게물〉 画題 수용의 전체 구조 속에서 『道中膝栗毛』·『膝栗毛道中雀』시리즈그림이 차지하는 위상을 재차 확인함으로써 맺음말을 갈음하고 싶다. 결론적으로 먼저 말할 수 있는 것은 이 두 가지 시리즈그림에 선택된 회화 모티브는 이후 〈히자쿠리게물〉 **画題**가 형성되는 결정적인 역할을 하고 있으며 〈히자쿠리게물〉 画題 전승사상 결코 간과할 수 없는 중요 작품이라고 위치 지을 수 있다고 하는 것이다.

본론에서 고찰한 『道中膝栗毛』「小田原숙박」의 경우 広重는 무대 배경이나 인물의 표정 등은 原話 初編 삽화를 참조하면서도 무대공간을 확대시켜 절정의 순간을 포착하는 점에 그의 연구가 있었다. 그럼 이 절정의 순간 포착이라고 하는 착안은 広重가 선구인가 하면 그렇지는 않고, 그 전에 그림주사위판이 있었다. 그럼에도 불구하고 이후 등장하는 「고에몬 욕조를 밟아부수다」라는 画題가 수용하는 것은 대부분 広重의 『道中膝栗毛』「小田原숙박」이었다. 그 이유로서 생각할 수 있는 것은 滑稽本 『東海道中膝栗毛』는 삽화(게다가 흑백인쇄〈墨刷り〉)보다 본문에 주안점이 놓이는 장르였다는 점을 우선 들 수 있을 것이다. 즉 滑稽本의 삽화는 사건의 발단을 그림으로써 본문에 대한 흥취를 돋구어 궁금하게 만든다든지 또는 사건 결말을 그림으로써 안심하고 독자로 하여금 다음 사건으로 이끄는 징검다리와 같은 역할을 하므로, 그림소설(草双紙 특히 合巻)삽화와 같이 뇌리에 박히는 듯한 선명하고 강렬한 도상은 그리기 어려웠기 때문일 것이다.

한편 그림주사위판은 지금의 네 컷 만화와 거의 같은 사이즈의 작은 칸으로 구성된다. 게다가 원래 그림주사위판을 구입하는 목적은 당연하지만 게임을 겨루기 위함이었으므로 도상이 독자 눈에 들어오기 어려웠을 것이다. 그래서 전문 화공 広重가 그린 한 장짜리 다색 목판화(一枚摺の錦絵)에 비해 임팩트가 약했기 때문에 선행하는 도상 2종이 아니라 『道中膝栗毛』「小田原숙박」 계열이 「고에몬 욕조를 밟아부수다」라는 画題로서 전승되어 간 것이라고 추론할 수 있다.

따라서 『道中膝栗毛』·『膝栗毛道中雀』에 채택된 다른 회화 모티브의 경우에도 선행작의 유무에 상관없이 『道中膝栗毛』·『膝栗毛道中雀』가 궁리 연구하거나 창안한 도상이 대체적으로 전승되는 가운데, 『膝栗毛道中雀』「濱柰泊」는 예외적 케이스라고 할 수 있을 것 같다. 『膝栗毛道中雀』「濱柰泊」는 원작 滑稽本삽화와는 전혀 판이하므로 전적으로 広重가 창안한 도상이라고 할 수 있다. 그러나 이후 「빨래에 놀라 자빠지다」라는 画題를 형성하는 결정적인 역할을 하는 도안은 이 다음에 그려지는 『東海道五十三対』「二川」라고 할 수 있기 때문이다.

이렇게 된 이유로서는 『東海道五十三対』「二川」는 広重 스스로 앞서 간행한 『膝栗毛道中雀』「濱柰泊」와도 전체적 구도랑 분위기가 닮은 부분이 있는데다가, 『東海道五十三対』는 실력 발군의 저명한 전문 화공 3인, 즉 初代広重, 三代豊国(初代国貞), 国芳 합작으로 53장시리즈 라고 하는 대대적인 프로젝트 하에 완성되었으므로 독자나 다른 화공 눈에 띌 기회도 많았기 때문이 아닐까. 실제로 지금 각 미술관등에 소장되는 작품수를 보더라도 『膝栗毛道中雀』보다는 『東海道五十三対』쪽이 압도적으로 많은 점도 이 추측을 방증한다. 인기작품이 반복적으로 이용되면서 하나의 정형으로 패턴화하는 것은 회화뿐만 아니라 에도문예 전체에 이른다고 하는 사실은 잘 알려진 바와 같다. 「빨래에 놀라 자빠지다」라는 画題의 「型」도 인기시리즈였던 『東海道五十三対』 쪽이 유리했던 셈이다.

이상, 〈히자쿠리게물〉 画題에 있어서 가장 중요한 역할을 수행했다고 생각되는 시리즈그림『道中膝栗毛』·『膝栗毛道中雀』가 차지하는 위치를 확인해 왔다. 이 시리즈그림이 여타 작품이 창안한 도상(가령, 입욕방법을 고민하는 서막을 포착한 合巻『絵本膝栗毛』)을 의식했다든지, 그 밖에도 魯文作·芳幾画의 合巻風錦絵가 魯文作·芳直画의 滑稽本風合巻을 의식했을 가능성이 높음을 지적할 수 있었던 점도 본고의 의의 중 하나이다. 금번은 画題의 계보를 연대순과 표현양식별로 서술하지 않을 수 없었지만 본고의 성과이기도 했던 魯文作·芳幾画의 合巻風錦絵와 魯文作·芳直画의 滑稽本風合巻의 경우에는 특정 画題로 한정하지 않고 작품 전체를 문장까지 독해하면서 전후 발행되는 여타 작품과 함께 논함으로써 한층 더 객관성을 확보할 수 있다고 생각되므로 다음 논고의 과제로 삼고자한다.

参考文献

中村幸彦, 日野竜夫編(1989)『稀書複製会叢書』第七巻、臨川書店

中村幸彦校注(1995)『東海道中膝栗毛』〈新編日本古典文学全集〉小学館

谷真介著(2002)『21世紀に読む日本の古典、東海道中膝栗毛』ポプラ社

常葉美術館発行図録(2008)『東海道中膝栗毛の世界展』

拙稿(2006)「浮世絵に見る『東海道中膝栗毛』滑稽の旅」『浮世絵芸術』151号、国際浮世絵学会

安岡章太郎著(2006)『ビジュアル版日本の古典に親しむ、東海道中膝栗毛』世界文化社

人文社編集部他(2006)『古地図・道中図で辿る東海道中膝栗毛の旅』人文社

주

1) 「〈膝栗毛もの〉画題の継承 -「洗濯物に腰抜かす」「五右衛門風呂を踏み抜く」を軸に」『일본연구』46, 한국외대일본연구소, 2010년12월

2) 『浮世絵芸術』151号、p15~33、国際浮世絵学会、2006年1月

3) 浜松市美術館所蔵作が『21世紀に読む日本の古典、東海道中膝栗毛』『東海道中膝栗毛の世界展』(常葉美術館発行図録、2008年)に所載. 山口県立萩美術館・浦上記念館蔵所蔵作が『ビジュアル版日本の古典に親しむ、東海道中膝栗毛』に所載.『古地図・道中図で辿る東海道中膝栗毛の旅』にも所載.

4) 画題の名称は正式なものではなく、多くの〈膝栗毛もの〉 作品に共通して見られるモチーフに対して、便宜的に恣意で付して称するものである.

5) 『東海道中膝栗毛の世界展』(常葉美術館発行図録、2008年)に所載. 東海道広重美術館所蔵

6) 以下、活字になっていない原文の引用に際して、可読性を顧慮して適宜句読点を付し漢字を当てて翻字する. 判読不明の箇所は○を以て記す.

7) 拙稿「浮世絵に見る『東海道中膝栗毛』滑稽の旅」において、『東海道五十三対』・『絵本膝栗毛』・三代豊国画役者絵 「喜多八」(安政元年(一八五四)七月刊)、『東海道中滑稽五十三』に関する図版と簡単な解説を載せているが、新出資料とともに「洗濯物に腰抜かす」図様を全体的に見渡す必要があるので若干の重複は厭わかった次第である.

제 2 부

충신장물(忠臣藏物)의 웃음

合巻『충신장 때늦은 축제』의 후일담 창작법에 대하여[1)]

Ⅰ. 머리말

『忠臣蔵跡祭』(주신구라 아토노마쓰리)는 文化十一年간행, 十返舎一九作, 柳川重信画, 三巻三冊(上中下五장씩 全十五장), 鶴屋喜右衛門版 合巻으로, 『仮名手本忠臣蔵』의 패러디 작품이다. 東大霞亭文庫와 東北大狩野文庫소장이 확인되는 가운데 本稿에서는 東大霞亭文庫本을 저본으로 하는데, 번각에 임하여 쉼표와 한자를 일부 붙이고 판독불가 부분은 □로 표시한다. 『増補続青本年表』[2)] 「忠臣蔵의 異作」에는 黄表紙가 22작, 合巻이 15작 거론되고 있는 가운데 「忠臣後祭礼, 一九作, 文政十一年板」이 해당본일 가능성이 있으나, 현존 작품 중 外題든 序題든 「忠臣後祭礼」는 발견되지 않으며 간행연도도 다르므로 판단하기 어렵다.

이 작품에 대해서는 졸고(본 저술서 10번째에 게재논고)[3)]에 있어서 〈忠臣蔵물 草双紙〉 계보를 잇는 세계와 취향이라고 하는 시각에서 선행하는 다른 작자의 작품과, 잇쿠自作과의 관련을 고찰한 적이 있다. 그 중에서 후일담계 충신장물 黃表紙와의 異同 중에서 특히 멧돼지 요리가 되는 사다쿠로(定九郎)라고 하는 취향에서 짓펜샤 잇쿠自画作『早野勘平若気誤』의 도상과 문장(詞書)의 영향 등을 추찰했다. 이 「후일담」에 관련되는 졸고 내용을 이하 간단하게 소개하겠다.

잇쿠에게는 自画作 후일담계 충신장물 黃表紙로서, 사다쿠로의 지옥행이라고 하는 내세담을 묘출한 寛政八年 간행『早野勘平若気誤』와, 모로노의 지옥행이라고 하는 내세담을 묘출하는 寛政九年 간행『木秀師直開帳』가 있었다. 내용면에서 黃表紙 양 작품은 原話를 비틀어서 이야기를 전개하는 부분보다는 내세담이라고 하는 형식을 취하면서 原話 인명과 사건의 동기만을 빌어서 스토리를 자유롭게 진행시키는 창작담이 많았다. 한편 표현면을 보면 주로 권위를 비속화함으로써 웃음을 추구하는 장르가 黃表紙라고 하더라도 양 작품은 음담패설과 지저분한 화제(尾篭)를 등장시키는 기법을 다용함으로써 다른 黃表紙 이상으로 외설적 웃음이 충만하는 忠臣蔵물 黃表紙가 되었다. 원작에 구애받지 않고 자유롭게 충신장 인물들을 뛰어놀게 한 결과가 표현에 까지 미친 영향일 것이다. 그리고 본 合巻『忠臣蔵跡祭』에 있어서도 선행하는 黃表紙와 마찬가지로 음담・지저분한 화제가 주는 골계성이 발휘되고 있다.

그러나 黃表紙 쪽은 사다쿠로의 후일담, 모로노의 후일담이라고 하는 틀을 설정하고 있었지만, 本 合巻『忠臣蔵跡祭』는 특정인물의 후일담・내세담은 아니라는 점이 상이하다. 原話 각 국면의 뒷이야기 또는 각 국면이 종료된 후 행해졌을지도 모르는 장면을 상상하여 쓰는 것에 本 合巻의 취향이 있기 때문이다. 그리고 후일담을 구성하는 취향 중 하나로서 「멧돼지 요리가 되는 사다쿠로」(六장 앞면~八장 앞면)를 제재로 논한 바이다.

실은 이 졸고에서 서술한 「멧돼지 요리」 이외에도 本 合巻『忠臣蔵

跡祭』에는 실로 각양각색의 취향이 이용됨으로써 복잡한 후일담이 도출되고 있는 것이다. 작자의 궁리연구의 산물인 그 기발한 착상을 통하여 후일담 창작 방법을 규명하는 것을 본고의 연구목적으로 한다. 그리고 그 후일담의 창작법을 분석해보면 1. 인물을 비속화, 2. 황당무계한 픽션을 설정, 3. 현실적인 이치를 따지는 골계 피로, 라는 세 가지 방법으로 대별할 수 있다고 하는 작자의 창작수법도 알 수 있게 되는 것이다.

Ⅱ. 구성과 문체

2-1. 구성

먼저 본 작품의 구성상 특징부터 살펴보겠다.

여섯 장의 권두그림(口絵, 그 중 한 장이 【図2】)이 4장 앞면(四オ)까지 이어진다고 하는 독특한 체재로 되어 있으며, 4장 뒷면(四ウ)부터는 本作의 본문이라고 할 수 있다. 그리고 原話 전반부의 스토리는 이 권두그림 형식 속에서 취급되어지고 있는 것이다. 즉 다음과 같이 〈大序〉가 1장 뒷면에서, 〈三段目〉가 2장 앞면에서, 〈四段目〉와 〈五段目〉의 결합이 2장 뒷면에서 전개된다.

〈大序〉에 기인한 1장 뒷면 상단에는 新田義貞의 투구를 直義公에게 내미는 顔世御前이 그려진다. 하단에는 투구 검열 뒤에 남겨진 많은 투구를 모로노로부터 사들이는 골동품(古金)업자. 또 화면 구성으로 판단컨데 하단 도상은 상단의 비틀기(やつし)를 하고 있는 것 같다. 즉 모로노는 直義公에게, 골동품업자는 顔世御前에게 비유되어 있는 것은 아닐까하고 생각된다. 이 비틀기 기법에 의해 사건의 패러디·견강부회의 유머가 생겨난다.

2장 앞면은 〈三段目〉에 입각하며 상단은 모로노를 베려고 하는 判官을 뒤에서 안아 제지하는 혼조가 그려진다. 하단은 칼부림 소동을 들은 여러 집안의 시중인(共人, ともびと)이 「먹다만 요다카메밀국수(夜鷹蕎麦)값을 지불하지 않고 도망가려하자 긴 막대기(← 칼)를 휘두르는 메밀국수가게주인(← 判官)을 안아 제지하는 다른 시중인들(← 혼조)이라고 하는 식으로 비유되어 있다.

이와 같이 1장 뒷면, 2장 앞면에서는 작자가 自序에서 서술하듯이 「본문에 누락된」 挿話를 가정하여 또한 비속화해서 거론하면서 도상이나 사건을 原話에 빗대는 것으로 이중의 재미를 겨냥하는 것이다. 그리고 나서 本作의 다음 페이지는 전부 五段目・六段目・七段目・九段目・十一段目에 입각한다. 특히 4장 뒷면부터 본문이 시작되어 14장 앞면까지 이어지는 셈인데, 사건의 시작은 原話에 준하면서 그 사건 전후에 原話에는 없는 긴 창작담이 부가된다. 작자 잇쿠가 自序에서 언급한 「본문에 누락된 것……주워 모은」 결과이다. 이와 같이 原話 인명과 사건 동기만을 빌려서는 스토리를 자유롭게 운용하는 창작담이 本 合巻의 넓은 범위에 걸쳐 전개되는 점으로부터 「후일담계」 충신장물 黄表紙의 흐름을 잇는 작품이라고 하고 싶다.

2-2. 문체

本作『忠臣蔵跡祭』가 치밀한 지면이 되고 있는 이유는 섬세한 도상에 덧붙여 장황한 문장에 기인하는 바도 크다고 생각된다. 지문(본문)이 장황하여 문장과 도상이 일치하지 않는 페이지가 생길 정도이다. 대부분의 경우 본문이 두 페이지(한 장) 안에 수습되지 못하고 다음 페이지로까지 범람하여 삽화와 일치하지 않게 되는 것이다. 또한 삽화여백(書入)의 대사가 적고 그 대신 본문 안에서 간접화법 형태로 대사가 이용되어진다.

가령 〈六段目〉에 유래하는 5장 뒷면을 보자. 줄무늬 지갑을 앞에 두고 간페(勘平)를 추궁하는 장모, 울어대는 오카루, 멍석을 덮은 널빤지(戸板)를 날라 온 사냥꾼들이 그려지는데, 그 사냥꾼 3인은 山達付袴(야마닷쓰케바카마)・筒袖形(즈츠소데나리)・山岡두건에 山刀・총(鉄砲)을 가지고 있다. 해당 지문을 번각 번역해보자.

> ……일행 세 명 널빤지에 얹은 사체를 가지고 오자 할멈 보자마자 아이고 아이고 요이치베님의 사체이겠지요. 잘 갖고 와 주셨소. 씌운 거적을 벗기고 보니 요이치베가 아니라 늙은 멧돼지였다. 그 때 세 사람이 말하기를 이보게 간페 자네가 분명 쏴 맞춘 멧돼지인데 내팽개치고 가버렸지. 우리가 발견해서 가지고 왔으니까 **이것을 안주로 한잔 대접 받으려**그 엉뚱한 곳에 가지고 왔다.[4]

이 五장 뒷면에 삽화여백 대사는 없고 밑줄 그은 바와 같이 간접화법 형태로 지문 안에 흡수되고 있는 것이다.

그리고 줄무늬 지갑은 祇園町에서 돈을 받으면 넣으라고 오카루의 모친이 건네 준 물건이라고 하는 점 외에는 지문은 原話와 같은 흐름으로 쓰이지만 굵게 표시한 인용문처럼 마지막에 끝맺음 익살(오치)이 온다.

本多朱里씨[5]는 다네히코(種彦)合巻의 특징으로서 「본문 중에 대사가 많고 본문이 연극처럼 연결된 대사로 성립된 부분」이 많이 발견되는 점으로부터 보아, 「다른 작자의 合巻에 비하여 여백대사(書き入れ)가 적은 점」을 들고 있다. 그리고 이와 같은 현상이 일어나는 배경을 「원래 合巻은 연극적 요소를 농후하게 지니는 것이지만 種彦의 合巻은 특히 연극 각본에 가까운 문체・취향으로 쓰여지기」 때문이라고 논한다. 연극조의 合巻 『正本製』(쇼혼지타테), 즉 문자 그대로 正本(각

본)조의 紙上가부키를 써 보이는 種彦였던 만큼 타당한 견해라고 생각되는데, 실은 잇쿠作合巻 문체에 대해서 동일한 취지로 졸고「十返舎一九の艶二郎もの草双紙」6)에서 논한 바 있다.

그 졸고에 있어서 草双紙 세 작품의 문체를 비교한 결과를 여기에 정리하겠다. 黄表紙『江戸生艶気樺焼』(天明五年간행, 京伝作画, 全十五장)는 본문과 삽화여백(書入)대사가 명확히 나뉘어져있고, 대사는 대체적으로 삽화여백(書入)에서 사용된다. 그리고 낭비 없는 콤팩트한 문장이 写実的인 무대 도상 안에 잘 수렴된다. 黄表紙『艶次郎二代目通人寝言(쓰진노 네고토)』(享和二年간행, 一九作・喜多川菊麿画, 全十장)도 비슷하다. 그러나 合巻『色男大安売』(文政三年간행, 一九作・勝川春扇画, 全二十五장)에서는 본문과 삽화여백(書入)의 구별이 명확하지 않은 경우가 많다. 즉 본문 안에 대사가 간접화법 형태로 혼입되어 등장인물들이 발하는 회화 형태로 본문이 진행되고 여백대사(書入)는 생략해버리는 경우가 많은 것이다. 문장의 양적 증가에 따른 이와 같은 문체 특징은 작자의 특징이라고 하기 보다는 장르의 특징이 아닐까 라고 논한 바이다.

그리고 이 合巻『色男大安売』의 문체 특징이, 마찬가지로『忠臣蔵跡祭』에도 보이는 것이다. 연극과 무관한『色男大安売』에 있어서도 대사는 삽화여백(書入)이라고 하는 직접화법 대신에 본문에 간접화법 형태로 혼입되어 있으므로 本多씨가 말하는 '演劇種作品의 문체 특징' 내지는 '種彦라고 하는 작자의 문체적 특징', 이라고는 단언할 수 없지 않을까. 마찬가지로 잇쿠라고 하는 작자의 문체적 특징 또한 種彦의 예가 있으므로 단언할 수 없다. 그 밖의 작품에 대한 검토가 요구되는 바이나 페이지마다 그림이 들어가는 소설로서는, 글자 수가 압도적으로 증가해 버리는 合巻이 취하지 않을 수 없었던 - 삽화여백(書入)을 줄이는 대신에 대사라고 하는 삽화여백(書入)의 역할을 지문

안에 끌어들이는-하나의 문체라고 현시점에서는 생각하고 있다.

Ⅲ. 『忠臣蔵跡祭』의 후일담 창작법

享和二年의 잇쿠作 충신장물 黄表紙에 이르면 原作 문구를 비틀어 농담(洒落)・동음이의어(地口)・잡담(無駄)으로 견강부회하는 수법이 지금까지의 自作에 비하여 현저히 감소함을 졸고[7]에서 지적한 적이 있다. 이 수법은 드디어 黄表紙에는 적절하지 않게 되어 장르가 전환된 뒤 자신의 滑稽本에서 재생시킨다고 하였는데, 마찬가지로 合巻에서도 재생하게 되는 것이다. 환언하면 사건의 견강부회보다는 동음이의어(地口)나 외설스러움으로 골계미를 초래하는 대사로써 충신장을 비속한 것으로 바꾸려고 하는 방향으로 향하고 있던 享和二年간행 잇쿠作 충신장물黄表紙의 흐름이 本 合巻 『忠臣蔵跡祭』에도 계승되고 있는 것이다.

잇쿠는 충신장물黄表紙에서 번안의 재미, 즉 사건을 비트는 우스움과는 관련성이 적다고 할 수 있는 동음이의어(地口・掛詞)와 함께 연상어(縁語)를 나열하고, 시치미 떼는(惚けた) 웃음을 피로하는 경우가 있었다. 이 수법은 후에 등장하는 충신장물 滑稽本에 흐르는 성격의 것이며 本 合巻에도 후일담 창작법의 세 번째 특징으로 거론하는 「현실적 이치를 따지는 골계」에 잘 반영되게 된다.

本 合巻의 후일담 창작법을, 1. 인물의 俗化, 2. 황당무계한 픽션, 3. 현실적 이치를 따지는 골계담이라고 분석할 때, 이들은 원작 줄거리와 연출에 입각하면서 취향을 배합함으로써 스토리를 복잡하게 한다고 하는 창작방법과는 거리가 멀며, 番外의 에피소드를 부가하기 위하여 취해진 창작방법으로, 原話에는 없는 새로운 줄거리가 덧붙여지게 된다는 것을 이하 구체적으로 입증하고자 한다.

3-1. 인물의 비속화

무사를 서민의 일상생활 수준까지 끌어내려 신분에 맞지 않은 성격을 부여하거나 행동을 시킴으로써 웃음을 유발한다. 그들은 구두쇠 노릇을 하거나 과식하여 잠들어버리거나 살림때가 묻은 물건 구입을 부탁받거나 불결한 병에 걸린다. 原話에 준한 패러디라고 하기보다는 덧붙여진 番外의 에피소드에 가깝다고 할 수 있다.

(1) 3인 무사(三人侍)의 비속화 -구두쇠 3인무사

〈七段目〉의 祇園一力장면에 입각한 五장 뒷면에는 두 가지 도상이 놓인다. 그 하나는 一力찻집 앞, 구다유(하오리의상, 칼 두자루) 뒤로부터 伴内(납작코의 우스꽝스러운 얼굴)가 안내를 부탁하자 나온 찻집 주인(하오리하카마, 크고 두꺼운 입술의 우스꽝스러운 얼굴)이 맞이한다 고하는 도상이다. 삽화여백에는「유라님도 오셨습니다. 자 어서 들어오세요. 그런데 쩨쩨할 것 같은 영감님, 돈은 안되겠지만 (由良大尽様もお出でござります.さあ／＼お入り下さりませ.しかしあたじけなそうなお爺さま,銭にハなるまいけれど).」라고 하는 찻집 주인의 잡담이 적힌다.

두 번째는 一力찻집의 실내, 요리를 앞에 두고 찡그린 얼굴의 十太郎・弥五郎는 지갑에 손을 넣고 喜多八는 자신이 지불하겠다고 하는 것일까 웃는 얼굴, 외면하고 있는 平右衛門, 이라고 하는 도상이다.

지문에 의하면 유라노스케를 기다리면서「셋이서 한 사람당 남량 한 장분씩의 식사 지불할 때가 되어(三人にて一人前(ひとりまへ) 南一(なんいち)(筆者注：銀2朱にあたる南鐐一枚)づゝの奢り, 払ひのときになり)」셋다 자기가 내겠다고 입으로는 말하면서도 내기를 꺼려하여「주인님의 적을 치려고하는 의인들인 만큼 견실하니 꼼꼼하게 셋이 나누어서 계산한다.……이런 것도 본문에는(主人の敵を討たふといふ義士だけに,物堅く几帳面に三人へ割り付けて勘定をする.……こんな事も本文にハ)」없다,

고 하는 식으로 〈七段目〉 후일담으로서 비속화시켜 웃기는 상상을 해 보이는 것이다.

이 지문 내용이 근거하고 있는 原話의 원래 줄거리를 보면 유라노스케는 복수를 잊어버린 것처럼 祇園에서 방탕한 생활을 보낸다. 동지들이 설득하러 오는데, 유라노스케는 상대하지 않는다. 분개한 동지는 베려고 하지만 하급무사(足軽)로 오카루의 오빠인 寺岡平右衛門의 제지를 받는다. 유라노스케를 향하여 복수를 독촉하는 동지 이름은 十太郎・弥五郎・喜多八. 그들은 이른바 「三人무사」리고 통칭된다. 이 3인의 무사와 足軽에 의한 긴장감 넘치는 장면이, 체면을 제일로 치는 무사들이 서민 못지않게 술값에 인색한 모습으로 변용되는 것이다. 자기가 내겠다고 입으로는 말하면서도 내기를 꺼려한 결과 꼼꼼하니 더치페이를 하는 그들을 연회의 후일담으로 작가는 재미있는 상상을 해보인 것이다.

(2) 구다유와 리키야의 비속화 : 잠자는 구다유, 장 보는 리키야

전술한 〈七段目〉에 이어지는 같은 장면에 기인하는 **八장 뒷면・九장 앞면**(【図1】)에도 두 개의 도상이 놓인다. 긴 지문이 다음 페이지까지 범람, 연결되고 있다.

첫 번째 도상은 祇園町 一力요릿집 풍경이다. 다양한 변형으로 여타 충신장물草双紙・浮世絵[8])에도 자주 그려지는 구도인데 본 페이지에서는 실제 무대로부터 그다지 벗어나지 않은 구도를 보인다. 툇마루에서 한쪽 무릎을 세우고 앉아있고(무대연출에서는 「다치미(立ち身)」, 즉 서 있는 자세가 일반적), 매단 등롱(釣灯籠)에 비추어 편지를 읽고 있는 골계스런 얼굴의 유라노스케(하오리의 한쪽 어깨를 내린 착의법). 그 유라노스케가 삽화여백에서는 「그런데 가오요님의 필적은 훌륭하다 훌륭해 그러나 너무 잘 쓰셔서 전혀 읽을 수가 없군(さて／＼顔世様の

【図1】『忠臣蔵跡祭』ハウ・九オ

御手跡ハ見事／＼. しかしあんまり良すぎて根っから読めぬ. 悪く洒落た書きやうだ).」이라고 평범한 농담을 말한다.

툇마루 밑에서는 구다유가 편지를 엿보고 있는 것이 아니라 외출용나막신(露地下駄)을 베게삼아 자고 있다. 구다유는 一力찻집에서 맛있는 음식을 과식하여 마루 밑에서 졸린 나머지 외출용나막신(露地下駄, 실제무대에서 유라노스케가 신는 정원용나막신(庭下駄)을 말하는 듯)을 베게삼아 잠들어버렸다, 고하는 구다유를 비속화한 상황이 지문에 설명된다.

【図1】의 우측 위쪽에 오카루가 있고, 난간이 있는 2층에서 유라노스케를 내려다보고 있다. 본 페이지의 오카루와 권두그림 三장 앞면(【図2】)의 오카루는 2층이라고 하는 구도를 살려서 우키요에의 고마에(コマ絵: 작은 사각칸)처럼 보여주는 부분에 新味가 있다. 삽화여백에

서 그 오카루는「유라씨 저는 당신이 따라 준 술에 잔뜩 취해서 취기를 깨려고 바람을 쐬고 있었더니 배가 고프네요. 아무 거라도 맛있는 걸 먹고 싶어요 (由良さんか, わたしゃおまへに盛り潰されて, ゑい覚まし風に吹かれたら, お腹が減った. 何ぞ美味しいものが食べたいわいな).」라고 원작 문구에 입각하면서도 딴청을 부린다.

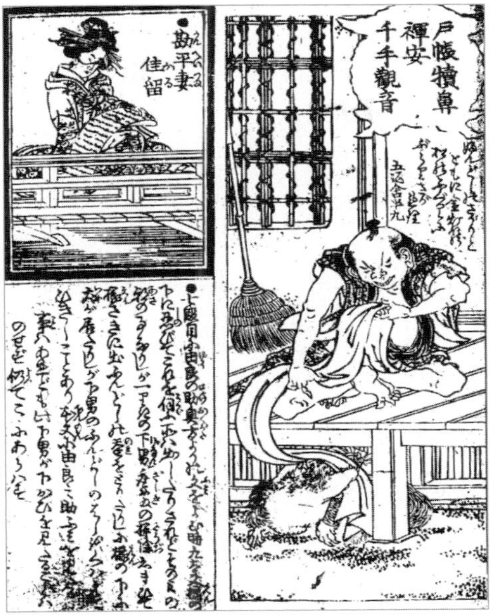

【図2】『忠臣蔵跡祭』三オ

한편 유라노스케에게 무사히 편지함을 전달한 리키야는 무거운 짐을 내려놓았다는 생각에 안도하여, 서두르는 나머지 먹을 수 없었던 밥을 잔뜩 먹고 몸이 무거워진다. 게다가 모친으로부터 부탁받았던「……여러 가지 물건 남김없이 사서 등에 짊어지고 어슬렁어슬렁 돌아간다. 이런 것도 본문에는 빠진 것 같다(……色々の買ひ物残らず買って背中に背負って, ぶらり/＼と帰りける. こんなことも本文(ほんもん)にハ漏れてみへたり)」라고 있다. 원작에서는「(편지함을 받아든 유라노스케는) 가거라 가거라. 한 숨 돌릴 틈도 없이 야마시나 향해서 돌아간다(行け/＼. はっとためらふひまもなく, 山科さして引っ返す).」라고 안도할 겨를도 없이 되돌아가는 리키야였으나 이것을 역전시킴으로써 골계미가 증가한다.

그 모친으로부터 부탁받은 장보기란「二百의 차를 반액[9]에, 머릿기름(鬢付け)이 32몬메(匁), (해석불가す□)가 十六文에, 흰색무명 일척

정도를 행주로 하겠다는 주문, 그리고 아와타구치(東海道의 京都 입구인 지명 粟田口를 가르키는 듯)에서 히케시항아리(火消し壺)[10]의 뚜껑 한 개, 와타온쟈쿠(기왓장 등에 소금을 뿌려서 구운 것을 보온용으로 몸에 두르는 것)가 있으면 겸사겸사 하나 사오시게」라고 하는 것이었으므로 지문에 거론하는 부엌살림살이용 장보기 품목이 충신장 원작 세계와는 어울리지 않음으로써 골계감이 생기는 것이다.

그리고 본 페이지에 놓인 두 번째 그림은 이 장보기와 관련된다. 즉 장보기 도중에 「휴게소(御やすみ所)」에서 「이 경단은 싼데. 기하치 경단보다 크네.」(삽화여백)라고 말하면서 꼬치 경단을 먹고 있는 리키야가 그려진다. 그의 등에는 봇짐이 지워져 늠름해야 할 용모가 골계스럽게 묘출된다. 무슨 연유에서인지 리키야를 보면서 웃는 통행인들. 마부인지 나그네인지 말을 거꾸로 타고 있는 모습도 그려진다. 원작의 편지를 배달한 후의 이야기를 상상하여 그 귀갓길에 딴 짓을 한다고 하는 식으로 리키야를 비속화한 후일담을 만들고 있는 것이다.

(3) 유라노스케의 비속화 : 치질에 걸린 유라노스케

〈十段目〉에 유래하는 下巻十一장 앞면도 지문이 길어 다음 페이지까지 이어지는 가운데 궤 안의 유라노스케에게 이불을 덮어주는 모습의 부하, 라고 하는 도상이 놓인다. 대나무 껍질로 싼 것을 가진 竹森(原話에서는 十一段目의 등장인물)도 등장한다.

유라노스케는 義平 집에 갔을 때 놓여졌던 궤 형태를 찬찬히 보고 돌아가서 그 형태를 본 딴 궤를 만들게 하여 그 속에 들어간다고 하는 상황이 지문에서 장황하게 설명된다. 이것은 十段目의 전일담(前日譚)으로 창작된 사건이라고 할 수 있을 것 같다.

「저기 바닥이 차갑지요. 이 방석을 까십시오. 」라고 배려하는 부하의 말에, 「이거 참 아주 잘 눈치챘구나. 알고 있듯이 나는 심한 치질

이 있어서 거 참 딱 좋구나(これハ／＼よくお気が付かれた. ご存じの通り, 我ら至っての痔持ちでござるから, それハてうどようござる).」라고 대답하는 유라노스케의 대사는 스스로 심한 치질환자라고 비속화함으로써 우스워진다. 또 다른 부하가「뭐야 다케모리 그 대나무껍질로 싼 건. 맛있는 거라면 좀 줘봐. 뭐 대장이 또 야식 ……전어 초밥을 사왔다고. 이거 참 재치 있는 친구구먼 (何だ竹森その竹の皮の内ハ. うめへものなら,ちっとくれろへ. なに親玉がまた夜食……こはだの寿司を買ってきたとか. これハとんだ気のきいた男だわへ).」이라고 말하는 것도, 오로지 원수를 갚는다는 목적 하나에 매달려 있었을 그들로 하여금 식탐가로 비속화하고 있다고 할 수 있다.

3-2. 황당무계한 픽션

(1) 구다유 사망후 이야기 : 용궁으로 흘러간 구다유

〈七段目〉의 종막에 입각한 **九장 뒷면**은 다음 페이지까지 지문이 이어지는 가운데 도상을 보면 강에 빠진 구다유 사체가 그려지고, 구름 형태로 칸이 나누어진 하단에는 용궁의 화재감시용 망루에 죽은 자가 걸렸다고 소란스러운 (물고기 모양을 머리에 인) 용궁의「어류[11]들」이 그려진다.

「……본문에는 구다유 가모강에서 물떡국을 먹여라 하고 유라노스케가 헤이에몬에게 지시하는 것 까지 이야기가 있고 이 화재 감시용 망루에 구다유가 걸린 일은 보이지 않는다. 따라서 여기에 적는 것이다.」라고 해설하는 지문 그대로, 살해당한 구다유를 강에 버리도록 명령하는 것으로 종막을 맞는 원작 〈七段目〉이지만, 실로 그 뒤를 황당무계하게 상상해 보이는 것으로 전형적인 후일담을 전개하는 장면이 되고 있는 것이다.

(2) 사다쿠로 사망 후 이야기 : 멧돼지가 들러붙은 사다쿠로

사후 용궁에 흘러간 구다유처럼 전형적인 황당무계한 후일담으로 대표적 장면이라고 하면 사후 멧돼지에게 혼을 빼앗기는 사다쿠로 이야기를 들 수 있다. 졸고「충신장물合巻『忠臣蔵跡祭』의 세계와 취향」에서 언급하므로 상론은 피하겠지만 本 合巻『忠臣蔵跡祭』는 특정인물의 후일담・내세담이 아니라 原話의 각 국면의 뒷이야기, 또는 각 국면이 끝난 후 행해졌을지도 모르는 장면을 상상하여 적는 것에 취향이 있기 때문에 후일담을 구성하는 취향 중 하나로「멧돼지 요리가 되는 사다쿠로」(六장 앞면~八장 앞면)를 들어서 논한 바이다.

本 合巻 六장 앞면 그림에는 사다쿠로의 혼이 멧돼지에게 들러붙어 둔갑한 그로테스크한 모습으로 그려진다. 이른바 후일담으로서 황당무계한 상상에 의한 도상이 묘출되고 있는 것이다. 이 六장 앞면 도상부터 갑자기 괴담 분위기를 띄기 시작하더니, 전술한 九장 뒷면, 구다유의 사체에 이르기까지 괴기스러운 그림이 놓여지는 것이다. 原話처럼 간페 총에 맞아 죽은 사다쿠로의 혼이 멧돼지 사체에 옮아갔다고 하는 설정 하에 멧돼지고기 가게를 운영하던 간페는 그 멧돼지(실은 사다쿠로)를 죽여서 요리한다고 하는 것이 本 合巻이다. 이와 같은 황당무계한 픽션이 原話의 후일담을 성립시키고 있는 것이다.

3-3. 현실적 이치를 따지는 골계

원작을 번안하거나 비트는 우스움과는 관련성이 희박한 동음이이어(地口・掛詞), 연상어(縁語)를 나열함으로써 딴청부리는 데서 오는 웃음을 제공하는 수법은 本 合巻에 있어서 후일담을 이루는 창작법의 세 번째 특징으로서「현실적 이치를 따지는 골계」를 낳는 토대가 된다.

(1) 由良 댁에 남겨진 자들의 논리

〈九段目〉에 준하는 十장 뒷면의 도상에는 허무승(虚無僧) 차림으로 여행을 떠나는 유라노스케(골계스런 얼굴), 우는 오이시, 장지문을 열어제친 정원안채에는 오륜탑 형태를 한 석탑 두 개가 그려진다.

뒤에 남겨지는 것은 아직 젊은 리키야 외에는 여자들뿐인데 상관않고, 죽어가는 혼조의 복장을 빌려서 떠나는 유라노스케는「과연 용기 있는(大勇 : 참된 용기・大優 : 마음이 넓어 주변에 흔들리지 않음) 남자」라고 지문에서 비꼰다. 그리하여 유라노스케가 나간 뒤,「장례와 혼례가 한꺼번에 닥쳐서……패기 없는 여자들뿐. 게다가 이 집은 단독 주택이라 이 소동에 나와 볼 이웃도 없다. 절에 가거나, 관(早桶: 죽은 자가 있을 때 급히 졸속으로 만드는 관)을 사러가는 것도 리키야 혼자. 그 밖엔 모두 여자라서 허둥지둥 할 뿐」이라고 滑稽本과 같은 현실적인 상황논리로 실로 九段目의 후일담으로서 상상 가능한 에피소드가 전개된다.

삽화여백 문장에는「이건 뭐냐 했더니, 눈으로 만든 오륜탑 형태에 누군가가 쓴 농담이네.」하고 정원안채에 우스꽝스러운 얼굴의 허수아비와 같은 것 두 개가 서 있는 것의 정체를 밝힌다. 비탄 장면에 걸맞지 않은 낙서를 석탑에 쓰고 있는 것이다. 원수를 갚고 죽겠다고 하는 유라노스케의 각오를 나타내는 중요한 소도구「석탑」이 이와 같이 골계스런 소도구로 바뀌고 있다.

(2) 습격당한 자들의 논리

〈十一段目〉에 입각한 十二장 뒷면・十三장 앞면은 다음 페이지까지 이어지는 지문을 읽지 않고 도상만 보면 유라노스케 앞에 엎드리고 있는 모로노라고 하는, 일견 야습의 한 장면처럼 보이지만, 실은 야습 종료 후 여기저기 부서지고 흩어진 모로노 저택에 도망갔다가 돌아온 모로노의 부하들, 이라고 하는 설정이다. 나뒹구는 머리에, 허리춤에 차는 초롱(腰提灯), 머리맡 병풍(枕屛風)이 소도구로 같이 그려진다.

습격당해 도망쳤던 부하들이 야습이 종결된 저택에 돌아와 「아이고 아이고 큰일이었지. 그나저나 서로 다치지 않은 것이 다행이네 하고 저택 안을」 「야채가게 주인(前栽問屋)이 수박 수확 철 보듯이(西瓜時を見るやう)」 가족을 찾아다니는 모습이 지문에 우스꽝스럽게 묘사된다.

적에게 대항하지 않았던 부하의 항변논리 「나는 변소에 숨어 있었는데 찾으러 왔길래, 똥이나 쳐 먹어라 하고 말했더니 꽁무니를 내빼버렸지」는 마치 자신은 도망친 것이 아니라 변소에 숨어 있었을 뿐으로 「똥이나 쳐 먹어라」라는 한마디로 적과 대척하여 승리했다 라고도 말하고 싶은 듯한 어투다. 그 지저분한 표현과 스스로 곡해하는 논리가, 작자잇쿠의 장기 중 하나인 딴청부리는 웃음을 도출하고 있다고 할 수 있다. 이와 같이 삽화여백이나 지문에 충만하는 짐짓 시치미 뗀 웃음에 의해 실로 야습 후의 후일담을 만들고 있는 것이다.

(3) 3인의 사냥꾼 등장의 논리

四장 뒷면・五장 앞면은 〈五段目〉에 기인하는데, 간페를 제외하고 사다쿠로를 비롯하여 등장하는 인물들은 전원 우스꽝스러운 용모로 그려진다. 멧돼지에게 쫓기는 3인의 사냥꾼과, 소나무를 타고 올라간 사다쿠로, 사격 자세의 간페라고 하는 구도의 그림에 상응하는 지문은 다소의 변용은 있지만, 큰 줄거리는 원문과 거의 일치한다. 간페가 오카루를 祇園町에 파는 상담역으로서 장인을 파견한다. 「탄환 두 개」로 처음 쏜 탄환은 멧돼지에 맞아 부상당한 멧돼지를 피하려고 소나무에 급히 기어오른 사다쿠로는 두 번째 탄환에 맞아 굴러 떨어진다고 하는 내용 변용이 이루어진다.

멧돼지의 습격을 받아 당황하는 한심한 사냥꾼 모습에 대한 논리로서 「……셋은 이야기하면서 가는데 뜻밖에 부상당한 멧돼지를 만나 깜짝 놀라 당황한다. √사냥꾼이 멧돼지를 만나 도망치다니 체면이 안서는 역할인데 불시의 습격을 당해서는 어쩔 수 없지 어쩔 수 없어」라고 대변한다. 〈六段目〉에 등장하는 3인의 사냥꾼, 즉 맷포 야하치(めっぽう弥八)・다네가시마노 로쿠(種が島の六)・다누키노 가쿠베(狸の角兵衛)를 이와 같이 五段目 이야기에 조합시키는 것으로, 原話에는 전개되지 않지만 실은 뒤에서 행해졌을지도 모른다고 상상되는 사건을 지면상에서 크게 그려 보이고 있는 것이다.

Ⅳ. 역전에 의한 사건의 견강부회

조루리・가부키 『仮名手本忠臣蔵』에 입각한 패러디 작품군은 세세한 복장에 이르기까지 원작을 모방하고 장면마다 원작의 줄거리와 연출을 의식하면서 시츄에이션의 전환과 입장의 역전, 취향의 조합에 의해 웃음을 도출한다고 하는 공통점을 일반적으로 지닌다. 本 合巻 『忠臣蔵跡祭』에 있어서는 〈十段目〉를 비튼 **十一장 뒷면・十二장 앞면**에 전형적으로 나타나는 바와 같다. 다음은 「부서진 궤」라고 하는 상황의 반전을 이용한 것이다.

해당 도상을 보면 부서진 궤위에 있던 기헤(義平)가 쓰러지고 그 아래에 깔린 유라노스케. 天川屋에 쳐들어간 의인들(골계스런 얼굴. 검정하오리는 흑색 바탕에 기러기 문양)이 당혹해 한다. 허리춤에 차는 초롱(腰提灯: 허리에 찰 수 있게 긴 자루가 달린 등초)과 각시인형(← 벤케인형) 옆에서 울어대고 있는 由松. 들여다보는 뎃치 伊吾가 그려진다. 原話 상황을 역전시킨 상상으로 재구성하고 있는 것이다. 지문과 삽화여백문장을 이하 번각해보면 원작 사건을 견강부회하고 있음이 더욱 명확해진다.

> 기헤가 궤 위에서 힘껏 쿵하고 앉는 바람에 궤 뚜껑 바지직 바지직 바지직하고 뚫려 궤 속으로 엉덩방아를 찧으니, 유라노스케 머리를 세게 부딪쳐 자기도 모르게 아이고 아이고 하고 머리를 감싸 안고 나온다. 모두 황당해하며 계획이 어긋나 맥 빠지고 말았다. 의인「궤 위에 오르면 안에 사람이 있으니까 살짝 힘주라고 처음에 양해를 구하면 좋았을 것을」.
>
> 義平が長持ちの上で力一杯力み　「どっさり座る拍子に長持ちの蓋めり／＼／＼と踏み抜きて，　尻餅が長持ちの中へめり込み，　由良之助頭をしたゝか打ちて，　思はずもあいた／＼と頭を抱えて立ち出れバ」皆々呆れ果て、もくろみ違いで拍子抜けになってしまった.(義士)√長持の上へ登ったら、中に人が居るから、そっと力んでくれろと、初めに断れバよかった.[12)]

그러나 **本合巻『忠臣蔵跡祭』의 현저한 경향은 이와 같은「사건의 견강부회」수법보다는 골계미를 불러일으키는「대사」로써 충신장을 속된 내용으로 바꾸려고 하는** 것이었다고 본론에서 논한 바와 같다. 본 十一장 뒷면・十二장 앞면에서와 같이 원작 줄거리와 연출을 밟으면서 취향을 조합하는 것으로 이야기를 복잡하게 한다고 하는, 즉 사건의 견강부회를 시도하는 장면은 本 合巻에 있어서는 예외적 부분이라고 할 수 있다.

Ⅴ. 맺음말을 갈음하여 : 잇쿠의 희작관과 문하생

本 合巻 및『膝栗毛』발단이 출판되는 文化十一年은 雪麿著『稗史通』에 대한 엄격한 비판을 각종 자신의 출판물에서 기록하는 해이기도 하다. 그래서 자신의 출생과 문하생에 대하여 특별히 강조하는 것이다.

【図3】『成程根殻一九作』 四ウ·五オ

우선 같은 해에 잇쿠는 合巻『成程根殻一九作』(歌川国丸画)를 鶴屋喜右衛門으로부터 내고 있다. 그 四장 뒷면부터 五장 앞면(【図3】)에는「같은 밭의 一そう, 一河, 一瓜, 一ちう[13], 半九등등의 **社中**의 사람들을 초대하여」(中山尚夫『十返舎一九研究』 p. 193)라고 있고 그들의 모습(옷에「炷」마크가 붙은 인물 있음)이 그려진다.

本 合巻『忠臣蔵跡祭』 권두그림 말미(四장 앞면)에는『成程根殻一九作』에서 거론하는 인물인 一河와 一雙의 교카가 나열된다. 또한 수미를 맞추듯이 본문 말미의 **十五장 앞면**에도「忠臣蔵이라는 제목하에 읊는다」고 해서 잇쿠의 문하생 柴舟庵一雙, 東寧舎一河, 初音楼一炷, 東牆亭一瓜(잇카), 伐木亭一車, 五返舎半九, 愚舎一徳, 南鐐舎一片들이 읊은 교카가 나열되는 것이다.

그리고 本 合巻 **十四장 뒷면 · 十五장 앞면**에는 정월 명절용 물품을

넣은 양동이와, 충신장 의인들의 투구가 그려지는 가운데 잇쿠의 충신장물 창작, 나아가 희작 집필에 대한 사고방식・관점이 표출되는 발문이 길게 게재된다.「그림소설 희작자가 중개소의 간판을 달고 이것을 파는데 알약으로 하기도 하고 가루약으로 하기도 하고 또 연고로 만들어 삶거나 굽거나 다양한 취향 가운데에 빠진 것을 여기에 주워 모았(さうしの戯作者が取次(とりつぎ)所の看板をかけて是を売るに, 丸薬とし散薬とし,又煉薬として, 煮たり焼たりさま／＼の趣向の内, もれたる事をこゝに拾ひ集)」다고 하는 일종의 戯作 담론이라고도 할 수 있는 긴 발문을 갖춘 本 合巻은, 잇쿠의 확고한 집필태도와 문하생의 표명이라고 하는 점에서 잇쿠에게 있어서는 진기하다고 할만한 희작자로서의 자부를 엿보는데 안성맞춤인 작품으로서 평가할 수 있겠다. 14)

참고문헌

강지현(2011)「忠臣蔵もの合巻『忠臣蔵跡祭』の世界と趣向－先行作との関連をめぐって－」『日本研究』50号、韓国外国語大学校日本研究所

______(2006)「十返舎一九の艶二郎もの草双紙」『江戸文学』35、ぺりかん社、

______(2003)「十返舎一九の「忠臣蔵もの」黄表紙展開史」『語文研究』第95号、九州大学国語国文学会

中山尚夫(2002)『十返舎一九研究』おうふう、p170、p193

新藤茂(2007) 「表現としてのやつしとみたて」『近世文芸の表現技法〈見立て・やつし〉の総合研究プロジェクト報告書』 第3号、国文学研究資料館

本多朱里(2006)「種彦合巻と西村屋与八」『江戸文学』35、ぺりかん社

『増補続青本年表』新群書類従第七巻、明治39年

『角川古語大辞典』角川書店、1999

주

1) 合巻『忠臣蔵跡祭』における後日譚の創作法について」『일본연구』53, 한국외대일본연구소, 2012년9월30일

2) 『増補続青本年表』新群書類従第七巻、明治39年

3) 「忠臣蔵もの合巻『忠臣蔵跡祭』の世界と趣向－先行作との関連をめぐって－」(『日本研究』50号、韓国外国語大学校日本研究所、2011年12月). 田舎芝居・出場所の錯誤、密書が褌になる、お多福と座頭という趣向面から唐来参和作『大道具鯱幕無』の影響を論じ、後日譚系忠臣蔵もの黄表紙との異同の中で特に猪料理にされる定九郎という趣向から 『早野勘平若気誤』の絵組や詞書の影響を推察した. 張子の頭の趣向においては『加古川本蔵建立』や『色男大安売』との異同を指摘した. よって、一九作忠臣蔵もの合巻『忠臣蔵跡祭』は、絵師柳川重信の腕前に助けられつつ、内容的に洒落と諧謔を中心とした黄表紙の趣向を受け継ぎ、体裁的には十五丁三冊という、内容・体裁とも黄表紙に近く、いわゆる〈黄表紙風の合巻〉の範疇に入れるべき作品群であることが再確認できたと思う. 他作者に比して群を抜いて多くの〈黄表紙風の合巻〉を刊行していた一九の創作技術の根底を成すものは、斯くのごとく如何に面白可笑しく先行作の趣向を忠臣蔵のような周知の世界の中に組み込んでいくか、ということであった. それを究明するという江戸戯作研究法の一原点に立ち戻って論じてみた次第である.

4) 三人連れ戸板に載せたる死骸を持ち来たると、ばゝハ見るよりヤア／＼与一兵衛殿の死骸であらう. よく持って来て下されたと、うち着せたる菰を取りて見れバ、与一兵衛にハあらで、としふる猪にてありける. そのとき三人の者ども、これ／＼勘平こなたが確かに撃ち止めたしゝだに(＝なのに)、うっちゃっておいてかへった、おいらが見付けて持って来たから、これを肴に一杯飲ませてもらをふと、とんだところへ持ちかへたり.

5) 本多朱里(2006)「種彦合巻と西村屋与八」『江戸文学』35、ぺりかん社

6) 拙稿(2006)『江戸文学』35、ぺりかん社

7) 拙稿(2003)「十返舎一九の「忠臣蔵もの」黄表紙展開史」『語文研究』第95号、九州大学国語国文学会

8) 例えば,三代豊国画『忠雄義臣録第七』(上演年月日: 弘化4年1847～嘉永元年1848. 立命館参照)にも, 七段目一力茶屋の場で遊んでいる場面が描かれる. 「仲居さんが箸で九太夫の頭をつまんで, 「九太夫さんの頭をちょいとつまみ, 梅干しとはどうじゃいな」という, 囃子言葉でやるわけです. つまり斧九太夫の梅干し頭,しわくちゃの頭をどういうふうに連想するか.」: 新藤茂「表現とし

てのやつしとみたて」『近世文芸の表現技法〈見立て・やつし〉の総合研究プロジェクト報告書』第3号, 国文学研究資料館, 2007年3月

9) はんきん/はんぎん【半金·半銀】代金などの半分の金額.「証文の上で半金渡し, 残りは奉公人と引かへの契約」〔忠臣蔵・六〕.『角川古語大辞典』

10) ひけしつぼ【火消壺】燃えた薪や赤くおこった炭を入れ蓋をして火を消し, それを蓄えておく壺.『角川古語大辞典』

11) うろくづ【鱗】. 魚類. 水中にすむ動物. うろくづひと【鮫人】漢語, 鮫人(かうじん)を訓読して擬古語としたもの.「竜の王宮{みやこ}に鮫人{うろくずひと(こうじん)}の, 待{もてなし}にあふ心地やしけん」〔八犬伝・九・一三三〕『角川古語大辞典』

12) この後作者の口上が続く.「此取り込みの中にて、いつものご披露申上ます. 下谷うへの町、ひたち屋と申す呉服店にて、一九案じの新型小紋御単衣物(ひとへもの)地、年々(としどし)差し出し、御評判宜しく候. また/＼今年も相変わらず御用向仰せつけられ下され候やう願ひ上奉り候.これは作者の口上さやう」. この作者の口上に紹介される「ひたち屋」は、本作十五オに載る「えどざくら」とともに一九作品でよく広告される店である. 十五オでは、「○本町二丁めゑどざくらと申すかうぐみせしろ物(品物)ぎんみいたし大やすうりつかまつりますから何とぞ御用向おゝせつけられ下さりませと作者の口上.」

13) 初音楼一炷作・月麿画・文化八年刊の合巻『人武士弓引方』(ひとはもののふゆみもひきかた)がある. 一九が序文を寄せているが, その中に「今予の門人一炷うしの編述せる草史」と あって,「炷」には「ちう」というルビが付されている故、「しゅ」ではなく「ちゅう」と読ませていたと思われる(二又氏のご教示).一炷について中山尚夫 『十返舎一九研究』 170頁によると、「一炷もまた一九の門人.『膝栗毛』八編下、『続膝栗毛』初編上・二編上・十二編中、『江の嶋土産』二編上・三編上・下、『六あみだ詣』嗣編上・三編に画賛をおくっている.」

14) なお最後の十五ウには, 三方に新年の飾り物である譲り葉・裏白を敷き、鏡餅を載せる. 廻りには弓・矢・兜・鎧の武具が描き添えられる.「お道具の弓もふくろにおさまれる御代にはいらぬものとこそなれ 十返舎」と、太平の世の中を賛美する狂歌をおき、十返舎一九作二点の広告をもする. 名壺には「江戸 十返舎一九編 柳川重信画」と大きく記名される.

충신장물合巻『충신장 때늦은 축제』의 세계와 취향

- 선행 작품과의 관계를 중심으로 -[1)]

Ⅰ. 충신장물合巻이 등장하기까지

주지하는 바와 같이 가부키라든지 조루리(浄瑠璃)등 연극 관계 소재를 이용하는 것은 그림소설(草双紙)의 상투수법이다. 寛延元年(1748)의 초연 이래 21세기 현재에 이르기까지 계속 상연되어 일본의 최다상연 기록을 보유하는『仮名手本忠臣蔵』는 그 만큼 방대한 패러디 작품군을 형성한다.『仮名手本忠臣蔵』가 다양한 장르에 걸쳐서 작품화되고 그들이 상호 영향을 끼치면서 재창조되는 것은 예능문화의 확대를 보여주는 좋은 예이다. 문학, 연극, 회화라고 하는 틀을 넘어서 다양한 작품이 도출되어 간 부분에 에도(江戸)문화의 유연성, 중층성이 있었다.[2)]

충신장물 초기작품의 일례로서 草双紙형식으로 간행된 수수께끼풀이 책(謎解き本)을 들 수 있다. 宝暦(1751~1764)경 간행이라고 여겨지는『신나조주크시(新なぞづくし)』(画工作者未詳, 全五장)가 있는데 서민들의 일상생활에 보이는 사물이나 지식에 입각한 수수께끼가 출제된다. 그 수수께끼 가운데 데라오카 헤에몬(寺岡平右衛門)이 오보시(大星)유라노스케에게 말을 거는 七段目 一力茶屋 장면이 하단에 그려지고 「유라노스케의 취중(나마에이)이라고 써서 설익은 콩자반(나마니에)이라고 풀이한다. 그 뜻은? 심지가 굳으니까(ゆらの介がなまゑひとか(け)て,にまめのなまにゑととく.そのこころは,しんがかたいはさ).」라고 해설한다.

이어서 明和二年(1765)에 간행된 黒本・青本『忠臣仮名書初』(鳥居清満画作, 三巻三冊 全十五장)[3]은 소가물(曾我物)과 혼합하고 있는 충신장물草双紙 초기작품으로 들 수 있다. 이와 같이『仮名手本忠臣蔵』는 초연되자마자 문학 세계로 침투해갔음을 알 수 있다.

짓펜샤 잇쿠(十返舎一九)의 충신장물黄表紙에 대해서는 졸고[4]에서 논한 적이 있다. 충신장패러디물은 黄表紙는 물론 読本・洒落本・滑稽本・合巻・浄瑠璃評判記・人情本등등 각 종 문학 장르에 보인다. 그 중에서 약 50작품 이상이 간행되는 등 가장 활발한 양상을 보이는 黄表紙에 대하여 우선 前稿에서 거론한 바이다. 그에 이어지는 본고에서는 黄表紙 뒤를 따르는 장르인 「合巻」에 있어서의 충신장 사용법을 고찰하고자 한다.

같은 그림소설(草双紙)이면서 黄表紙와 合巻과는 내용적으로 어떤 특색을 지니고 있는지, 또는 장르의 차이는 서적의 체재라고 하는 외부적인 문제일 뿐으로, 내용적으로는 동질의 것인지. 이 문제를 생각하기 위하여 잇쿠作品(특히 合巻)의 특징을 나타내는 말로서 필자는 〈黄表紙風 合巻〉[5]이라고 하는 용어를 선행논문[6]에 시사되어 가정한 적이 있다. 그리고 이하의 잇쿠작〈충신장물合巻〉 3종은 그 범주에 들어간다고 생각된다. 따라서 충신장물 合巻 3종을 상세하게 해독함으로써 다른 작자에 비해 월등하게 많은 〈黄表紙風 合巻〉을 창작하고 있었다고 생각되는 잇쿠의 창작 자세를 엿보는 단서로 삼고자 한다. 참고로 『增補続青本年表』[7]의 「忠臣蔵의 異作」에는 黄表紙가 22작, 合巻이 15작 거명되고 있다.

Ⅱ. 잇쿠작 충신장물合巻

먼저 잇쿠작〈충신장물合巻〉3종의 서지를 간단하게 소개하면 다음과 같다.

①『加古川本蔵建立』 文化六年간행, 喜多川月麿画, 三巻一冊(上中下가 합철되어 全十五장), 岩戸屋喜三郎版. 国会図書館・大阪府立図書館蔵. 前掲『青本年表』「忠臣蔵의 異作」에 未掲載. 이『加古川本蔵建立』에 대하여 졸고[8]에서 조루리・가부키를 草双紙化함에 있어서 작자 짓펜샤 잇쿠가 혼조 일가와 관계있는 原話의 二・三・八・九段目를 어떻게 확대하고 비틀면서 30페이지에 걸쳐 이야기를 전개했는지 상론한 바이다.

②『忠臣蔵跡祭』文化十一年간행, 柳川重信画, 三巻三冊(上中下五장씩 全十五장), 鶴屋喜右衛門版. 東大霞亭文庫・東北大狩野文庫蔵.『青本年表』「忠臣蔵의 異作」에 게재되는「忠臣後祭礼, 잇쿠작, 文政十一年板」은 본 작품이 아닐까. 外題・序題 모두「忠臣後祭礼」는 발견되지 않는다. 본고에서는 東大霞亭文庫本을 저본으로 하는데 번각에 있어서 때때로 쉼표와 한자를 붙이고 판독불가능한 곳은 □으로 표시한다.

③『忠臣狸七役』文政十一年간행, 歌川安秀画, 二巻全十장, 丸屋版. 蓬左文庫・国会図書館蔵. 상단에는「忠臣蔵あふむ石」라고 하는 표제로 충신장등장인물의 대사를 적어간다. 즉 화면 위쪽에 나눔선을 그리고 있다.『青本年表』「충신장의 異作」에는 미게재. 同書의 天保

三年書目에서 거론하고 있는 것은 후인본이 아닐까.

이 작품에 대해서는 졸고 「草双紙『忠臣狸七役』에 나타난 죽음의 희화화(戯画化)」[9]와 「근세대중문예의 취향 考究 -合巻『忠臣狸七役』에 나타난 「七役」과 「너구리」를 단서로」[10]에서 상론하고 있다.

그 밖에 잇쿠작 合巻으로서『忠臣一代八卦』(文化八年간행, 喜多川月麿画, 七巻〈初編四巻・後編三巻〉, 山口屋藤兵衛版. 国会図書館・慶応大学蔵.『青本年表』「忠臣蔵의 異作」에 미게재. 中山尚夫著『十返舎一九研究』p. 168参照)가 존재하는데 아직 미견이다.

이상의 세 작품 가운데 본고에서는 ②작품을 중심으로 논하는데, 이 〈충신장물合巻〉3종은 각주 9, 10번으로부터도 엿볼 수 있듯이 내용적으로 말장난(洒落)과 해학을 중심으로 한 黄表紙의 취향을 계승하고, 체재적으로도 十장二冊, 또는 十五장三冊이라고 하는 내용・체재 모두 黄表紙에 가깝고 일반적인 文化文政期의 合巻과는 거리가 있다고 할 수 있다. 따라서 이른바 〈黄表紙風 合巻〉 범주에 넣어야 할 작품군인 것이다. 참고로 文化期의 일반적 合巻은 그 두 세배인 六巻全三十장이 평균적인 분량(二又淳「京伝と三馬の合巻」(『江戸文学』第35号, 2006, ぺりかん社)이었다.

그러나 문장 면에서는 向井信夫씨(『江戸文芸叢話』八木書店, 1995)가 잇쿠작合巻『仙術独稽古』(文化十五(=文政元)年간행)에 대하여「무엇보다도 이미 고칸본의 세례를 받고 있는 만큼 서술의 끈질김, 문장의 장황함과 더불어 기뵤시의 원래 정신인 풍자가 부족하다(尤も既に合巻本の洗礼を受けているだけに叙述のくどさ, 詞書の冗漫と併せて ,黄表紙本来の皮肉味に乏しい)」라는 해설을 하고 있는 바와 같이 전게 〈충신장물合巻〉3종 모두 黄表紙와는 다른 문체적 특징으로서「끈질긴 서술, 장황한 문장(叙述のくどさ, 詞書の冗漫)」을 들 수 있다.

Ⅲ. 『忠臣蔵跡祭』의 취향 -선행 작품과의 관련성

3-1. 唐来参和作 『大道具鱐幕無』와의 관계

(1) 시골연극(田舎芝居)・나설 자리(出場所)의 착오(二장 뒷면)

原話 〈四段目〉〈五段目〉에 입각한다고 여겨지는 『忠臣蔵跡祭』의 **二장 뒷면**에서는 시골연극의 한 소동을 묘사한다. 시골연극에서 충신장을 연기할 때 발생한 사건으로서 五段目에 등장해야할 멧돼지 연기자가 착각하여 判官의 할복 장면에 뛰어 들어와 난장판이 된다.

실로 잇쿠의 滑稽本 분위기가 감도는 그림과 사건이다. 같은 해인 文化十一年에 잇쿠는 『滑稽膝栗毛』라고 하는 滑稽本도 간행하고 있다. 그 하권(巻之下) 전문이 충신장七段目의 연습 장면이다. 이미 享和四年에 충신장 七段目, 九段目, 十段目가 시골 농부들에 의해 마을 연극으로 상연되는 취향의 『田舎草紙』라고 하는 滑稽本도 집필한 잇쿠이다.

그러나 「시골연극에서 충신장을 연기할 때 일어난 사건」이라고 하는 모티브는 선행하는 이 자기 작품 滑稽本 2종과 『忠臣蔵跡祭』의 본 장면(二장 뒷면)이 유사하면서도 「나설 자리를 틀린다」고 하는 취향은 自作의 이 2종에는 구사되지 않는 취향이다. 오히려 같은 취향의 선행작으로서 寛政六年에 唐来参和(一陽斎豊国그림)가 간행한 『**大道具鱐幕無**』(오도구 샤치데마쿠나시)를 거론해야 할 것이다.

「막없음(幕無し)」이라고 하는 제목대로 충신장 연극을 하는데 막도 없거니와 박자목도 없기 때문에 등장인물들이 나설 장면을 틀려서, 멧돼지가 判官 할복 장면에 나오는가 하면 사다쿠로가 모로노 이마를 치기도 하고 막 없이 인물이 등장한다고 하는 충신장물 黄表紙이다. 다른 단의 등장인물이 나올 계기를 잘못 알고 무대에 들어옴으로써

본의 아니게 무대가 혼잡한 형태가 되는 것이다.

그 자리에 있어서는 안되는 즉 그 자리에 어울리지 않는 인물들이 활약하는『大道具鱐幕無』의 우스꽝스러움이 당대인들의 인기를 얻었기 때문이 아닐까. 寛政十年 잇쿠는『十返舎戯作種本』의 삽화여백문장에서「산나님의 주신구라마쿠나시는 근년의 인기작이야(参和さまのちうしんくらまくなしハ, きんねんのあたりものさ)」라고 그 호평을 전하고 있다. 이 삽화여백으로부터도 잇쿠가 선행작『大道具鱐幕無』를 주지하고 있었으며 그 취향을『忠臣蔵跡祭』의 2장 뒷면에서 계승했을 가능성을 엿보게 한다.

(2) 밀서가 훈도시로(三장 앞면)

다양한 변형으로 다른 충신장물草双紙・浮世絵에도 자주 그려지는 構図의【図版1】인데, 본 장면(三장 앞면)에서는 불결함(스카토로지)과 외설 기법을 강조하는 형태로 사용되고 있다. 또한 이어지는 三장 뒷면에는〈七段目〉의 편지를 읽는 유라노스케(하오리의 한쪽 어깨를 내린 착의법은 원작과 동일)의 옆얼굴(오쿠비에; 大首絵)이 크게 그려지고 화찬(画賛)과 같은 문구가 적혀「……충의의 한그루 나무 삼삼하지 않은 독한 신분일세 짓펜샤잇쿠씀(忠義の一本木甘口でないからう職なれ 十返舎一九賦)」이라고 가로(家老)직위를 독한 신분(가라이; 辛い職)이라고 동음이의어(地口)로 말장난한다.

> 七段目에 유라노스케가 주인마나님으로부터 온 편지를 읽을 때, 구다유 툇마루 밑에 숨어서 이것을 엿보는 부분은 상연하였다. 그런데 그 다음날 아침 일이었다. 이치리키 요릿집의 하인, 방청소 후 툇마루에 나와 샅바속옷의 이를 잡고 있었다. 툇마루 밑에 개가 있었는데 하인의 속옷샅바 끝자락을 물고 잡아당긴 일이 있었다. 본문에 유라노스케가 편지를 본 일은 있었지만 이 하인이 훈도시를 본 것은 싣지 않았

다. 따라서 여기에 적는다(七段目に由良の助奥方よりの文をよむ時, 九太夫縁の下に忍びてこれを伺ふ所ハ出したり. されどそのごの朝の事なりしが, 一りきの下男座敷の掃除しまひて,縁さきに出, ふんどしの蚤をとりたりしに, 縁の下に犬が居たりしが, 下男のふんどしのはしをくはへてひきしことあり. 本文に由良之助ふみを見たる事ハあれども, 此下男が下おびを見たることハのせず. よってこゝにあらはす.).

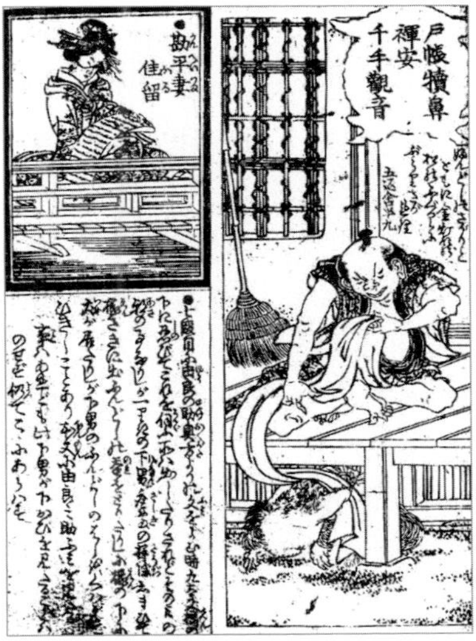

【図版1】『忠臣蔵跡祭』三オ

七段目의「顏世로부터 온 밀서가 훈도시로」변질되는 빠른 취향으로서 寛政六年간행 唐来参和作『大道具鱐幕無』가 있다. 윗미닫이틀(鴨居)로부터 늘어뜨려진 남자의 훈도시, 그 편지 아닌 훈도시를, 읽고 있는 아니 진지한 얼굴로 보고 있는 모습의 유라노스케(由良之介)의 대사「이 훈도시는 전체적으로 때가 끼어 있어서 불알님이 안보인다 안보여(此ふんどしハ, そうたいにあかゞつき, きんたまさまがみへない／＼)」라고 지저분한 말을 내뱉는 것이다.

이후 잇쿠의 충신장물 黄表紙에 종종 이용되는데 본 작품에 있어서 유라노스케의 밀서읽기는 하인의 속옷 이 잡기로 한층 더 비속화하여 계승되어진 것이다. 마찬가지로 불결함을 이용하는 기법으로서 本 合巻『忠臣蔵跡祭』에는 잇쿠의 특기 가운데 하나인 분뇨에 얽힌 지저분한 표현이 초래하는 웃음이 군데군데 보인다.

(3) 오타후쿠 다복녀와 맹인(十三장 뒷면・十四장 앞면)

〈十一段ヨ〉에 기인한다고 여겨지는 **十三장 뒷면・十四장 앞면** 그림을 보면 우측 위쪽에는 톱으로 목재를 자르고 있는 목수 남자(도상①), 앞쪽에는 벌거벗은 다복녀와 맹인이 씨름을 하고 있는 모습(도상②)이 크게 그려진다. 좌측 위에는 승려(구멍파기 할아범; 穴掘り親爺인가)옆에 예복 모습의 무사와 승려 앞에 엎드려있는 남자(도상③)가 보인다. 지문은 다음과 같다.

> 한편 또 주신구라 본문에 누락된 부분은 야습 시에 대들보를 타고 도망친 자와, 또한 사각 초롱을 든 다복녀의 손을 이끌고 도망친 맹인의 신세에 대해서이다. 대들보를 타고 도망친 사내는 대장이 나무꾼이었으므로 그로부터 저택 봉공을 그만두고 나무꾼이 되었다. 과연 나무를 자르는 모양새, 대들보를 안고 매달려있었던 때의 모습. 사람의 운명은 모두 정해진 인연대로이다(絵組①). 또한 **맹인과 다복녀**는 둘이 같이 도망쳐 나오는 대로 이 맹인 집에 다복녀를 데리고 돌아왔는데 (중략) 맹인과 다복녀의 씨름 흥행을 기획한바 크게 유행한 일(絵組②)……본문에는 빠졌다(さてまた忠臣蔵の本文に書き漏らしあるハ, 夜討ちの時梁を伝ひて逃げたる者と, また行灯(あんどう)を下げたるお多福の手を引きて逃げたる座頭の坊の身のうへなり. 梁を伝ひて逃げたる男ハ親分が木挽きゆゑ, それより屋敷の奉公を止めて木挽きとなりける. 如何様木をひくところ, 梁を抱へてぶら下がりてゐた時の身振り, 人の成り行きハ皆定まりたる因縁つくなり(絵組①). また**座頭とお多福**ハ, 二人打連れて逃げ出し, 早速此座頭の家へお多福を連れ帰りしが, (中略)座頭と女の相撲興行を企てたところ, 大流行りに流行りし事(絵組②)……本文にハ洩れたり).

「오타후쿠와 맹인」이라고 하는 비슷한 취향이, 선행하는 잇쿠 그림글의 충신장물黄表紙에 보인다. 졸고와 중복되므로 간단히 요약하자면 그 하나는 寛政九年간행『**木秀師直開帳**』마지막 개장 장면이다. 도상에는 습격 장면에서 도망쳐 다닌 사람들과 충신장의 소도구가 보물처럼 진열된다. 「**오타후쿠벤텐**」과 「**맹인보살**」이 서 있는 윗미닫이틀에는 벌거벗은 남자가 필사적으로 매달려 있다. 그 남자의 훈도시가 장문의 두루마리 편지처럼 아래로 늘어뜨려져 있는 것이다.

이 세 명의 그림은 唐来参和가 3년 전에 간행한 『大道具鱐幕無』를 그대로 답습하고 있음은 졸고에서 지적한 바와 같다. 参和의 이것에는 塩冶判官이 휘두르는 칼에 쫓겨 깔깔 웃어대며 도망 다니는 벌거숭이 맹인과 하녀가 그려져 있었다. 또한 마치 편지처럼 유라노스케가 손에 들고 보고 있는 것은 요릿집 윗미닫이틀에 매달려있는 남자의 훈도시가 아래로 늘어뜨려진 것이었다. 이것은 본고에서 전술한 대로이다. 그리고 이듬해 마찬가지로 잇쿠画作으로 간행된 『義光夜功珠』에 조그맣게 윗미닫이틀을 붙들고 있는 벌거숭이 남자와 훈도시를 질질 끌면서 도망치는 맹인 이라고 하는 식으로 전용되는 것이다.

참고로 「다복녀」는 〈九段目〉를 비튼 本 合巻『忠臣蔵跡祭』四장 앞면에도 그려진다. 모친 도나세에게 죽임을 당하고자 각오한 고나미가 다복녀 얼굴로 그려짐으로써 웃음을 초래하는 것이다. 고나미가 쪼개진 대나무 조각위에 앉아 있는 것은 이마도 도자기(今戸焼き)의 각시(姉様)인형에 빗댄 것일까. 「결혼용 술잔으로 천년학과 가메야마 요괴, 날거나 튀어 오르거나, 신기한 인연을 맺은 고나미의 기쁨 시어머니와의 다툼도 이제는 좋다 좋아 하고 손뼉 치며 짝짝짝. (祝言のさかづきにちとせの鶴と亀山のばけもの, とんだりはねたり, かハったえんをむすびおほせし, 小なみのよろこび, しうととのきげんも今ハよい／＼と, 手をうてしゃん／＼しゃんと □□一河)」이라고 하는 본문으로부터, 이른바 「날거나 튀어 오르거나(톤다리 하네타리)」인형을 모방하고 있음을 알 수 있다.

이 「날거나 튀어 오르거나(톤다리 하네타리)」인형의 선례로서 文化五年간행『東海道中膝栗毛』7편 표지 뒷면(미카에시, 見返し)을 들 수 있

다. 잇쿠의 복 갈퀴 문양 옷을 입은 큰머리 남자가 쪼갠 대나무조각 위에 공손하게 앉아 있는 것이다.「해마다 알고 계신 히자쿠리게, 날거나 튀어오르거나 신기한 취향은 한 지붕 쪽방의 사지베 아닌 야지로베가 여러 지방을 돌아다니며 기타하치와 함께 변함없는 평판, 그저 좋다 좋아 하고 손뼉 치며 웃으시기를 간절히 바라옵나이다. 출판사 아룀. (年々歳々御存知之膝栗毛,飛だり刎たりかはった趣向は,ひとつ長屋の佐次兵衛ならで, 弥次郎兵衛が諸国をめぐって, 北八ぐるめ相替らず, 御評判, 只よい／＼と手を打て, 御笑(わらひ)之程, 偏(ひとへ)ニ奉希上候. 版元述.)」이라고 하는 설명이 붙어 있다.

일본고전문학전집『東海道中膝栗毛』의 中村幸彦씨 頭注를 참조하면 그림은 江戸가미나리문(雷門) 안에서 亀屋忠兵衛가 판매하여 아사쿠사 명물이었던「亀山의 요괴」라고 칭한 완구를 모방한 것이다. 대나무 조각위에 인형을 얹어 실 장치로 튀어 오르도록 하였다.「날거나 튀어오르거나」라고도 지칭하였다.「한 지붕 쪽방의 사지베」는 유행가「한 지붕 쪽방의 사지베님 시코쿠를 돌아서 원숭이가 되네, 일행 둘은 돌아왔지만 원숭이 몸이므로 두고 왔네(ひとつ長屋の佐次兵衛殿, 四国を巡って猿となる, 二人の連れ衆は帰れども, お猿の身なれば置いて来た)」에서 나온 인물, 이라고 한다.

3-2. 自画作『早野勘平若気誤』와의 관계

(1) 후일담계 충신장물黄表紙와의 異同

寛政八年부터 享和二年까지 간행된 잇쿠의 충신장물 黄表紙十作의 경향을 후일담系・이야기(物語)系・나열(何々尽し)系로 크게 나눌 수 있다고 졸고에서 논한 적이 있다. 그 중에서「후일담系」로서 寛政八年간행『**早野勘平若気誤**』(잇쿠작画, 사다쿠로의 지옥행이라고 하는 내세담)와 寬政九年간행『**木秀師直開帳**』(잇쿠작画, 모로노의 지옥행이라고 하는 내세담)의 2종을 지적한 바이다.

그러나 내용면에서 두 작품은 原話를 비틀어 이야기를 전개하는 부분보다는 내세담이라고 하는 형식을 취하면서 原話의 인명과 사건 동기만을 빌어서는 스토리를 자유롭게 전개시키고 있어서 창작담이 많다.

한편 표현면을 보면 주로 권위를 비속화함으로써 웃음을 도모하는 장르가 黄表紙라고 할지라도『早野勘平若気誤』『木秀師直開帳』는 외설적이고 지저분함에 의한 기법을 다용함으로써 여타 기뵤시를 능가하는 음담패설에 의한 웃음이 충만하는 충신장물黄表紙가 되고 있다. 원작에 구애받지 않고 자유롭게 충신장 인물들을 놀게 한 결과가 표현에까지 미친 영향일 것이다.

그리고 本 合巻『忠臣蔵跡祭』에 있어서도 선행하는 黄表紙와 마찬가지로 음담・불결함에 의한 골계성이 발휘되고 있는 것이다. 예를 들면 전술한 장면 중에서 다복녀와 맹인을 그린 十三장 뒷면・十四장 앞면에서는 음담[11)]과 曲解 기법을 구사하여 야습 후의 골계스런 후일담을 창작하고 있었다. 밀서가 훈도시로 비유되는 三장 앞면에서는 불결한 표현의 스카토로지 기법이 구사되고 있었다.

그러나 黄表紙 쪽은 사다쿠로의 후일담, 모로노의 후일담이라고 하는 틀을 설정하고 있었는데 本 合巻은 특정인물의 후일담・내세담은 아니라고 하는 점이 다르다. 原話의 각 국면의 뒷이야기 또는 각 국면이 끝난 뒤 있었을지도 모르는 장면을 상상하여 기록하는 것에 本 合巻의 취향이 있기 때문이다.

(2) 멧돼지 요리가 되는 사다쿠로(六장 앞면~八장 앞면)

本 合巻 **六장 앞면** 그림에는 사다쿠로에게 멧돼지가 씌어 둔갑한

그로테스크한 모습으로 그려져, 순간 클로즈업한(見得を切る) 간페라고 하는 후일담으로서 황당무계한 상상을 해 보이는 그림이 묘출된다. 이 도상으로 인해 갑자기 괴담스러워지는데, 「멧돼지 널빤지위로부터 우뚝 일어나서, 주변에 있던 뱀눈 우산을 잡아 펼쳐 간페를 매섭게 노려보며, 드문 일이구나 간페(猪戸板の上よりすっくりと立ち上がり, 蛇の目の唐傘, 辺りにありしを取って開き, 勘平をはったと睨み, めづらしや勘平)」이하 장황한 자기소개 문구가 이어진다.

原話처럼 간페에게 멧돼지가 죽임을 당했다고 하는 설정인데, 本合巻 六장 앞면에서는 자신의 목숨을 간페에게 빼앗긴 것보다 오십냥을 뺏긴 것이 더 분하다고 한탄하는 사다쿠로 멧돼지의 대사가 골계감을 배가시킨다. 황당무계한 웃음을 도모한 장면이라고 할 수 있다.

이에 이어지는 펼친 양면(見開き)의 『忠臣蔵跡祭』 **六장 뒷면・七장 앞면**(【図版2】)에는 두 가지 도상이 놓여진다. 정면에는 「멧돼지고기, 국, 냄비요리(山くじら,すいもの, なべやき)」라고 하는 입간판 하에 멧돼지 다리를 잘라서 한창 요리 중인 간페, 냄비요리를 먹고 있는 구다유, 구다유를 접대하는 안주인 오카루 라고 하는 3인삼색의 모습이 그려진다(도상①). 뭉게구름모양 틀로 나누어진 좌측 상부에는 이들과는 다른 장면으로서 구다유 앞에 나타난 사다쿠로유령이 그려진다(도상②).

이 도상이 의미하는 바는 본문에 상세하게 기입된다. 멧돼지고기 가게를 내고 있었던 간페는 장인의 적이라고 사다쿠로 멧돼지를 죽여서 요리하는데 「여기에 또 오노 구다유는 아들 사다쿠로와 함께 이 주변에 숨어살고 있었는데 멧돼지고기를 매우 좋아했으므로 깊이 눌러쓴 삿갓에 얼굴을 감추고 나루터에 왔다. …멧돼지고기 냄비요리에 4푼 한입이라고 잔뜩 먹었는데(こゝに又斧九太夫ハ, せがれ定九郎もろと

もこの辺りに忍び暮らしけるが，山くじらが至って好物ゆゑ，深編笠に顔を隠し，渡し場へ来たり．…山くじらの鍋焼に四文一□と出かけて，したゝかに食らひけるが)」라고 하는 장면이 정면에 그려진 도상①임을 한눈에 알 수 있다.

이어지는 본문,「어찌된 일일까 자꾸만 기분이 안 좋고 울렁거려서 귀가길 도중에 모처럼 먹은 것을 남김없이 토해댔는데, 거 참 신기하도다 그 토사물 안에서 연기처럼 피어오르는가 싶더니 사다쿠로 모습 나타나 허공에서 나는 소리, 저기 아버님 아버님 하고 부르는 소리에 구다유 어이쿠하고 놀라 그 목소리는 아들이 아닌가 무슨 일로 어디에, 하고 갈팡질팡한다. 사다쿠로 눈물 젖은 목소리로, 원망스럽습니다 아버님 왜 저를 드셨나요. 지금 간페네의 이 냄비 요리는 저 사다쿠로인 걸요. 이 말만으론 이해할 수 없겠죠. 저는 뜻밖에 간페 총에 (하략) (いかゞしてや，しきりに胸悪く，むかつきて帰り道の途中にて，せっかく食ひたるを残らず検閲やらかしけるが，また／＼ふしぎやその検閲の内より，煙の如く，はゝき立ち上ると見えしが，定九郎の姿現れ，空中に声あって，コラン親父殿／＼と呼ぶ声に，九太夫はっと驚き，その声ハせがれでハないか，どうしてどこにと，うろたゆる.定九郎涙声にて，うらめしや親父殿，なぜおれを食わしゃった．今勘平のとこの鍋焼きハ此定九郎でござるわいのう，そうばかりでハがてんがいくまい．我図らずも勘平が鉄砲へ(下略))」라고 하는 장면이 도상②에 상응할 것이다. 이에 이어지는 사다쿠로가 부친 구다유에게 호소하는 긴 사정설명[12)]은 앞 페이지(六장 앞면)의 자기소개와 내용이 중복되어버린다.

이것과 유사한 취향이 선행하는 후일담系 충신장물黄表紙『**早野勘平若気誤**』(以下, 저본은 東京都立中央図書館蔵本)에 보인다. 寛政七年, 黄表紙3작품으로 희작계에 등단한 잇쿠는 이듬해인 寛政八年, 충신장물에 주목, 창작한 것이『早野勘平若気誤』이다. 이 黄表紙에 간페에게 총을 맞은 사다쿠로가 다리를 잘려 이래서는 지옥으로도 걸어 갈

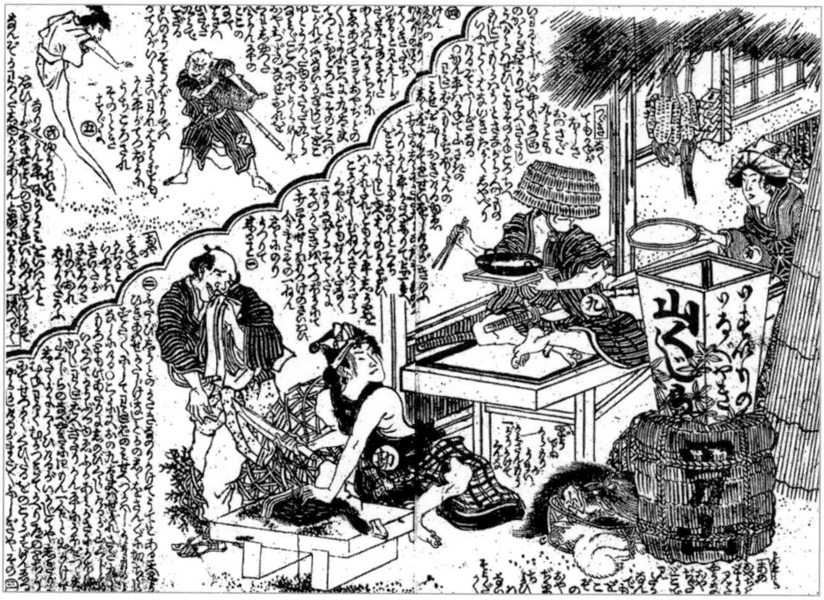

【図版2】『忠臣蔵跡祭』六ウ・七オ

수 없어 구다유 꿈에 나타나 이 사실을 전하고, 구다유는 간페 측에 담판 지으러 가서 대신에 요이치베(与一兵衛) 다리를 잘라 사다쿠로에게 이어 붙인다,[13]고 하는 이야기가 있는 것이다.

이『早野勘平若気誤』상권 표지에 붙여진 제목(絵題簽)(【図版3】)의 그림은 간페가「멧돼지고기(山くじら)」가게에서 멧돼지다리를 요리하는 장면이다. 本 合巻의【図版2】도상①의 선례로서 특기할만하다 하겠다.

그리고『早野勘平若気誤』본문의 三장 뒷면부터 五장 앞면까지는 사다쿠로의 다리를 멧돼지다리라고 생각한 오노(小野) 구다유가 국물로 해서 먹는 이야기가 전개된다. 스토리 진행과 대사 등은 다르지만 같은 모티브를 선행 自画作에서 이미 취급하고 있었던 것이다.

구다유 "글쎄 그대는 간페 총에 죽었다는군. 게다가 국물이 되었다는군. 그런 줄 알았다면 처음 토사물을 변소 안에 뱉지 않았을 것을. 국그릇 뚜껑을 열었을 때 저기 아버님 저입니다 하고 그저 한마디 왜 말해주지 않았냐. 친아들을 계란 국으로 해서 먹다니 멧돼지 먹은 댓가가 비참하구나."(九太√さてハそのほうハ, 勘平が鉄砲にて死したるよな. そのうへ吸い物になりしとな. それと知ったら初めの反吐を雪隠の中へハすまじきもの, 吸い物椀の蓋を取った時に, コレ親父殿わしでござると, たった一言なぜ言ってハくれぬ. 現在のせがれを卵綴じにして食らいしハ, しし食った報いか, あさましヤナア.)

【図版3】『早野勘平若気誤』表紙

한편, 앞장(【図版2】 六장 뒷면・七장 앞면)부터 이어지는 지문을 이어받는 『忠臣蔵跡祭』 **七장 뒷면・八장 앞면**도 또한 다음 장까지 지문을 연결하면서, 사다쿠로의 긴 이야기를 들은 구다유는「엉엉 울기 시작하더니」 변소에 너를 흘리지 않고 뱉은 것이 블행 중 다행이라고「정처 없이 탄식한다. 불쌍하도다 라고 말하는 것도 어처구니없다. 이러한 것, 충신장 본문에는 빠져있으므로 하나도 진짜가 아니다(正体もなく嘆きける. 哀れと言ふもばか/\し. これらのこと忠臣蔵の本文にハ漏れたるなれバ, ひとっつも本当のことにてハなし)」라고 끝맺음 익살(落ち)이 온다. 그 본문(『忠臣蔵跡祭』 七장 뒷면・八장 앞면)을 번각해 보자.

구다유 엉엉 울기 시작하더니 그럼 그런 거냐. 그런 줄 알았다면 안

먹었을 것을. 그렇다면 내가 냄비 뚜껑을 열었을 때 저기 저기 아버님 저입니다 하고 왜 그 때 말해주지 않았냐. 몰랐다고는 하나 친아들을 냄비요리로 해서 먹다니 무슨 인과응보인가. □□ 그대를 변소에 흘리지 않은 것이 천만다행. 토한 것은 본능적인 불길한 예감. 다행히도 토했구나. 토하지 않고서는 이 가슴이 후련하지 않는다. 마음속에도 잠시 먹기만 한 그대 얼굴을 볼 적마다 슬프구나 하고 정처 없이 탄식한다. 불쌍하다고 하는 것도 어처구니없다. 이러한 것 충신장 본문에는 빠져 있으므로 진짜는 하나도 없다(九太夫大声を上げて泣き出し, さてハそうか, それと知ったら食ふまいもの, それならバそれがしが鍋焼きの蓋を取った時, コレ／＼親父殿おれでござると, なぜその時言ってハくれぬ. 知らぬこととハ言ひながら, 現在のせがれを鍋焼きにして食ふといふハ, どうした因果のつくばいぞや. ま□□もそのほうを雪隠へ垂れなんだが, めっけ物, 検閲したハ, 自然と虫が知らせしに, □よくこそ吐いた, 吐かずにいんでハ此胸が済まぬ心の中にもしばし食ふたばかりのそちの顔見るに付けても悲しやと正体もなく嘆きける. 哀れと言ふもばか／＼し. これらのこと忠臣蔵の本文にハ漏れたるなれバ, ひとっつも本当のことにてハなし.)

간페에게 총 맞아 죽은 사다쿠로 영혼이 멧돼지 사체에 옮겨 붙어 그것을 요리한다고 하는 本 合巻. 침착하지 못한 성격의 간페는 어둠 탓에 사다쿠로의 사체를 진짜 멧돼지라고 지레짐작하여 요리까지 하는 선행작 黄表紙. 어느 쪽도 비상식적인 어처구니없는 인물을 등장시킴으로써 황당무계한 픽션으로 성립시키고 있는 것이다. 번각문에 밑줄을 그은 것처럼 문장에 있어서도 확실히 선행작을 모방한 흔적이 있다. 나아가 공중에 떠 있는 사다쿠로 유령은 발이 없고 하얀색 복장을 한 모습(【図版2】의 도상②와 【図版4】)이라고 하는 상호 유사한 도안에 있어서도 先例라고 할만하다.

그러나 黄表紙인【図版3】과 合巻인【図版2】도상①, 黄表紙인【図版4】와 合巻인【図版2】도상②와 그림 분위기가 다른 이유는 黄表紙『早野勘平若気誤』가 잇쿠自画임에 반하여 本 合巻은 전문화

【図版4】『早野勘平若気誤』四ウ・五オ

공인 柳川重信에 의한 것이기 때문일 것이다. 통째로 베낀 것은 아니지만 重信가 의식적으로 잇쿠 선행작 그림의 착상이나 구도를 모방했던지, 아니면 작자 잇쿠가 자신의 선행작을 의식해서 밑그림을 그렸기 때문에 발생한 일치현상이라고 생각된다.

3-3. 『加古川本蔵建立』의 「종이탈 머리(張子の頭)」

〈九段目〉에 유래하는 『忠臣蔵跡祭』 十장 앞면(【図版5】)은 다음 장까지 지문이 이어진다. 原話에서 사흘 전에 교토에 도착한 혼조가 유라노스케댁의 낌새를 엿보고 있었다고 하는 것에 착안하여, 본 장면에서는 大仏 앞의 싸구려여인숙(木賃宿)에 혼조가 묵었다고 가정한 골계스런 에피소드를 마련하고 있다. 후일담으로서 웃기는 상상을 해보았다고도 할 수 있을 것이다.

「동숙하는 시골 장님, 종이로 세공한 큰 머리를 장만해왔다. 숙소에

놔 둔 것을 혼조 경솔한 남자인지라 그 종이탈 큰머리와 삿갓을 착각하여, 삿갓인 줄 알고 큰머리 탈을 뒤집어쓰고 나가길래, 시골사람 놀라서 여보시오 그 머리는 제 거니까 허무승(고무소)스님의 머리를 돌려주시오 라고 하는 소리에 가코가와(혼조)는 깜짝 놀라, 과연 혼조의 목 바치지요, 하고 그대로 큰머리 탈을 벗어 돌려주었다(相宿の田舎者の座頭の大頭，張子にて拵へたるを求め来り．宿に置きけるを本蔵そゝっかしき男にて，その張子の大頭と天蓋を間違へ，天蓋と思ひて大頭を被り出かけけるゆゑ，田舎者驚き，もし／＼その首ハこちらのでござるから，虚無僧殿のお首が返してもらひたいと呼びかけられ，加古川はっと驚き，いかにも本蔵が首進上申そうと，そのまま大頭を脱ぎて返しける.)」라고 하는 사건은, 실은 혼조가 자의로 죽임을 당하게 되는 전조였다고 하는 필요 없는 부연설명이 이어진다. 시골사람의 대사 「불필요 불필요 머리를 착각하는 것은 불필요(ご無用／＼頭を取り違へることハご無用).」는 原話의 오이시가 「칼에 의한 것은 불필요(お刀の手の内ご無用)」를 비틀면서 유사음('고무소'와 '고무요')을 이용한 것으로 보인다.

【図版5】『忠臣蔵跡祭』十オ

도상에는 「商人宿 大仏屋」라고 쓰인 여인숙을 무대로 종이탈 머리를 쓴 허무승(고무소=虚無僧) 복장(법의를 걸치고 나막신을 신고 퉁소)의 혼조를 보고, 놀라는 동숙한 시골사람(납작코의 우스꽝스러운 얼

【図版6】『加古川本蔵建立』 一ウ·二オ

굴)과 여관 안주인이 그려져 있다.

이 종이탈 머리를 뒤집어쓰고 허무승(虛無僧) 승려 모습의 혼조라고 하는 취향은 여타 잇쿠작 충신장물 合巻 **『加古川本蔵建立』**(文化六年 간행, 喜多川月麿画)의 권두그림(一장 뒷면・二장 앞면, 【図版6】)에 이미 등장하고 있었다. 순간 멈춤 동작(見得)을 취하는 듯한 세 명(유라노스케・도나세・혼조)이 서있는 모습은 가부키의 장중한 무대(絵面)와 비슷하지만 그와는 어울리지 않는 농담을 내뱉고 있다. 혼조는 우습기 짝이 없는 머리탈(←머리＝삿갓)을 쓰고 「혼조의 목 건네옵지요, 이 머리탈을」이라고 잡담을 섞고 있다.

『忠臣蔵跡祭』간행 후 「머리탈」 취향의 사용 일례로서 文政三年간행 잇쿠작・勝川春扇画의 合巻 **『色男大安売』**를 들 수 있다. 주인공 엔지

로(艶二郎)가 큰머리 탈을 쓰고 등장하는 장면(十三장 뒷면・十四장 앞면)이 있는데 우스꽝스럽기 이를 데 없다. 방탕했던 엔지로는 의절당하여 무일푼이 되고 마누라가 될 약속이었던 유녀로부터도 차여 「쪽방사람들에게 체면이 안서서 문을 걸어 닫고 집에만. 사람들과 대면할 수 없어 골목길 드나들 때는 가면이라도 써서 걷고 싶은 기분이(ながやのてまへ, めんぼくなく, 戸をしめて, うちにばかり. 人にかほをあわされず, ろじの出はいりにハ, めんでもぶりて, あるきたいこゝろもちに)」 드는데, 여기에서도 또 단어를 일차적 뜻으로 곡해하는 넌센스한 수법으로 화면 우측에는 골목 출입에 큰머리 탈을 뒤집어쓰고 있는 엔지로, 화면 좌측에는 큰머리 탈을 쓴 엔지로가 여자의 옷자락을 잡아당기고 주변사람들이 엔지로를 보고 웃고 있다고 하는 구도를 취한다.

Ⅳ. 맺음말을 갈음하여

①화가 야나가와 시게노부(柳川重信)의 필력

『忠臣蔵跡祭』는 출판사 鶴屋喜右衛門이 文化十一年에 짓펜샤 잇쿠를 작자로 야나가와시게노부(柳川重信)를 화가로 맞이하여 三巻三冊(上中下五장씩 全十五장)으로 간행한 合巻이다.

표지를 보면 黄表紙의 그림제목(絵題簽) 형태를 모방하여 위쪽 절반부분에 표제(外題) 종이(題簽)가 붙어있다. 그 붙은 종이 표제(貼題簽) 디자인이 정교한데, 「잇쿠작 시게노부그림(重信画) 쓰루키판(鶴喜版)」이라고 적힌 서표를 끼운 페이지를 펼치면 「忠臣蔵跡祭上, 甲戌春」이라고 적히고 그 책 주변은 매화꽃이 흐드러져 있다고 하는 식으로 공들인 디자인이다.

표제(題簽) 뿐만 아니라 본문의 화면 구상 또한 독특하고 치밀하다. 세밀한 도안에 의해 골계감이 배가하는 듯하다. 나아가 등장인물의 용모가 滑稽本에 등장하는 듯한 골계스런 얼굴로 그려짐으로써 본문에 있어서 속물적인 그들의 성격묘사와 상응한다. 작자가 밑그림(의 대체적 구상)을 그린다고 하는 제작과정을 염두에 두더라도, 여타 잇쿠 작품의 여유로운 필치에 비한다면 역시 본 작품은 화가의 구상력(構想力)과 정치(精緻)한 묘선의 도움을 받은 측면이 많다고 생각된다. 화가 柳川重信의 다음 이력(画歴)을 감안하면 더 한층 수긍할 수 있을 것이다.

국문학연구자료관의 일본고전적종합목록(日本古典籍総合目録) 데이터베이스에서 柳川重信(初代, 二代 합하여)의 화업(画業)은 65작이 검색되는 가운데 本多朱里氏[14]의 논문 등을 참조하면 柳川重信는 文化九年에 간행된 柳亭種彦作 合巻에 처음으로 그림을 그린 후, 文化年間 種彦作의 많은 合巻에 이름을 남긴다.

여기에서 주목해야 할 것은 『忠臣蔵跡祭』 출판을 전후한 활약상인데 전년인 文化十年엔 合巻뿐만아니라 種彦作 読本의 삽화, 文化十一年엔 본 작품 『忠臣蔵跡祭』와 동시에 馬琴의 『八犬伝』肇輯의 삽화, 이듬해 文化十二年엔 馬琴作 合巻까지 손을 대고 있다고 하는 점이다. 화단에 이름을 올린 지 얼마 안 되는 그의 역량(섬세한 화풍)이 馬琴을 비롯하여 당시 희작단에서 높은 평가를 받고 있었던 상황을 엿볼 수 있다.

②작자 잇쿠의 집필 방침

잇쿠는 本 合巻 서문(一장 앞면)에서 本作의 취향과 집필방침에 대하여 다음과 같이 표명한다.

> ……너무 골똘히 궁리해서는 올바른 판단을 못한다고, 유곽으로부터의 귀갓길 줄무늬 지갑의 〈売無体(うらむたい); 해석불가〉 견강부회한 충

신장, 때늦은 축제라고 제목을 붙인 것은 본문에 빠진 것들……주워 모아 천착집과 비슷하지만 이것은 새롭게 천착한 저술, 이치리키의 문어가 아니라 손도 발도 없는 취향이지만 야마시나의 아침에 내리는 눈, 사격장의 비 내리는 저녁, 무료함을 달래드리지요 라는 바와 같다. (……凝てハ思案にあたはずと, 遊所よりの帰るさ, 嶋の財布の売無体(うらむたい), こぢ附たる忠臣蔵, 跡のまつりと題せしハ, 本文(ほんもん)に洩れたる事……拾ひ集め, 穿鑿抄(せんさくせう)にハ似たれども, 是は新に穿った著述, 一りきの蛸にはあらで, 手も足もなき**趣向**なれど, 山科の雪の朝, 鳥銃場(てっぽうば)の雨の夕部, 徒然の御眼(おめ), さまされませうといふことしかり).

이 서문에 의하면 五段目, 六段目, 九段目가 스토리 중심이 되는 뒷이야기가 펼쳐질 것이 예상된다. 실로 그대로로 가령 中巻의 六장 앞면에서 八장 앞면까지는 六段目에 기인하는 이야기가 펼쳐지는 것이다.

黄表紙는 장마다 본문이 종료되기 마련이다. 따라서 지문이 다음 장까지 연결되는 것은 있을 수 없는데 本 合巻의 中・下巻은 장마다 종료되지 않고 연속되는 점이 특징적이다. 黄表紙에 비하여 글자 수가 많아진다고 하는 合巻의 장르적 성질에 덧붙여 특히 中巻의 경우엔 原話의 六段目에 기인한 이야기이기 때문에 그다지 위화감 없이 六장 앞면부터 八장 앞면까지 지문이 연결되는 것이다.

③요약

〈충신장물草双紙〉 계보 상에 위치하는 本 合巻『忠臣蔵跡祭』의 세계와 취향에 대하여 선행하는 다른 작자의 작품과 自作과의 관련을 본론에서 고찰하였다. 시골연극, 나설 막의 착오, 밀서가 훈도시가 된다, 다복녀와 장님이라고 하는 취향 면에서 唐来参和作『大道具鱐幕無』의 영향을 논하고, 후일담系 충신장물黄表紙와의 異同 중에서 특히 멧돼지요리가 되어버리는 사다쿠로라고 하는 취향 면에서『早野勘平若気誤』의 도상과 문장의 영향을 추찰하였다. 종이 탈 머리 취향에 있어서는『加古川本蔵建立』라든지『色男大安売』와의 異同을 지적하였다.

따라서 잇쿠작 충신장물合巻『忠臣蔵跡祭』는 화가 柳川重信의 그림솜씨에 도움을 받으면서 내용면에서는 말장난(샤레)과 해학을 중심으로 한 黄表紙 취향을 물려받고, 형식적으로는 30페이지 3권(十五장 三冊)이라고 하는 내용・형식 모두 黄表紙에 가까운 이른바〈黄表紙風 合巻〉범주에 포함시킬만한 작품 군임을 재확인할 수 있었다고 생각한다. 다른 작자에 비하여 월등하게 많은〈黄表紙風 合巻〉을 간행하고 있었던 잇쿠의 창작기술의 근저를 이루는 것은, 이와 같이 선행작의 취향을 어떤 식으로 재미있고 우습게, 충신장과 같은 잘 알려진 세계 속에 끼워 넣어 갈 것인가, 라고 하는 점이었다. 그것을 규명한다고 하는 에도희작 연구법의 한 원점으로 되돌아가서 논한 바이다.

참고문헌

藤澤茜(2006)「もどく一典拠と逆転」『江戸文学』34, ぺりかん社

叢の会編(2006)『草双紙事典』東京堂出版

강지현(2004)「대중문화로서의〈충신장패러디물〉, 그 전용과 趣向」『日語日文学研究』48巻2号, 韓国日語日文學会

______(2003)「十返舎一九の「忠臣蔵もの」黄表紙展開史」『語文研究』第95号, 九州大学国語国文学会

______(2008)「艶二郎もののパロディーの趣向と転用一十返舎잇쿠작合巻『色男大安賣』を通して」『国語国文』77巻3号(883号), 京都大学

______(2010)「浄瑠璃・歌舞伎から草双紙へ一合巻『加古川本蔵建立』の創

作法」『日語日文学研究』74巻, 韓国日語日文學会

______(2009) 「草双紙 『忠臣狸七役』に現れた死の戯画化」『日本学研究』26号, 檀国大学校日本研究所, pp. 201～222

______(2009) 「近世大衆文芸の趣向考究ー合巻 『忠臣狸七役』に現れた「七役」と 「狸」を端緒に一」『日本語文学』43号, 韓国日本語文學会, pp. 289～308

吉丸雄哉(2005) 「式亭三馬の〈黄表紙風の合巻〉」『国語国文』74巻4号, 京都大学

中山尚夫(2002) 『十返舎一九研究』おうふう, p. 168

二又淳(2006) 「京伝と三馬の合巻」『江戸文学』第35号, ぺりかん社

向井信夫(1995) 『江戸文芸叢話』八木書店

本多朱里(2006) 「種彦合巻と西村屋与八」『江戸文学』35, ぺりかん社

『原色浮世絵大百科事典』1980～1982年, 大修館書店

『増補続青本年表』新群書類従第七巻, 明治39年

주

1) 「忠臣蔵もの合巻 『忠臣蔵跡祭』の世界と趣向-先行作との関連をめぐって-」『일본연구』50, 한국외대일본연구소, 2011년12월

2) 藤澤茜「もどくー典拠と逆転」(『江戸文学』34、ぺりかん社、2006) 参照

3) 『新なぞづくし』『忠臣仮名書初』については, 叢の会編 『草双紙事典』(東京堂出版, 2006) 参照. 忠臣蔵ものの謎絵については, 강지현「대중문화로서의〈충신장패러디물〉, 그 전용과 趣向」(『日語日文学研究』48巻2号, 2004) に詳述しているので参照されたい.

4) 강지현「十返舎一九の「忠臣蔵もの」黄表紙展開史」『語文研究』第95号, 九州大学国語国文学会, 2003年5月. 本稿において一九作忠臣蔵もの合巻と先行する自作の黄表紙を比較する際, 黄表紙の部分はこの論文を参照している.

5) 강지현「艶二郎もののパロディーの趣向と転用ー十返舎一九作合巻 『色男大安賣』を通して」(『国語国文』77巻3号(883号), 京都大学, 2008年3月)で,「滑稽

が主要な要素・趣向として作品全体を覆っており,「笑い」の文学と呼べる文化四年以降刊行された草双紙の一群」と定義した.

6) 吉丸雄哉「式亭三馬の〈黄表紙風の合巻〉」(『国語国文』74巻4号, 2005年4月)

7) 『増補続青本年表』新群書類従第七巻, 明治39年

8) 강지현「浄瑠璃・歌舞伎から草双紙へ一合巻『加古川本蔵建立』の創作法」『日語日文学研究』74巻, 2010年8月

9) 강지현『日本学研究』26号, 檀国大学校日本研究所, pp. 201~222, 2009年1月. 悲劇の物語『仮名手本忠臣蔵』を, 喜劇の物語に転換した本合巻『忠臣狸七役』では, 誰も死なない. 塩冶判官・定九郎・与市兵衛・勘平・九太夫・本蔵・師直・四十七士の死は無化され, 戯画化する. 江戸戯作の最大の精神,「笑い」の精神が, 「死」まで無化する為に物語に組み込んだ様々な作者の仕掛けを, 本作における詞章や挿図に密着しながら読み解いた.

10) 강지현『日本語文学』43号, pp. 289~308, 韓国日本語文學会, 2009年12月. 合巻『忠臣狸七役』を端緒に, 近世大衆文芸の趣向の中で「七役」・「狸」について考察した. 本作が導出された背景には, 文化・文政ごろは早替による七変化の最盛期であったという文化的土台があった. だからこそ, 忠臣蔵芝居を忠臣の狸を以て七役早替わりで紙面上で演じさせてみようとする作者一九の創作意図が意味を成してきたのである. そして「狸」を主人公にすることで,「八畳敷」という狸の特性が存分に発揮され, 猶, 昔話の「かちかち山」と忠臣蔵という, 二つの世界が重なるパロディの面白さを読者に提供する結果となった.

11) 例えば, 座頭曰く「眼ハなくても手はまんとある. 女にかけてハやるものでハない. どこい/＼.」等々.

12) 息子の話を聞いた九太夫いわく,「親のすねをかぢるといふことハ聞いたが, 子を食った者ハ俺ばかりだろふ.」

13) 一九は得意のスカトロジーの趣向を駆使し, 定九郎の幽霊が出没する場所は九太夫が吐いた反吐の中からであった. その定九郎幽霊に足の調達を頼まれた九太夫は勘平の家に行き, 先ずそこにある猪の脚を定九郎に付けるのだが, 四本ではないので歩けず,「ひょっとこゝへ平衛もんがうせたら, あいつのあしをきってやろふものを. あしがるだからあるきよいだろふ」と穿ちながらも, 間に合わせで与一兵衛の死骸の足を切り落として与えたのである. ところが, 与一兵衛の足だけに, 膝が人面疔となって定九郎を悩まし, やがて地獄に堕ちた定九郎も, 足を与えた与一兵衛の功徳をもって極楽へ行く, という大体忠臣蔵五段目を中心として後日譚の形をとった創作話しである.

14) 柳川重信について, 本多朱里「種彦合巻と西村屋与八」(『江戸文学』35, ぺりかん社, 2006)に詳しく, 教わるところが多かった.

柳川重信：家系；葛飾北斎の長女と結婚して養子となるが，離縁する．天保三年没．画系；葛飾北斎門人．国直・重信Ⅱ等の門人を育成する．『原色浮世絵大百科辞典』参照．

조루리 · 가부키에서 그림소설로

– 合巻『가코가와 혼조의 건립』의 창작법 –[1]

Ⅰ. 머리말

일본연극사상 최다 상연기록을 자랑하는『仮名手本忠臣蔵』는 寛延元年(1748)의 초연 이래 본 초고집필시점에서 가장 최근만 보더라도 2007年2月 東京歌舞伎座, 2010年1月 大阪松竹座에 있어서 전단 공연 연극으로서 상연되는 등 지금도 여전히 살아있는[2] 인기 연극이다. 정해진 상연시간 속에 전 단락을 보여주기 위해서는 취사선택하지 않을 수 없고 그 결과 근대 이후 공연에서는 가코가와 혼조(加古川本蔵) 일가와 관련된 이야기를 버리는 경우가 많았다. 상기 전자의 전단 공연에 있어서도 二・八・九段目, 후자의 전단 공연에서는 二・九段目라고 하는 혼조 집안과 관련된 단이 생략되었다(참고로 전자는 天川屋義平 주역인 十段目도 생략).

이와 같이 지금은 누락되기 십상인 등장인물이 되어버린 가코가와 혼조에게 표제가 뜻하는 바와 같이『加古川本蔵建立』은 초점을 맞추고 있다. 그러나「忠臣蔵의 異作」으로서 黄表紙二十二作, 合巻十五作을 거명하는『増補続青本年表』[3]에는 미게재로 간과되고 있는 本

合巻인데 국립국회도서관소장본[4]을 펼쳐보면 이것은 十返舎一九 글・喜多川月麿그림으로 文化六年에 간행된 〈충신장물〉 合巻임을 알 수 있다. 상중하가 이어져 全十五장, 三巻一冊의 岩戸屋喜三郎板이 국회도서관에 남아 있는데, 그 밖에 大阪府立도서관소장이 알려져 있다.

그럼 本作이 合巻사상 어느 위치에 있으며 또한 어떠한 〈충신장물〉 이었는지 논하기 전에, 에도희작계는 종종 출판단속령이라고 하는 거친 파도에 휩쓸리고 있었던 사실을 상기할 필요가 있다. 享和期(1801년~)부터 성행한 복수담이 잔혹한 취향 유행에 의하여 文化五年九月에 「合巻作風心得之事」라고 하는 통지가 당국으로부터 하달되어, 合巻 취향은 연극으로 기울어져 간다고 하는 흐름이 佐藤悟 「『正本製』 三編을 둘러싸고」[5]에서 지적된다. 실로 이와 같은 시대배경하에서의 고안이라고 할 수 있다. 이미 黄表紙와 滑稽本에 있어서 충신장을 세계로 다양한 취향을 피로하고 있었던 잇쿠이기 때문이야말로 合巻이라고 하는 새로운 장르에 있어서 충신장을 이용하지 않을 리가 없었던 것이다.

한편 조루리(浄瑠璃)・가부키(歌舞伎)로서의 『仮名手本忠臣蔵』스토리 전개는 물론, 각각의 국면, 문장 등 모든 것에 익숙한 독자를 상대로 작자 잇쿠는 어떠한 취향으로 임했는지, 이하 그 창작법을 탐색해 보고자 한다.

Ⅱ. 이야기 또는 그림의 개변에 대하여

原話의 큰 줄거리 속에서 전개시키면서 그림은 유사성이 보이는 가운데 이야기만 개변・각색이 심한 경우와, 이야기는 물론이고 그림까지 개변시키는 경우로 크게 나눌 수 있다. 전자의 경우에는 화면만 바라보면 아무런 변화가 없는 충신장의 한 장면이지만, 본문・삽화여백을 읽는 순간 이 그림의 의미가 확 달라진다. 本作 집필에 있어서 原話로부터 작자가 선택한 소재는 일단 혼조 일가와 관련된 국면이지만 후자의 경우 패러디라고 하기 어려울 정도로 원형을 그다지 간직하지 않는 경우도 있다. 그러나 개변・전용의 일환이라고도 할 수 있는 것은 사건을 일으키는 목적과 결말, 인간관계가 같기 때문이다.

2-1. 그림의 유사, 스토리의 변용

本 合巻 四장 뒷면・五장 앞면을 보면 칼 두 자루를 찬 도나세와 긴 통소매 모습의 고나미가 원작 〈八段目〉의 모습 그대로 그려진다. 그러나 부제는 「○도나세 고나미 여행중 벤벤다라리한 모습(となせこなみ道中べん／＼だらりの事)」이라고 되어 있다. 「벤벤다라리」란 시간만 흐르고 일이 정해지지 않는 모습을 말한다. 즉 부녀가 춤추면서 길을 가므로 날짜는 지나는데 둘은 느릿느릿 교토를 향하여 걷고 있다고 하는 설정이다. 원작 八段目에서는 「한정된 배편을 서두르려고 어머니가 달리면 딸도 달리고(かぎりある舟急がんと, 母が走れば,娘も走り)」[6]라고 되어 있는 부분을 역전시켜 비틀고 있음을 알 수 있다. 도상은 거의 원화 그대로이면서 이야기는 180도 바뀌 버리는 일례이다. 또한 이 스토리가 도출된 배경에는 원작 八段目의 제목 「동반여행길(道行 旅路)의 시집가기」[7]가 나타내는 바와 같이 조루리・가부키에서는 춤(所作事)으로 연출되는 무용극(舞踊劇)이기 때문에 그에 입각한 스토리 비틀기, 라고 하는 성립배경이 있었다고 생각된다.

오고가는 나그네가 「저런 물건과 놀아보고 싶구먼(あのよふなしろものと,ねんごろ／＼がやらかしたいの).」이라고 음담패설을 하는데, 이와 같은 삽화여백 문장을 집어넣음으로써 비속한 친근감을 불러일으

키는 것은 잇쿠의 첫 번째 특기이다.

合巻의 五장 뒷면은 「○야마시나의 은신처 야반도주하는 모습」이라고 하는 부제에 의해, 사건은 완전한 창작임을 우선 알 수 있다. 그러나 도상은 현관에 걸린 팻말 외에는 원작 〈九段目〉의 무대를 재현하고 있는 것이다[8].

『仮名手本忠臣蔵』(服部幸雄編, 歌舞伎オンステージ)에 등장인물의 출현을 형용하는 다음 문구가 있다. 「눈 끊임없이 내린다. 건너편에서부터 도나세,(외투: 우치카케), 가타하즈시 머리[9], 모자, 칼 두 자루,(뱀눈 우산을 쓰고), 굽 높은 게다(足駄)를 신고 나온다. 여기에 (빨간색 우비의) 무사 1인 따라 나온다」. 도나세는 이 원작 문장 거의 그대로 따르는 복장과 형태로 묘사되는 것이다. 원작 문구와 다른 부분은 괄호 안에 넣었듯이, 외투(裲襠)[10]를 걸치고 있지 않은 모습, 우산을 쓰고 있지 않은 점, 종복이 우비를 입고 있지 않은 점뿐이다.

이상의 복장뿐만 아니라 원작 〈九段目〉 의 계속, 「도나세, 길 안내하는 탈 것을 옆에 기다리게 하고 그저 혼자서 장검과 단도를 옆에 찬 모습 실로 예의 바르고, 현관 입구, 부탁합니다(道の案内の乗物をかたへに待たせ,たゞ一人, 刀脇差さすがげに行儀乱さず, 庵の戸口,頼みませう)……」라고 하는 그대로의 무대배경이 本 合巻에서도 설치된다.

이와 같이 도상에는 거의 원작 그대로 그리면서 이야기는 다음과 같이 창작하고 있다. 본문을 읽어보면, 간신히 유라노스케 집에 도착한 도나세이나, 다타미 등을 포함한 채 집을 판다고 하는 「造作付売居」 팻말이 현관에 걸려 있고 유라노스케 일가는 야반도주하여 행방불명이었다고 하는 것이다.

合巻六장 뒷면 도상도 〈二段目〉의 연극무대를 충실하게 재현하고 있다. 「○소나무 장작을 패어 마음을 보이다(松まきを切て心底をかたること)」라고 하는 부제목으로부터, 스토리도 原話 그대로가 아닐까 추

측되는 가운데 본문을 읽어보면 장작 패는 솜씨를 보여 달라고 하는 주문에 응하여 혼조는 도끼를 이용하여 소나무가지를 싹둑 베었기 때문에 땔감가게주인(← 若狭之助)에게 고용된다,고 하는 어처구니없는 내용으로 각색되었음을 알 수 있다.

본 장면의 지문은 길어서 다음 장까지 이어지는데, 七장 앞면【図版1】에서는 그렇게 해서 주인 마음에 들어 단골집을 도는 일을 맡은 혼조는 장작 한 다발 주문도 소홀히 하지 않고 민나무로 만든 탁자위에 장작 한 다발을 얹어 납작 엎드려 배달한다고 하는 정중함이었다,고 적혀 있다. 도상을 보면 단골손님 앞에 엎드려 탁자에 얹은 장작 한 다발을 내미는 혼조, 그리고 단골손님의 하인일까 주문서를 낭독하고 있다. 「高」라고 하는 대막대기에 매단 초롱(弓張提灯) 문자가 절반정도 보인다. 이제 이 장면은 〈三段目〉의 패러디임을 당대 독자가 보면 금방 눈치 챘을 것이다. 연극무대를 비속화하여 재현하고 있기 때문이다.

【図版 1】『加古川本蔵建立』七才

여기에서 등장인물의 복장에 주목해 보자. 고객은 콩알무늬 염색(豆絞り) 두건을 관(烏帽子)처럼 쓰고 솜옷(褞袍)을 걸치고 있다. 이것은 원작에서 武家의 예복으로 착용했던 모로노의 관(立烏帽子), 겉옷(直垂)의 비유일 것이다. 혼조도 원작에 따른다면 가미시모예복(麻裃) 차림에 칼 두 자루를 차지 않으면 안 되나, 고객과 마찬가지로 상인 복장이다.

또한 本 合巻 지문에는 언급되지 않으나 도상에서는 하급무사(仲間)

복장의 인물을 그려 넣어 주문서를 낭독하는 역할을 부여한다. 원작 三段目 「足利館門前進物의 場」에 등장하는 모로노의 가신 「鷺坂伴內」를 상정한 듯한 인물이다. 뇌물 증여라고 하는 전형적 구도에 있어서 불가결한 인물이기에 본문에는 생략해도 도상에는 그려 넣고 있는 것일 것이다.

원작에서는 가미시모 정장으로 발 벌려 선채 鷺坂伴內는 뇌물 목록을 낭독하고 있었다. 그리고 本 合巻의 그가 낭독하고 있는 두루마리는 원작의 뇌물 목록처럼 보이는 가운데 삽화여백 문장에 「뭐여 이건 계산서군」이라고 밝히듯 실은 「청구서」라고 하는 개변이 이루어진다. 그 계산서에 적힌 물품으로서 「장작 한 다발」이 그림에 그려지는데 이는 원작의 「목록 그 하나, 비단두루마기 서른 줄,……」과 닮은 듯 다른 것을 궁리한 결과의 산물일 것이다. 이른바 비단 두루마리와 장작 한 다발은 형태가 닮다는 점에 착안한 작자의 궁리연구가 아닐까.

그리고 本 合巻 지문에 「민나무로 만든 탁자에 장작 한 다발을 얹고……엎드려서」라고 형용되는데, 원작의 두루마리가 쌓인 「뇌물 증여탁자(進物台)」가 「민나무 탁자(白木の台)」로, 「웅크리고(うづくまり)」가 「납작 엎드려서(はひつくばひて)」라고 하는 식으로 문장에 있어서도 세세하게 원문을 의식하면서 비틀려고 하는 의도가 엿보이는 부분이다. 원작 〈三段目〉에 기인하고 있음을 강조하듯이 연극 무대에서는 모로노의 家紋인 오동나무문양을 그린 사각형 초롱을, 本 合巻에서는 「高」 문자를 절반정도 보이게 한 대막대기에 매단 초롱으로 하고 있다.

合巻의 十二장 뒷면・十三장 앞면은 〈九段目〉의 비틀기임을 그림으로부터도 알 수 있다. 그러나 스토리는 「○도나세 즉석연극을 해서 끝맺음 익살을 의도함(となせ茶番狂言をしておちをとること)」이라고 하는 부제목처럼 개변되고 있다. 즉 九段目의 연극무대에 있어서 오이

시・고나미・도나세 라고 하는 3인의 여성이 취하는 전형적인 구도로 合巻에서도 그려진다. 굽 달린 나무쟁반(三方)을 든 오시시(← 오이시), 고구마를 든 도나세, 부끄러운 듯 앉아있는 고나미이다. 원작처럼 삿갓을 눌러 쓰고 승복을 걸친 혼조가 싸리나무문 밖에서 절구공이를 들고 집안 낌새를 살핀다, 고 하는 구도도 연극무대 재현에 가깝다. 물론 고구마와 절구공이는 원작의 혼수품인 칼과, 퉁소를 俗化하기 위하여 바꾼 물품이다.

그림은 이상과 같이 거의 원작 그대로인데 스토리는 어떻게 개변되고 있는가 하면, 딸과 함께 쌀집에 들이닥친 도나세에게, 쌀집 안주인 오시시는 민나무로 만든 굽 달린 나무쟁반(三方)을 내민다. 봉록을 잃은 사이에 칼 두 자루를 팔아버렸기 때문에 도나세는 혼수품 대신 즉흥연극을 선물하겠다고 한다. 제목은「신랑 혼수품(婿引出)」.「혼수품으로는 (원작처럼)마사무네의 검과 나미노 히라유키 단도가 필요하겠지만 '두부 비지와 석쇠에 구운 송사리 반찬(도후노 카라토 아미쟈코노 잇타 오카즈; とうふのからと, 網じゃこのいったおかず)'을 가지고 온 이유인 즉슨 '석쇠의 비지 먹습니다(아미노 가라 쿠헤야스;網のからくへやす)' 즉, '나미노 히라유키야스(なみのひらゆきやす)'. '아침 졸린(아사네무이; あさねむい)' 것은 '마사무네(まさむね)'이옵니다」라고 유사음(地口)을 이용한 끝맺음 익살(落ち)을 시도한다.

이 즉흥연극의「상품(景物)이 잠을 깨우는 찐 고구마 이옵니다, 하고 막 찐 것을 소매통에서 꺼내 굽 달린 나무쟁반위에 얹고……」라고 또 끝맺음 익살이 와서 결국 칼 두 자루를 대신하는 것은 고구마라고 하는 이야기이다.

그러나 오시시는 쟁반에 얹어서 받고 싶은 것은 남편 구로노스케가 근무하고 있었던 땔감가게 주인이 그만 때리는 데 실패했다는 여한이 있는 혼조님의 절구공이(← 혼조의 목)라고 한다.

참고로 이 〈九段目〉에 즉흥연극을 취향으로 사용한 배경을 보면, 작자 잇쿠의 즉흥연극에 대한 평소의 취미가 반영된 결과임을 알 수 있다. 本 合巻 간행과 같은 해인 文化六年에 月麿그림으로 잇쿠는『茶番狂言一夜附』三巻을 山口屋에서 출판하고 있고, 이 무렵의 잇쿠가 즉흥연극에 흥미를 가지고 있었음을 알 수 있는 것이다. 나아가 文化十三年에는 国麿그림으로『茶番狂言初子待』(영인・번각 있음)도 간행하게 된다. 그 밖에 잇쿠는 라쿠고의 대사가 되는 각양각색의 하나시본을 집필하고 있으며, 文化 初年에는 그를 중심으로 하는「栄邑堂咄之会十返舎中」이 결성되었을 정도이다.

이 享和・文化期의 라쿠고는 짧은 이야기가 연결되어 만들어졌고 얼마든지 그들을 이어 붙여 연장하는 것이 가능한 형태로, 지금의 라쿠고처럼 일련의 스토리를 중시하여 클라이맥스를 설정하도록 이야기를 전개해가는 것은, 享和・文化의 라쿠고에는 없는 요소라고 하는 점,「아마추어연극(素人狂言)과 (滑稽本)」[11]에서 지적하는 바이다. 장편 이야기보다는 옴니버스형 이야기 창작을 특기로 하고 있던 잇쿠에게 있어서는, 당시의 라쿠고나 즉흥연극은 창작하기가 아주 수월했으리라고 짐작할 수 있다. 작자의 특기 분야가 본 〈충신장물〉 合巻에서도 활용된 셈이다.

본 장면 다음에는 인물의 위치관계와 전체적 구도에 있어서 연극무대를 거의 그대로 충실하게 지면에 재현하고 있는 도상으로서 〈九段目〉의 비틀기임을 알 수 있는 十三장 뒷면・十四장 앞면이 온다. 즉 빗자루(← 창)를 손에 든 오시시(← 오이시)가 혼조에게 깔려 있고, 이치야(市弥 ← 리키야)가 절구공이(← 창)를 혼조를 향해 휘두르고 있다. 그 밖에 도나세・고나미・黒之助(← 유라노스케)가 그려진다. 원작 九段目에서 오이시는 혼조를 찌르려고 한 창을 빼앗기고, 버려진 그 창을 주워든 리키야가 혼조를 찌른다고 하는 설정이었는데, 그 구도를 그

대로 도입하여 묘출하고 있는 것이다. 단지 「○쌀집 구로노스케 경제 형편이 어려운(米屋黒之助身代むつかしき事)」이라고 하는 부제목과 같이 사건을 각색함에 있어서 ←로 표시한 것처럼 武家의 무기인 「창」이 「빗자루」로 소도구가 俗化되고 인물 이름이 약간 변경된다.

本 合巻 九장 뒷면에서는 「九郎之助」라고 표기하고 있었는데, 十三장 뒷면・十四장 앞면에서는 「黒之助」라고 표기하고, 「黒」이라는 문양을 새긴 하카마를 입고 있다. 그리고 원작의 유라노스케처럼 구로노스케(黒之助)는 정장예복(麻裃) 옷차림이다. 유라노스케의 아들인 리키야 대신에 등장하는 이치야는 뎃치라고 하는 설정에 맞추어 앞치마차림이다.

혼조가 굽 달린 쟁반에 절구공이를 얹자마자, 오시시는 그것을 들고 치려고 한다. 혼조가 오시시를 깔고 앉자 이치야가 튀어나와, 떨어뜨린 절구공이를 주워들고 혼조를 한껏 때린다. 그것을 만류한 구로노스케(黒之助)는 실은 형편이 어려워져 야반도주를 생각하고 있으므로 며느리를 얻기 어렵다고 실상을 고백한다. 이처럼 사건은 원작과 동일한 틀로 전개되면서도 소도구와 사건 동기 변경에 의하여 웃음을 초래하는 각색이 이루어지고 있는 것이다.

「야 이치야 경솔하지 말거라. 그 절구공이 솜씨 불필요 불필요(コリャ／＼市弥, 早まるな, その擂り粉木の手の内御むよう／＼)」라고 하는 구로노스케의 대사는 원작 九段目에서 유라노스케가 리키야를 만류하면서 「야 기다려라 리키야 경솔하지 말거라(ヤア待て, 力弥. 早まるな)」라고 한 대사에, 오이시가 고나미를 치려고 하는 도나세를 만류하면서 「칼 솜씨 불필요(お刀の手のうちご無用)」라고 한 대사를 하나로 혼합하여 사용하고 있다고 할 수 있다. 「이 영감탱이 어째서 우리 어머니 위에 올라갔어? 하다못해 등이라면 이해하겠지만 배 위면 세상에 소문날 일인데(このおやぢめ,なぜおらがお袋のうへゝ上がった.まだ背

中だから了見がなるが, 腹のうへだと人騒ぎだ).」라고 하는 이치야의 대사와, 「이보세요 이치야님 아빠를 치지 말고 당신의 절구공이라면 저를 쳐주세요(コレ/＼市弥さん, とゝ様をば打たずとも, おまへの擂り粉木なら, わしを打ちのめして下さりませ).」라고 하는 고나미의 대사는 예의 음담패설에 의해 웃음을 의도하는, 잇쿠가 흔히 구사하는 표현수법이다.

2-2. 그림 및 스토리의 변용

이상, 그림은 원작에 준하는 연극무대를 기본적으로 따르면서, 스토리만 개작하는 경우를 살펴보았다. 여기서부터는 그림과 스토리 양쪽 모두 개작함으로써 웃음을 추구하는 장면을 고찰하고자 한다.

七장 뒷면・八장 앞면 도상에서는 절구공이를 휘두르는 주인을 뒤에서 안아 제지시키는 혼조, 이마를 누르고 있는 마누라, 싸움을 말리러 달려 온 주변사람들(←「家中の諸武士, 大名小名」), 반으로 쪼개진 절구와 쓰러진 빗자루 등을 확인할 수 있다. 부제목은 「○부부싸움, 혼조 주인을 말리다(夫婦喧花本蔵亭主を抱とむること)」. 〈三段目〉의 연극무대를 俗化하면서 비틀어 그리고 있는 것이다.

본문은 땔감가게 주인(← 判官)부부싸움이 벌어져 절구공이(← 칼)로 마누라(← 모로노)의 이마근처를 쳤지만 혼조의 제지를 받아, 화난 주인은 마누라에게 이혼장을 쓰고 혼조도 쫓아낸다고 하는 내용이다. 그 본문에 간접화법으로 쓰인 마누라의 말 「……당신은 좋은 줄 알고, 뭐라 하면 뒤죽박죽이지만 우물 안 개구리와 같은 법, 철부지가 우연히 우물 청소할 때 표주박 같은 거에 올라타 넓은 곳에 나오면 이쪽으로 깡총 저쪽으로 깡총, 마침내 뱀에게 발견되어 머리부터 아작 아작 아작(こなたハゑいかと思ふて, なんぞといふと, びこしやこ(ちぐはぐ)

するが,ゐの内の蛙と同じ事, 世間知らずめが, たま/＼井戸替へのつるべなどに入って上がり, 広い所へ出ると, あっちへひょこ/＼, こっちへひょこ/＼, ついにハ蛇に見付けられ, 頭からちょこ/＼/＼/＼)……」은, 원작 三段目의 모로노의 말「네놈과 같은 집에만 있는 자를 우물 안 붕어라고 하는 속담이 있지……우물청소 할 때 표주박에 붙어 올라옵니다……기쁜 나머지 자기 분수를 모르고 다리 난간에 코를 부딪쳐 그 자리에서 파트르 파르르 파르르 하고 죽습니다」에 입각하여 더욱 생기 넘치는 표현으로 바꾸고 있는 것이다.

또한 원작〈四段目〉에 있어서 할복하여 임종직전의 판관이 유라노스케에게 말한「가코가와 혼조에게 제지당하여 모로노를 치지 못한 원한, 뼈에 사무쳐 잊기 어렵구나」가 本 合巻에서는「……평소 마누라 행동, 남편을 향한 악담, 그저 한 번에 쳐서 죽이려고 했는데 혼조에게 제지당하는 바람에 마누라를 치지 못한 원한, 뼈에 사무치는구나. 이 원망 혼조놈에게 있도다.」라고 하는 식으로 이용되고 있다. 부부싸움이라고 하는 사소한 것에 대한 과장된 어투와 상인이 무사 어투로 말하는 것이 골계스럽기 짝이 없는 개작이 되고 있는 것이다. 원작에서 소동을 듣고 싸움을 말리러 달려 온「家中의 諸武士, 大名小名」대신에 달려 온 本 合巻의 이웃사람들은「밤에도 또 남편 절구공이 휘두르는 모습은 어떤가, 싸움도 낮보다는 밤에 하는 것이 좋지 않은가」하고 음담패설로 웃음을 도모하는 말로 싸움을 말리는 것이다.

「○고나미 뎃치와 □하다(小なみ丁稚と言□の事)」라고 하는 부제목이 붙은 九장 뒷면·十장 앞면은〈二段目〉를 상당부분 비틀면서 俗化한 에피소드가 전개된다. 찻집에 쌀을 조달하는 쌀집주인 구로노스케(九郎之助 ← 유라노스케)의 아들 이치야(市弥 ← 리키야)가 고나미를 유혹하는 것을 보고, 도나세는 쌀값을 외상받는 역할로 매일 고나미를 내보내고 있었다. 그러는 동안에 둘은 깊은 관계가 되고「쌀집 아드님으

로부터의 쌀 부조, 혼조 옛날로 돌아간 듯, 봉록용 쌀 (扶持)을 받고 있는 것과 마찬가지라고 돈들이지 않고 공짜로 먹는다 고하는 구다유 아들이다」.

원작 〈二段目〉 에서 判官으로부터의 하달사항(御口上)을 듣는 역할을 도나세로부터 부여받는 고나미가, 本 合巻에서는 외상을 지러 다니는 역할로 俗化된다. 그리고 댓치 이치야는 이마의 좌우를 민 앞머리 있는 스타일을 하고 있고 리키야와 같이 「아직 열일곱의 角髪」[12] 이라고 하는 설정으로 그려져 있음을 알 수 있다.

이와 같이 〈二段目〉 에 다소 입각하면서도 이야기 자체를 거의 새롭게 창작함으로써 도상도 공통점보다는 창의성이 많아졌다. 그림과 스토리 모두 심하게 개변을 한 일례라고 할 수 있을 것이다.

「○고나미의 혼례(小なみ祝言之事)」라고 하는 부제목이 붙은 十一장 앞면은 〈八段目〉의 비틀기이다. 부탁받은 물품을 받아들고 나서 쌀집으로부터 아무런 소식도 없자, 욱한 혼조 부부는 갑자기 시집을 보내서 쌀집을 쩔쩔매게 하려고 계획한다고 하는 내용으로, 「가코가와(加古川)의 딸 고나미의 약혼자, 혼수도 받지 않고 그대로 버려졌다고 모친의 상념은 야마시나의 사위 리키야를 믿고 사는 집에 들이닥쳐 시집가기도」라고 하는 原話를 완전히 개작하고 있음을 알 수 있다. 약혼자로부터 연락이 끊기자 고민하는 양친과 딸이라고 하는 구도의 도상은 原話에서는 빠진 장면을 묘출하고 있으므로 창작된 그림이라고 할 수 있다.

十一장 뒷면・十二장 앞면의 도상은 〈八段目〉의 비틀기로 혼례길을 떠나는 도나세와 고나미가 시가지를 무대배경으로 그려진다. 지문이 장황하여 十五장 앞면까지 이어지는 그 내용은 〈九段目〉의 비틀기라고 할 수 있을 것 같다. 즉 그림도 스토리도 原話의 개변인 것이다.

十一장 뒷면・十二장 앞면의 본문 내용이 이어지는 마찬가지로 〈九段目〉의 비틀기인 十四장 뒷면・十五장 앞면인데, 그림을 보면 혼조의 차림새(原註의 삿갓・퉁소 대신에 절구공이를 불고 있다)를 한 구로노스케를 선두로, 짐을 든 고나미・이치야・오시시가 뒤를 쫓는다. 그리고 빗자루를 든 혼조가 그들을 배웅하고 있다. 개변이 심한 이야기에 맞추어 그림은 창작되고 있는 것이다.

원작 九段目의 「품에서 꺼내는 것은 모로노 저택의 안내도 ……장지문 남김없이 우르르 우르르 우르르. 혼조 고통 잊고, 아아 아뿔싸. 계략이라든지 의협심이라든지 이 정도의 가신을 두면서 소견도 있었을 텐데, 생각 얕은 다쿠미노 엔야님, 아쉬운 행동이구나」가 다음과 같이 각색된다. 즉 빚쟁이(← 모로노)가 눈치 채지 않도록 야반도주(← 야습)할 방책을 혼조가 피로한다고 하는 취향이 되고 있는 것이다. 「술병 술잔(← 그림 지도)꺼 내서 나오는 대로 농담하는 것은 술의 힘, 한 근 받아서 마시게 할 때는 빚은 지지 않고 술에 취해 쓰러져 장기짝(← 장지문) 넘어지듯 쓰러져 우르르 우르르 우르르, 혼조 우스움(← 고통)에 웃어대며 아뿔싸 이 정도의 익살 농담 하면서 가느다란 원금의 [ ]」라고 하는 식으로 원작 문장을 세세하게 비틀고 있음을 알 수 있다.

그리하여 「밤이 새기 전에 행선지는 센슈 사카이(泉州堺)의 天川屋義平라고 의협심 넘치는 사내를 의지하여, 많은 인원의 온 가족 당분간은 더부살이라고, 울면서도 각자 적당한 짐을 꾸려서 들고 봇짐, 오래된 옷고리짝, 빗함, 거울, 냄비 솥, 주전자, 절구까지 전부 다 짊어지고……」 나가는 골계한 상황이 그림으로 표현되는 것이다. 이 행렬이 더욱 골계스럽게 느껴지는 것은 원작에서 「유라노스케, 사람이 모이면 남의 눈에 띈다(人数集めは人目あり)」, 「그대는 모친, 아내, 도나세님 모두와 함께 뒷정리, 제반사 모든 일에 미련이 남지 않도록 (そ

の方は母, 嫁, 戸無瀬殿もろともに, 後のかたづき諸事万事なにもかも, 心残りのなきやうに)」이라는 말을 남기고 유라노스케 홀로 먼저 사카이로 출발한다고 하는 것을 역전시킨 행렬이기 때문일 것이다.

원작이라면 무사 집안의 안주인일 오이시를 대신하여 「고나미야 다행히 남에게 알리지 않고 시집온 마누라(引っ越し女房)[13]로……번거롭지 않아 좋지. 나는 뭐든 돈이 드는 것은 아주 싫단다」라고, 행렬 맨 마지막의 오시시가 상인집안의 안주인답게 인색함을 발휘한 잡담을 하고, 원작이라면 武家의 가장 높은 가신일 유라노스케를 대신하여 「장사가 쌀집이므로 착실(まめ: 콩)하게 벌어도 따라오는 가난 좁쌀, 피, 처자식이 고생하는 것도 보리라고는 생각지 않는 두터운 〈なさこ: 의미불명〉의 형편, 묵은 쌀(陳ね米: ひねごめ)몸이 부서져라(가루가 되도록) 일하지만 전혀 효과 없는, 겨에 못박기, 체에 걸러 무일푼이 되는 햅쌀 며느리 앞에서 놓친 쌀밥 글쎄 맘대로 되지 않는다」라고 행렬 선두의 구로노스케 자신이 장사하는 쌀 연상어로 불평을 하면서 집을 떠난다. 武家라면 있을 수 없는 말을 뱉으면서, 야습이 아닌 야반도주 행렬을 짓고 있는 것이다.

Ⅲ. 스토리 및 그림의 창작방법에 대하여

이상, 그림과 스토리를 전부 개변함으로써 웃게 하는 장면을 고찰해 왔다. 이들은 개변이 심해도 원작의 자취를 남기면서 비트는 창작방법이었다. 한편 原話와 공통점 없이 작자의 창안・발안이 발휘되는 국면이 있다. 충신장에 없는 장면이 설정되는 것으로 原話에 구애받지 않고 자유롭게 충신장의 인물들을 활약하게 한다. 작자가 중점을 두고 그리고 싶었던 인물이 혼조였기 때문에 그와 관계없는 장면을 생략하면서 혼조 일가의 이야기를 확대한 결과일 것이다.

二장 뒷면・三장 앞면「○혼조 주인에게 사직을 청하다(本藏主人にいとま願ふ事)」는 원작에서는 전개되지 않는 에피소드를 덧붙인 창작담이다. 고나미를 시집보내려고 하지만 유라 쪽에서 아무런 대답이 없어 초조해진 혼조는 도나세와 고나미를 먼저 보내고 자신도 사직을 청하지만 이유를 말하지 않으므로 와카사노스케(若狭之助)로부터「오늘 중으로 집을 비우거라」하고 분노를 산다고 하는 이야기이다.

이 장면의 그림은 진지하고 골계미가 없지만 다음과 같이 삽화여백 문장이 비속하여 잇쿠의 그림소설(草双紙)다운 분위기를 풍긴다. 부하가 말하기를「혼조님은 좀 쩨쩨한 분이니까, 필경 약간의 돈이라도 모인 듯합니다. 그래서 사직하고 대금업자라도 하실 셈이겠지요.」라고 경박한 발상을 피로하고 혼조 말하기를「저는 원수 갚기가 있으므로 얼른 사직서를 받아주십시오, 게다가 전별 하사품이라도 있을듯한데 글쎄 뭘 모르는 주인님의 아량이십니다.」라고 천박한 근성을 발로한다.

이에 이어지는 三장 뒷면・四장 앞면「○가재도구를 골동품가게에 팔다(家財道具屋に売わたすこと)」는 완전히 창작된 에피소드이다. 도상을 보면 주판알을 튕기면서 골동품가게 주인과 가격 흥정 중인 혼조 및 황망한 혼조 집안이 묘사된다. 실로 滑稽本『東海道中膝栗毛』初編에 있어서 야지 기타의 여행출발을 그림으로 풀이한 듯한 도상이다. 이하 전문을 번각해 보면,

> 즉시 골동품가게 주인을 부르러 보내 가재도구 잡동사니까지 남김없이 돈 삼냥 동전八貫 아무개에게 팔아넘기고 남은 것은, 끊어졌지만 줄로 된 발과 냄비 바닥을 긁는 식칼 한자루 옆집 요네□□□베님께 전별로 부서졌지만 걸레 하나와 이 물들이는 항아리, 맞은편 집의 이시쿠보 야고자에몬님 미망인에게 양보하고, 파리채와 아궁이불용 부채는 출입하는 종복무사에게 주고, 손상된 석쇠와 움푹 파인 쇠국자는 돈이 되

므로 고철상에 팔아넘기고, 마침내 재산을 버들고리와 봇짐으로 해서 [ ] 가벼운 몸으로 나간다.

(혼조 ?)「자 자 자 이건 얼마 얼마? 4푼 그러지 말고 좀더 쳐 줘 쳐 줘.」

(골동품상) 「이제 더 이상 안됩니다. 그것보다 위로는 한 푼도 살 수 없습니다. 그러니까 깎아 주십시오.」

다음은 『東海道中膝栗毛』 初編(소학관의 일본고전문학전집으로부터 인용)이다.

우리는 뭐하나 마음에 걸리는 게 없는 무사태평 독신인지라, 쥐를 위해 집세를 내는 것도 낭비라고 가진 재산 전부 여행 봇짐으로 정리했으니 더욱 안심이다. 그러나 평소 조상을 모신 절에 바치는 공양미 주머니를 모자라게 채웠었기에, 큰 맘 먹고 동전 백문[약 3천엔]을 주고 여행 왕래증명서를 받았다. 또 셋집 주인에게 밀린 집세를 전부 갚은 대신에, 여행 중에 관문을 통과할 수 있는 신분증명서를 받았다. 게다가 조금이라도 돈이 될만한 물건은 모두 고물상에 팔아치워 돈으로 바꾸고, 팔리지 않는 잡동사니는 (빈집의 뒤처리를 할) 셋집 보증인에게 넘겨 사례금을 받았다. 야채절임 누르는 돌과 냄비 솥의 그을음 긁어내는 낡은 부엌칼은 옆집에 주고, 여기저기 뜯어진 새끼줄 볕 가리개 발과 기름 항아리는 앞집에 주었다. 고향집에 뭐하나 남겨 놓은 것이 없기는 해도, 단 하나 마음에 걸리는 것은 술집과 쌀집 외상을 갚지 않은 채 갑자기 여행을 떠나버렸기에 그들이 필시 원망하고 있으리라는 것.

실로 이 야지의 여행 출발 전의 행동과 별반 다를 것 없음을 알 수 있다. 혼조는 훌륭한 무사이면서 하루 벌어서 하루 먹고 사는 서민, 야지와 생활이 변함없도록 장황하게 묘사되는 그 고의성이 우스꽝스럽다. 滑稽本에서는 생활감 넘치는 치밀한 묘사에 의해 인물상이 현실미를 띄도록 표현하는 것이 그 창작 수법의 근간을 이룬다. 合巻의 본 장면은 写実的인 나열법의 구사라고 하는 滑稽本的 수법을 활용하고 있으며 자신의 선행작 滑稽本의 창작법을 전용한 일례라고 할 수 있다.

모모노이 와카사노스케(桃井若狭之助)로부터 해고되어 「○혼조 땔감 가게에 더부살이하다(本蔵真木屋に食居之事)」를 그리는 六장 앞면도, 완전히 창작된 에피소드이다. 강물이 불어나 강을 못 건너는 등 해서 처자식보다도 사흘이나 늦게 교토에 도착한 혼조(←「그대들 보다 이틀 전에 교토 도착」)는 집주인에게 유라노스케와 자신의 처자식의 행방을 묻지만 몰랐다. 「……서른 살 정도 되는 통통하니 세련된 부인과 둘이서 찾아 온 적은 없습니까, 그 세련된 부인이 즉 이 몸의 마누라, 참말로 아름다운 애교 넘치는 물건, 모르십니까」 라고 아내자랑을 주책없이 늘어놓으면서 행방을 찾는다고 하는 골계스런 혼조인 것이다.

八장 뒷면・九장 앞면에서는 가엾게 여긴 사람의 소개로 교토 가도에 찻집을 내고 살고 있던 처자식과 재회한 혼조는 그 가게의 바깥주인이 된다고 하는 이야기로 원작과는 무관한 창작된 에피소드와 삽화이다. 이 찻집의 손님은 「저게 여기 바깥양반인가. 아름다운 여편네에 걸맞지 않는 지저분한 사낼세」 하고 잡담을 늘어놓는다.

十장 뒷면에서는 「쌀을 보조받는 것이 중요」하다고 욕심을 부리는 혼조와 도나세는 고나미를 시집보내려고 결심한다. 그리고 쌀집으로부터 부탁한 물품(혼수)이 배달된 모습이 그려진다. 완전히 창작된 에피소드와 도상인 것이다.

本 合巻 마지막 十五장 뒷면 「○혼조 경사일세 경사(本蔵めでたし／＼のこと)」도 창작된 에피소드이다. 黄表紙에서는 본문을 마무리 짓는 전형적인 졑말 방법으로서 마지막 권 말미에 한 페이지가 부가되어 지금까지의 이야기는 전부 꿈이었다고 경사일세 경사 하고 끝나는 체제를 흔히 취한다. 실로 본 장면도 이에 상응하는 듯 하다. 설 명절

이른 시각에 명절 축하주에 살짝 취하여 졸다가 꿈을 꾼 것이라고 꿈에서 깨어난 혼조가 크게 웃으며, 고나미가 쌀집 아들을 신랑으로 맞이하는 새해 첫 꿈은 재수가 좋다고 기뻐한다고 하는 내용이기 때문이다. 도상에서도 명절요리를 앞에 두고 크게 웃는 혼조와 손으로 입을 가리고 웃는 고나미와 도나세가 그려진다.

Ⅳ. 맺음말 - 작품의 특징과 작자의 궁리

合巻은 권두를 장식하는 그림(口絵)을 보면, 해당 책의 주요 등장인물과 주목할 만한 장면을 알 수 있는 구조로 되어 있다. 原話의 〈九段目〉를 비트는 에피소드가 本作의 3장반에 걸쳐지는 본문과 삽화에 전개되고 있는데, 권두그림(口絵)[14](一장 뒷면・二장 앞면)에서도 채택되고 있다는 점에서 혼조 일가의 빼트릴 수 없는 중요 장면임이 여실히 드러난다. 굽 달린 쟁반과 절구공이를 든 도나세를 한가운데 두고, 왼쪽에 종이탈 머리를 쓰고 허무승 승려복장의 혼조, 오른쪽에 「加古川本蔵建立」이라는 깃발을 든 유라노스케의 초상이 그려진다. 과장된 순간 멈춤 동작을 하는 3인은 가부키무대의 장중한 그림 같은 순간이지만, 그와는 어울리지 않는 농담 섞인 삽화여백 문장이라든지 익살스러운 종이탈 머리(← 삿갓)가 그림소설(草双紙)다운 분위기를 물씬 풍긴다.

이 권두그림에서 유라노스케는 상응하는 축의금이면 좋겠다고 오이시 대사를 대신하여 비근하게 말한다. 그러자 도나세는 「그럼 신랑 혼수품을 원하시는 거지요. 이 검은 마사무네, 단도는 나미노 히라유키야스, 이 절구공이는 미소노시루스레야스('된장국'의 의미를 내포함)이옵니다」 하고 原話의 「혼수품을 원하시지요. 이 두 칼은 남편의 보물, 검은 마사무네 단도는 나미노 히라유키야스」를 유사음(地口)으로 비근하게 응수하고 있다. 주인공 혼조까지 「혼조의 목 건네옵지요, 이 종이탈 머리를」하고 농담을 하는 형편이다.

여타 많은 〈충신장물〉 黄表紙와 마찬가지로, 〈충신장물〉 合巻『加古川本蔵建立』는 원전의 줄거리를 밟으면서 교묘하게 견강부회해가는 번안 수법을 구사한다. 原話 줄거리 하에서 충신장 사건을 대입하여 原話 틀을 어떻게 살리면서 패러디할지 고심하는 것이다.

寛政八年부터 享和二年까지 간행된 짓펜샤 잇쿠의 〈충신장물〉 黄表紙 10작의 경향을 정리하여 후일담계・이야기계・나열계로 나누어 논한[15] 적이 있다. 그 중에서 「이야기계」로서 골계성 전무한 진지한 (일대기)이야기라고 할 수 있는 寛政十年 간행 세 작품『忠臣辰月夜』『義光夜功珠』『仮名文章女忠臣』을 거론하였다. 이들은 原話 줄거리를 밟으면서 비틀고 있음에도 불구하고 농담・비속함과 같은 웃음 없이 오로지 사건의 견강부회의 의외성에 취지가 놓여 있었다. 언어유희(洒落・地口)에 의한 골계가 아니라, 사건의 견강부회 그 자체의 뜻밖의 착상이 가져오는 우스움으로 독자를 즐겁게 하고자 한 것이었다.

本作『加古川本蔵建立』도 소위 「혼조이야기」로서 「이야기계」의 〈충신장물〉에 들어갈 듯하지만, 단 언어유희에 의한 비속한 웃음이 있고 뜻밖의 착상에 의한 창작담이 있다는 점이 전게 黄表紙 세 작품과의 큰 차이점이다.

『加古川本蔵建立』에 있어서 혼조는 희작자 잇쿠의 자유로운 발상이 움직이는 원동력이 되고 있다. 혼조를 주인공으로 선택한 데에 작자의 보는 눈이 작용했고, 새로운 안의 창출이 걸려 있었다. 따라서 본 작품은 혼조와 관련된 原話의 二・三・八・九段目가 주로 비틀어져 스토리를 움직이게 한다. 그리고 혼조를 주인공으로 앉혀 30페이지에 걸친 이야기를 전개하기 위하여 한편으로는 原話의 틀에서 벗어나면서 변용의 가능성을 탐색한 부분에 여타 주요 〈충신장물〉 草

双紙와는 다른 본 작품의 첫 번째 특징이 있다.

또한 본 작품의 두 번째 특징으로서 잇쿠 자신의 黄表紙, 또는 〈黄表紙風 合巻〉에 비하여 도상의 골계미와 대사의 농담이 비교적 적은 점을 들 수 있겠다. 예를 들면 『忠臣狸七役』(文政十一年간행 〈충신장물〉 合巻)과 비교하면서 읽어보면 본 작품에는 진지한 대사가 많은 점이 눈에 띈다. 그러나 진지함으로 승부하는 일반적인 合巻과는 분위기가 상당히 다르다. 원전을 밟고 있는 국면이나 문장의 비틀기는 물론, 농담이 토대를 이루는 잡담, 음담패설, 그리고 비근한 발상을 여기저기 짜 넣음으로써 잇쿠다움이 깔려 있는 것이다. 본 작품을 〈黄表紙風 合巻〉의 한 작품으로 간주하는 연유이기도 하다.

실은 가코가와 혼조(加古川本蔵) 주인공의 분라쿠가 2009년 1월 오사카의 국립분라쿠극장에서 상연되었다.『増補忠臣蔵』 중「혼조별저(本蔵下屋敷)의 단」이다. 同 팜플렛(床本)의 해설에 의하면 막부말기부터 明治에 걸쳐, 지명도가 높은 인형극의 세계를 빌려 원작에서는 그려지지 않은 부분의 이야기가 전개되는 "増補物"이라고 하는 장르의 조루리가 상연되었다고 한다. 그 흐름을 이어받아 明治十一年四月, 大阪 大江橋의 일석에서 초연된 것이『増補忠臣蔵』이라고 한다. 그리고「혼조별저의 단」은 원작에서는 그려지지 않았던 소나무 베기에서부터 야마시나에 이르기까지의 혼조 심정이 그림책처럼 묘사된 혼조의 후일담이라고 할 만한 내용으로 이루어지고 있다. 원작에는 등장하지 않는 악역과 모모노이(桃井)의 여동생과 얽히게 하면서 모모노이의 배려로 야마시나로 죽음의 여행을 떠나게 되는 혼조의 이야기가 슬픔이 감도는 짧은 이야기였다.

이 1878년 4월 초연된 인형극『増補忠臣蔵』는 가부키로서는 1968년에 딱 한번, 인형극으로서는 1967년부터 2001년까지 11번 상연[16]된 작품이다. 원작『仮名手本忠臣蔵』에 비하면 상당히 적은 상연 횟수이기는 하지만 특히 「혼조별저의 단」은 희작자 짓펜샤 잇쿠와 상통하는 발상을 엿볼 수 있다. 단지 잇쿠作『加古川本蔵建立』는 혼조와 관련되는 원작의 二・三・八・九段目를 비틀면서 스토리를 진행시키는데 반하여, 『増補忠臣蔵』는 「혼조별저의 단」이라고 하는 제목처럼 혼조의 별저(下屋敷)를 무대로 모모노이・그 여동생・악역・혼조, 라고 하는 4인의 등장인물이 펼치는 증보물(増補物)이다. 전자는 웃음이 주안인 〈黄表紙風 合巻〉 이며, 후자는 슬픔이 넘치는 조루리(浄瑠璃), 라고 하는 지향점이 다르기 때문이라고 생각된다. 따라서 「증보」가 아닌 「비틀기」인 점에 本 合巻의 마지막 세 번째 특징이 있다고 할 수 있다.

참고문헌

金井圭太郎(2006)「草双紙の筆耕」『江戸文学』35, ぺりかん社

佐藤悟「『正本製』三編をめぐって」『国語と国文学』平成十八年五月特集号, 東京大学国語国文学会

拙稿「十返舎一九の「忠臣蔵もの」黄表紙展開史」(2003)『語文研究』第95号, 九州大学国語国文学会, 2003年5月

鳥越文蔵他校注(2002)『浄瑠璃集』新編日本古典文学全集, 小学館

中村幸彦他編(1982～1999)『角川古語大辞典』角川書店

新村出編(1998)『広辞苑』岩波書店

服部幸雄編(2001)『仮名手本忠臣蔵』歌舞伎オンステージ, 白水社

吉丸雄哉(2006)「素人狂言と滑稽本」『国語と国文学』平成十八年五月特集号, 東京大学国語国文学会

『増補続青本年表』新群書類従第七巻, 1944

주

1)「浄瑠璃・歌舞伎から草双紙へ一合巻『加古川本蔵建立』の創作法」『일어일문학연구』74호, 3-20頁, 한국일어일문학회, 2010년8월

2) 他にも,真山青果作 『元禄忠臣蔵』が国立劇場において2006年10月第一部(江戸城の刃傷・第二の使者・最後の大評定), 同11月第二部(伏見撞木町・御浜御殿綱豊卿・南部坂雪の別れ), 同12月第三部(吉良屋敷裏門・泉岳寺・仙石屋敷・大石最後の一日)と通し狂言として舞台に上がった.『仮名手本忠臣蔵』を離れ,実録や史料を元に赤穂事件の復元に努めたのが『元禄忠臣蔵』である.

3)『増補続青本年表』新群書類従第七巻, 明治39年

4) 以下, 国会図書館本を底本とする.翻字に当たり, 通用字体の漢字混じりに適宜改め, 私意により句読点を附し, 促音・拗音は通用字体の大きさに改めた.判読不明の箇所は□及び［ ］で表す. 引用文中の( )の中は稿者の補.

5)『国語と国文学』平成十八年五月特集号, 東京大学国語国文学会

6) 以下原作の引用は, 特記しない限り,『浄瑠璃集, 仮名手本忠臣蔵』(新編日本古典文学全集, 小学館)による.

7) 一方, 現行の『仮名手本忠臣蔵』「道行旅路の花聟」は寛延元年初演にはなく,天保四年1833に江戸河原崎座において三段目の裏の場として初演されたものである. 原作の三段目裏門の場と『傾城恋飛脚』「新口村」を巧みに綯い交ぜた一幕である.

8) 先行例として『仮名文章女忠臣』(寛政十年1798刊, 一九作画)が挙げられる.詞章を読まないで画面だけ見る限り原作『忠臣蔵』そのものである. つまり,甚だしい故事付けのストーリーが地の文においてなされていて, それに合わせて登場人物も女にしたり, 原作では違う役の人物をその役に廻したりはしているが, 画面の構図は殆ど同一であった.

9) かたはずし：御殿女中や武家の妻などが主として結う髪で, 輪に結び, 笄(かうがい)を横に貫き, その輪の上になったところを外したもの. 以上『角川古語大辞典』.

10) うちかけ：帯を締めた衣服の上から, 帯を締めずうち掛けて着る長小袖の状をしたもの. 上流の婦人が着用したものであったから, 近世では武家の婦人の礼服となった. 外出時にも着用する. 以上『角川古語大辞典』・『広辞苑』より抜粋.

11) 吉丸雄哉「素人狂言と滑稽本」『国語と国文学』平成十八年五月特集号,東京大学国語国文学会.「茶番狂言は, ハネ(吉丸注, 茶番のオチをハネという)を設

けたり，景物(吉丸注,ハネにちなんだおみやげ)を出すことが重視される．素人狂言は，場面を改変して滑稽にすることがあっても，もともと歌舞伎に基づいた芝居を演じることを重視する.」

12) つのがみ【角髮】：角前髪(すみまへがみ)に同じ．額(ひたひ)の左右の角(すみ)を剃り込んだ前髮.『守貞漫稿·九』に「三都とも息男·丁稚ともに，元服一二年前に額際を僅かに剃る．俗にすみを入ると云ふ．此風をすみ前がみと云ふ．半元服と云ふ也.」『角川古語』.

13) 引っ越し女房とは披露もせずに,荷物を持ち寄って新所帯を持った妻

14) 文化四年から六年の間には，見返しのデザイン導入，摺付表紙や独立した口絵添付という形式が定着し始めた(金井圭太郎 「草双紙の筆耕」『江戸文学』35, ぺりかん社, 2006). 従来の黄表紙は漉返しの紙を使用, 表紙も貼外題のみの粗末なものであったが, 合巻は表紙に錦絵摺付を採用したのである.

15)「十返舎一九の「忠臣蔵もの」黄表紙展開史」『語文研究』第95号, 九州大学国語国文学会, 2003年5月

16) 文化デジタルライブラリー上演記録情報 http://www2.ntj.jac.go.jp/dglib/

근세대중문예의 취향 고찰

- 合巻『충신너구리의 7역』에 나타난「7역」과 「너구리」를 단서로 -[1]

Ⅰ. 머리말

짓펜샤 잇쿠의〈충신장물〉黄表紙 작품 군에 대해서는 이미 졸고[2]에서 논하고 있으므로 여기에서는 잇쿠가 사망하기 3년 전인 文政十一年에 간행한 合巻『忠臣狸七役』(歌川安秀画, 全十장)을 단서로 근세대중문예의 몇 가지 취향에 대하여 고찰하고자 한다. 본고에서는 蓬左文庫本(国文学研究資料館마이크로필름 이용)을 저본으로 하는데, 제첨(題簽)은 왼쪽 어깨에 틀을 겹쳐(子持枠)「忠臣狸七役 全」이라고 인쇄가 아닌 붓글씨로 적혀 있다[3].

文政十一年(1828)에 간행된 짓펜샤 잇쿠作合巻『忠臣狸七役』에 나타난 취향 천착은 그 제목이 의미하는 바부터 출발해야 한다. **「七役」**이라고 하면,「七変化」, 또는「재빠른 변신(早替)」와의 관련을 상정할 수 있을 것이다. 여러 사전류를 종합하여 우선「七変化」에 관한 항목을 발췌해보자.

七変化(しちへんげ): 일곱 곡(七曲, ななわた)으로 이루어진 変化物

(へんげもの). 変化物로서는 전형적. 이것은 『広辞苑』의 설명인데 이하 『角川古語大辞典』으로부터 발췌해보면,

> ①일곱 가지로 변화하는 것. 다양하게 변화하는 것. 「정진요리 두부의 7변화(精進の料理豆腐の七変化)」〔柳多留・五〇〕 ②무용(舞踊所作事)의 한 형식. 무용 중에서 일곱 가지 역으로 변화해 보여주는 것.……(元禄) 이후, 빠른 변장(早替, はやがはり)으로 연기하는 무용(所作事) 종류는 많다. 文化・文政(一八〇四～三〇)경이 그 최전성기라고 할 수 있다. 「나나바케ななばけ」라고도. 「너구리처럼 다양하게 둔갑하여 일곱 가지 변화라도 하듯이 출세를 기다립니다(狸のやうにさまざまにばけ, 七へんげでもするやうに御出世をまつに候)」〔役者友吟味・江戸〕, 「칠변화까지 하셔서 아주 잘하셨습니다(七へんげ迄いたされ大きにでけました)」〔役者色景図・江戸〕.

두 번째로 「早替」라고 하는 연출방법과도 관련지을 수 있을 것이다. 이것도 『角川古語大辞典』으로부터 인용하겠다.

> 早替: 가부키의 연출, 또는 인형극의 인형 조작기법의 한 가지. 가부키에서는 배우 한명이 재빨리 분장을 바꿔 다른 두 가지 이상의 배역을 연기하는 것을 말하며, 인형극에서는 재빨리 인형을 교체하여 하나의 인형이 변화한 것처럼 보여주는 것을 말한다. 어느 쪽도 통상적으로는 생각할 수 없는 듯한 단시간에 바꿈으로써 관객의 의표를 찌르고 극적 흥분을 높이는 연출이다. 「게다가 또 도나세의 빠른 변화, 오이시의 노파분장과 달리 오랜만의 여자역, 옛날과 변함없는 화려하고 아름다움(夫レにまだ／＼となせの早がはり, 大石の年寄リ作りに引かへ, 久しぶりの女形昔にかはらぬ花やか美しみ)」〔役者千贔屓位指・京〕「같은 연극에 저택에 맹인 도쿠이치로 잠입하여 앞에 있는 배에 뛰어 들어가 물보라가 일어난다. 이 중에 빠른 변화로 막을 올리고 두 가지 역할 정부파견인의 출현(同じ狂言に, 館へ座頭徳市にて入込, 前なる水船へ飛こみ水気たつ, 此内早替りにて向ふ揚幕より二役上使の出)」〔芝居秘伝集〕.

Ⅱ. 충신장物의 「七役」

2-1. 七変化와 무용(所作事)

「七変化」라고 하면 五代目岩井半四郎의 「오소메의 七変化」로 유명한 『오소메 히사마쓰 우키나노요미우리(お染久松色読販)』(**文化十年**三月江戸森田座初演, 鶴屋南北作) 등이 있다. 이른바 「오소메의 七変化」와 같은 한명의 배우가 七役 또는 十二役으로도 순식간에 변장하여 연속 연기하는 것이 文化文政期 鶴屋南北 시대에 차례차례 개발되고 있었던[4]것이다. 그것은 文政十年간행된 배우평판기 『役者註真庫』[5]에 의하면 南北가 산 文化文政 시대는 신기한 연출이 선호되어 「점점 충신장도 성급해져서 막 없이 각자 七役씩 맡아 넷이서 28역을 하게」 되었다고 하는 상황으로부터도 짐작할 수 있다. 〈 충신장물 〉合巻인 본 작품이 도출된 배경에는 이러한 文化・文政(1804~30)무렵이 七変化의 최전성기였다고 하는 문화적 토대가 있었던 셈이다.

『仮名手本忠臣蔵』로부터는 벗어나지만 **文化八年**三月六日, 江戸市村座에서 三代目坂東三津五郎가 七変化 「시치마이쓰즈키 하나노스가타에(七枚続花の姿絵)」를 추었다. 이로부터 9日 늦은 시점에서 中村座에서는 라이벌 三代目中村歌右衛門이 七変化 「오소자쿠라 데니하노나나모지(遅桜手爾葉七字)」를 하룻밤 만에 창작하여 그를 뒤따랐다. 変化舞踊의 붐은 이로부터 시작되었다고 일컬어진다. 이 두 위인의 진검승부를 初代歌川豊国가 스모의 동쪽 진영 서쪽 진영에 견주어 그린 배우그림이 『芝居絵に見る江戸・明治の歌舞伎』에 실려 있는데 그림 해설이 상세하다. 또한 七変化무용(所作事)인 「시치마이쓰즈키 하나노스가타에(七枚続花の姿絵), 온나산노미야(女三の宮)・가지와라겐다(梶原源太)・초보쿠레(願人坊主)・老女・시오구미(汐汲)・사루마와

시(猿廻し)・関羽」중에서 현재 国立劇場에는 4장이 소장[6]되어있다.

文化十四年(1818・4・22まで)三月七日부터 江戸都座에서 二月狂言의 마지막(切り)으로서 七変化(舞踊)『미야마노하나 도도카누 에다부리(深山桜及兼樹振)』가 행해져 (三代目)菊五郎가 빠른 변신을 혼자서 담당한다. 작자는 鶴屋南北기타이다. 「세상에 「都座에는 과분한 두 가지가 있다.(清元) 엔주다유(延壽太夫)에 鶴屋南北」」라고 『歌舞伎年表』에 기록된 것으로부터도 크게 인기를 얻었음을 알 수 있다.

2-2. 『仮名手本忠臣蔵』의 七役

그럼 『仮名手本忠臣蔵』가 七役으로 상연된 구체적인 예를 들어보자.

이미 五代目市川団十郎도 혼자서 七役을 겸하는 연기를 보이고 있었다[7]고 하는 지적은 있으나, 그 이상 자세한 것은 알려져 있지 않다.

寛政十三年二月江戸中村座에서, 四代目市川団蔵는 「忠臣蔵」 七役을 담당하여, 五段目에서는 与市兵衛, 사다쿠로 二役을 빠른 변신으로 연기했다. 여기에 연유하는 배우그림 「市川団蔵・하야카와리」[8](初代歌川豊国画)가 있는데 五段目의 사다쿠로 의상은 줄무늬 모양이다.

文政二年四月二日부터 江戸玉川座에서, 七代目団十郎는 「忠臣蔵」 七役을 담당하여 五段目에서는 사다쿠로, 간페 二役을 빠른 변신으로 연기했다. 그 밖에는 判官・若狭之助・加古川本蔵 마누라戸無瀬・天川屋義兵衛・유라노스케를 연기하고 있다. 이와 같은 一人七役을 연기하는 연출은 관서지방에도 있다. 이에 연유한 五渡亭国貞(三代豊国)가 그린 배우그림 「칠역 중 오노사다쿠로 하야노간페/이치카와단주로(七役の内 斧定九郎・早のかん平 / 市川団十郎)」[9]가 있고 五段

目에 그려진 사다쿠로・간페와, 本 合巻『忠臣狸七役』의 사다쿠로・간페와는 의상, 즉 각각 검정하오리(黒羽二重)・격자무늬가 동일하다.

이상은 무대예술에 있어서의 구체적인 예였으나, 草双紙에서도「七役」을 趣向으로 한 先行例가 있다. **享和二年**(1802) 간행된 山東京伝作『早業七人前』(하야와자시치닌마에)이다.「市川団蔵・的中狂言(아타리쿄겐)」이라고 하는 角書로부터 전술한 寛政十三年(1801)二月 江戸中村座에서, 四代目市川団蔵가 七役을 담당하여 호평을 거둔「충신장」에 연유하여 출판된 草双紙임을 추측할 수 있다.

그 내용은「자만의 볏단, 부자와 거지의 빠른 변신」,「깨달음의 볏단, 오타후쿠녀와 미인의 빠른 변신」이라고 하는 표제를 한 장마다 달고「자만」「깨달음」에 대하여 훈계해간다고 하는 식의 에피소드집이다. 이 중에서 2장 앞면에서는「지난해 이치카와단조 가나데혼주신구라 연극에 혼자서 7역을 담당한다.....희대의 호평을 거둔 것은 모두 아시는 바와 같다. 구사조시라고 하는 녀석이 묘한 구석으로부터 창작되는 것이므로 이것이 이 책의 취향의 씨앗이다(過ぎつる年, 市川団蔵, 仮名手本忠臣蔵の狂言に, 一人にて七役を勤む. ……古今稀なる大当りせしば, 皆様御存知のことなり. 草双紙といふやつが, 乙な所から案じ出すものにて, これがこの草紙の趣向の種なり).」[10]라고 확실히 취향의 씨앗을 밝히고 있지만, 본문 에피소드는 〈충신장물〉이라고는 할 수 없는 내용이 되고 있다.

단 권말의 14장 뒷면・15장 앞면(【図版1】)이 되면 권두의 2장 앞면에 맞추듯이 市川団蔵의 七役을 한꺼번에 삽화 한 장에 그려(『山東京伝全集』에 団蔵의 초상화라는 지적 있음), 지문과 삽화여백문장은 충신장 등장인물 한사람 한사람을 양념재료에 비유하면서 거론하는, 그들에 대한 山東京伝다운 비틀기와 농담을 살린 문장이 되고 있다.

【図版1】『早業七人前』 14ウ·15オ(早稲田大学소장本)

【図版2】『気替而戯作問答』 11ウ·12オ

그리고 이 14장 뒷면・15장 앞면의 그림과 문장은 **文化十四年**山東京伝遺稿作으로 간행된 『気替而戯作問答』(기오가에테 게사쿠몬도, 文化十三年閏八月稿成, 文化十三年九月七日京伝急死)의 11장 뒷면・12장 앞면 「충신장의 七役」[11] 장면(【図版2】)에 영향을 주고 있는 것이 아닌가 생각된다. 양 쪽 다 7인이 늘어선 구도(七人居並びの図)라고 하는 화면 구성은 동일하나, 인물 위치와 복장, 소지품, 포즈는 궁리를 하고 있다. 그러나 문장 쪽은 黄表紙『早業七人前』14장 뒷면・15장 앞면을 단지 질의 응답이라고 하는 형식으로 바꾸었을 뿐으로 合巻『気替而戯作問答』의 11장 뒷면・12장 앞면에서는 원문을 거의 그대로 재이용하고 있다.

Ⅲ. 「너구리」라고 하는 취향

3-1. 너구리와 다누키가쿠베(狸角兵衛)

이상에 의해 文政十一年(1828)에 짓펜샤 잇쿠作合巻『忠臣狸七役』가 간행되기에 이른 「七役」의 문화적 배경을 규명할 수 있었다고 생각한다. 따라서 제목이 의미하는 바는 충신장 연극을 충신 너구리가 빠른 변신으로 7역을 지면상에서 펼쳐 보인다고 하는 의미로써 사용되었음을 알 수 있다.

그리고 지금까지는 인간이 다양한 충신장을 연기해 왔다면, 本 合巻에서는 人間 대역으로 「너구리」에게 연기를 시키는 것에 주안점이 놓여지게 된다. 그럼 「너구리」가 충신장을 연기하는 것에 대한 의미를 생각해보자.

「너구리」에 대해 『角川古語大辞典』에

……사람을 홀리는 일이 있는데 늙은 너구리는 둔갑을 잘해서 사람을 먹는다.……둔갑해서 사람 모습이 되어 있는 경우에는 소나무·삼나무 잎으로 연기를 내면 정체를 드러낸다.……사람과 매우 친숙하여 사람 말을 하고 날씨를 예측하여 기상 변화를 알려준다고 한다. 이마도 도자기인형(今戸焼) 너구리는 술병(徳利)과 외상장부(通帳)를 들고 술집에 가는 모습이다. 또한 얼굴이 하얗기 때문에 「얼굴하얀 너구리=재미있는 너구리(面白だぬき)」라는 호칭이 있다.

라는 해설이 있는데, 실로 本 合巻에서는 이 너구리의 표상이미지를 이용하려고 하는 것이다.

참고로 同辞典에서는 「다누키노가쿠베」(狸角兵衛)라고 하는 仮人名 항목이 있는데, 「『仮名手本忠臣蔵』六段目에 등장하는 인물. 山城国 山崎 부근의 사냥꾼. 与市兵衛의 사체를 집으로 날라 와, 勘平(간페)를 질책하는 3인 중 한명. 「맷포야하치, 다네가시마노로쿠, 다누키노가쿠베(めつぽう弥八種が島の六狸の角兵衛) 이 지역의 사냥꾼 3인일행」이라고 하는 다소 틀린 해설을 하고 있다.

『仮名手本忠臣蔵』 六段目, 狸角兵衛が登場する箇所の原文を全部引いてみると, 次のように短い.

입에서 나오는 대로 맷포야하치, 다네가시마노로쿠, 다누키노가쿠베(めっぽう弥八. 種が嶋の六狸の角兵衛). 이 지역의 사냥꾼 3인일행. 부친의 사체에 도롱이를 씌우고 널빤지에 태워 왁자지껄하고 안에 들어와, 밤에 산에서 일이 끝나고 돌아오는데 여기 아저씨가 살해당해서 죽어계셨기에 사냥꾼 동료가 데려왔다고 듣자마자 깜짝 놀라는 모친, 어떤 자의 소행, 여보게 사위님 죽인 자는 어떤 놈인지 원수를 갚아 주시게. 여보 당신 당신하고 불러도 외쳐도 소용없어 우는데, 다른 일 없는 사냥꾼 각자 말하기를, 아아 아주머니 슬프겠지요. 관청(代官所)에 부탁해서 범인을 찾아내시지요. 가엾도다 가여워, 하고 모두 집으로 귀가한다.

즉 狸角兵衛를 포함한 사냥꾼 3인 일행은 간페를 힐책하지 않으며, 관청에 신고하여 범인을 수색하라는 충고를 남기고 그대로 귀가해버리기 때문이다. 이와 같이 『仮名手本忠臣蔵』에서는 이른바 단역에 지나지 않는 狸角兵衛이지만 단역이나마 충신장에 등장했다고 하는 네임이 거꾸로 유명해져, 『化皮太鼓伝』(바케노카와 다이코덴, 天保四年, 잇쿠作, 歌川国芳画)등의 너구리 이름은 「角兵衛」인 점이, 충신장을 역발상으로 이용하고 있어 흥미롭다.

3-2. 너구리의 8첩 깔개(八畳敷)

한편, 다양한 빗대기 그림(見立絵)의 소재가 되기도 하는 「8첩깔개」라고 하는 너구리의 특성이 있다.

빠른 先行例로서 黄表紙 『夭怪着到牒』(바케모노챠쿠토쵸, 天明八年刊, 北尾政美画)에 「너구리가 불알 八丈 펼쳐, (인간의)머리로부터 씌우려고(잡으려고)하는」[12] 장면이 그려진다.

이보다 더욱 빠른 예문으로는 黒本 『金時狸의 선물』(明和頃1764~1772刊, 鳥居清経画)下編에 「너구리, 차 끓이는 가마솥을 흠씬 두들겨 맞고,……더 이상 견딜 수 없다고 집안 대대로 내려오는 숨겨둔 장기인 불알로 모습을 감춘다」는 장면이 그려진다. 이 너구리는 자랑스러운 듯한 표정이지만, 本 合巻 『忠臣狸七役』의 너구리는 난처한 표정인 점에 도상 대비의 재미가 살짝 엿보이기도 한다.

合巻 『忠臣狸七役』에 앞서 寛政九年에 짓펜샤 잇쿠는 自画로 黄表紙 『閣思猷境界』(가치카치야마게다모노세카이)를 간행한다. 토끼를 주인공으로 너구리를 악역으로 하여 「딱딱산(かちかち山)」의 세계를 확대 전개시킨 이야기이다. 정직한 正作 영감을 먹어치운 너구리는 마누라인 정직한 할멈까지 먹어치우려고 하는 순간 토끼가 할멈을 살려

준다. 이것을 원망한 너구리와 늑대에게 토끼는 잡혀서 괴롭힘을 당하지만 도망친 토끼가 이번에는 복수에 나선다.

토끼와 멧돼지는 너구리한테 가서 너구리가 불알을 펼쳐 덮으려고 하는 순간을 거꾸로 늑대・여우까지 그 불알 안에 냅다 던져 넣고, 쟁기로 다져 열십자로 밧줄을 동여맨다. 너구리 불알로 싼 적들을 토끼 일행이 정직 할멈에게 데리고 가서 죽이자고 하자, 正作영감의 명복을 빌기 위해서도 목숨은 살려줘야 한다고 해서 용서해준다.

딱딱산의 세계가 너구리의 8첩 깔개를 모티브로 한 에피소드 지원하에, 7장 뒷면・8장 앞면에서는 늑대랑 여우가 너구리가 뻗은 큰 불알 안으로 내던져지는 순간이 화면 전체에 그려져, 이어지는 8장 뒷면・9장 앞면에서는 열십자로 묶인 불알을 쪼그라들게 할 울고 있는 너구리가 또 화면 전체에 그려진다. 그리고나서 토끼가 할멈을 향하여 「우메카와추베(梅川忠兵衛)는 아니지만, 돈(金=불알) 二分 지참했습니다. 약간 적색은 띕니다만, 동(銅脈=위조화폐)은 아닙니다」[13]라고, 『메이도노 히캬쿠(冥途の飛脚)』를 이용한 대사를 친다. 이와 같이 삽화 여백문장에서는 동음이의어(地口)와 형태로부터의 비유에 의한 썰렁한 농담을 마음껏 뱉는 것이다. 실로 너구리의 8첩 깔개가 전면적으로 이용된 사건이라고 할 수 있다.

合巻 『腹鼓狸忠信』(文化六年刊, 三馬作, 北川美丸画, 東京大学霞亭文庫소장) 6장 뒷면・7장 앞면에서는 너구리의 거대한 음낭 위에 角兵衛의 살림이 차려져, 거기에 많은 인간들이 쳐들어와 있다. 이어지는 7장 뒷면・8장 앞면에는 너구리의 거대한 음낭에 깔린 인간들이 비명을 지르고 있다.

이상과 같은 戯作뿐만 아니라 浮世絵화가에 의한 너구리의 8첩 깔개를 취향으로 한 戯画도 존재한다. 1720年代에 왕성한 활약을 하는 近藤清春[14]画로서 井筒屋版 「분부쿠챠가마」와 鱗形屋版 「분부쿠챠

가마(ふんぶく茶釜)」에서는 모두 8첩 깔개를 펼쳐 무가의 다도인(茶坊主) 네 명에게 씌우는 장면이 있다. 이것보다 약 百年後인 天保後期(1840年頃)에는 歌川国芳가 이 취향의 戯画를 30종이나 제작하고 있다[15]고 한다.

安政六年(1859)十一月간행된 歌川芳藤画의 완구그림「신판 너구리 열거(志ん板たぬきづくし)」[16]는 가로세로 6칸씩, 음낭이 이불・우산・외투・보자기 등으로 비유되어 그려진다. 마찬가지로 완구그림인「신판 너구리의 희롱 열거(志んはん たぬきのたハむれ尽)」(歌川団蝶画, 弘化四1847~嘉永五1852)에서는 음낭이 고타쓰・우산・멍석・이불・도롱이 등으로 비유된다.

【図版3】(『忠臣狸七役』8ウ・9オ)

> 어린이 장난감용으로 만들어진 다색판화를 「완구그림(おもちゃ絵)」이라고 부르는데,……한 장짜리 그림에 많은 칸으로 구분하여, ……한 가지 테마를 설정하고, 그에 속하는 다양한 것을 한 장 그림 안에 망라해서 그려 넣은 「나열화(物尽し絵)」라고 하는 장르가 있었다. 그중 하나로 요괴만 그린 「요괴 나열」이 있었다」[17]

고 하는데, 本合巻『忠臣狸七役』, 특히 8장 뒷면의 3분의 2 「눈을 굴리는 장면에 때마침 이 날은 눈이 오지 않으므로(雪転がしの出端に, 折節此日雪が降らぬ故)」, 리키야로 변신한 너구리가 불알을 굴린다고 하는 장면(【図版3】)도, 이상과 같은 「너구리의 8첩 깔개」 비유의 흐름을 이어받은 것이라고 이해할 수 있겠다.

3-3. 왕방울눈 꼬마 너구리

【図版4】(『忠臣狸七役』 5オ)

本 合巻『忠臣狸七役』(文政十一年)五장 앞면(【図版4】)에 너구리가 빗속을 「예의 왕방울눈 꼬마가 술을 사러 가는 차림으로」 둔갑하는 장면이 있고, 술병(貧乏徳利)・외상장부(通い帳)를 손에 든 모습으로 그려진다. 지금도 가게 앞에 놓여지기도 하는 실로 이마도 도자기인형(今戸焼き) 너구리 모습이다.

『忠臣狸七役』의 이 왕방울눈 꼬마너구리는 잇쿠의 黄表紙『怪談深山桜』(가이당미야마자쿠라, 自

画作으로 寛政九年간행된『化物見越松(바케모노미코시노마쓰)』의 增補作, 刊年미상, 自画)[18]의「두부꼬마」및 전술한 잇쿠의 合巻『化皮太鼓伝』(바케모노다이코덴, 天保四年, 歌川国芳画)의 꼬마(「눈알이 빛나는 꼬마가 술통을 들고 왔다」)와도 유사한 도상이다.

너구리의 8첩 깔개 빗대기의 빠른 예로서 전술한 黄表紙『夭怪着到牒』(天明八年刊, 北尾政美画)에는「큰 머리 꼬마, 보슬비 내리는 밤, 두부가게주인을 놀라게 해서 한모 가져온다(あめのそぼふる夜,とうふやをおどかし, 一てうしめてくる)」는 장면이 그려진다.「이 무렵 두부꼬마라고 하는 요괴가 草双紙에 잘 등장한다. 두부꼬마의 특징은 머리가 크고 삿갓을 쓰고 있고 손에 단풍두부[19]를 들고 있다. 여러 가지 심부름꾼(小間使い) 요괴(너구리, 외눈박이 꼬마, 비내리기 꼬마)는 두부꼬마의 원형일 것이다.」라고 하는『江戸化物草紙』의 각주가 참고가 된다.

合巻『忠臣狸七役』五장 앞면으로 돌아가면, 너구리가 빗속을「예의 왕방울눈 꼬마가 술을 사러 가는 차림으로」둔갑하여, 술병(貧乏徳利)・외상장부(通い帳)를 손에 든 모습으로 그려지는데, 이 후에 술통을 든 꼬마는「너구리의 정체를 드러낸」다.

天保十二年에 간행된 竹原春泉斎画의 그림책『絵本百物語一桃山人夜話』에는「콩 너구리(豆狸)」라고 하는 요괴가 그려진다. 그리고 이 콩 너구리는「보슬비 내리는 밤에는 음낭을 쓰고 술안주를 구하러 나온다고 한다(小雨ふる夜(よ)は陰嚢(いんのう)をかつきて肴を求めに出(いづ)るといふ)」라고 기록된다. 이 그림에 관한 多田克己氏의 解題[20]를 보자.

> 시가라키 도자기(信楽焼)의 너구리 형상처럼, 삿갓을 쓰고 한 손에 외상장부 또 다른 손에 [동그라미 안에 八] 자가 쓰인 술병을 든, 술 사러 가는 너구리 모습의 루트는 安永三年 発刊된 赤本『玉尽し』에 그려진 술사러 가는 꼬마라든지, 十九世紀 중엽의『化物双六』에 그려진 뒤

편으로 큰 음낭을 질질 끄는 술 사러 가는 꼬마의 모습일 것이다 라고 『狸とその世界』21)를 저술한 中村禎里는 추측하고 있다. 술사러 가는 꼬마가 지닌 「酒之通」라는 글자는 『絵本百物語』의 콩 너구리에도 반영되고 있다. 단, 유별나게 음낭이 거대하게 그려져, 우천용 삿갓 대신의 외투로서 음낭을 쓰고 술과 안주를 사러 외출하도록 되어 있다.

1760年代発行이라고 생각되는 黒本 『긴토키다누키노미야게(金時狸の土産)』의 너구리의 8첩 깔개 선행 예로부터도 알 수 있듯이, 上記 解題에서는 간과하고 있는 듯하지만 너구리와 「8첩 깔개」 이미지가 외눈박이 꼬마(一つ目小僧), 비 내리기 꼬마(雨降り小僧), 큰 머리 꼬마(大頭小僧), 두부꼬마(豆腐小僧), 왕 방울눈 꼬마(大目玉の小僧), 눈알 빛나는 꼬마(目の玉の光る小僧)등으로 변용하면서 결합하여 그림책의 「콩너구리(豆狸)」까지 다양한 요괴로 계승되어져 간 것이다.

3-4. 매달린 너구리

本 合巻 『忠臣狸七役』(文政十一年) 六장 앞면(【図版5】)은 『仮名手本忠蔵』 六段目에 입각하면서 「딱딱산(かちかち山)」의 세계를 혼용하여 이야기를 전개한다. 딱딱산의 영감은 충신장의 간페 역할, 딱딱산의 너구리는 충신장의 멧돼지 역할, 딱딱산의 노파는 오카루의 모친이라고 하는 식으로 전용된 이야기가 전개되는 것이다. 본문을 번각하면 다음과 같다.

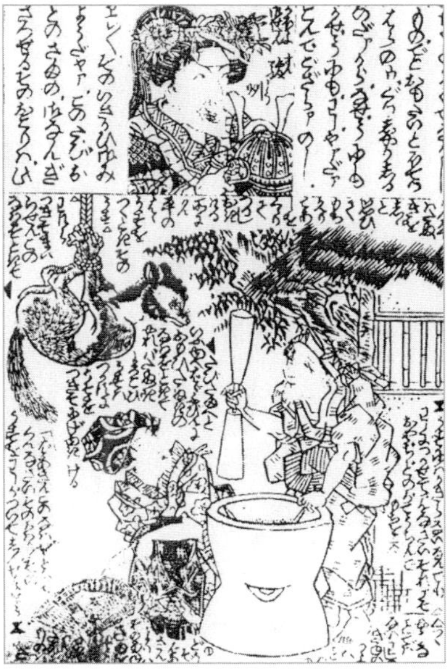

[図版5](『忠臣狸七役』 6才)

간페는 너구리가 멧돼지인 줄 알고 가지고 가서 다리를 묶어 매달아 두었는데, 간페 모친 절구를 찧을 때 「그 절구 내가 찧어드리지요. 이 밧줄을 풀어주시게」라고 말하길래 할멈 불쌍히 여겨,너구리 밧줄을 풀어주니, 너구리 기뻐하며 절구는 찧지 않고 거짓말을 찧고(=뱉고) 도망쳤다.

(너구리)√할머니 이 밧줄을 풀어 주세요. 그 대신 그 절구를 제가 찧어드리지요. 비단 절구만이 아니나라, 뭐든 저에게 찧게 해 보세요. 그야말로 영감님이 초롱으로 떡을 찧는 것과는 비할 바 아니지요. 제 절구공이 센 힘으로 아무쪼록 할멈보다는 그 처자를 한번 찧어보고 싶네.

가엾게 여겨 밧줄을 풀어준다고 하는 스토리에 맞추어 「딱딱산」 세계의 답습이다.

본문은 浄瑠璃 『仮名手本忠臣蔵』(寛延元年1748 大坂竹本座 初演, 竹田出雲기타作)세계와 무관하나 그림에 있어서는 할머니와 젊은 딸이 가각 오카루와 그 모친을 연상시킨다. 본문에는 등장하지 않는 젊은 딸(姉様被り; 수건의 중앙을 이마에 대고 그 양끝을 좌우에서 뒤로 돌려 한끝을 다시 머리에 얹어 끼우는 여자의 수건착용법)을 도상에서 등장시킴으로써 原拠의 「오카루」(忠臣蔵)를 연상시키는 효과, 너구리의 한층 외설스런 대사를 성립시키는 효과를 가져온다. 너구리의 음담패설이 골계스럽기 그지없다.

한편 마찬가지로 잇쿠作 合巻『化皮太鼓伝』(天保四年, 歌川国芳画)에는 미코시 뉴도(見越し入道)가 角兵衛너구리의 「손발을 묶어 거꾸로 매달아, 여우들 모여서 솔잎으로 연기를 피우(手足を括り, 逆さまに吊り下げ, 狐ども打ち寄り松葉を以ていぶしたて)」는 장면이 그려진다. 요괴인 角兵衛너구리는 그을려 완전히 원래 동물 모습으로 되돌아가 있고, 그 모습은 『忠臣狸七役』와 흡사하다. 『忠臣狸七役』에 있어서 「간페는 너구리가 멧돼지인 줄 알고 가지고 가서 다리를 묶어 매달아 두

었는데, 간페 모친 절구를 찧을 때「그 절구 내가 찧어드리지요. 이 밧줄을 풀어주시게」라고 말하길래 불쌍히 여긴 할멈이 풀어주자 도망쳐버리는데, 『化皮太鼓伝』에서도 불쌍히 여긴 미코시뉴도가 너구리 맛줄을 풀어준다. 그리고 『化皮太鼓伝』에서는(그을려졌으니까)눈물 흘리며 사죄하는 너구리이지만, 나중에 또 악행을 일삼는다.「너구리의 곤피라님(狸の金比羅様)」이라고 하는 비틀기 대사 이외에는 골계미도 없다. 『忠臣狸七役』에서는 나쁜 계략이 있는 듯 정색하면서도, 기특한 너구리 표정이 귀엽게 그려지고 있는데, 이 귀여웠던 너구리 표정도 『化皮太鼓伝』에는 부족해진다.

양 작품에 그려진「매달린 너구리」는 방향에 약간의 차이는 있지만 거의 같은 구도이며 類型化된 그림이 되고 있다. 불쌍하게 여겨져 밧줄이 풀린다고 하는 이야기에 맞추어「딱딱산」이후의 답습을 볼 수 있다.

또한 이들보다 빠른 先行例로서 『童蒙話赤本事始』(와라베바나시아카혼지시, 馬琴作, 国貞画, 文政七年)[22]을 들 수 있다. 上巻末尾(【図版6】)에 異時同図法으로, 동일한 절구 찧기를 하고 있는 수건을 같은 방법(姉さん被り)으로 머리에 쓴 스나호와「매달린 다누키치」(너구리〈다누키〉를 이용한 人名)가 좌측 위에 작게 그려진다. 正六에게 생포된 다누키치는 正六 부재중에 그 마누라 스나호를 속여 죽이고 도망친다.「다누키치: 어이 누님, 자비를 베풀게, 남편이 돌아오기 전에 이 밧줄을 풀어주시게. 답례로는 그 보리를 잘 찧어드릴 테니까.」「스나호: 그럼 개심하여 앞으로는 조심하겠다는 말 틀림없죠?」.

그리고나서 다음 장에는 다누키치가 절구공이를 치켜들고 스나호를 죽이는 장면이 그려지는 것이다.

참고로 『童蒙話赤本事始』와 『忠臣狸七役』에 공통으로 그려지는 도상으로서, 오카루와 그 모친이 보리 찧는 장면에 대하여 부연하자

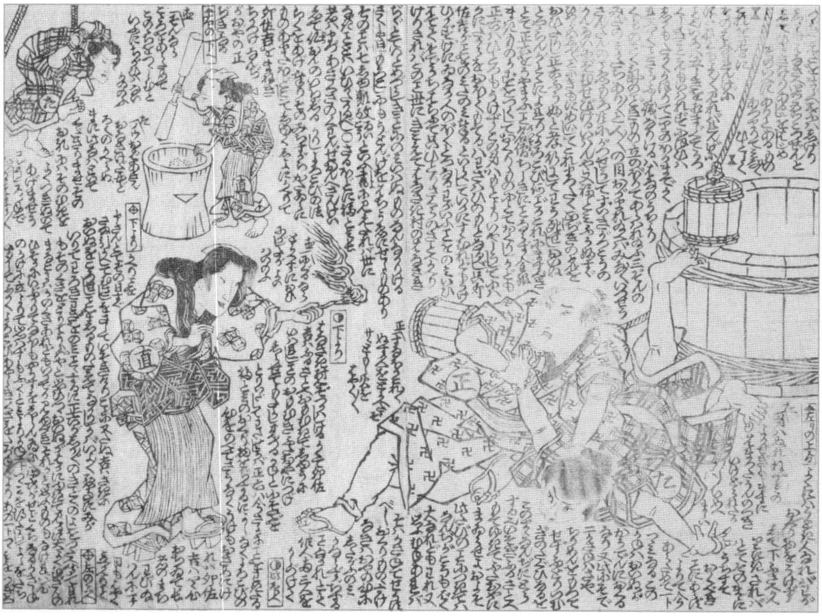

[図版6]『童蒙話赤本事始』中編14ウ・15オ(早稲田大学소장本)

면, 그림책『仮名手本忠臣蔵』(①鳥居清経作画, ②勝川春英作画, 양 작품 모두 刊年미상)가가의 十一장 앞면에 같은 도상이 보인다. 즉「六段目」오카루와 그 모친이 보리를 찧고 있다는 설정이다.『忠臣蔵』12장 시리즈물(秀麿画, 文化末期刊) 중「六段目」에도 같은 도상이 있는데,「오카루와 모친 한창 보리 탈곡에 열심인데, 오카루를 사기로 한 유곽의 가마가 찾아오는 장면」[23]이라는 해설이 붙는다. 이들로부터 지금은 연출되지 않게 되었으나, 당시 실제 무대에서는 보리를 찧는 장면이 상연되고 있지 않았을까 추정할 수 있다. 그러나 이들은 장르 성격상 비유의 경우도 있으므로 실제 무대에서의 상연여부에 대해서는, 역할표그림(絵本番付)를 참조하면서 확정해가야 하므로 현 단계에서는 추정에 지나지 않는다.

어쨌든 歌舞伎『仮名手本忠臣蔵』는 明治二十四年의 대본「六段目

早野勘平住家の場」 모두에 「보리 찧기 노래로(麦つき唄にて)」모친 오카야와 오카루의 출현이 있고, 「오카야 : 딸아 머리 손질했니. 잘 되었구나. 야 벌써 이곳은 여기저기 보리 가을철이라 바빠서, 지금도 야부카게의 젊은이가, 영감님 나와 보시게 할멈 데리고, 라고 보리 베는 노래 부르는 것을 들으니, 영감님 늦는 것이 마음에 걸려 마을 입구까지 갔는데 그림자도 안 보이네」[24]라고 하는 식으로 明治時代가 되면 「보리 찧기 노래」는 인형극 『仮名手本忠臣蔵』의 原文冒頭[25]와 마찬가지로 음향효과로서만 의미를 지니고, 실제로 오카루와 모친이 보리 찧는 장면은 상연되지 않게 되었음을 알 수 있다.

Ⅳ. 맺음말

이상 文政十一年(1828)에 간행된 짓펜샤 잇쿠作合巻 『忠臣狸七役』를 단서로, 근세대중문예의 취향 중에서 「일인7역」·「너구리」에 대해서 고찰하였다. 『충신너구리 일곱 역할』이라고 하는 표제 하에〈충신장물〉합권인 본 작품이 창출된 배경에는, 文化·文政(1804~30)시대는 빠른 변신으로 일인7역을 연기하는 일곱 변화무용(七変化)의 최전성기였다고 하는 문화적 토대가 있었던 셈이다.

배우그림(役者絵)을 통하여 『가나견본충신장』이 실제 무대상에서 한 명의 배우가 1인 7역으로 순식간에 배역을 교체하면서 상연했던 사례를 확인할 수 있을 뿐만 아니라, 그림소설(草双紙)로도 「7역」을 취향으로 한 선행 작품이 이미 있었다. 四代目市川団蔵가 七役을 구사하여 크게 호평을 거둔 전년도 「충신장」에 연유하여 享和二年(1802)에 출판된 山東京伝作 『早業七人前』이다. 그러나 「7역」은 작품의 전체적 취향이라고 하기 보다는 14장 뒷면·15장 앞면이라는 두 페이지(一장) 사용에 그치는 정도였다. 이 두 페이지는 그 자신의 유고작품으로서

文化十四年에 간행되는 『気替而戯作問答』의 11장 뒷면・12장 앞면에도 그대로 답습되어진다. 이와 같이 그림소설에서는 부분적 취향으로만 사용되고 있었던 「충신장의 일인7역」은 짓펜샤 잇쿠作 合巻 『忠臣狸七役』가 간행됨으로써 집대성되었다고 볼 수 있다. 이러한 「7역」을 둘러싼 문화적 배경이 있었기 때문에야말로 충신장 연극을 충신인 너구리 한 마리로 하여금 일곱 가지 역할을 하도록 지면상에서 연기시켜보고자 하는 작자 잇쿠의 창작의도가 출현하여 결실을 맺게 된 것이다.

그리고 다름 아닌 「너구리」를 주인공으로 삼고자 하는 발상에는 작자 잇쿠의 또 하나의 숨은 의도가 있었다. 지금까지는 인간들이 다양한 충신장 연기를 펼쳐 왔으나, 본 합권에서는 인간을 대신하여 「너구리」로 하여금 대역을 시키는 것에 주안점이 놓여지게 되었기 때문이다. 그리고 「너구리」가 충신장을 연기하게 되면 풍속화(浮世絵)라든지 다른 그림소설에서도 갖가지 빗대기그림(見立絵)이 되는 「8첩깔개(八畳敷)」라고 하는 너구리의 특성을 마음껏 발휘할 수 있다고 하는 장점이 있었던 것이다. 그리하여 외눈박이 꼬마(一つ目小僧), 비 내리기 꼬마(雨降り小僧), 큰 머리 꼬마(大頭小僧), 두부꼬마(豆腐小僧), 왕 방울눈 꼬마(大目玉の小僧), 눈알 빛나는 꼬마(目の玉の光る小僧)등등으로 변용하는 호칭의 요괴에, 이 「8첩깔개」의 이미지가 결합하여 마침내 그림책(絵本)의 「콩너구리(豆狸)」에 이르기까지 각양각색의 요괴로 계승되는 취향을 이용할 수 있었던 것이다. 아울러 너구리를 주인공으로 함으로써 옛날이야기인 「딱딱산(かちかち山)」의 세계를 도입한 에피소드도 가능해져, 충신장과 딱딱산, 이 두 가지 세계가 중첩되는 패러디의 묘미를 독자에게 제공할 수 있었던 것이다.

참고문헌

拙 稿(2003)「十返舎一九の「忠臣蔵もの」黄表紙展開史」『語文研究』第95号, 九州大学国語国文学会

_____(2009)「草双紙『忠臣狸七役』に現れた死の戯画化」『日本学研究』26号, 壇国大学校日本研究所

郡司正勝他編『図説日本の古典20・歌舞伎十八番』集英社, 1979

梶浦圭三(1990)『江戸歌舞伎年表』鳥影社

犬丸治著(2005)『天保十一年の忠臣蔵』雄山閣

早稲田大学演劇博物館編(2003)『芝居絵に見る江戸・明治の歌舞伎』小学館

山東京伝全集編集委員会(2004)『山東京伝全集』四巻, ぺりかん社

佐藤至子(2008)「山東京伝の合巻『気替而戯作問答』について一京山による追善作の可能性一」『語文』132輯 平成20年12月

アダムカバット編(1999)『江戸化物草紙』小学館

木村三四吾編(1988)『近世物之本江戸作者部類』八木書店

木村八重子他編(1997)『草双紙集』新日本古典文学大系, 岩波書店

香川雅信(2003)「遊びの中の妖怪たち一近世後期における妖怪観の転換一」『日本妖怪学大全』小学館

多田克己編(1997)『絵本百物語一桃山人夜話』国書刊行会

中村禎里(1990)『狸とその世界』朝日新聞社

赤穂市立歴史博物館編(2004)『忠臣蔵の浮世絵』赤穂市立歴史博物館特別展示図録

服部幸雄編著(1994)『仮名手本忠臣蔵』歌舞伎オンステージ8, 白水社

『広辞苑』

『角川古語大辞典』

▣ 요약

근세대중문예의 취향 고찰

- 合巻『충신너구리의 7역』에 나타난「7역」과「너구리」를 단서로 -

文政十一年(1828)에 간행된 짓펜샤 잇쿠作合巻『忠臣狸七役』를 단서로, 근세대중문예의 취향 중에서「일인7역」·「너구리」에 대해서 고찰하였다.『충신너구리일곱역할』이라고 하는 표제 하에〈충신장물〉합권인 본 작품이 창출된 배경에는, 文化·文政(1804~30)시대는 재빨리 변장하여 일인7역을 연기하는 일곱 변화무용(七変化)의 최전성기였다고 하는 문화적 토대가 있었다.

배우그림(役者絵)을 통하여『가나견본충신장』이 실제 무대상에서 한 명의 배우가 1인 7역으로 순식간에 배역을 교체하면서 상연했던 사례를 확인할 수 있을 뿐만 아니라, 그림소설(草双紙)로도「7역」을 취향으로 한 선행 작품이 이미 있었다. 그러나「7역」은 작품의 전체적 취향이라고 하기 보다는 두 페이지(一장)사용에 그치는 정도였다. 이와 같이 그림소설에서는 부분적 취향으로만 사용되고 있던「충신장의 일인7역」은 짓펜샤 잇쿠作合巻『忠臣狸七役』가 간행됨으로써 집대성되었다고 볼 수 있다. 이러한「7역」을 둘러싼 문화적 배경이 있었기 때문에야말로 충신장 연극을 충신인 너구리 한 마리로 하여금 일곱가지 역할을 하도록 지면상에서 연기시켜보고자 하는 작자 잇쿠의 창작의도가 출현하여 결실을 맺게 된 것이다.

그리고 다름 아닌「너구리」를 주인공으로 삼고자 하는 발상에는 작자 잇쿠의 또 하나의 숨은 의도가 있었다. 지금까지는 인간들이 다양한 충신장 연기를 펼쳐 왔으나, 본 합권에서는 인간을 대신하여「너구리」로 하여금 대역을 시키는 것에 주안점이 놓여지게 되었기 때문이다. 그리고「너구리」가 충신장을 연기하게 되면 풍속화(浮世絵)라든지 다른 그림소설에서도 갖가지 빗대기그림(見立絵)이 되는「8첩깔개(八畳敷)」라고 하는 너구리의 특성을 마음껏 발휘할 수 있다고 하는 장점이 있었던 것이다. 그리하여 외눈박이 꼬마(一つ目小僧), 비내리기 꼬마(雨降り小僧), 큰 머리 꼬마(大頭小僧), 두부꼬마(豆腐小僧), 왕 방

울눈 꼬마(大目玉の小僧), 눈알 빛나는 꼬마(目の玉の光る小僧) 등등으로 변용하는 호칭의 요괴에, 이 「8첩깔개」의 이미지가 결합하여 마침내 그림책(絵本)의 「콩너구리(豆狸)」에 이르기까지 각양각색의 요괴로 계승되는 취향을 이용할 수 있었던 것이다. 아울러 너구리를 주인공으로 함으로써 옛날이야기인 「딱딱산(かちかち山)」의 세계를 도입한 에피소드도 가능해져, 충신장과 딱딱산, 이 두 가지 세계가 중첩되는 패러디의 묘미를 독자에게 제공할 수 있기에 특히 「너구리」를 주인공으로 삼고자 했던 것임을 근세대중문예의 측면에서 고찰한 바이다.

주

1) 「近世大衆文芸の趣向考究ー合巻 『忠臣狸七役』に現れた 「七役」と 「狸」を端緒にー」『日本語文学』43号, pp. 289～308, 韓国日本語文学会, 2009年12月30日

2) 「十返舎一九の「忠臣蔵もの」黄表紙展開史巧」『語文研究』第95号, 九州大学国語国文学会, 2003年5月

3) 詳しい書誌事項は「草双紙『忠臣狸七役』に現れた死の戯画化」(『日本学研究』26号, 2009年1月, 壇国大学校日本研究所)を参照されたい.

4) 『図説日本の古典』 20・歌舞伎十八番, 集英社, 1979年. 抜粋して私に要約する.『江戸歌舞伎年表』(梶浦圭三, 鳥影社, 1990年) 参照

5) 犬丸治著『天保十一年の忠臣蔵』雄山閣, 2005年

6) 「七変化之内／女三宮・源太・ちょぼくれ・老女／坂東三津五郎」(豊国画・鶴屋金助・文化八年三月市村座)である.

7) 『図説日本の古典』 前掲書

8) 『芝居絵に見る江戸・明治の歌舞伎』(小学館, 2003年) 所収錦絵

9) 『芝居絵に見る江戸・明治の歌舞伎』(前掲書) 所収錦絵と『歌舞伎年表』 参照

10) 『山東京伝全集』四巻, ぺりかん社, 2004年

11) 『気替而戯作問答』の出典一覧表で, この場面の出典は『早業七人前』(享和二年刊, 京伝作) 14ウ15オの絵と文であるという指摘がある. 佐藤至子「山東京伝の合巻『気替而戯作問答』についてー京山による追善作の可能性ー」『語文』

132輯平成20年12月

12)『江戸化物草紙』所収, アダムカバット編, 小学館, 1999年. ( )の中は筆者の補.

13) 国立国会図書館所蔵本より翻字して, 適宜漢字や句読点を付した.

14)『近世物之本江戸作者部類』(曲亭馬琴著・天保五年成立, 木村三四吾編・八木書店・1988年刊 p. 29)「近藤助五郎清春 享保より宝暦の比まで行れし画工にて戯作をも兼たる也. 享保中, 象の来つる折の赤本もこの清春の自作自画也. 赤本の作多くありしが, 今ハ世に得がたくなりぬ」
『増補浮世絵類考』(斎藤月岑編・天保十五年序)「近藤清春 正徳享保の頃の人なり. 俗称 助五郎, 居住 江戸の産なり, 近藤助五郎清春と画名を誌し, 金平本赤本に多くあり. 類考に元祖鳥居清信の門弟といふは非なり. 奥村政信, 西村重長, 近藤清春の三人は各独立なり. 此時代の浮世絵はすべて鳥居の画風を慕ひしものなり. (新)既に北尾重政も壮年の画は鳥居流なり. 是を以て知るべきよし, 三馬が附録にいへり(月岑按るに享保の頃の板刻に近藤清信といへるあり. 可考) 三馬按, 清春は吉原細見記并芝居狂言本等に, 自筆画にて数多開板せり. 委く別記に知(る)す」

15)『狸の土産』(『草双紙集』所収, 新日本古典文学大系, 岩波書店, 1997年)の脚注参照.

16) 足立区郷土博物館所蔵

17) 香川雅信 「遊びの中の妖怪たち一近世後期における妖怪観の転換一」『日本妖怪学大全』小学館, 2003年

18)『怪談深山桜』は『大江戸化物細見』(アダムカバット編, 小学館)「豆腐小僧いろいろ」より確認.

19) 京山作国芳画『朧月猫の草紙』二編(天保十三年刊) 十三ウに対する林美一氏の解説〈江戸戯作文庫〉によると, 豆腐の側面に紅葉の葉が付いているのは, 人の多く買うようにとの祝い心から, 語調の似通う'紅葉(こうよう)'を付けるようになったと『本朝世事談綺』に記されれている.

20) 多田克己編『絵本百物語一桃山人夜話』(国書刊行会, 1997年)

21)「酒買い(または油買い)小僧の怪はタヌキの変化であるという観念が, おそくとも一八世紀後半には生まれ, これからタヌキが本体をあらわしたまま酒買いに行く像が成立したと思われる. その時期は, おそらく一九世紀なかばであろう. ……鳥山石燕の『画図百鬼夜行』(一七七六年)では, カワウソが破れ笠を頭につけ, 右手に水桶, 左手に提灯といういでたちで歩いている,これは赤本『玉尽し』(一七七四年)の酒買い(または油買い) 小僧とほぼ同時期の作品である. そこでこの時期に, 笠は妖怪一般になじみやすい小道具とみ

なされていたと推測できる.」中村禎里『狸とその世界』(朝日新聞社, 1990年)

22) 新古典文学大系『草双紙集』所収

23)『忠臣蔵の浮世絵』(赤穂市立歴史博物館特別展示図録 2004年) 所収

24) 服部幸雄編著『仮名手本忠臣蔵』(歌舞伎オンステージ8, 白水社, 1994年) 所収

25) みさき踊がしゅんだる程に. 親仁出て見やばゝんつ. ばゞんつれて親仁出て見やばゞんつ. 麥かつ音の在郷哥. 所も名に負ふ山崎の小百性. 与市兵衞が埴生の住家. 今は早の勘平が. 浪 の身の隱れ里. 女房おかるは寐乱し. 髮取上んと櫛箱の. あかつきかけて戻らぬ夫. 待間もとけし投嶋田. 結に言はれぬ身の上を誰にか. つげの水櫛に.髮の色艶梳きかへし. 品よくしゃんと結立しは.在所に惜き姿なり. 母の齡も杖つきの. 野道とぼ++立歸り. ヲヽ娘髮結ったか. 美ふよう出來た. イヤもふ在所はどこもかも麥秋時分で忙しい. 今も藪際で若い衆が麥かつ哥に. 親仁出て見やばゞんつれてと歌ふを聞. 親父殿の遲いが氣にかゝり. 在口まで行たれどようなふ影も形も見へぬ. さいなこりゃまあどふして遲い事じゃ.

연극(가부키)・미술(야쿠샤에)・소설(고칸)에 있어서의 여자마부 「오로쿠」 캐릭터에 대한 표상문화론적 연구[1)]

Ⅰ. 머리말

文政十一年(1828)에 간행된 十返舎一九作・歌川安秀画의 合巻『忠臣狸七役』를 단서로 근세 대중문예의 취향 중 한가지로서「七役」・「너구리」에 대해서 넓게 고찰한 적이 있다[2)]. 또 에도희작 제일의 정신「웃음」의 정신이, 〈간페〉의「죽음」까지 희화화하기 위하여 스토리에 삽입시킨 다양한 작자의 장치를 명확히 밝힐 수도 있었다.[3)] 그러나 〈충신장물〉草双紙 작품군 중 하나인 本 合巻에는 浄瑠璃『仮名手本忠臣蔵』세계와는 전혀 무관한「오로쿠(お六)」라고 하는 인물이 돌연히 등장하는 특이한 장면이 있다. 이에 주목하여 그녀가 本 合巻에 등장하기에 이른 계보를, 근세대중문예 속에서 널리 추적해감으로써 하나의 고전 캐릭터[4)]가 어떻게 생성하고 어떻게 성장해 갔는지를 규명하고자 한다. 부연하자면 근세의 속(俗)문예, 즉 연극(가부키)・배우그림(役者絵)・그림소설(合巻)에 나타난 오로쿠 캐릭터 生長 계보 해

명을 본고 목적으로 한다.

Ⅱ. 合巻『忠臣狸七役』의 여자마부「오로쿠」와 하인「베쿠나이」

浄瑠璃『仮名手本忠臣蔵』의 八段目에 입각하는 合巻『忠臣狸七役』 장면에, 돌연히「여자마부 오로쿠」는 출현한다. 八段目는 별칭「동반여행, 시집가는 길(道行旅路の嫁入)」이라고도 일컬어져, 加古川戸無瀬・小浪의 모녀가 혼례를 결심하여 단 둘이서 야마시나를 향해 동해도를 올라가는 모습이 무용(所作事)으로 전개된다. 기다유의 본문에는 동해도의 사적 명소가 짜 넣어져 여정을 불러일으킴과 동시에, 약혼자 곁으로 서두르는 모녀의 들뜬 기분이 표출되는,『仮名手本忠臣蔵』 중에서 비교적 밝고 짧은 장면이다. 현재 상연 시에는 종복(奴)을 끼어들게 하는 연출이 종종 이루어지며, 전단 상연에서는 생략되는 경우도 많은 장면이다.

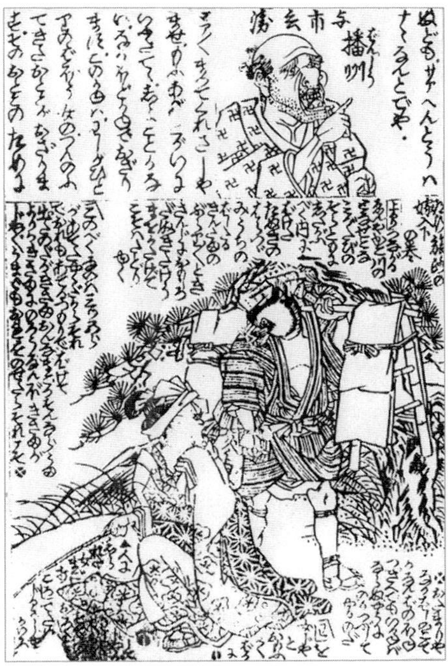

【図版1】〔八オ〕

原話의 주요등장인물인「고나미」가 本 合巻에서는「오로쿠」로 바뀌고, 그녀에게 치근거리는 종복으로서 原話 八段目에는 없는「베쿠나이」너구리가 새롭게 등장하는 것이

本 合巻의 八장 앞면(【図版1】)이다. 全文[5]을 번각해보겠다. 원문의 히라가나를 일부 한자로 바꾸고 쉼표를 찍었다.

동반여행 시집가는 길, 하권 조루리 이어지는 엔야, 가코가와의 도나세 고나미의 여행길. 수행하여 따르는, 베쿠나이로 둔갑한 너구리의 북처럼 배를 치고, 길게 늘인 불알이 덜렁덜렁하고, 기분전환 겸 재미있는 너구리, 짐짝을 짊어지고 걸어간다. (너구리)「이 베쿠나이는 미쓰고로가 호평을 얻은 역이니까 그래서 나도 인기 좀 얻을 속셈으로 둔갑해서 나왔는데, 네년은 여자 마부냐? 그럼 말보다는 네년을 타지. 아무리 네년이 말괄량이 천방지축 말이라도 나를 태우면 그야말로 못 참을 거다. 나카바시의 인두질치료하는 곳이나 난바의 접골원에라도 가지 않으면 안 되게 부서져라 타주지.」(여자)「나를 여자라 생각해서 업신여기고 있는데, 나는 오후리소데(큰 통소매)의 오로쿠라고 그 유명한 여자마부. 냅다 죽여서 너구리 국으로 만들어줄까.」

道行旅路の嫁入, 下の巻. 上るり 繋がる塩冶, 加古川の戸無瀬小浪が旅の空. 共に従ふ, 可内に化けた狸の腹鼓, うち伸ばしたる金玉のぶらり/＼と, 気散じに面白狸, 竹馬[6]を担げてこそは辿りゆく.

(狸)√この可内は三ツ五郎が当てたやくだから, それでおれも当てるつもりで, 化けて出たのだが,貴様女馬子か. そんなら馬よりか貴様に乗ろう. なんぼ貴様がじゃ/＼馬でも, おれを乗せたら,それこそ御溜まりや[7]中橋の鏝[8]か, なんばの骨接ぎ[9]へでも行かねばならぬやうに乗り潰してやるのだ.

(女)√わしを女じゃと思ふて, 馬鹿にしてじゃが, わしゃ大振袖のおろくとて, 人に知られた女馬子. 打殺して狸汁にしやうかいな.

Ⅲ. 가부키의 「오로쿠」「여자마부」

文政十一年에 간행된 合巻『忠臣狸七役』에서는 하인 베쿠나이의 노골적인 유혹하는 대사에 대하여「나를 여자라 생각해서 업신여기고 있는데, 나는 오후리소데(큰 통소매)의 오로쿠라고 그 유명한 여자

마부(わしを女じゃと思ふて,馬鹿にしてじゃが, わしゃ大振袖のおろくとて, 人に知られた女馬子).」라고 큰소리치며 단번에 거절하는 여성이 출연한다.

그럼 浄瑠璃『仮名手本忠臣蔵』와는 무관한 새로운 배역으로서 「여자마부 오로쿠」캐릭터가 본 合巻에 참가하게 된 배경을, 歌舞伎와 배우그림(役者絵)에서 탐색하면서, 하나의 배역이 탄생하는 과정을 검증하고자 한다. 歌舞伎는 인간을 유형적 존재로서 파악하여 보여준다. 歌舞伎에 등장하는 인물들은 유형 안에서 살고 있는 셈인데, 과연 「오로쿠」는 어떤 유형을 대표하는 존재로서 生長하는 것일까.

3-1. 가부키의 오로쿠

(1) 제방의 오로쿠

歌舞伎에서 「오로쿠」라고 하는 배역을 검색해보면, 五代目岩井半四郎의 「오소메의 7변화(お染の七変化)」로 유명한 『오소메히사마쓰 우키나노요미우리(お染久松色読販)』(**文化十年三月七日江戸森田座**初演, 鶴屋南北作)에, 久松의 누나竹川의 옛날 시녀, 지금은 악당과 부부가 되어 向島의 담뱃가게에서 하루살이를 하는 조역의 독부 오로쿠가 먼저 인기를 거둔다. 이는 歌舞伎에 있어서 오로쿠의 비교적 빠른 등장 예로서 후술하는 役者絵도 남아있을 정도의 평판을 거두었다고 생각된다. 「『お染久松色読販』에 있어서 오로쿠는 말총머리(馬の尻尾: 머리를 늘어뜨려 밑단을 묶은 스타일)에 격자무늬(弁慶縞) 옷차림, 검정비단허리끈(黒繻子の帯), 외투(半纏)……이 분장은 五世半四郎가 고안한 것」[10] 이라고 논해지는데, 合巻『忠臣狸七役』의 오로쿠 분장과의 공통점은 말총머리[11]라고 하는 헤어스타일하나이다.

本 合巻의 오로쿠는 머리를 위쪽으로 잡아당겨 한 묶음으로 하고

나서 천(또는 기다란 종이丈長紙의 平元結과도 유사)으로 묶고 있다. 뒤로 다보(たぼ)를 길게 내지 않고 묶는 「힛쓰메머리(引っ詰め髪)」[12]의 일종으로 보인다. 「힛쓰메머리(引っ詰め髪)」와 「시메쓰케 시마다(締付島田)」[13], 「하키시메 시마다(引締め島田)」는 동일한 머리스타일이라고 『広辞苑』에서 설명하지만, 시메쓰케 시마다는 「상투 앞뒤의 길이를 같은 정도로 해서 중간정도를 두개의 히라모토유이(平元結)로 세게 잡아당긴 것」이라고 하는 상투가 本 合巻의 오로쿠에게는 없으므로 시메쓰케 시마다 머리형을 하고 있다고는 할 수 없다. 본디 시메쓰케 시마다는 天和부터 元禄에 걸쳐서 유행했던 옛날 머리형이다. 「힛쓰메 머리」의 초기 스타일은 시메쓰케 시마다, 이것이 후기가 되면서 말총머리 스타일로 변용했다고 설명하는 편이 올바르다 할 것이다.

『お染久松色読販』는 「하마노마사고 가부키에조시(浜真砂劇場絵本)」의 두 번째 서막(場立)의 제목이다. 場名을 「고우메 담뱃가게의 장(小梅煙草屋の場)」이라고 해서 기베(喜兵衛)마누라 제방의 **오로쿠**를 〈5〉岩井半四郎가 담당하는 「七役之内 岩井半四郎」(豊国 〈1〉 画, 鈴伊板)이 早稲田大学演劇博物館(以下, 演博라고 약칭)에 소장된다. 술병(徳利)을 든 모습으로 그려진다. 또 같은 흥행의 같은 두 번째 장면(場立)에 취재하는 「七役之内 제방의 오로쿠 岩井半四郎」(豊国 〈1〉 画, 平野長右衛門板)가 있으며, 이것도 演博에 소장된다. 부채에 「澤正」라고 적혀있다.

『お染久松色読販』에서는 **조역의 독부 오로쿠**였는데, 이 배역의 평판에 의해서인지 2년 후 『가키쓰바타 이로모에도조메(杜若艶色紫)』(**文化十二年**五月十一日江戸河原崎座初演, 鶴屋南北作, 五代目岩井半四郎主演)에, 両国広小路의 미세모노(見世物)집의 뱀 부리는 사람(太夫) 제방의 오로쿠로서 주역이 된다. 말총머리 헤어스타일에 격자무늬 유카타라고 하는 전형적인 아쿠바(悪婆) 모습도 완성되는 것이다. 『歌舞伎年表』에

의하면「호평으로 최근 입장객이 만원사례를 이루었다. 6월16일 마지막으로 추다(近頃の大入なり．六月十六日舞納)」라고 상당한 인기를 얻은 흥행이었음을 알 수 있다.

이어서 **文政二年**四月四日, 江戸玉川座에서「야요이노하나 센닌가무로(☆花千人禿)」의 첫 번째 장면(場立)으로서 마찬가지로 〈5〉岩井半四郎가 오로쿠를 담당하는「お染久松色読販」가 상연된다. 이 때「제방의 오로쿠」를 비롯하여, 半四郎는 7역을 담당(『歌舞伎年表』에서는 **文政二年**三月)했던 듯하다. 이에 취재한「七役之内 お染母妙昌・제방의 오로쿠 岩井半四郎」(豊国〈1〉画, 山本平吉版, 演博)가 현존하며, 演博의 개별해설에 의하면, 장면(場立)은 특정할 수 없으나, 閏四月「仮名手本忠臣蔵」는 두 번째로 미뤄지고 있으며,「お染母貞昌」라고 기재된 흥행전 팜플렛(辻番付)・배역표(役割番付)도 있다. 세장 시리즈라고 여겨지나 현존하는 것은 전술 배우그림의 오로쿠는 말총머리 스타일이다.

그 밖에도 이 文政二年의 半四郎七役과 동일하다고 생각되는 세로그림(竪絵)「七役の内久松岩井半四郎」(国安画, 文政2年 무렵 제작, 上州屋重吉版으로 추측, 上村翁旧蔵浮世絵集(6), 東京大学史料編纂所소장)도 현존한다.

文政十年四月二十八日부터 中村座에서는『増補 お染久松色読販』라고하는 타이틀로「기베(喜兵衛)마누라 제방의 오로쿠」를 비롯하여 또다시 半四郎가 七役을 담당한다(『歌舞伎年表』・「戯場年表」『日本庶民文化史料集成』).

이와 같이 충신장과는 무관한 세계에서 조역으로 출발한 독부 오로쿠가, 여자역으로 유명한 명배우五代目岩井半四郎의 매력에 의해 얼마 안 있어 주역이 되고, 合巻『忠臣狸七役』가 간행되는 전년까지 歌舞伎 舞台에 오르고 있었던 것이다. 이리하여 〈충신장물〉合巻 세계까지 진출하게 되고, 종복의 유혹을 매몰차게 거절하는 기가 센 여성 캐릭터로 반영되기에 이른 것이다.

나아가 오로쿠는 2008年4月 大阪松竹座에서 상연된『於染久松色読販』「お染の七役」二幕六場에서 '제방의 오로쿠'로서 등장하는 등 현재에 이르기까지 변함없이 계승되는 배역임을 보고해 둔다. 文化十年三月 초연 당시는 五代目岩井半四郎가 연기한「오소메의 7역」을 이어받은 中村扇雀가, 2008年가부키에서는 기름가게집딸 오소메(油屋娘お染)・댓치히사마쓰(丁稚久松)・약혼자오코(許嫁お光)・미망인테쇼(後家貞昌)・시녀다케가와(奥女中竹川)・게이샤고이토(芸者小糸)・제방의 오로쿠를 재빠르게 변신 연기하여 호평을 거두는 것이다.

(2) 후리소데의 오로쿠

文政十一年간행 본 合巻에서「나는 오후리소데(큰 통소매)의 오로쿠라고 그 유명한 여자마부」라고 자기 소개하는 여성은, 그림에서도 통소매(振袖)모습을 하고 있다. 이는 단지 浄瑠璃『仮名手本忠臣蔵』八段目의 혼사 길을 가는「고나미(小浪)」와 연관 짓기 위한 분장일까, 아니면 歌舞伎무대에서 실제로「후리소데의 오로쿠」라고 하는 배역이 있었던 것일까.

文化五1808年二月六日부터 江戸中村座에서 흥행된『하쓰타요리 호라이소가(初便春盤飾曽我)』의 네 번째 장면(場立)에, 타이틀도「하쓰타요리 호라이소가(初便春盤飾曽我)」라고 하는데, 四代目瀬川路考가「오이소 야도나시(大いそ無宿)후리소데의 오로쿠 실은 쓰키사요 여동생 이자요이(十六夜)」라고 하는 배역을 맡고 있었다. 豊国画(清水版, 演博)의「후리소데의 오로쿠 실은 쓰키사요 여동생 이자요이(十六夜) 瀬川路考」에는 칼을 수직에 가깝게 허리에 찬 '여협객(女伊達)'의 모습으로 그려지는 것이다. 게다가 수건으로 얼굴을 감싸고 말총머리스타일이다.『歌舞伎年表』에도「후리소데 오로쿠 실은 이자요이(路考)」라고 보인다.

安政五1858年九月에 간행된 빗대기 배우그림(見立役者絵)「外題三十六段の内 常盤津 그대로 여행길인 시집가기(其儘旅路の嫁入) 下 / **오후리소데의 오로쿠・忠僕베쿠나이**」(豊国〈3〉画(年玉의 印), 彫安, 加賀安版)이 演博에 소장된다. 演博 데이터베이스 해설에 의해, 오후리소데의 오로쿠를〈3〉岩井粂三郎의 초상화로, 忠僕베쿠나이를〈4〉市川小団次의 초상화로 그리고 있음도 알 수 있다. 이는 충신장 八段目에 입각한 빗대기 그림임에 틀림없다. 오로쿠는 앳된 마을처녀 모습이나, 빗・비녀(笄)가 아닌 천으로 머리를 묶은 말총머리 스타일에, 어깨에 수건을 걸치고 있고 베쿠나이와 마주하고 있는 상반신그림(大首絵)이다.

그러나 간페八段目를 배경으로 후리소데의 오로쿠와 충복베쿠나이가 마주하고 있는 이 빗대기 상반신그림의 존재는 실제 간페舞台에서 合巻『忠臣狸七役』과 유사 상황 설정에 의한 연출이 행해졌을 가능성을 암시한다. 合巻의 八장앞면 제목이「동반여행 시집가기 하권(道行旅路の嫁入下の巻), 조루리(上るり)」, 본 배우그림 표제가「제목 36단 중 도키와즈 그대로 여행길 시집가기 하(外題三十六段の内 常盤津 其儘旅路の嫁入 下)」인 점을 대조하면 더욱 그러하다.

그리고 이것의 異版으로서 제작자 이름 없이 세장, 加賀屋安兵衛版으로 한 장이 동일하게 安政五年에 인쇄되어 演博에 소장된다.『歌舞伎年表』로부터 이 배우그림에 상응하는 흥행을 조사해도 발견되지 않는 것은, 이 빗대기그림이 상연에 임하여 간행된 것이 아니라, 歌舞伎의 대표적인 36군데 명장면을 골라 배우에 빗대었기 때문일 것이다.

이상,『お染久松色読販』세계에서 활약하는 오로쿠는 기베마누라

로 료코쿠 히로코지(両国広小路)의 미세모노집(見世物小屋)의 뱀 마술사, 별명을 「제방의 오로쿠」라고 하는 신분의 자였다. 「후리소데의 오로쿠 실은 이사요이」라고 하는 여협객도 있었다. 그럼 歌舞伎에서 「여자마부」는 어떤 캐릭터인 것일까. 그리고 「오로쿠」와는 어느 生長과정 단계에서 결합하게 되는 것일까.

3-2. 가부키의 여자마부 : 종복 고만

文政四年四月中村座上演 『스가타구라베테 이리노미나토(容競出入湊)』에 등장하는 오사카의 여협객 「종복 고만(奴の小まん)」은 여자마부이다. 마부모습은 아니지만 明治四年의 「종복 고만(奴ノ小まん)」그림모습이 演博에 잔존한다.

전형적인 여자마부 그림모습은 安政二1855年三月 中村座 上演에 기인한, 三代豊国画 「하나부타이 반쟈쿠소가(花舞台団岩曾我)・세키노 고만(関の小まん)・三代岩井粂三郎」(演博소장)에, 왼손에 채찍용 대나무막대를 쥐고 오른손으로 말고삐를 쥐고 말을 끌고 있는 모습이라고 할 수 있다. 이와 유사한 그림모습으로 万延元1860年 二代目歌川国貞画 「빗대기가쿠야 십이지 중/ 말/ 종복고만(見立楽屋十二支之内・午・奴ノ小まん)」(演博소장)에 격자무늬 황색(黄八丈) 후리소데를 입은 여자마부 고만(三代沢村田之助)이 말을 끌고 있는 것을 들 수 있겠다. 머리형과 이마에 비틀어 맨 수건(捻り鉢巻き), 조리신발(草鞋履き), 후리소데 모습이 「빗대기 가쿠야 십이지(見立楽屋十二支)」의 고만과 合巻 『忠臣狸七役』의 오로쿠와 특히 흡사하다.

文久元1861年五月 市村座 上演에 기인한 三代豊国画 「구와노오토다즈나노소메와케(轡音☆染分)・단바노요사쿠/세키노고만(丹波与作 関の小万)」(立命館大学소장)에, 마부모습은 아니나 세키노고만과 단바노요사쿠가 한 우산을 같이 쓴 모습으로 그려지거나 한다. 한편 『恋女房染分手綱』 「대단원/미치유키 나사케노노리카케(大詰・道行情の乗かけ)」 무대사진 중에 「伊達与作」를 말에 태우고 「세키노고만」이 말을 끌고 있는 무대(1973年3月 国立劇場第56回歌舞伎公演)사진이 있다. 여기에는 여자마부 모습으로 등장하는 것이다(「단바노요사쿠 마요노 고무로부시(丹波与作待夜の小室節)」의 개작이 아닐까 필자 추측).

이상과 같이 후리소데를 입은 여자마부고만, 여협객으로 이른바 「종복 고만」 「세키노 고만」이라고 일컬어진 캐릭터도, 合巻 『忠臣狸七役』 이전부터 이미 무대에 오르고 있었으며, 明治를 지나 오늘날에 이르기까지 연면히 전승되는 캐릭터임을 알 수 있다.

거듭 合巻의 8장 앞면 그림을 확인해보면, 후리소데를 입은 여성이 기슭에서 낚시(岡釣り)[14]를 하고 있는 것처럼도 보이는데, 그녀가 드리우고 있는 것이 말고삐인지 낚싯대인지 구별하기 어렵다. 도상의 그녀의 동작으로부터 판단컨대 낚시를 하고 있는 듯한데, 오로쿠 또는 여자마부가 낚시와 관계있는 에피소드가 있다면 모르겠으나, 마부라면 말고삐를 쥐는 것이 자연스러우므로 불가사의한 그림이라고 밖에 할 수 없다. 참고로 演博에 「오로쿠」画題의 우키요에가 70点 있는데, 合巻의 오로쿠처럼 대나무 낚싯대(또는 말고삐)를 쥔 모습은 찾을 수 없다.

이상, 「(저방의) 오로쿠」 「후리소데의 오로쿠」 「여자마부(고만)」라고 하는 서로 다른 존재는 확인할 수 있었으나, 이들 세 가지 배역 전부가 결합되는 〈충신장물〉무대는 없었을까.

Ⅳ. <충신장물>의 종복 「베쿠나이」와 여자마부 「오로쿠」

浄瑠璃 『仮名手本忠臣蔵』의 八段目(「하녀도 데리지 않고 탈 것도 타지

않고 부녀 둘만의 동행 길」)에는 등장하지 않는 베쿠나이(二段目冒頭에서 桃井若狭之助저택의 앞뜰을 청소하면서 소문을 이야기하는 하인 이름이 베쿠스케(可介)[15]・세키나이(関内). 이른바 단역이며 여기에만 등장한다)를 合巻 8장 앞면에서는 크게 그리면서 해당 장면의 주인공으로 등장시키고 있다. 그리고 그는 인간이 아니라 本合巻의 주된 취향인 「너구리」가 둔갑한 모습이라고 하는 설정이다.

인간으로 둔갑하여 인간대신 너구리가 충신장을 연기하는 것의 의미를, 졸고 「近世大衆文芸의 趣向考究」에서 논했는데, 본 장면에서는 종복이 너구리임으로 인해 너구리의 외설적 이미지(8첩깔개; 八畳敷)를 마음껏 발휘한 본문과 대사가 성립하고 있다. 너구리가 종복 베쿠나이로 둔갑하여 「짐짝(竹馬)을 짊어지고」 있으므로, 너구리의 8첩깔개라고 하는 음담패설을 살린 본문 「길게 늘인 불알이 덜렁덜렁(うち伸ばしたる金玉のぶらり／＼)」하고, 오로쿠를 유혹하는 그의 한층 노골적이고 적극적인 대사가 성립하는 효과를 본 장면에서는 초래하고 있는 것이다. 즉 本 合巻의 웃음은 '외설스런 골계'를 정조준하고 있기 때문이다.

너구리의 대사 「이 베쿠나이는 미쓰고로가 호평을 얻은 역이니까 그래서 나도 인기 좀 얻을 속셈으로 둔갑해서 나왔는데, 네년은 여자마부냐?」는 좀처럼 이해하기 어려우나, 에도희작 특히 구사조시(草双紙)나 샤레본(洒落本)등의 일종의 레토릭적 특징인 「천착(穿ち)」 내지 「관계자들만 이해 가능한 내밀한 익살(楽屋落ち)」이 구사되어지고 있는 것이 아닐까. 본문과 대사는 浄瑠璃『仮名手本忠臣蔵』세계와 무관하며 당시 유행하고 있었던 가부키(「미쓰고로가 호평을 얻은 역할(三ツ五郎が当てたやく)」)의 패러디에 주안점이 놓여져 있는 듯이 생각되어지기 때문이다.

따라서, '오로쿠에게 추근대는 베쿠나이'라고 하는 캐릭터 생성과정부터 먼저 추적하고자 한다.

4-1. <충신장물> 배우그림에 나타난 하녀・하인

도나세・고나미의 동행으로서 하녀・종복이 등장하는 우키요에가 존재한다.

『仮名手本忠臣蔵』(勝川春英作画, 刊年미상, 都立中央図書館소장)의 17장 뒷면・18장 앞면에「미오의 소나무벌판 이어지는 가로수 길을 넘어 교토를 향해 서둘러간다」고 있고, 소나무 가로수 길을 배경으로 도나세・고나미 외에 하녀 한명이 그려진다. 이 소나무는 合巻『忠臣狸七役』에도 그려 넣어져 있으며, 八段目무대의 유형적 장치이기도 하다.

文政十一年간행된 本合巻보다 나중에 간행된『忠臣蔵』16장 시리즈물 중「八段目」(歌川広重画, 天保中期頃刊)[16],『仮名手本忠臣蔵』11장 시리즈물 중「八段目」(香蝶楼国貞画, 天保期刊)[17],『忠雄義臣伝』12장 시리즈물 중「巻之八」(一陽斎豊国・三代豊国画, 弘化四年~嘉永五年頃刊)[18]에도 일행으로서 하녀 한명이 등장한다.

本合巻과 거의 같은 시기 간행이라고 생각되는『新版浮絵忠臣蔵』11장 시리즈물 중「八段目」(歌川国直画, 文政~天保期刊)[19]에는 일행으로서 하녀가 아니라 짐을 짊어진 종복이 동행한다.

한편 동행이 아닌 종복이 등장하는 연출도 있다.

『仮名手本忠臣蔵』明治24년 대본「八段目 동반여행 시집가기(道行旅路の嫁入)」에서는「하녀도 데리지 않고 탈 것도 타지 않고 부녀 둘만의 동행 길,……도나세와 고나미는 무대왼쪽으로 퇴장하고 종복 깃페/ 운페 등장(腰元連れず乗物も, 止めて親子の二人連れ, ……戸無瀬と小浪は下手へ入り, 奴吉平, 運平出)」[20]하여 장난친다고 하는 식으로 교대하

여 등장한다. 일행도 아니거니와 얽히는 일도 없다. 이와 같이 일행이 아닌 지나가는 여행자로 하여금 八段目를 활기차게 하기 위하여 등장시키는 변형이 있는 것을 알 수 있다. 이 변형은 언제부터 시작된 것일까.

寛政十一年(四月中村座興行)刊의 常磐津正本『아즈마카라게 다비지노하나요메(東結絡緘旅路花嫁)』[21)]상권표지를 보면, 戸無瀬・小浪・짐을 짊어진 종복이, 하권표지를 보면 가시마노고토부레(鹿島事触れ: 해마다 봄에 가시마신궁의 신탁이라는 명목하에 그해의 농사의 길흉을 알리며 전국 순례하는 자)와 우타비쿠니(歌比丘尼: 노래염불하며 사찰 기증이라는 명목하에 금품기부를 받는 비구니)가 희롱하는 모습이 그려진다. 이 寛政十一年四月 中村座의 상연으로 인해 다양한 八段目의 변형이 생긴다고 하는 지적이 있다. 「八段目는, 원작은 「道行旅路の嫁入」로 무용극(景事)이다. 교토오사카는 물론 에도에서도 처음에는 기다유(義太夫)로 하고 있었으나 에도의 관례상 기다유를 전단 공연으로 하는 경우, 기분전환이 필요하다는 인식하에 무용극(景事)은 항상 에도음악 바탕(江戸音楽の地)으로 바꾸는 것이 일반적이므로, 寛政十一年四月의 中村座를 필두로 하여 수많은 「八段目道行」의 浄瑠璃가 생겨났다. 常磐津에도 富本에도 清元에도 있다. 本巻에 수록한 것은 文政十三年四月, 市村座에서 상연한 三升屋二三治의 作.」[22)].

여기에 수록되는 **文政十三年四月** 市村座 上演대본은 服部幸雄執筆『忠臣蔵』第四巻에도 기재된다. 合巻『忠臣狸七役』로부터 2년 뒤인 文政十三年에 있어서의 八段目연출과 쌍방 대조해보면, 「八段目 동반여행 시집가기, 기요모토일동……시집가는 가마도 타지 않고 부녀 둘만의 동행 길……이라고 둘, 나름의 춤을 춘 뒤 퇴장(八段目道行旅路の嫁入, 清元連中……嫁入の乗物もやめて親子の二人づれ……ト両人,よろしく振りあって入る)」 하면, 「생선 짐을 머리위에」인 여자 생선장 수「오

카나」와, 「삿갓(菅笠) 쓰고 국자를 가」진 이세참배객 「기노스케(喜之助)」가 등장. 이 여자상인과 이세참배객 둘의 희롱으로 상호 자기소개가 있고, 기노스케가 유혹하는 구절은 『忠臣狸七役』 本場面과 취향은 비슷하나 대사상의 공통점은 없다. 이와 같이 文政十三年의 市村座에 있어서의 八段目상연에서는 戸無瀬와 小浪는 모두에만 등장하고 대부분은 여자상인과 이세참배객의 희롱으로 구성되었음을 알 수 있다.

동반여행 무용극(道行の景事)인 八段目를 「가부키에서는 常磐津나 清元의 舞踊劇으로 보여준다. 常磐津에서는 동행하는 종복이 익살부리거나 술에 취한 종복과 여자마부가 얽히거나 한다. 清元에서는 여자 생선장수와 이세참배객이 나온다.」[23] 고 하는 해설이 있고, 후자의 전형적 연출이 文政十三年市村座의 연출이며, 전자 연출법에 입각한 것이 文政十一年잇쿠의 本合巻이 아닐까 생각된다. 따라서 그와 같은 변형의 하나로서 本合巻 외에도 「여자마부 오로쿠」와 「종복베쿠나이」의 존재가 있었던 것이 아닐까 추측되는 바이다.

4-2. <충신장물>가부키에 나타난 종복 「베쿠나이」와 여자마부 「오로쿠」

그럼 실제로 「베쿠나이」와 「오로쿠」라고 하는 이름이 충신장 세계에 등장하는 가부키의 계보를 추적해보자.

(1) 文政五(1822)年五月中村座「仮名手本忠臣蔵」

『忠臣狸七役』 8장앞면 너구리 대사 「이 베쿠나이는 미쓰고로가 호평을 얻은 역」의 「미쓰고로(三ツ五郎)」는 寛政十一年에 襲名하여 天保三年 사망하는 三代目板東三津五郎를 지적하고 있음에 틀림없을 것이다. 이 三代目三津五郎가 종복베쿠나이를 연기한 충신장물을 탐색해보자.

그는 文政五年五月七日부터 江戸中村座『仮名手本忠臣蔵』에서 모로노・義平・平右衛門・도나세・가코가와의 하인 베쿠나이・간페・유라노스케의 7역을 담당하고 있다.상대역인 瀬川菊之丞는 고나미・여자마부 오로쿠・오카루의 3역을 담당하고 있으며[24], 本合巻과 같은 배역이 설정되어 있음을 알 수 있다.

이 연극 상연 전에 배부되는「仮名手本忠臣蔵」쓰지반즈케(辻番付)[25](演博소장)에는「浄瑠璃 旅路の嫁入 瀬川菊之丞 坂東三津五郎 第八段目道行의 단으로 연기(のだんにて相勤)」「배역이름(役人替名) 여자마부오로쿠 菊之丞, 가코가와하인베쿠나이 三津五郎」라고 기재되면서, 후지산을 배경으로 말고삐를 쥔 여자마부오로쿠의 菊之丞, 짐을 든 종복 三津五郎가 얽혀있는 그림이 게재되는 것이다. 또한 상연첫날 직전에 배부되는 역할표(役割番付; 演博소장)도 현존하는데,「第八 旅路の嫁入」가「常磐津」로 연출되었고, 쓰지반즈케와 동일한 배역임을 재확인할 수 있다.

文政五年正月 江戸出版의「役者早料理」[26]에 의하면 젊은 여자역배우(若女形)・아가씨역(娘形)의 최고지위(巻頭)가 菊之丞, 上方出版의 同書에 三津五郎는 歌右衛門과 더불어 최고지위(惣巻頭)에 등재되는 점으로부터 보아, 최고위의 두 사람을 기용하여 7역, 3역을 시킨 본 연극의 흥행성적도 일정부분 보장되었으리라는 측면도 추측 가능하다.

따라서 이것에 취재하는 배우그림도 현존한다. 三代目坂東三津五郎가 연기하는 ①「모로노・유라노스케」②「義平・平右衛門・간페」③「도나세・베쿠나이」라고 하는「忠臣蔵七役」(初代国安画, 演博소장) 3장짜리 배우그림이 그것이다. 베쿠나이 옆에 붙은 시 구절(発句)은「허리띠에 끼운 뒷자락, 산자락에 내리누나 장맛비(捻切の裾野もふるや

五月雨)」. 네지키리(捻切)는 종복 등이 짧은 상의를 입고 옷 뒷자락을 허리띠에 끼운 모습을 말하며,「자락(スソ:裾)」이 동음이의어이다.

또한 「忠臣蔵七役　坂東三津五郎 / 天川屋義平・寺岡平右衛門・혼조妻도나세・가코가와의　하인베쿠나이・早野간페・大星유라노스케・高ノ모로노 / 右七役연기하옵니다(相勤申候)」「文政五壬午歳　五月　교겐 / 中村座에 있어서 대성공(古今大当り)」라고 기록되고, 7역 전부가 미쓰고로(三津五郎) 초상화로 한 장에 그려진 화가 미상[27] 배우 그림도 동 演博에 소장되어 있다.

(2) 文政十(1827)年七月市村座와 中村座「仮名手本忠臣蔵」

文政十年七月二十三日付의 市村座「仮名手本忠臣蔵」쓰지반즈케(辻番付), 同二十六日付의 역할표(役割番付, 演博소장)에는,「浄瑠璃(常磐津)道行　에니시노하나　다비지노요메이리(縁花旅路の嫁入)　坂東三津五郎　坂東玉三郎　岩井粂三郎　市川団十郎　第八段目를 담당하겠사옵니다(相つとめ申し候)」라고 기록되고, 同二十六日付의 그림반즈케(絵本番付)[28](演博에 4종 있음)에는,「八段目　이 부분 대성공 대성공(此所大あたり／＼). 고나미 다마사부로(小なみ玉三郎), 오야마 구매사부로(おやま粂三郎), 고제오요쓰 미쓰고로(ごぜおよつ三津五郎), 가쿠나이 단주로(角内団十郎), 마루스케 미쓰고로(丸介三津五郎)」가 그려진다. 그림반즈케의 짐을 짊어진 오야마는 여자마부 모습은 아니지만, 合巻의 오로쿠처럼 머리띠를 이마에 비틀어 맨 차림새(捻り鉢巻)이다.

「戯場年表」(『日本庶民文化史料集成』)와 『歌舞伎年表』를 참조하면 文政十年七月二十六日부터　市村座에서 「仮名手本忠臣蔵」를 내걸고, 三津五郎가 大星유라노스케・早野간페・고제오요쓰(오카쓰: 歌舞伎年表)・가코가와　하인　마루스케(加古川下部丸助)・不破勝右衛門・広島源五兵衛・加古川本蔵의 7역, 団十郎가 寺岡平右衛門・桃井若狭之

助・斧定九郎・가코가와 하인 가쿠스케(加古川下部角助)・石堂右馬之丞・大鷲文吾・天川屋義兵衛의 7역, 玉三郎가 혼조딸 고나미, 団次가 종복 베쿠스케(可助)를 연기하고 있음을 알 수 있다. 또한 演博소장 우키요에를 조사하면, [2] 岩井粂三郎(= [6] 岩井半四郎)는 여자마부 오야마뿐만 아니라, 오카루・도나세・오소노(お園: 天川屋義平마누라)까지 연기하고 있다.

文政十年正月 江戸出版 배우평판기「役者註眞庫」에 三津五郎는 최고위(惣巻頭)에, 半四郎(文政十年은 五代目半四郎)는 젊은 여자역 아가씨역(若女形娘形)의 최고위에 등재된다.

本興行에 기인하여 五雲亭貞秀가 그린 西村屋与八板으로 타이틀「에니시노하나 다비지노요메이리(道行縁花旅路娵入)」의「종복 마루스케(やつこ丸助) 반도미쓰고로(坂東三津五郎)」와,「간페八段目무용(所作事) 종복 가쿠스케(角助) 市川団十郎」(演博)이 잔존한다.

또한 山本屋平吉版으로 五渡亭国貞가 그린 3장짜리 배우그림 중 좌우 2장도 同演博에 소장된다.「종복가쿠나이(角内) 市川団十郎, 女馬士여자마부 오야마(女馬士おやま) 岩井粂三郎, 고나미 坂東玉三郎」의 여자마부오야마와 合巻의 오로쿠와는 머리스타일・머리띠를 비틀어 맨 모습이 공통된다. 가마 안에 반쯤 타려고 하는 중인 고나미는 후리소데 모습이며, 가마꾼으로 중앙 한 장에는 종복 마루스케(丸助) 반도미쓰고로(坂東三津五郎)가 그려져 있는 것이 아닐까하고 유추할 수 있다. 이듬해 간행되는 合巻에서는 가마대신 잡화 운반용 짐짝(竹馬)을 종복 베쿠나이가 짊어지고 있는 것이라고 생각하는 것은 무리일까. 또한 고나미와 여자마부를 뒤섞어서 合巻에서는 전용한 것이 아닐까.

五渡亭国貞画의 大判錦絵「여자마부(女馬士) 岩井粂三郎」한 장이 간행연도 정보 없이 演博에 소장되어 있다. 머리스타일과 이마에 비

틀어 맨 머리띠 외에, 조리(草鞋)를 신고, 오른손에 대나무 장대를 쥔 모습이 合巻의 오로쿠와 한층 흡사하며, 그물망(網; あみ) 또는 말고삐와 같은 것을 등에 짊어지고 있다. 배역을 고려했을 때, 文政十年 市村座의 이 흥행에 취재한 배우그림이 아닐까 추측된다. 그렇다면 合巻에서는 전년도의「여자마부 오야마」에 착상을 얻어,「후리소데의 오로쿠」이미지를 중첩시키면서 창작한 것이 아닐까.

이 市村座 흥행에 자극받아서일까, 이틀 늦게 文政十年七月二十八日부터 中村座에서도 마찬가지로「仮名手本忠臣蔵」를 내걸고 菊五郎가 모로노・간페・간페・도나세・고나미・平右衛門・유라노스케의 7역을 연기하고 있다.「菊五郎는, 市村座의 三津五郎・団十郎와 경쟁하는 간페이다」. 그러나「결국 菊五郎의 패배로……(市村座의)간페 만원사례르 인해, 9월 초하루부터 十段目를 내 건다」(『歌舞伎年表』) 라고 하는 참담한 결과로 끝나는 것이다. 따라서 현존하는 배우그림도 中村座 菊五郎의 충신장은 보이지 않으며, 빗대기그림[29]을 포함하여 市村座三津五郎와 団十郎의 충신장[30]이 대부분이다.

이와 같은 현상 일체가 文政十年市村座「仮名手本忠臣蔵」의 위력을 시사하는 것이며, 그리고 이듬해 간행되는 合巻『忠臣狸七役』에까지 영향을 미치면서「이 베쿠나이는 미쓰고로가 호평을 얻은 역」이라고 말하게 하고 있는 것이다.

文政時代이후, 간페의「베쿠나이」는 어떤 길을 밟게 되는 것일까. **天保八年**(1837)刊 『裏表忠臣蔵』(市川白猿＝七代目団十郎作, 歌川国貞画)의 初編上巻15장 뒷면・16장 앞면「三段目の裏, 浄瑠璃道行の場」에, 早野간페・오카루와 함께「종복베쿠나이」가 그려진다. 合巻『忠臣狸七役』에 그려진 베쿠나이와, 콩알무늬 수건・각반・조리(草鞋)라고 하는 3점에서 공통된 도상을 보여준다.

나아가 10년 후인 **弘化四年**(1847) 3月 市村座에서 市村羽左(우자)衛

門가 혼자서 춘 「仮名手本忠臣蔵十一段가에시」에 연유한 완구그림(山田屋重兵衛板)이 잔존한다. 가슴에서 윗부분을 교체하며 노는, 이른바 어린이용 장난감그림이다. 「仮名手本忠臣蔵十一段가에시」는 『仮名手本忠臣蔵』 각단 등장인물에서 한사람씩을 선택하여 주인공으로 한, 全十一段 구성의 変化舞踊이다. 「大序나오요시・弐고나미・五가쿠베・六가마꾼(かごかき)・七오카루・八베쿠나이・九린・十이고(伊吾)・十一오와시분고・四리키야・三세키데라고마치의 얼굴(関寺小町之面)」(国立劇場소장)이라고 하는 역할로부터, 드디어 종복베쿠나이는 八段目에 필수불가결한 대중적 캐릭터로서 성장하고 있음을 엿볼 수 있다.

또한, **嘉永五1858年**의 배우빗대기그림 「東海道五十三次 吉原 베쿠나이」(豊国画, [1] 中村鶴蔵＝ [3] 中村仲蔵, 国立劇場소장)에도 등장하고 있는데, 도상적으로는 合巻 『忠臣狸七役』의 베쿠나이와 비슷하지 않다.

Ⅴ. 맺음말

「여자마부 오로쿠」와 「종복베쿠나이」가 합치하는 것은 文政五年上演 간페八段目였다. 말고삐를 쥔 여자마부오로쿠의 菊之丞, 짐꾼인 종복베쿠나이의 三津五郎가 얽히고 있는 쓰지반즈케(辻番付) 그림으로부터 확인 가능하였다. 文政十年에는 「여자마부오야마」의 岩井粂三郎, 「종복」의 三津五郎・団十郎가 연기하는 간페八段目가 대호평을 거둔 것에 기인하여, 이듬해 合巻 『忠臣狸七役』 8장 앞면에 천착수법으로 이들이 종합적으로 사용된 것이 아닐까. 그러나 安政五1858年에 발행된 간페八段目를 배경으로 「후리소데의 오로쿠」와 「忠僕베쿠나이」가 마주보고 있는 빗대기 상반신그림의 존재는, 실제 충신장

무대에서 合巻『忠臣狸七役』와 유사한 상황설정 연출이 행해지고 있었을 가능성을 암시하는데, 관견범위에서는 「오후리소데의 오로쿠」・「여자마부 오로쿠」・「종복베쿠나이」가 완전히 합치하는 간페八段目 상연은 발견할 수 없었다.

「제방의 오로쿠」「여자마부・종복 고만」「후리소데의 오로쿠」「여자마부 오야마」「여자마부 오로쿠」라고 하는 각각의 존재를 가부키무대에서 확인해 왔는데, 그녀들은 독부・女伊達・여자협객으로서 '아쿠바(悪婆)'라고 하는 유형적 인물상을 공통적으로 지니고 있었다. 合巻에서는 그러한 중층적인 이미지를 활용하는 동시에 융합시킴으로써 작자인 잇쿠 나름대로의 새로운 캐릭터를 창작한 것이라고 생각된다. 합권 본문(8장 앞면)의 「후리소데를 입은 여자마부 오로쿠」는 무대상의 배역을 그대로 충실하게 전용했다고 하기보다는, 약간씩 중복되는 캐릭터로부터 잇구가 취사선택하여 합성한 결과 도출된 인물이라는 결론을 내리고자 한다.

이상, 가부키・배우그림 속에서 태어나 자란 캐릭터 「여마부 오로쿠」의 족적을 탐색하면서, 그 생성과정을 면밀하게 추적함으로써 하나의 희작작품에 어떤 인물이 돌연히 등장하게 된 배경에는, 이와 같은 캐릭터 수용사가 내재되어 있음을 규명한 바이다.

補足：그 밖의 오로쿠

1. 文化十二年九月中村座『敵討襤褸錦』「春藤次良右エ門 中村歌右衛門, 同妹お六 中村松江」(豊国画, 振り袖・座像), 都立中央蔵
2. 文政八年九月中村座(河原崎座か)『盟三五大切』. 新狂言三幕. 粂三郎が芸者姐妃の小萬幼名神谷召使「お六」・おかる二役を勤める.「時代は「忠臣蔵」,「四谷怪談」後日, 義士夜討迄の間を取くみ奉入御覧候.」『歌舞伎年表』『日本戯曲全集』12
3. 文政八年十一月中村座『鬼若根元台』「お六」,『日本戯曲全集』46
4. 安政元年「人丸ノお六」(見立て絵, 振り袖), 都立中央蔵
5. 安政元年八月河原崎座『吾嬬下五十三駅』「鈴鹿山だんまりの場, 女盗賊人丸

お六」(豊国画, [1] 坂東志うか＝ [5] 坂東三津五郎), 国立劇場蔵

6. 安政元年『隅田川渡舟之図』「人丸ノお六」(振り袖, 豊国画見立絵, 坂東志うか)「しうか七役, ……是より日本橋迄大出来大当り. ……当狂言七十日余興行続く.(『歌舞伎年表』)」国立劇場蔵
7. 安政元年『杜若艶色紫』「土手のお六」(豊国画見立絵, 坂東志うか), 国立劇場蔵
8. 安政三年・五年・嘉永五年豊国画「土手のお六」国会図書館蔵.
9. 安政五年四月中村座『恋夫帯娘評判記』「土手のお六」都立中央蔵 /「虎石町帯屋の場, 土手のお六」(豊国画, [8] 岩井半四郎) 国立劇場蔵
10. 慶応元年市村座『処女評判善悪鏡』「雲切お六」, 都立中央蔵
11. 『太平記忠臣講釈』の矢間喜内の息子矢間重太郎の妹「おろく」は, 祇園へ身を売って「浮橋」になる.
12. 『於六櫛木曾仇討』(京伝作, 豊国画, 文化四年刊, 合巻): 木曾名産お六櫛を敵討ち話しに取り入れたもの. 主家再興を図る忠僕夫婦の忠節が描かれる. その中で鎌戸又八は木曾に戻って馬方をし, その妻「お六」は梳き櫛を造って売り, 時を待つという場面がある.

参考文献

粕谷宏紀編(1995)『川柳大辞典』東京堂出版

康志賢(2009)「近世大衆文芸の趣向考究一合巻『忠臣狸七役』に現れた「七役」と「狸」を端緒に一」,『日本語文学』43号, 韓国日本語文学会

康志賢(2009)「草双紙『忠臣狸七役』に現れた死の戯画化」『日本学研究』26号, 壇国大学校日本研究所

北村一夫著(1985)『江戸芸能落語地名辞典』六興出版

国立劇場編著(1969)『歌舞伎のかつら』国立劇場

国立劇場編著(1984)『仮名手本忠臣蔵上演年表』国立劇場上演資料集

中村幸彦他編(1982～1999)『角川古語大辞典』角川書店

新村出編(1998)『広辞苑』岩波書店

延広真治校注(1996)『近松半二, 江戸作者浄瑠璃集』新古典文学大系94巻, 岩波書店

前田勇編(2003)『江戸語大辞典』講談社

浅野秀剛(2002)『錦絵を読む』山川出版社

渥美清太郎編(1928)『赤穂義士劇集』日本戯曲全集15, 春陽堂
返田慶子(1992)「土手のお六」『駒沢大学大学院国文学会論輯』20号
赤穂市立歴史博物館編著(1998)『錦絵にみる忠臣蔵の世界』赤穂市立歴史博物館特別展示図録
赤穂市立歴史博物館編著(2004)『忠臣蔵の浮世絵』赤穂市立歴史博物館
浜田義一郎監修(1997)『江戸文学地名辞典』東京堂出版
服部幸雄編著(1994)『仮名手本忠臣蔵』歌舞伎オンステージ8, 白水社
服部幸雄編著(1990)『忠臣蔵』第四巻, 赤穂市総務部市史編纂室

▣ 요약

연극(가부키)·미술(배우그림)·소설(고칸)에 나타난 여자마부「오로쿠」캐릭터의 수용사 고찰

「제방의 오로쿠」「여자마부・종복 고만」「후리소데의 오로쿠」「여자마부 오야마」「여자마부 오로쿠」라고 하는 각각의 존재를 가부키무대에서 추적해 보면, 그녀들은 독부・여자협객으로서 '아쿠바(悪婆)'라고 하는 유형적 인물상을 공통적으로 지님을 알 수 있었다. 합권『충신너구리의 일곱 역할』8장 앞면에서는 그러한 중층적인 이미지를 활용하는 동시에 융합시킴으로써 작자인 잇구 나름대로의 새로운 캐릭터를 창작한 것이라고 생각된다. 즉 합권 본문(8장 앞면)의「후리소데를 입은 여자마부 오로쿠」는 무대상의 배역을 그대로 충실하게 전용했다고 하기 보다는, 약간씩 중복되는 캐릭터로부터 잇구가 취사선택하여 합성한 결과 도출된 인물이라는 결론을 내릴 수 있었다. 따라서 가부키・배우그림 속에서 태어나 자란 캐릭터「여마부 오로쿠」의 계보를 고찰하면서, 그 생성과정을 면밀하게 추적함으로써 하나의 희작작품에 어떤 인물이 돌연히 등장하게 된 배경에는, 이와 같은 캐릭터 수용사가 내재되어 있음을 규명한 바이다.

▣ Abstract

Inheritance history dray-horsewoman(Oroku) character in "Kabuki/Yakusyae/Gokan"

When I confirm the separated existence of "DotenoOroku", "Memago/YakkonoGoman", "HurisodenoOroku", "MemagonoOroku" on Kabuki stage, They have a stereotyped person image commonly as "Akuba (A devil of a woman/a woman knight-errant)". In Gokan "Chushin Tanukino Nanayaku", it seems that Ikku produces a character for himself with letting these multistoried images fuse. I think the "MemagonoOroku wearing along-sleeved kimono" is a lady as a result of having picked by Ikku from character piled up more than she is just copied a duty in the scene faithfully. As the conclusion, I investigated the hidden these character reception historical study in chasing the growth process minutely and the background where a certain person came to appear in one light fiction work suddenly with tracing the footprint "Memagono Oroku (the character who was born and raised in Kabuki/Yakusyae)".

주

1) 「歌舞伎・役者絵・合巻における女馬子「お六」キャラクターの受容史攷」『日語日文学研究』81, 韓国日語日文学会, 2012年5月。pp. 3~22

2) 康志賢「近世大衆文芸の趣向考究ー合巻『忠臣狸七役』に現れた「七役」と「狸」を端緒にー」『日本語文学』43号, 2009年12月, 韓国日本語文学会

3) 康志賢「草双紙『忠臣狸七役』に現れた死の戯画化」『日本学研究』26号, 2009年1月, 壇国大学校日本研究所

4) 「キャラクター」とは,『広辞苑』の「小説・映画・演劇・漫画などの登場人物. その役柄.」に準ずる意味合いとして本稿で用いる.

5) 蓬左文庫本(国文学研究資料館マイクロフィルム利用)

6) 竹馬: ④四本の竹を組み合わせて構えた籠(かご)で, 四脚がある. 一対を棒で担ぎ, 雑品運搬に用いる. 大名行列にも従う. ⑤ ④をかついで歩いた行商. 古着, はぎれ類を商った. 乳母や下女が得意客.『盲文画話』の挿絵. 以上『角川古語大辞典』より.『守貞謾稿』竹馬古着屋・古着売りの挿絵. =》本場面の竹馬は④であろう.

7) 御溜まり:こらえること. 下に打消の語を伴って, たまらない,がまんできない, の意となる.『浮世風呂』「冷えるといったら, おたまりやアねへ」『広辞苑』より.「お」は侮意を表す接頭語. 必ず否定に言う. たまるものではない『江戸語大辞典』より. =》本文では「おたまりやない」を掛詞として使って洒落ている.

8) 中橋：①京橋と日本橋の間にあった橋. 寛永頃まで, 外濠から楓(もみじ)川をむすぶ大入り堀があって, 日本橋通りが京橋へ入る所に橋が架かっていた. これが, 橋としての中橋である. 安永三年この堀は埋められ, 一帯の埋立地を中橋広小路と称したが, 中橋辺の堀が埋められたのはもっと古い頃で, 寛永以後は中橋は名のみとなっいたようである.『江戸芸能落語地名辞典』他より. ここはまた, 江戸名物の「おまん鮓(ずし)」や「木谷実母散(きやじつぼさん)」の店舗もあった『川柳大辞典』より.
②無いのしゃれ. 宝暦十三年・根南志具佐一「もはや我ゝが智恵も中橋なれば」. 安永七年・辞闘戦新根「一言も中橋京橋阿万(おまん)が紅(べに)」,『江戸塵拾』「京橋中橋の間にて是(おまん鮓)をうる名物なり. 江府の児子夕日の雲に映じ紅なるを見て京ばし中ばしおまんがべにとうたふ. このたわむれをとりておまん鮓の名付る. 宝暦の初めすし屋長兵衛是をはじめたり」. 童の的四「他にたぐいも中橋の紅粉(べに)」(俚謡のおまんべに). 天明七年・面向不背御手玉「お気遣ひは中橋のおぢいが飴でござります」, 無いのしゃれに更に口遊びの語を続けたもの. 当時中橋辺に老夫の飴売りがあったによるか.『江戸語大辞典』『江戸文学地名辞典』より.
こてれうぢコテリョウジ【鏝療治】打ち身·骨折などの治療のために, 焼鏝を患部に当ててする治療法『角川古語』より. こてりょうじ: 打身や骨継ぎに効があった『川柳大辞典』より.

9) 延広真治校注『近松半二 江戸作者浄瑠璃集』「伊賀越道中双六」(新古典文学大系94巻, 1996年)「第九 伏見の段」に,「ハイ是は南蛮(なんばん)流の隣の今宮流(いまみやりう)でござります」という按摩の名乗りがある. その脚注によれば,「御所桜堀川夜討(ごしょざくらほりかわようち)二に「なんばんのほねつぎ」の場がある.大坂道頓堀の西, 難波村の骨継ぎにかけた. 安永六年の難波丸綱目は骨継ぎとして十三名を掲げるが, 難波村居住者七名, 他所に住みながら難波を名乗る者二名.……難波村は今宮社への参道筋に当たる」.(大坂の)難波に骨接ぎが多く, 難波以外の骨接ぎのなかにも難波を名乗っている人がいるくらい有名だということが窺えよう.

10) 返田慶子「土手のお六」『駒沢大学大学院国文学会論輯』20号, 1992年3月

11) 馬の尻尾：女形の鬘(かつら)のなかで,髱(たぼ)のない特種のものとして, 髷(まげ)を結わず, 毛を一纏めにして後ろに長く垂らす「下げ髪」がある. その中で, 毛を途中で纏めて, 長く下げないものが「馬の尻尾」. 後ろに下げた毛を中途で結ぶが, その形が馬の尻尾を結んだ形に似ているのでこの名前がある. 主として田舎娘, 女房などに用いるが, お富などの粋な役にも用いる.結び方に口伝がある. 役柄は田舎娘, 女房など. 役名は「源氏店」のお富,「きられお富」「近江のお兼」他. 以上, 国立劇場発行1969年刊『歌舞伎のかつら』参照.

12) ひつつめ【引詰】「ひきつめ」の転. 女性の髪型の一. 髱(たぼ)を出さずに, 根のほうを引き詰めて結う. 引き付け髪.「十二ばかりの小むすめ, ひつつめに結ふたるうしろのおくれ毛が邪魔となるゆゑ, 手ぬぐひをすつぽり巻て」〔浮世風呂・四・上〕『角川』

13) しめつけしまだ【締付島田】天和(一六八一　八四)から元禄(一六八八　一七〇四)ごろにかけて流行した島田髷(しまだわげ)の一種. 髷の前後の長さを同じ程度にして, 中ほどを二本の平元結(ひらもとゆひ)で強く締めつけたもの.「髪の結振,信貴の城下にはやる,しめ付嶋田{つけしまだ}のふき鬢」〔武道伝来記・五・一〕「しめつけ嶋田{しまた}髪先{かみさき}も跡{あと}も長み同じ事にして, 中程に平?{ひらもとゆい}をかけ, さし櫛白{ひやく}たんの木地もとゆ{ぢ}にさんごじゆの切{きり}入梅{むめ}の古木{こぼく}に気をつくし」〔西鶴俗つれづれ・四・三〕『角川』
ひらもとゆひ【平元結】紙縒(こより)状の元結(もとゆひ)に対して, 幅広に切った丈長(たけなが)紙を平たく畳んで作った元結.『歴世女装考·四』に「今のたけながといふ物近きむかしは平元結といへり」とある.「乱れ髪の中程を, 金の紙の平髻{ひらもとゆひ}にしめよせ,房付団に梶の葉見えしは」〔武道伝来記・二・一〕「はゝひろほうしよのひらもとゆひ」〔万葉歌集〕 以上『角川』

14)『六あみだ詣』二編(文化八年一九作滑稽本)に岡釣り(船釣りや沖釣りに対して,岸でする釣り)の図版あり.

15) べくすけ【可助·可介】奴(やつこ)の通名(とほりな). 武家方の丁僕(でつち)の通称として用いる.「べくない」とも.「其銀が有たら此可(べく)介, 名を改めて楽しむになア」〔忠臣蔵・二〕『角川』

16) 赤穂市立歴史博物館編著『錦絵にみる忠臣蔵の世界 』(赤穂市立歴史博物館特別展示図録, 1998年)所収

17) 赤穂市立歴史博物館編著『忠臣蔵の浮世絵』(2004年) 所収

18)『忠臣蔵の浮世絵』所収

19)『忠臣蔵の浮世絵』所収

20) 服部幸雄編著『仮名手本忠臣蔵』(歌舞伎オンステージ8, 白水社, 1994年) 所収

21) 表紙が服部幸雄執筆『忠臣蔵』第四巻(赤穂市総務部市史編纂室編集, 1990年) 口絵に載る

22)『赤穂義士劇集』日本戲曲全集 15

23)『錦絵にみる忠臣蔵の世界』赤穂市立歴史博物館特別展示図録, 1998

24)『仮名手本忠臣蔵上演年表』(国立劇場上演資料集, 1984年)参照.『歌舞伎年表』では七役であるのに「弥五郎」まで入れて八役にするのは誤記であろう. 立命館大学アート・リサーチセンター公開アーカイブ「江戸歌舞伎興行年表」で役割番付や絵本番付によって初日を五月七日とする. 別外題表記：其侭旅路嫁入(正本)

25)「辻番付 → 役割番付 → 絵本番付の順で制作されたものと考えられる. 辻番付は上演前, 役割番付は初日直前, 絵本番付は初日直後に制作されたとすると……」浅野秀剛『錦絵を読む』山川出版社, 2002年

26) 当時の歌舞伎を評して毎年刊行された資料を「役者評判記」という

27) 三代目坂東三津五郎の「忠臣蔵七役」を描いたのは, 無款であるが二代目歌川豊国で, 刊行は文政十年七月市村座の公演に因む, という新藤茂氏のご教示を得た.

28) 演博及び国会図書館データベースに絵本番付の一部搭載.
絵本番付とは, 各場面の様子を描いた冊子で, 芝居の初日に間に合わせて作成する.

29)「見立忠臣蔵四段目五段目, 斧定九郎市川団十郎・大星由良之助坂東三津五郎」五渡亭国貞画, 刊年不明, 東京大学史料編纂所所蔵.
「見立忠臣蔵四段目五段目, 斧定九郎市川団十郎・大星由良之助坂東三津五郎」五渡亭国貞画 刊年不明, 蔦屋吉蔵, 東京都立中央図書館所蔵.
「見立忠臣蔵十一段目　高師直松本幸四郎・由良之助坂東三津五郎」五渡亭国貞画 蔦屋吉蔵 刊年不明, 東京都立中央図書館所蔵.

30) 文政十年七月市村座の興行に因んで東京都立中央図書館に「[加] 古川本蔵 坂東三津五郎」(五渡亭国貞画 近江屋平八)が, 国立劇場に五渡亭国貞画太田屋佐吉板にて, ①「仮名手本忠臣蔵 祇園一力茶屋の場」妹おかる [2] 岩井粂三郎([6] 岩井半四郎)・寺岡平右エ門 [7] 市川團十郎・大星由ら之助 [3] 坂東三津五郎, ②「松切の場」加古川本蔵 [3] 坂東三津五郎・桃の井わかさの助 [7] 市川團十郎, の二点が残る.

日文目次(初出一覧)

第一部

〈 膝栗毛もの 〉の笑い

〈膝栗毛もの〉作品群の書誌

1. 「〈膝栗毛もの〉作品群の書誌-その図様継承史の一環として-」『国語国文』923号、京都大学、2011年년7月
2. 「〈膝栗毛もの〉の絵双六 『しんはん東海道欝散双六』・『五十三駅滑稽膝栗毛道中図会』の位置付け」『浮世繪芸術』159号、國際浮世繪學會、2010年1月

『東海道中栗毛弥次馬』作品論

3. 「『東海道中栗毛弥次馬』三種と二代目岳亭作〈膝栗毛もの〉の合巻攷」『日本文学』716号、日本文学協会、2013年2月
4. 「『東海道中栗毛弥次馬』三種の著作姿勢について」『日語日文学研究』84、韓国日語日文学会、2013年2月
5. 「合巻『東海道中栗毛弥次馬』における原話離れと作意について」『日本學研究』33、壇国大学校日本研究所、2011年5月

〈膝栗毛もの〉の画題

6. 「〈膝栗毛もの〉画題の生長 -「とろろ汁屋の夫婦喧嘩」を端緒に-」『日本學研究』38、壇国大学校日本研究所、2013年1月
7. 「版本挿絵から浮世絵まで越境する〈膝栗毛もの〉の画題について-「狐と思い責める」図様を端緒に-」『浮世繪芸術』165号、國際浮世繪學會、2013年1月

8. 「〈膝栗毛もの〉画題の継承 –「洗濯物に腰抜かす」「五右衛門風呂を踏み抜く」を軸に–」『日本研究』46、韓国外大日本研究所、2010年12月

第二部

〈 忠臣蔵もの 〉の笑い

『忠臣蔵跡祭』

9. 「合巻 『忠臣蔵跡祭』における後日譚の創作法について」『日本研究』53、韓国外大日本研究所、2012年9月

10. 「忠臣蔵もの合巻 『忠臣蔵跡祭』の世界と趣向–先行作との関連をめぐって–」『日本研究』50、韓国外大日本研究所、2011年12月

『加古川本蔵建立』

11. 「浄瑠璃・歌舞伎から草双紙へ–合巻『加古川本蔵建立』の創作法–」『日語日文学研究』74、韓国日語日文学会、2010年8月

『忠臣狸七役』

12. 「近世大衆文芸の趣向考究–合巻『忠臣狸七役』に現れた「七役」と「狸」を端緒に–」『日本語文学』43、韓国日本語文学会´ 2009年12月

13. 「歌舞伎・役者絵・合巻における女馬子「お六」キャラクターの受容史攷」『日語日文学研究』81、韓国日語日文学会、2012年5月

日文要旨

1.〈膝栗毛もの〉作品群の書誌 –その図様継承史の一環として–

享和二年(1802) 初編発行以来、『東海道中膝栗毛』の大流行にともなって制作された、挿絵を有する板本を始めとして、役者絵・絵双六・揃物等の一枚物における『膝栗毛』受容の紹介、及び体系的整理を本稿の目的とする。いわゆる〈膝栗毛もの〉の図様継承史において考究すべき、幕末・明治の浮世絵や板本作品をジャンル毎に取り上げながら、その書誌を考察することで、図像的系譜に連なる〈膝栗毛もの〉の受容史の一端を垣間見る糸口としたい。

具体的には、原作の**滑稽本**『東海道中膝栗毛』八編本を、後年改題・改板した十編本『東海道中滑稽五十三駅』と『東海道中膝栗毛』の成立関係を再考した。

合巻の中では、まず『絵本膝栗毛』における板株の移転、及び初板本と改題本、「合巻仕立」と「中本仕立」という書型上の問題に注目した。そして、滑稽本風の合巻『東海道中栗毛弥次馬』と同名異本の合巻があって、後者には後印本二種があったりして錯綜する当該本の書誌を本稿で初めて明確にできた。

役者絵としては、歌舞伎『旅雀我好話』『鏡山再盛花硯曳』『壮花四季の所作』『露尾花野辺濡事』に因んだ一枚物の数々や、天保後期から明治期に至るまで刊行された**揃物**八種について、その書誌的発見と問題点をも究明した次第である。

以上、『東海道中膝栗毛』の膨大なる享受史の中で、先行研究から抜け落ちた感のある「図様」の観点から連なる作品群を書誌学的に辿ってみた。このような試みによってこそ、今まで注目されることのなかった多くの板本挿絵や浮世絵に初めて光が当たり、総合的な〈膝栗毛もの〉の図様継承史構築の為の一歩に繋がるのではないかと思う。本稿のような全体的に見渡せる〈膝栗毛もの〉の作品群の書誌学的な検証があってこそ、**画題**面における相互影響関係論も、客観性が保持できるのではなかろうか。

〈目 次〉

2.〈膝栗毛もの〉の絵双六
『しんはん東海道双六』・『五十三駅滑稽膝栗毛道中図会』の位置付け

〈膝栗毛もの〉絵双六の系譜において、今まで顧みられることがなかった『しんはん東海道鬱散双六』は、天保五年秋に刊行され、〈膝栗毛もの〉絵双六の魁けとして位置付けられることを図様や挿話の面で考察した。即ち、『鬱散双六』は、『膝栗毛』挿絵と類似性が見られることは勿論、更に、原話に基づいた事件を描出する場合であっても、新たな図像や台詞を示したり、原話とは似て非なる状況を創出したり、原話には見られない事件を案出する、などの創作上の工夫が窺える作品であった。そしてこの『鬱散双六』は、天保四年から世に出る広重画大判錦絵『東海道五拾三次』揃物との一脈相通じる絵柄が指摘できる上に、更に広重画大判錦絵 『膝栗毛道中雀』・『道中膝栗毛』や他の〈膝栗毛もの〉絵双六の『五十三駅滑稽膝栗毛道中図会』・『伊勢参宮膝くりげ道中寿語録』に至るまで、後続作へ継承されていく図様を有するという文芸史的位相も低からぬ作品であった。

また、広重より先に〈膝栗毛もの〉絵双六をものにした可能性が高いだけに、文芸史的意義が大きい『五十三駅滑稽膝栗毛道中図会』の絵師や刊行時期についても考究した。その結果、『図会』の絵師「一猿斎国升」は、他ならぬ「初代歌川貞升」ではなかろうかということ、『図会』の製作時期は嘉永期であること、広重の名前を以て出された安政二1855年の〈膝栗毛もの〉絵双六が、実は重宣を中心にして行われた可能性が極めて高いことが明らかになった. よって、〈膝栗毛もの〉絵双六四種の中で、『図会』が最も早期に刊行されたといえるのである。

〈目 次〉

3. 『東海道中栗毛弥次馬』三種と二代目岳亭作〈膝栗毛もの〉の合巻攷

〈膝栗毛もの〉の図様継承史に連なる作品の中で、『東海道中栗毛弥次馬(くりげのやじうま)』という全く同じ標題を有する三種の異なる作品、即ち、魯文作・芳直画の**合巻A**、魯文作・芳幾画の**錦絵B**、岳亭作・芳幾画の**合巻C**を取り上げ、相互影響関係を述べることで各作品の特色を抽出し、この同題作品の成立背景にあったと思われる板元当世堂の出版戦略を論じた。猶、**合巻C**の作者である二代目岳亭が書いた〈膝栗毛もの〉合巻として、更に三種があるので合わせて内容的特徴を考察した。

〈目 次〉

4.『東海道中栗毛弥次馬』三種の著作姿勢について

同名の異本である魯文作・芳直画合巻A、魯文作・芳幾画錦絵B、岳亭作・芳幾画合巻Cを中心に、前後して板行される他の〈膝栗毛もの〉作品群とともに、その絵組と詞書を事細かく比較分析することで、以下のようにその著作姿勢を究明することができた。

一つは、「濱松」場面のように原文にもない言葉まで完全に一致することから、錦絵Bの作者魯文は、自作合巻Aを片手に見ながら模写しただろうということである。ジャンルこそ異なるとはいえ、同作者による同題名の作品である以上、十分あり得る著作姿勢であったろうと思われる。二つは、その一方、一九の原話および他の『東海道中栗毛弥次馬』とは関係ない創作された場面も、総計五十六図の中で三十二図ということで、独創性は『東海道中栗毛弥次馬』三種の中で髄一の作品であるということも同時に指摘できた。そして、三つ目は、最も後発作者である岳亭春信が合巻Cを作製するに当たって、魯文作合巻Aから如何なる影響を受けたかという視座から各場面を子細に論じたことで、抑々の始原である一九作原文を細分化して抜粋したに過ぎないような丸取り傾向が強い合巻Aと、Aに影響されつつ一九原話の改変を試みる合巻Cという著作姿勢も抽出できた次第である。

〈目 次〉

5. 合巻『東海道中栗毛弥次馬』における原話離れと作意について

〈膝栗毛もの〉作品群の中で、本稿の考察対象である合巻『東海道中栗毛弥次馬』の文学史的価値を確認するためには、それまでの先行作と比較して、どこが違っていたのか、作者、或いは画工は何を創造したのかを明らかにすることが重要である。先学による論攷がほとんど見られない『東海道中栗毛弥次馬』群の中でも、鈍亭魯文作・芳直画の滑稽本風合巻や、岳亭春信作・芳幾画の短編合巻について他の〈膝栗毛もの〉と比較しつつ考察した。原作にはない本文の創出、および内容の改変箇所を指摘し、その特徴を究明することで、合巻『東海道中栗毛弥次馬』を著した作者たちの作意を探った結果、抄録家としての鈍亭魯文の一面や、岳亭春信の豊かな創作性が浮び上がってきた。前者の場合、後半部は原話と旅程を異にしているものの、全体的に新味に乏しい作品と言わざるを得ない。創作譚というべき場面はなく、詞書においてオチを変更するくらいの脚色はあるにしても、作品全体的には原文をほぼ忠実に辿っているといえるからである。一方、後者の場合、横浜絵等に取材したような原話離れも甚だしい創作譚が鏤められており、流行に敏感な春信の創作姿勢が垣間見えた。また、魯文や岳亭の記した序文・跋文類から〈膝栗毛もの〉を執筆しようとした意義を探ってみると、執筆経緯や動機は両者とも一脈相通じる。但し、魯文が自ら標榜する言辞のごとく、「戯作の初旅」の時期における「抄録家としての魯文」の創作方法を如実に示す典型的な証例になりうる作品であることが特異であった。

〈目 次〉

6. 〈膝栗毛もの〉画題の生長 –「とろろ汁屋の夫婦喧嘩」を端緒に–

原作滑稽本の二編下「丸子」には、とろろ汁屋の夫婦喧嘩に巻き込まれた弥次北がとろろ汁を食べ損なう逸話が挿絵なしで掲載される。以降この場面は多種な型(パターン)にて多くの〈膝栗毛もの〉絵画群に描出されることになる。本論では、〈膝栗毛もの〉に多く描かれる「とろろ汁屋の夫婦喧嘩」を中心に、「狐と思い責める」「犬に試す狐騒動」「比丘尼と戯れる」という絵画モチーフまで範囲に入れ、その表現形式の特色などを述べていくことにした。先ず、「とろろ汁屋の夫婦喧嘩」に関する画題を年代順に辿って、その画題の系譜を論じた。その中で絵組の面で明らかな影響関係が窺える長編合巻『絵本膝栗毛』や、魯文作合巻・岳亭作合巻『東海道中栗毛弥次馬』の場合、更に詞書の面における変容の姿について論じた。

猶、「とろろ汁屋の夫婦喧嘩」とともに、原話四編上の「狐と思い責める」シーンや「犬に試す狐騒動」を図様のモチーフにした作品たちを、「工夫と創案」という側面で捉え直すことで、踏襲関係が一層明確に見て取れるように、版本挿絵から浮世絵まで生長した画題の全体像を表を以て見渡してみた。こうして『東海道中膝栗毛』は、ジャンルの境界を超えて異なる表現様式、要するに絵画・演劇・戯作を含む共時的・通時的な俗文芸の作中に利用されて生長してきたことを本稿では考察できた次第である。

〈目 次〉

7. 版本挿絵から浮世絵まで越境する〈膝栗毛もの〉の画題について

－「狐と思い責める」図様を端緒に －

稿者はこれまでに<膝栗毛もの>について、次の二点からの考察を行ってきた。一、「図様」の観点から連なる約五十作の<膝栗毛もの>作品群を、書誌学的に辿ること．二、諸ジャンルにおける画題の踏襲・工夫・創案という相互影響関係を辿ること。後者の観点を引き継いで、本稿では近世から近代へ『膝栗毛』摂取の様相がいかに変容したか、先ず幕末・明治の浮世絵や版本作品を見ていくことで追跡したいと思う。しかしながら、<膝栗毛もの>に描かれる全ての挿話を取り上げることは不可能なので、稿者管見の五十種の中で、特に多く描かれた画題であると認められる 「狐と思い責める」を一証左に、他の画題も範疇に入れつつ論じる方法を取る。

弥次北は化狐が出るという噂を聞く。疲れた弥次を後に残して先に出発した北八。怖くなって途中で待っていた。そして後に付いてきた弥次がその北八を狐が化けたものだと、勝手に思い込んで縛り付ける話が、『東海道中膝栗毛』四編(1805年刊行)上 「御油」にある。これに挿絵は付されない。しかし、1857年閏五月、初代の富士松加賀太夫が開曲発表した新内節 「膝栗毛赤坂の段」に、弥次が狐の真似をして北八を 「わざと」脅かすという内容へと改変される。この語りの影響だろう、歌舞伎や人形浄瑠璃の演出も変更され、1862年、改板本の滑稽本が出た時点までは、「狐と思い責める」画題の内容が原作から離れるということは、管見の範囲では見出せなかったが、1864年、河鍋暁斎・三代豊国画の役者絵『 』「藤川　赤坂」を始めとして、明治期以降はこの原作を大部脚色してしまった内容の画題が新たな流れを形成するに至ったのである。しかしながら、原作に近い所謂伝統的な 「狐と思い責める」画題が絶えたわけではなく、一方では相変わらず行われていた。

特に多く描かれ、ポピュラーな画題の一つといえる 「狐と思い責める」モチーフが、どのように受容されてきたか、その享受史を年代順に精細に論じ、踏襲・工夫・創案という相互交渉関係の視点で捉え直してみると、絵双六は先行の絵双六、特に『五十三駅滑稽膝栗毛道中図会』(国升画)と『浮世道中膝栗毛滑稽双六』(広重画)をそのまま踏襲しようとする傾向があることが見て取れる。広重はこの絵双六の「狐と思い責める」図様を自分の揃物にも二番煎じしている。

それから、「狐と思い責める」を始めとして、他の十五個の代表的画題を見比べて分かる相互交渉関係から、滑稽本・合巻・絵双六・役者絵・揃物というジャンル毎に特徴付けられる、特別な影響関係は認められなかった。画題はジャンルを超えて影響を与えあっているからである。よって、版本挿絵と浮世絵を越境する十五個の代表的画題を証例に、<膝栗毛もの>の画題創作方法を整理・分析してみると、『道中膝栗毛』・『膝栗毛道中雀』の画題は広重が創案した図様もあれば、原話挿絵や 『東海道膝栗毛画帖』『しんはん東海道鬱散双六』を工夫して踏襲したものもある中で、類型化の道を歩み、以降制作される<膝栗毛もの>の殆どの作品群に継承されている。<膝栗毛もの>の揃物・絵双六は勿論のこと、『膝栗毛』の合巻本、『膝栗毛』の改板本の滑稽本に至るまで、ジャンルを問わず踏襲されるのである。

〈目 次〉

8. 〈膝栗毛もの〉画題の伝承 –「洗濯物に腰抜かす」「五右衛門風呂を踏み抜く」を軸に–

「洗濯物に腰抜かす」話、及び 「五右衛門風呂を踏み抜く」話を画題とした作品群を軸に、原作の挿絵からの変容の軌跡を、年代順や表現様式ごとに丁寧に辿っていくことで、〈膝栗毛もの〉画題の伝承を考察することを本稿の目的とした。よって〈膝栗毛もの〉画題受容の全体構造のなかで 「五右衛門風呂を踏み抜く」モチーフの他、『道中膝栗毛』・『膝栗毛道中雀』という揃物に取り上げられる絵画モチーフは、以降〈膝栗毛もの〉画題が形成される決定的な役割を果たしていることを確認した次第である。

先行作の有無に関わらず、『道中膝栗毛』・『膝栗毛道中雀』が工夫したり創案した絵組が大体継承されるなかで、「洗濯物に腰抜かす」話柄を描出する 『膝栗毛道中雀』「濱杢泊」は例外的ケースであった。以降登場する多くの〈膝栗毛もの〉に繰り返し利用され、一つの定型としてパターン化したのは、初代広重自ら先んじて刊行した『膝栗毛道中雀』「濱杢泊」ではなく、『東海道五十三対』「二川」の「型」であるからである。

〈膝栗毛もの〉画題において最も大事な役割を果たしたと思われる揃物 『道中膝栗毛』・『膝栗毛道中雀』の占める文芸史的位置を確かめた他にも、この揃物ではない他の作品が創案した図様(例えば、入り方で悩むという序幕を捉えた合巻『絵本膝栗毛』)や、魯文作・芳幾画の合巻風錦絵が、魯文作・芳直画の滑稽本風合巻を意識した可能性が極めて高いことを指摘できたことも本稿の意義として挙げられる。

〈目 次〉

9. 合巻『忠臣蔵跡祭』における後日譚の創作法について

『忠臣蔵跡祭』は六葉の口絵が四オまで付され、四ウからが本文という独特な構成に、間接話法の形で地の文の中に多くの書入が吸収されるという文体的特徴を有する合巻である。内容的には実に様々な趣向が用いられることで、複雑な後日譚を導出しているが、その創作方法を分析してみると、1. 人物を俗化するか、2. 荒唐無稽な作り話を設けるか、3.現実的な理詰めの滑稽を披露するか、ということで大別できる。

これらは原話の事件を故事付ける為に取られた創作法というより、番外のエピソードを付け加える為に取られた創作法であって、原話にはない新しい筋が加わることになることを、具体的に立証した。お金をケチったり、食べ過ぎて眠ってしまったり、所帯染みた買い物を頼まれたり、不潔な病気に掛かっている武士たちは、死後竜宮に流されたり、猪に取り憑いたりもする。由良宅に残された人々や討入りされた人々は現実的な理屈を以って自己弁明をする。原話に基づくパロディーというより、新たに付け加えられた番外のエピソードに近いといえよう。事件の始まりは原話に即しつつ、その事件の前後に原話にはない長い創作譚が後日譚(或は前日譚)として、本合巻の広い範囲に渡って展開していることを、以上のごとく作品論の視座から考究した次第である。

〈目 次〉

10. 忠臣蔵もの合巻『忠臣蔵跡祭』の世界と趣向
－先行作との関連をめぐって－

〈忠臣蔵もの草双紙〉の系譜に連なる本合巻『忠臣蔵跡祭』の世界と趣向について、先行する他作者の作品や、自作との関連を本論で考察した。田舎芝居・出場所の錯誤、密書が褌になる、お多福と座頭という趣向面から唐来参和作『大道具鱐幕無』の影響を論じ、後日譚系忠臣蔵もの黄表紙との異同の中で特に猪料理にされる定九郎という趣向から『早野勘平若気誤』の絵組や詞書の影響を推察した。張子の頭の趣向においては『加古川本蔵建立』や『色男大安売』との異同を指摘した。

よって、一九作忠臣蔵もの合巻『忠臣蔵跡祭』は、絵師柳川重信の腕前に助けられつつ、内容的に洒落と諧謔を中心とした黄表紙の趣向を受け継ぎ、体裁的には十五丁三冊という、内容・体裁とも黄表紙に近く、いわゆる〈黄表紙風の合巻〉の範疇に入れるべき作品群であることが再確認できたと思う。他作者に比して群を抜いて多くの〈黄表紙風の合巻〉を刊行していた一九の創作技術の根底を成すものは、斯くのごとく如何に面白可笑しく先行作の趣向を忠臣蔵のような周知の世界の中に組み込んでいくか、ということであった。それを究明するという江戸戯作研究法の一原点に立ち戻って論じてみた次第である。

〈目 次〉

11. 浄瑠璃・歌舞伎から草双紙へ
−合巻『加古川本蔵建立』の創作法−

『仮名手本忠臣蔵』の中で今は省略されがちな本蔵一家に焦点を当てて喜多川月麿画にて文化六年に刊行された〈忠臣蔵もの〉合巻が 『加古川本蔵建立』である。浄瑠璃・歌舞伎を草双紙化するに当たって行った作者十返舎一九の創作法を分析すると、原話の大筋の中で展開しつつ、絵柄は類似性が見られ、話柄のみ改変・脚色甚だしい場合(Ⅱ-1)と、話柄は勿論、絵柄まで改変される場合(Ⅱ-2)と大別して考えられる。前者の場合は絵面のみ眺めると、なんの変哲もない芝居のワンシーンであるが、本文・書入に目を通す瞬間、この絵柄の意味はがらっと変わる。本作執筆において、原話から作者が選んだ素材は、本蔵一家に関わる局面であるが、後者の場合、パロディーと言い難い程、原型をあまり留めないところもある。しかしながら改変・転用の一環と言えるのは、事件を起こす目的と結末、人間関係が同様であるからである。言い換えると前者の場合、絵柄は原作に基づく演劇舞台に忠実に従いながら、話柄のみ改変する場合であり、後者は絵柄と話柄、共に改変することで笑わせる場合である。しかし、絵柄と話柄共に改変する場面は、改変甚だしくても原作の面影を残しつつ捩る創作方法を取っていたならば、一方、原話と似通う点がなく、作者の創案・発案が発揮される局面(Ⅲ)もある。忠臣蔵にない場が設けられることで、原話にとらわれず自由に忠臣蔵の人物達を遊ばせる。作者が重点を置いて描きたかった人物が本蔵であったが故に、彼と関係ない場面を省き、彼と関わり合う原話の二・三・八・九段目を拡大しつつ捩りながら、三十頁に渡る話を展開する為に、一方では原話の枠から離れつつ変容の可能性を探ったのである。

〈目 次〉

12. 近世大衆文芸の趣向考究
−合巻『忠臣狸七役』に現れた「七役」と「狸」を端緒に−

文政十一年(1828)に刊行された十返舎一九作合巻 『忠臣狸七役』を端緒に、近世大衆文芸の趣向の中で 「七役」・「狸」について考察してみた。『忠臣狸七役』という外題のもとに、〈忠臣蔵もの〉合巻である本作が導出された背景には、文化・文政(1804〜30)ごろは早替による七変化の最盛期であったという文化的土台があった。

『仮名手本忠臣蔵』が舞台上で実際に七役早替わりで上演された具体例が役者絵から見られるだけでなく、草双紙でも「七役」を趣向にした先行例があった。しかし 「七役」は全体的趣向というより、一丁に止まるものであった。このように草双紙では部分的趣向として使われていた 「忠臣蔵の七役」は、十返舎一九作合巻『忠臣狸七役』が刊行されるに至って集大成されたかのようにも受け取られよう。このような 「七役」を巡る文化的背景があったからこそ、忠臣蔵芝居を忠臣の狸を以て七役早替わりで紙面上で演じさせてみようとする作者一九の創作意図が意味を成してくるのである。

そして 「狸」を主人公にしようとするところに、作者一九のもう一つの更なる趣向があった。今までは人間が様々な忠臣蔵を演じてきたが、本合巻では、人間に成り代わって 「狸」に演じさせることに主眼が置かれることになったからである。そして 「狸」が忠臣蔵を演じることになると、浮世絵や他の草双紙でもさまざまな見立絵になる 「八畳敷」という狸の特性が存分に発揮できるというメリットがある。一つ目小僧、雨降り小僧、大頭小僧、豆腐小僧、大目玉の小僧、目の玉の光る小僧というふうに呼名が変容する化物に、この 「八畳敷」のイメージが結合して、いよいよ絵本の 「豆狸」まで、様々な妖怪へと継承されていく趣向なのである。且つ又、狸を主人公にすることで、昔話の 「かちかち山」の世界を取り入れたエピソードも意味を成し、忠臣蔵とかちかち山、二つの世界が重なるパロディの面白さを読者に提供できたのである。

〈目 次〉

13. 歌舞伎・役者絵・合巻における女馬子「お六」キャラクターの受容史攷

「土手のお六」「女馬子・奴の小万」「振袖のお六」「女馬子のお六」という別々の存在を歌舞伎の舞台で確認すると、彼女たちは毒婦・女伊達・女侠客として‘悪婆’という類型的人物像を共通的に有する。合巻『忠臣狸七役』八丁表ではこれら重層するイメージを生かしつつ融合させて作者一九なりのキャラクターを創製したのではなかろうか。「振袖を着た女馬子のお六」は、舞台上の役柄をそのまま忠実に写し取ったというより、重なるキャラクターから一九なりに選び取って合成した結果の者ではなかろうかと思われる根拠を論じる。よって、歌舞伎・役者絵の中で生まれ育ったキャラクター「女馬子おろく」の足跡を辿りながら、その生長過程を綿密に追跡することで、一つの戯作作品に或る人物が突如登場するようになった背景には、このようなキャラクター受容史が潜んでいたことを究明する。

〈目 次〉

■ 약력

강지현

강지현(康志賢, Kang Ji-Hyun)은 1991년 제주대 일문과 학사졸업 후 한국외대 일본어과 석사 취득, 일본문부성국비유학생으로서 九州大學국문학전공 석·박사학위를 취득하였다. 일본학술진흥회특별연구원으로 초빙 받아 東京大學종합문화연구과 객원연구원, 国際日本文化研究센터의 초빙을 받아 외국인연구원으로 근무. 2000년 2월 여수대학교 부임 후 현재 전남대학교 국제학부 교수로 재직 중이다. 일본 및 한국에서 50편 이상의 논문을 발표하였고, 편역서『근세일본의 대중문학, 에도희작과 짓펜샤잇쿠 연구』, 번역서『근세일본의 대중소설가, 짓펜샤 잇쿠 작품선집』(판우번역대상수상), 저서『일본대중문예의 시원, 에도희작과 짓펜샤잇쿠』(2013년대한민국학술원우수학술도서수상, 2013년한국연구재단기초연구우수성과수상)가 있다.

일본근세문예의 웃음,
도보여행기물과 충신장물

인 쇄 2013년 11월 15일
발 행 2013년 11월 20일

발행인 지병문
편역자 강지현
발행처 전남대학교출판부

등 록 1981년 5월 21일 제53호
주 소 500-757 광주광역시 북구 용봉로 77
전 화 062-530-0571~2
마케팅 062-530-0573
팩 스 062-530-0579
홈페이지 http://www.cnup.co.kr

가 격 17,000 원

ISBN 978-89-6849-059-0 (93830)

이 도서의 국립중앙도서관 출판시도서목록(CIP)은 e-CIP홈페이지(http://www.nl.go.kr/ecip)와
국가자료공동목록시스템(http://www.nl.go.kr/kolisnet)에서 이용하실 수 있습니다.
(CIP제어번호: CIP2013023044)